U0941869

本书为教育部人文社科青年基金项目“金代科举与文学”的最终成果，项目编号10YJC751064

本书为国家社科基金项目“金代科举与文学研究”的阶段性成果，项目编号13BZW072

本书得到山西大同大学优秀著作出版基金的资助

金代科举与文学

裴兴荣 著

中国社会科学出版社

图书在版编目(CIP)数据

金代科举与文学/裴兴荣著.—北京:中国社会科学出版社,2016.12
ISBN 978-7-5161-9620-5

Ⅰ.①金… Ⅱ.①裴… Ⅲ.①科举制度-研究-中国-金代②中国文学-古典文学研究-金代 Ⅳ.①D691.3②I206.2

中国版本图书馆CIP数据核字(2016)第315312号

出 版 人 赵剑英
责任编辑 武兴芳 慈明亮
责任校对 石春梅
责任印制 戴 宽

出 版 中国社会科学出版社
社 址 北京鼓楼西大街甲158号
邮 编 100720
网 址 http://www.csspw.cn
发 行 部 010-84083685
门 市 部 010-84029450
经 销 新华书店及其他书店

印 刷 北京明恒达印务有限公司
装 订 廊坊市广阳区广增装订厂
版 次 2016年12月第1版
印 次 2016年12月第1次印刷

开 本 710×1000 1/16
印 张 29.25
插 页 2
字 数 419千字
定 价 118.00元

序

胡传志

我与兴荣相识于十几年前，当时他还是山西大学李正民先生的硕士研究生，给我的印象是典型的北方人：高大、朴诚、笃实。山西是金代文学的繁荣地区，也是当今研究金代文学的一方重镇。李正民先生是元好问研究的专家。兴荣硕士毕业后去了大同大学工作，大同是辽金时期的陪都，地位十分重要。所以，在山西，在大同，研究元好问及辽金文学，具有得天独厚的地理条件。

2007 年 8 月，我去元好问故里山西忻州参加“纪念元好问逝世 750 周年学术研讨会”。很难忘怀，我在忻州实习饭店大堂见到元好问学会会长、前辈学者刘泽先生时的情景：他长时间拉着我的手，与我亲切交谈。也很难忘怀，狄宝心教授与我“令人侧目”地热情拥抱。在这次会上，元好问学会举行了换届选举，刘泽先生因为年事已高，推荐狄宝心教授接任会长，还特意推荐我这位相对年轻的外地人担任元好问学会副会长。这样，我与同为元好问学会副会长的李正民先生有了更多的接触。兴荣也参加了这次学术会议，会议期间他与我聊天，讨论将来的研究方向，我建议他关注一下“金代科举与文学”这一领域。

此后，兴荣与我不时有些联系。他果真以“金代科举与文学”作为主攻方向，经过一段时间的准备，2010 年成功申报了教育部人文社科青年基金项目。2011 年，李正民先生推荐他报考安徽师范大学的博士研究生，随我攻读博士学位。期间，兴荣即以此为博士论文选题。经过开题论证之后，他又于 2013 年成功申报了国家社科基金项目。2015 年夏，兴荣完成了博士论文，顺利获得博士学位。毕业后的一年多时间里，他又对博士学位论文作了些扩充与修改，圆满地完成了教育部项目。从课题的最先提出，到著作的正式出版，前后经历了整整十年，可谓是十年磨一剑。

关于科举与文学的关系，自20世纪80年代以来，出版了多种具有示范意义的优秀著作，如程千帆先生的《唐代进士行卷与文学》、傅璇琮先生的《唐代科举与文学》、祝尚书先生的《宋代科举与文学》、余来明博士的《元代科举与文学》等等。这一方面给后来者提供了可资借鉴的便利，另一方面又给后来者提出巨大的挑战——如何跳出前人的写作模式？如何才能有所创新？况且金代科举与文学研究，并不是空白地带。薛瑞兆的《金代科举》、李桂枝的《辽金科举研究》等书均是颇有分量的著作。在这样的学术背景下，要想写出一部既有新意又有价值的关于金代科举与文学研究的著作来，谈何容易？在与兴荣的讨论过程中，我们明确了几点：一是金代科举与唐宋科举相比，既有共性，也有其个性。因此，不能照搬唐宋科举与文学研究的模式，而要努力突出金代科举与唐宋科举的不同之处，要特别注意北方地区、女真政权等因素赋予金代科举的独特个性，这种个性更能体现出该选题的学术价值。二是不求系统全面地研究金代科举与文学，要略人所详，详人所略，突出问题导向，以具体问题来结构论文。如对金代科举发展沿革之类问题，前贤已经弄得比较清楚，就可以略而不谈。三是要坚守文学本位。这既是当代学科分工的需要，也是该课题的内在需求，因为从史学角度研究金代科举的成果较多，留下的研究空间相对有限，而从科举的视角入手来研究金代文学，可能会有更多的收获。

从兴荣目前完成的《金代科举与文学》一书来看，基本上实现了我们当时的设想。全书共分七章，前两章偏重于有关科举的史学研究，在对原始文献研读考据的基础上，厘清金代进士的基本情况，对金代进士加以考辨和增补。仅增补一项，就比前人增加了70多名进士。在此基础上，又通过详细的列表统计，分析金代进士的地理分布特点及其成因，反映出金代文学、文化的地域图景，由此可以折射出北方文化发展的状况。后五章渐次突出文学研究，分别就文人心态、科举命题、科考事件、状元文学、科举诗词等专题展开深入探讨，有了诸多出人意表的发现。譬如在考察金代科举考试题目的来源时，发现在现存的34个考试题目中，出自《汉书》的居然多达13个，占了38%，远远高于出自其他经书和史书中的。如果不经过具体的考察和认真的统计，谁会想到《汉书》是金代科举考试的最大试题库？金代科举兼采唐宋之法，而有所增损，如此重视《汉书》当非金代独创，唐宋时期，又有多少科举试题出自《汉书》？韩愈《张中丞传后叙》记载，进士出身的张巡能够整卷背诵《汉书》。苏轼也是熟读《汉书》，他曾手抄《汉书》每段开头两三个字，抄了三遍，以至于只要提示每段开头的几个字，就能整段整段地背诵《汉书》。明乎科举命题的导向，也就不难理解，唐宋文人为何如此重视《汉书》、熟悉《汉书》了。由此，我突然想到，相比于《史记》，《汉书》对中国文学的巨大影响，长期以来，是不是被学界低估了？再比如通过考察金代末年发生的几桩轰动一时的科举事件，发现这实际上是与主考官改革文风的努力有关联的，由此令人信服地论证了这几起科举事件是导致金末文风转变的重要因素。通过科举考试的指挥棒来改革文风，虽然是步欧阳修等人的后尘，但并非一挥而就，必然会引起一些纷扰，必须要承担积习带来的压力。金末科举事件为科举改革、文风改革过程提供了鲜活的例证。本书中像这样能体现金代特点而又富有新意的研究还有很多，相信读者一定会有许多意外的收获。

兴荣为人质朴实在，本书亦如其人。每章每节都是在梳理大量原始文献的基础上写作而成的。如为了分析金代进士的地理分布状况，他逐一排比1610名进士的籍贯，制成《金代进士地理分布表》，为此付出了巨大的精力。再如，要考察清楚34个金代科举考试题目的具体出处，也是颇为不易的。因为其时考官为了加大试题的难度，在选择考试题目时并非从经史子集等书中直接选取整句，而是常常故意打破原文顺序，或是割裂文意，或是前后搭配，或是正文与注文混用，等等，这对应试举子来说明显增加了难度，那么对后世的研究者而言，要考察清楚这些题目的来源，也同样增加了许多难度。又如他在研究金代状元的成就时，几乎穷尽所有相关文献，实事求是地评估金代状元的文学成就和文学影响，得出了令人信服的结论。还有金代科举诗词创作这一章，仅就解读赏析这些作品，也并非易事。因为目前对金代诗词的整理和注释还远远不够，几乎没有可参照的成果。从作者对相关典故的注释，以及对具体作品的解析来看，也是下了不少功夫的。书末所附的几个附录信息量很大，也很有实用价值，从中也可以看出兴荣严谨认真、踏实勤奋的治学态度。

本书还只是兴荣研究金代科举与文学的阶段性成果。有些话题还可以进一步展开，如金代进士地域分布一章，只是在统计的基础上概括了金代进士在地理分布上的基本特征，分析了其形成的原因，如果能进一步揭示金代进士地域分布的文学史意义，当会使研究更加深入、论题更有价值。此外，还可以开拓出一些新的话题，如北方民族政权对金代科举政策及文学的影响、金末进士入元后的命运等等。相信兴荣通过努力，一定会在辽金文学研究领域取得更大的成就。

2016 年 11 月 20 日

内容提要

当代学人薛瑞兆先生费时数年，著成《金代科举》一书，共辑录金代进士 1527 人，嘉惠学林，厥功甚伟。然其中亦有一些失误甚或错误之处。嗣后，李桂枝亦出版了《辽金科举研究》一书，其中所录金代进士数量多达 1825 人，然其收录标准失之太宽，失误之处仍难以避免。本书承二位先生之后，正其失误之处，补其未录之人，新辑得 70 名金代进士，并对其登第时间作了初步考证，庶几有补于氏著。

金代进士在各地区的分布状况极不平衡。而导致这种分布格局的原因主要有政治、文化、教育和人口等几种因素，其中又以教育的影响最大。金代进士家族化的现象特别突出。进士家族在各地的分布状况也同样表现出极大的不平衡性。金代状元的地理分布状况与进士及进士家族的情况大体上是一致的。

金代虽是由女真族统治的政权，但也实行科举取士制度百有余年，社会上普遍流行着诸多科举习俗，诸如求仙问道、占卜梦兆、阴德果报，等等，反映出时人浓厚的“科名前定”观念。金代社会中，进士与权贵联姻的现象较为普遍。这种“婚姻重进士”的现象，反映出时人对科名的高度崇拜。与唐宋时期相比，金代进士的风流韵事较为少见。

金代科举考试命题范围以“五经三史”为主，考试题目大多关涉仁德、宽刑、选贤、爱民等内容，反映出金统治者尊崇汉族文明、重视礼乐刑政、向往太平盛世的心理意识。以词赋取士推动了金代词赋创作的繁荣，但狭窄的命题范围也约束了金代赋家的创作个性，使其赋作难以恒久流传于世。考试命题的政治化导向，使得金代散文具有较强的议论色彩。女真进士科考试以策、论为主，则导致了女真族文人诗赋创作的缺席。

金朝末年发生了几起影响较大的科举事件，主文者在录取时有意擢拔文风奇特的士子，极大地冲击了当时文坛上的萎靡风气。其中起关键作用的当数其时的文坛盟主李纯甫，他为诗作文本尚怪奇，好接引推奖年轻士子，又多次主文取士，使得金末文坛上的奇古风尚风靡一时。

金代状元的诗文著作留存下来的较少，但从相关记载来看，他们大多淹贯经史，学问渊博，著述丰富，有较高的文学成就。由于其特殊的名声和社会地位，金代状元在当时的文坛上产生了很大的影响，主要表现在三个方面：一是通过家学传承，直接影响了子孙后代的文学兴趣；二是通过兴学授徒、主文取士等方式，强有力地引导着应举士子的文学风尚；三是在女真状元的示范和引领下，越来越多的女真人走向科场，弃武从文，极大地促进了女真文学的发展。

金代文学中也留存有一些科举题材的诗词作品，诸如送人赴试诗、贺人及第诗、慰人落第诗、同年交往诗、贡院唱和诗以及举子自抒情怀诗，等等。这些诗词作品真实表现了举子们应举过程中的种种情感经历。也有一些作品描述了金代的一些科举习俗和考科中的具体情形，可以弥补《金史·选举志》记载的缺失。

目　　录

绪　论

第一节　近30年来相关研究成果概述

一　近30年来金代文学研究概述

自20世纪80年代以来，金代文学研究逐渐升温，队伍逐渐壮大，成果日益增多。在基础文献整理、专题学术研究以及文学普及等方面都取得了不小的成就。

（一）基础文献整理

文献整理是一切研究工作的基础，对于古典文学的研究来说更是如此。首先是文学总集的编纂和别集的整理。

总集编纂。金代文学总集的编纂成果斐然，现代学者编纂的金代诗、词、文的总集皆已公开出版。其中最早编纂出版的当数唐圭璋的《全金元词》①，接下来是薛瑞兆和郭明志编纂的《全金诗》②，之后又有阎凤梧和康金声主编的《全辽金诗》③、阎凤梧主编的《全辽金文》④ 相继问世。另外，清代学者编纂的金代文学总集也再次出版印刷，如张金吾编的《金文最》⑤、庄仲方编的《金文雅》⑥，等等。这

① 唐圭璋编：《全金元词》，中华书局1979年版。

② 薛瑞兆、郭明志编纂：《全金诗》，南开大学出版社1995年版。

③ 阎凤梧、康金声主编：《全辽金诗》，山西古籍出版社1999年版。

④ 阎凤梧主编：《全辽金文》，山西古籍出版社2001年版。

⑤ （清）张金吾编纂：《金文最》，中华书局1990年版。

⑥ （清）庄仲方编纂：《金文雅》，吉林人民出版社1998年版。

些金代诗、文、词总集的编纂出版，为金代文学的研究奠定了坚实的基础，也促进了新时期以来金代文学研究的繁荣和深化。

当然，由于各种主客观条件的限制，这些总集也同样存在不少遗漏错误，一些学者已有补遗订正。如《全金元词》出版后就有许多学者作了补证订误的工作，相关论文有10余篇，主要有么书仪的《关于〈全金元词〉中一些问题的商榷》①、张绍靖的《〈全金元词〉补辑》②、渭君的《〈全宋词〉〈全金元词〉订误》③、张朝范的《〈全金元词〉校读》④，等等。再如对《全金诗》和《全辽金诗》的校订辑补也有不少，如薛瑞兆和郭明志的《新编金诗校订——兼评〈全辽金诗〉》⑤、崔彦的《从异常押韵及诗词格律分析谈〈全金诗〉校勘61则》⑥、刘培建的《新编〈全金诗〉补正》⑦，等等。对《全辽金文》的校补也不少，相关的论文主要有薛瑞兆的《〈全辽金文〉校订》⑧、李玮的《〈全辽金文〉补遗一则》⑨、张立敏的《〈全辽金文〉指瑕》⑩、罗海燕的《〈全辽金文〉辑佚11篇》⑪，等等。这些校补辑佚进一步完善了这些总集，有利于更好地研究和使用。

别集整理。相对于全集的整理，金代文学别集的整理显得有些滞

---

① 么书仪：《关于〈全金元词〉中一些问题的商榷》，《晋中师专学报》1987年第1期。

② 张绍靖：《〈全金元词〉补辑》，《苏州大学学报》1992年第2期。

③ 渭君：《〈全宋词〉〈全金元词〉订误》，《文献》1993年第4期。

④ 张朝范：《〈全金元词〉校读》，《文献》1996年第3期。

⑤ 薛瑞兆、郭明志：《新编金诗校订——兼评〈全辽金诗〉》，《北方论丛》2004年第1期。

⑥ 崔彦：《从异常押韵及诗词格律分析谈〈全金诗〉校勘61则》，《中国典籍与文化》2010年第1期。

⑦ 刘培建：《新编〈全金诗〉补正》，硕士学位论文，广西师范学院，2010年。该文共纠正其中的诗人小传、诗歌版本文字等方面的误差124处，补充诗人小传等方面遗漏资料41处；利用《诗渊》等诗歌文献补新编《全金诗》未收之完诗35首，逸句6句；还增加了新编《全金诗》未收诗人1名；并对新编《全金诗》残诗1首予以补全。

⑧ 薛瑞兆：《〈全辽金文〉校订》，《古籍整理研究学刊》2008年第4期。

⑨ 李玮：《〈全辽金文〉补遗一则》，《山西大学学报》2008年第4期。

⑩ 张立敏：《〈全辽金文〉指瑕》，《嘉兴学院学报》2010年第1期。

⑪ 罗海燕：《〈全辽金文〉辑佚11篇》，《西南交通大学学报》2011年第5期。

后。金人文集现存别集（包括后人辑录的）7种和合集2种，而经过整理的只有元好问、王若虚和河汾诸老的诗文集。最早的是姚奠中主编的《元好问全集》[①]，仅有辑校，而没有注释，之后是张正义和刘达科校注的《河汾诸老诗集》[②]、胡传志和李定乾的《滹南遗老集校注》[③]、赵永源校注的《遗山乐府校注》[④]，既有辑校，又有注释。而狄宝心积多年之功，先后出版了《元好问诗编年校注》[⑤]和《元好问文编年校注》[⑥]（2012）两种校注本，为元好问诗集和文集的全新整理本，分校勘、编年、注释三部分，书后分别附有元好问诗歌和文章篇目索引，便于查询。狄氏的这两种校注本被中华书局列为“中国古典文学基本丛书”，代表了金代文学别集整理的最高水平。其余几种（王寂的《拙轩集》、王庭筠的《黄华集》、赵秉文的《闲闲老人滏水文集》、李俊民的《庄靖集》、蔡松年的《明秀集》以及段克己和段成己的合集《二妙集》）还有待于尽快整理。

（二）作家年谱编撰

作家年谱的编撰也是文学研究的基础。新时期以来关于金代作家的年谱有两种。一是狄宝心的《元好问年谱新编》[⑦]，以翁方纲、凌廷堪、施国祁、李光廷、缪钺等学者编纂的元好问年谱为基础，“兼采诸谱之美，汇集今人新论之精，考订新补之作品”，可谓是后出转精。另外，该书后还有三个附录：历代元好问研究选评、元好问研究百年回顾、元好问研究目录索引，给研究者提供了极大的便利。二是王庆生的《金代文学家年谱》[⑧]，以《中州集》《河汾诸老诗集》所

---

① 姚奠中：《元好问全集》，山西古籍出版社1990年初版，2004年又出版李正民的增订本。

② （元）房祺编：《河汾诸老诗集》，张正义、刘达科校注，山西古籍出版社1996年版。

③ （金）王若虚：《滹南遗老集校注》，胡传志、李定乾校注，辽海出版社2005年版。

④ （金）元好问：《遗山乐府校注》，赵永源校注，凤凰出版社2006年版。

⑤ （金）元好问：《元好问诗编年校注》，狄宝心校注，中华书局2011年版。

⑥ （金）元好问：《元好问文编年校注》，狄宝心校注，中华书局2012年版。

⑦ 狄宝心：《元好问年谱新编》，中国文联出版社2000年版。

⑧ 王庆生：《金代文学家年谱》，凤凰出版社2005年版。

收作家为基础，共为金代242位作家编写年谱，大致依原书顺序排列，资料翔实，考证精审，嘉惠学林。

（三）金代文学史书写

文学史的编写是文学研究深化的标志之一。一般来说，文学史又可分为断代文学史和多卷本通代文学史的分卷两种情况。除了在《中国文学史》中有对于金代文学的部分论述外，近30年来，也出版了不少专门的金代文学史著作。代表性的有张晶的《辽金诗史》①，该著第一次以专史的形式，为我们展示了辽金两代诗歌创作及发展的全貌。作者从大量的第一手资料中，厘清了辽金诗史的发展脉络，并通过文化—心理分析和艺术—审美批评，揭示了辽诗和金诗在中华诗史上的独特价值。黄兆汉的《金元词史》② 是目前唯一的一部金元词史专著，虽然此作尚缺乏理论深度，对一些词人风格把握欠准确等不足，但其在对金元词大量文献资料的梳理、词体艺术发展线索的探寻、词人词作的论析评断等方面，都显示了作者谨严的态度和认真的思考。对于金代诗、词研究来说，《辽金诗史》和《金元词史》这两部断代分体文学史著皆具有筚路蓝缕之功，毫无疑问，在学术史上有着其不可替代的意义。

近年来，先后出版了两种金代文学编年史：一是牛贵琥的《金代文学编年史》③。该书多达百万字，资料非常丰富，仅涉及地方志就有400余种，新发现诗、词、文300多篇（首）。作为一部文学编年史，作者并非对这些资料作简单的堆积，而是有详有略，综合分析，在对各个时代的史料进行索引、考据、归类和比较，探讨文学与社会生活的相互关系以及文学与历史进程的相互影响，展示金代各族人士的心灵世界。二是王庆生的《金代文学编年史》④，该书共计120万字。以金代各类文学现象为主体，兼及文化活动、各类艺术、宗教等，以此作为研究对象，用编年方式排列史料，考证作家生平及作品

---

① 张晶：《辽金诗史》，东北师范大学出版社1994年版。

② 黄兆汉：《金元词史》，台湾学生书局1992年版。

③ 牛贵琥：《金代文学编年史》，安徽大学出版社2011年版。

④ 王庆生：《金代文学编年史》，中华书局2013年版。

年月，展示一代文学的运动轨迹[①]。

多卷本的通代文学史著中也有辽金元分卷，主要有郭预衡主编的《中国古代文学史长编·宋辽金卷》[②]、诸葛忆兵等的《中国文学编年史·宋辽金卷》[③]，皆是将宋辽金作为一卷，但有关金代文学的内容显得较为单薄。而张晶的《辽金元诗歌史论》[④] 和《中国诗歌通史·辽金元卷》[⑤] 皆是多卷本通史性的中国文学史著作中一卷，两者都把辽金元这三个少数民族政权的文学作为一个单元进行编排，其中有关金代文学的内容显著增加。

此外，还有刘明今的《辽金元文学史案》[⑥]，则是采用一种全新的视角，即不同于传统的以作家、作品和文学流派为纲来探索文学发生和发展的规律，而是着重于对文学史上诸多现象作具体的描述，包括作家的写作、文本的流传以及作者的接受和批评，以期从现象出发来理解文学的存在，发现文学的规律。

可以看出，这些文学史撰写的视角和体例各不相同，既有传统的史传体，也有编年体；既有分体文学史，还有史案体文学史（类似于史书的纪事本末体），可谓是种类繁多。

（四）金代各体文学研究

金代各体文学中以诗和词的数量较多，成就也较高，因而，学者的研究成果也就相对多些，研究水平也较高些。

1. 金词研究

金词研究方面成果较多。刘锋焘的《金代前期词研究》[⑦] 是第一部研究金词的专著，该书按时代分为上下两编，都是先从总体上论述

---

① 王庆生：《〈金代文学编年史〉编写札记》，《江苏大学学报》2006 年第 5 期。

② 郭预衡主编：《中国古代文学史长编·宋辽金卷》，首都师范大学出版社 1993 年版。

③ 陈文新主编：《中国文学编年史·宋辽金卷》，湖南人民出版社 2006 年版。

④ 张晶：《辽金元诗歌史论》，吉林教育出版社 1995 年版。

⑤ 赵敏俐、吴思敬总主编，张晶分卷主编：《中国诗歌通史·辽金元卷》，人民文学出版社 2012 年版。

⑥ 刘明今：《辽金元文学史案》，上海古籍出版社 2004 年版。

⑦ 刘锋焘：《金代前期词研究》，陕西师范大学出版社 1998 年版。

金初的政治和文化背景，然后具体论述词人词作。上编主要论述宇文虚中、吴激的词创作，附及刘著、高士谈、邢具瞻和张中孚的词创作，下编重点论述了蔡松年和完颜亮的词创作，又论及蔡珪、赵可、邓千江的词创作。之后，刘锋焘又出版了《宋金词论稿》①，该书亦分为两编，上编为宋代词人的论述，下编为金代词人的论述。书中值得注意的是对金初词与北宋词之间承继关系的论述。

如果说《宋金词论稿》是将北宋词与金词联系起来进行研究；那么以下三种著作则把金元词作为一个整体来进行观照。第一部是赵维江的《金元词论稿》②，全书分为三编，上编为金元词概说，主要是对金元词的创作情况、研究状况和总体特征及发展轨迹的梳理和论述，作者把金元词的总体特征概括为豪放质朴的北宗风范、隐逸避世的主体精神、类诗类曲的词体特征三个方面，准确而富有创见；中编为金元词人论列，重点论述了吴蔡体、遗山词论、白朴词和张翥词，作者首次明确提出北宗词派的概念，梳理出从东坡体—吴蔡体—稼轩体的北宗词派的发展轨迹，归纳出遗山词论的精华：词史观、情性说、词味说和体派论，并认为吴蔡体是北宗词派创立的标志，而元好问的词论则是北宗词派的理论总结。作者还分析了白朴词中蕴含的隐逸时代的文人心态，探讨了张翥词的思想内涵和艺术特征，认为其词显示出典雅老成之境，代表着南宗词派的复兴。下编为金元词考述，重点对白朴的南游行迹作了考述，并对其词进行了初步的分期系年，另外，还对《全金元词》作了订误和补遗，最后附录了《金源文化与稼轩词爱国主义的规定》一文。该书体现了作者扎实的文献功底、敏锐的学术眼光和高超的理论思辨能力，是金元词研究中的一部典范之作。第二部是陶然《金元词通论》③，全书分为九章，第一二章分别对金元词断限和演进轨迹进行了考察和断定，第三章对金词的历史定位作了论述，第四章对传统的“词衰于元”的命题作了辨析，第五六章为金元少数民族词人、域外交往词及金元全真道教词的研究，

---

① 刘锋焘：《宋金词论稿》，中国社会科学出版社 2002 年版。

② 赵维江：《金元词论稿》，中国社会科学出版社 2000 年版。

③ 陶然：《金元词通论》，上海古籍出版社 2001 年版。

第七章考察了词与诗、曲之间的文体互动，第八章为金元词人群体述论，第九章为金元词论。第三部是丁放的《金元词学研究》①，侧重于词学理论的研究，该书研究的内容涉及词乐、词论、词学总集和词学接受等多个方面，资料丰富，视野广阔，理论批评与创作实践相结合，探源析流，论从史出，创见颇多。

也有对金代词人群体进行专门研究，一是牛海蓉的《元初宋金遗民词人研究》②，全书分为三编：第一编分别探讨了金遗民词人、宋遗民词人，把这两种来源的遗民词人按入金时和入金后的主体身份分为不同的类型，并对宋金两类遗民词人心理差异进行了对比分析，探寻其内在的、深层的原因。第二编为宋金遗民词创作，对金遗民词人分析了其各自的艺术渊源、风格特征及思想内容，对宋遗民词人则按作品题材进行了分类研究，诸如西湖词、咏物词、节序词、寿词等，还对宋金遗民词集《元草堂诗余》的结集和接受进行了初步的探讨，最后对宋金遗民词创作进行了比较分析，探寻其内涵和词风异同的原因。第三编为宋金遗民词论，同样分宋金遗民两类来进行论述，金代遗民词人中主要论及王若虚、元好问、刘祁、李治的词论，宋代遗民词人中主要对沈义父的《乐府指迷》、周密的《浩然斋雅谈》、张炎的《词源》进行了初步的探讨。书后还附录了《元初宋金遗民词人活动年表》。该书对宋金遗民词人从词人、词作到词论进行了全方位的论述，框架严密，体例完善，论述精当，结论也有可观之处。二是李艺的《金代词人群体研究》③，把金代词人分为吴蔡词人群体、“国朝”词人群体、南渡词人群体、遗民词人群体和全真道词人群体五个群体，前四个词人群体大体按时代顺序分类，最后一个则是特殊的文人群体，在研究中作者既能够从政治背景、文学渊源、地域文化传统以及个人的境遇、性格等方面进行综合考察，还对金代以前词的流派演变和历代的金词研究进行梳理，对金词在词史上的地位和意义做出较为准确的定位和概括，其结论具有较强的说服力。

---

① 丁放：《金元词学研究》，中国社会科学出版社 2002 年版。

② 牛海蓉：《元初宋金遗民词人研究》，中国社会科学出版社 2007 年版。

③ 李艺：《金代词人群体研究》，首都师范大学出版社 2008 年版。

此外，李静的《金词生成史研究》[①] 对金词生成的文化生态环境进行了深入的探讨，该书分为上下两编，上编从金代各个时期不同的政治形势出发来探索金词生成、发展的深层原因，如金初三个政治中心与词坛的群落分布，金代中期社会承平的政治生态对词坛的影响，南渡前后的政治状况对词坛的影响。下编则从宋金政权对立与交流、民族传统和宗教影响等方面来探讨金词的创作与传播，如宋金交聘中的使者往来对词坛的影响，金代女真族文人和全真道士的词创作，最后还对金初词坛上“吴蔡体”的定位以及吴蔡之间的交往作了探讨。

2. 金诗研究

研究金诗的著作少于研究金词的著作，主要有以下几种：

杨忠谦的《政权对立与文化融合：金代中期诗坛研究》[②] 是专门研究金代诗歌的著作，该书以选择金代大定时期的诗坛作为研究对象，全书分九章：第一章是对金代中期的文化背景进行分析；第二章到第四章深入揭示了金代中期诗坛的三种审美趋向：由政治、宗教、哲学因素而形成的普遍性特征——尚自适，由地理、历史、民族因素而形成的地域性特征——崇气格，由文化、教育、艺术因素而形成的时代性特征——重典雅；第五六两章为诗歌艺术论，从诗歌体裁、体式、用典、句式和意象等方面对金代中期诗歌进行分析；第七章为诗歌因革论，探讨陶渊明、苏黄诗风和唐人在不同时期对金代诗歌产生影响的过程及其原因；第八章为金代少数民族文人的诗歌创作，突出了作家的地理环境和民族文化传统对其创作的影响；第九章为南宋与金朝的文学交流，主要对南北政权对立下各自的文学作品在对方境内的流传进行了考察。

王锡九的《金元的七言古诗》[③] 则是专门研究金元两代的七言古诗，基本上按时代先后顺序排列，对一些重要作家的七言古诗进行个案研究，其中金代的作家有：蔡珪、党怀英、王庭筠、赵秉文、李纯甫、元好问、李汾、李献甫、河汾诸老、李俊民等，全书缺乏综合的

---

① 李静：《金词生成史研究》，中国社会科学出版社 2010 年版。

② 杨忠谦：《政权对立与文化融合：金代中期诗坛研究》，人民出版社 2010 年版。

③ 王锡九：《金元的七言古诗》，南京师范大学出版社 2000 年版。

研究，理论性不强，显得较为平淡。

尹晓琳的《辽金元时期北方民族汉文诗歌创作研究》① 是一部很有创见的新著，作者把辽金元这三个历史时期的北方民族政权作为一个宏大的政治文化背景，对这三个时期契丹、女真、蒙古等北方民族的汉文诗歌创作的生成空间进行了深入的探讨，第一章指出了政治、经济、文化和血缘四种纽带是其诗歌创作生成的历史语境；第二章指出统治阶级权力话语的演变、地域文化的变迁、教育机构与科举制度的建立和儒释道文化的介入等是影响其创作发展的重要因素；第三章概括了辽金元三代在不同时期的北方民族汉文创作风貌的演变；第四章梳理了辽金元三代北方民族汉文创作的发展态势，即创作主体由单一对多元的转化，表现形式由诗至曲的日渐丰富，表达领域由宫廷走向民间，内蕴风格由粗疏到婉约；第四章概括了其创作的文化内涵，提出了北方民族在其发展过程中呈现出民间口传、母语创作、汉文创作的三维立体文学模式，文学的政治教化、认识、娱乐功能的日益彰显以及随着民族融合的逐渐深入而出现了民族特性的淹没与坚守的矛盾冲突。最后结论，作者认为辽金元时期北方民族的汉文创作推动了中原文化的向北扩展，丰富了主流文学的内容，对后世民族的文化发展产生了深远的影响。全书结构条理清晰，思维敏捷，逻辑严密，论证合理，有较强的理论创见，结论也坚实可靠。

3. 诸宫调和戏曲研究

诸宫调在金代文学中是非常引人关注的一种文体，也是金代文学留给中国文学史的一朵奇葩。孙逊的《董西厢与王西厢》② 对两种《西厢记》的主题思想、人物形象、艺术成就和不足之处作了分析，并对《莺莺传》到《董西厢》再到《王西厢》的演变过程做了较为详细的考察与论述。龙建国的《诸宫调研究》③ 是第一部专门研究诸宫调的论著，作者对诸宫调的发展历史、音乐体制、文学意义、艺术渊源以及与南北曲的关系进行了全面系统的研究。吕文丽的《诸宫调

① 尹晓琳：《辽金元时期北方民族汉文诗歌创作研究》，民族出版社 2011 年版。

② 孙逊：《董西厢与王西厢》，上海古籍出版社 1983 年版。

③ 龙建国：《诸宫调研究》，江西人民出版社 2003 年版。

与中国戏曲形成》[①] 在前人的基础上，对诸宫调对戏曲的影响，从多个方面进行了系统全面的阐释，突出强调诸宫调在中国戏曲史上的过渡意义。

金代戏曲作品虽然没有流传下来，但是我们要想深入考察元杂剧兴盛的原因，就不得不追溯到宋金时期。薛瑞兆的《宋金戏剧史稿》[②] 就是一部研究宋金时期戏剧形态的重要著作。其中第八至十一章为金代戏剧专论，论及金代院本的正名、渊源和名目、金代北曲杂剧的曲制和体制、金代戏剧文化、金代戏剧发展的社会原因等问题，书末还附有金院本名目、优戏语录以及宋金戏剧文物图片等资料。景李虎的《宋金杂剧概论》[③] 也是一部极为重要的戏剧研究著作。全书分为七章，分别从宋金杂剧的概貌、艺术体制、表演场所、角色、化妆、戏剧观念、宋金杂剧发展成长的社会文化动力等方面来论述，作者以新中国成立以来发现的戏曲文物为中心，辅以历代文字史料，力图用社会学、经济学、市场学、人类学、考古学、宗教民俗学的方法，在更加广阔的背景上多侧面、立体化地勾画出宋金杂剧的面貌。

4. 辞赋、散文和小说研究

金代辞赋现存较少，研究成果也不多。目前只见到两种相关著作，一是康金声和李丹的《金元辞赋论略》[④]，这是较早研究金代词赋的一本著作。该书的第一部分是有关金元辞赋研究的 6 篇论文，其中《金赋概论》对金代辞赋的思想、内容、体式、艺术进行了分析和论述；第二部分主要是对金元辞赋作品的编年，辞赋家索引和元代同题赋索引，皆制成表格，最后是金元辞赋名篇介绍。这部分内容基本属于资料性质，方便了后来学者的研究工作。二是武怀军的《金元辞赋研究评注》[⑤]，该书分为上下两编，上编为理论研究，概论部分论及金元两代科举取士与辞赋创作的关系以及两代辞赋创作的发展与

① 吕文丽：《诸宫调与中国戏曲形成》，中国戏剧出版社 2011 年版。

② 薛瑞兆：《宋金戏剧史稿》，生活·读书·新知三联书店 2005 年版。

③ 景李虎：《宋金杂剧概论》，广东高等教育出版社 2011 年版。

④ 康金声、李丹：《金元辞赋论略》，学苑出版社 2004 年版。

⑤ 武怀军：《金元辞赋研究评注》，群言出版社 2006 年版。

分期，后面九章为金元代表赋家的创作专论，金代只论及赵秉文和元好问两家。下编为金元辞赋作品评注，涉及金代的辞赋家有王寂、赵秉文、李俊民和元好问 4 人，共 9 篇辞赋。

金代散文研究的著作，目前可见的只有一种，即王永的《金代散文研究》①，这是第一部全面系统研究金代散文的专著。该书对金代散文的文献流传、发展历程、各体特色、名家成就、理论传承、文化根源等做了全面系统的研究。

金代小说创作不丰，只有元好问的《续夷坚志》，成就有限，研究成果亦少，目前仅见李正民的《续夷坚志评注》②。该著第一次对这部金代小说进行了整理和研究，收录了 207 篇作品，打破原来的排列顺序，分为异人异事、史料、生理医药、文物、动物植物和自然现象六大类，有注释，有简评，书后附录有诸序跋和四库提要、人名索引、地名索引、研究论文索引，方便了学者的使用。

（五）金代文学综合研究

胡传志的《金代文学研究》③ 是金代文学研究的一部标志性的著作。全书分为五章，第一章是总论，先是回顾了金代文学研究的历史与现状，然后从宏观上论述金代文学的特征、地位、苏轼在金代文坛的地位、金初词与两宋豪放词等重要问题，皆发人所未发，解决了一些关系金代文学研究的重要的理论问题，还指出一些亟待深入研究的问题，对后来的金代文学研究多有启示；第二章是元好问考论，重点对元好问论诗名作《论诗三十首》进行了深入细致的考辨，阐明了元好问诗论的阶段性特征，还对元好问选编的《唐诗鼓吹》的真伪问题、编纂动机与背景等进行了深入的探讨，阐明了一系列纠缠已久的问题。第三章是《中州集》研究，作者从编纂过程、编纂体例、性质、文化意义、文献失误、流传和影响等诸多方面对这部金代诗集进行了全面系统的研究，结论坚实可靠。第四五部分是对金代作家的个案研究，有关金代重要的作家都有论述，是对金代作家的一次大

---

① 王永：《金代散文研究》，中国社会科学出版社 2011 年版。

② （金）元好问：《续夷坚志评注》，李正民评注，山西古籍出版社 1999 年版。

③ 胡传志：《金代文学研究》，安徽大学出版社 2000 年版。

检阅。

张晶主编的《中国古代文学通论·辽金元卷》[①] 则将辽金元三朝文学进行整体观照，全书分为三编，上编为辽金元各体文学概述，中编为辽金元文学与社会文化，涉及文学与宗教、哲学、艺术、地域、社会生活、文人境遇等关系的研究，下编为辽金元文学的基本文献。

也有一些学者多年来致力于金代文学研究，他们将自己的研究成果汇集成专著，代表性的有以下三种：一是周惠泉的《金代文学论》[②]，这是作者多年来研究金代文学的总结性成果，既有总体观照，也有个案研究。二是张晶的《辽金元文学论稿》[③]，是作者研究辽金元文学的专题论文集，内容丰富，既有宏观的论述，也有个案的考察，整体上偏重于诗学理论的阐发，有很强的思辨色彩。三是牛贵琥和张建伟主编的《女真政权下的文学研究》[④]。与前二者不同，这是一部多人论文集，共收 13 篇论文，既有宏观的综合研究，也有微观的深入调查。宏观上从历史、民族、科举和传承等各个角度对金代文学进行考察，尤其对新兴的曲、小说和戏剧进行了全新的研究；微观上对金代初期、盛期和末期的代表作家进行了具体考证和深入论述。

（六）金代文学与宗教关系研究

从宗教的角度来研究文学，也是近年来古代文学研究的一个新的增长点。金代全真教极为盛行，不少全真道士有很高的文化水平，他们创作了不少诗词作品，有学者对此进行了专门的探讨。詹石窗的《南宋金元道教文学研究》[⑤] 从文献、历史、宗教的不同角度，对南宋金元时期的道教文学进行全面的考察。全书分为上下两篇，上篇分别对金元全真道的诗词、南宋元代金丹派南宗的诗词、南宋金元的道教散文进行研究；下篇分别论述了南宋初中叶文人诗词中的仙道内

---

① 傅璇琮、蒋寅主编，张晶分卷主编：《中国古代文学通论·辽金元卷》，辽宁人民出版社 2005 年版。

② 周惠泉：《金代文学论》，东北师范大学出版社 1997 年版。

③ 张晶：《辽金元文学论稿》，北京广播学院出版社 2004 年版。

④ 牛贵琥、张建伟主编：《女真政权下的文学研究》，三晋出版社 2011 年版。

⑤ 詹石窗：《南宋金元道教文学研究》，上海文化出版社 2001 年版。

涵、南宋遗民与金元著名文人的玄门情结、元代神仙道化剧及其艺术特征进行了研究。左洪涛的《金元时期道教文学研究》[①] 分为六章，第一章是对金元时期全真道兴盛及文人弃儒从道的文化考察；第二章对金元时期全真道的创立、发展过程和教义教制的考察；第三章是对全真道教词的总论，对其兴盛的原因，在由词向曲转变中的作用以及有关的词牌、意象等作了详尽的探讨；第四到六章分别对全真教祖王重阳和他的七位弟子的生平活动和词创作进行了细致和研究和分析。

金代社会佛教依然盛行，对文学自然产生了重要的影响。刘达科的《佛禅与金朝文学》[②] 是第一本全面系统地研究佛教与金代文学关系的专著。全书五章，按内容可概括为三大块，第一章研究佛禅对金朝文人在生活状况、思想感情、精神面貌和价值取向等方面的重大影响；第二到四章从艺术思维、思想意蕴和文学话语等三个方面来考察佛禅对金代文学的影响；第五章探讨佛禅对金代文学批评的影响，从师心说、圆成说和禅诗通契说三个方面予以分析。

（七）元好问研究

元好问是金代文学的一座高峰，对其研究也自然成为金代文学研究的热点所在。代表性的著作主要有：降大任的《元遗山新论》[③]，汇集了作者研究元好问的系列论文，研究的内容包括元好问的名节问题、诗学渊源、诗歌理论、哲学思想、教育思想、交游考、亲属考、交往僧道考、年谱要录等多个方面。其中《交游考》一文中所考知与元好问有交往的人物就有469人之多，是本书中分量最重的一篇，尤见出作者的功力。而且作者对这些人物还编有索引，便于使用者查找，也表现了作者严谨细致的治学态度。

赵永源的《遗山词研究》[④] 是研究元好问词的第一部专著，全书分为上下两篇，上篇为考评篇，包括遗山词的研究现状、《遗山乐府》的版本考察和作年考证；下篇为论述篇，对遗山词的词学理论、

① 左洪涛：《金元时期道教文学研究》，人民出版社2008年版。

② 刘达科：《佛禅与金朝文学》，江苏大学出版社2010年版。

③ 降大任：《元遗山新论》，北岳文艺出版社1988年版。

④ 赵永源：《遗山词研究》，上海古籍出版社2007年版。

艺术特征、宗唐风气、词史地位及影响接受进行了深入的论述。作者之前已出版了《遗山乐府校注》，在本书中也体现了文献整理与文学批评相结合的显著特点。

张静的《元好问诗歌接受史》[①] 在系统整理元好问研究史料的基础上，运用传播学和接受美学的理论，对元好问诗集的流播、历代选本的选录、历代诗人的引用、仿效以及元好问诗歌的阐释热点进行具体分析，系统而完整地勾勒了从金元至清代近700年间元好问诗歌接受和传播的历史轨迹，总结接受规律并探究其深层的政治文化原因，为当代元好问诗歌的研究提供学术史线索和历史借鉴。

刘泽的《元好问论诗三十首集说》[②] 汇集了古今中外对《论诗三十首》的注释和评论，以一首诗为单位，分“集笺”“集评”和“按”三个部分，“集笺”是诸家针对一句诗的解释，“集评”是诸家针对一首诗的解释和评论，“按”是作者对原诗的简要释评，并不对诸家作出评判。此外，书前有《元好问〈论诗三十首〉通论》，书后附有元好问的其他论诗诗文（作者还对此作了简要的注释），最后附录了作者研究《论诗三十首》的4篇论文。本书是研究遗山诗学的重要参考书。郭绍虞的《元好问论诗三十首小笺》[③] 笺注简明扼要，而富有卓见。

（八）金代文学理论与批评研究

对元好问论诗的研究成果数量多，成就高，也是金代文学理论研究的焦点所在。另外，也有一些学者对金代文学思想的发展流变进行了考察和探究。詹杭伦的《金代文学思想史》是关于金代文学思想史研究的第一部专著。作者把金代文化背景、士人审美心理与文学思想结合起来研究，同时又把文学创作与理论、批评结合起来进行研究，把金代文学思想的发展历程分为五个阶段，并对其不同阶段的内涵及其审美特征作了具体深入的剖析，最后上升到理论，总结了金代

① 张静：《元好问诗歌接受史》，中国社会出版社 2010 年版。

② 刘泽：《元好问论诗三十首集说》，山西人民出版社 1992 年版。

③ （唐）杜甫，（元）元好问：《杜甫戏为六绝句集解·元好问论诗三十首小笺》，郭绍虞集解笺注，人民文学出版社 1998 年版。

文学思想发展的若干条规律。张晶的《辽金诗学思想研究》[①] 探讨了辽金两代的诗学理论问题，对金代的诗学思想按时代顺序分为三个阶段进行论述，每个阶段又以代表性的诗论家为主进行探讨，最后对元好问的诗学思想作了重点阐发。丁放的《金元明清诗词理论史》[②] 一书中也涉及金代的诗词理论。该书分为两编，上编为诗论，下编为词论，均按金元明清四个历史阶段的顺序来安排章节，上编第一章为金代诗歌批评，对金代诗歌创作与诗歌理论作了概述，并对赵秉文、李纯甫、王若虚和元好问的诗论进行论述。下编第一章为金元词论。该书对宋代以后诗词理论进行系统梳理，同时也重视对诗词创作的考察，还能注意到诗词创作对理论的影响，在具体的论述中作者善于借鉴古代的书法、绘画、音乐、戏曲、小说等理论来阐释诗歌创作理论。

（九）金代文学研究学术史

周惠泉的《金代文学学发凡》[③] 是金代文学研究领域第一部学术史专著。分为内外两篇，内篇评述了自金代至现代的金代文学研究状况，外篇辑录考订了历代学者对金代重要文人的评论资料，为当代学者打下了良好的基础。作为新时期最早研究金代文学，且用力最勤、成果最丰的一位学者，周惠泉先生首次提出“金代文学学”这一范畴，初步建立起了作为中国文学研究的一个分支学科的“金代文学研究”的理论框架，对促进金代文学研究产生了重要的影响。

刘静和刘磊的《金元词研究史稿》[④] 是关于金元词研究的学术史，是崔海正教授主编的“中国历代词研究史稿”丛书中的一种。全书八章，前七章对自金词产生之时直到21世纪初的金元词研究状况作了认真的梳理，内容涉及历代金元词集整理、金元词人词研究，第八章为中国香港、中国台湾和海外各国的金元词研究，可谓是对古今中外的金元词研究作了细致的梳理和系统的总结，是一部较为系

---

① 张晶：《辽金诗学思想研究》，辽海出版社2004年版。

② 丁放：《金元明清诗词理论史》，安徽大学出版社2000年版。

③ 周惠泉：《金代文学学发凡》，东北师范大学出版社1994年版。

④ 刘静、刘磊：《金元词研究史稿》，齐鲁书社2006年版。

统、全面的金元词研究的学术史。

李正民的《元好问研究论略》[1]，全书分为三部分，综览篇主要是新中国成立以来的元好问研究概况，又分为综述与分类研究两个小类；专论篇是时代与元好问，皆是作者多年来研究元好问的代表论文；文献篇包括有关元好问著作藏目和元好问研究著作论文目录索引。在某种意义上，本书可谓是一部元好问研究学术史。

（十）金代文学作品选注和赏析

近年来，也出版了数十种有关金代诗词文选注评点类的普及读物。由于金代诗词在社会上的影响不大，学者往往与其他朝代的诗歌合选，就金诗的选注而言，代表性的有：范宁、华岩的《宋辽金诗选注》[2]，罗斯宁的《辽金元诗三百首》[3]，张展、高光起、卢兴基的《各领风骚数百年：辽金元明清诗歌卷》[4]，刘达科的《辽金元绝句选》[5]，刘达科的《辽金元诗选评》[6]，邓绍基的《金元诗选》[7]，等等；金词选注方面则有陶然的《金元词一百首》[8]，严迪昌的《金元明清词精选》[9]，等等；元好问诗词选注方面有郝树候的《元好问诗选》[10]，林从龙、侯孝琼、田培杰的《遗山词注析》[11]，姚奠中和李正民的《元好问诗词注析》[12]，等等；而周惠泉和米治国的《辽金文学作品选》[13] 则是专门选注辽金两代的各体文学作品的普及性读物。

---

① 李正民：《元好问研究论略》，社会科学文献出版社 1999 年版。

② 范宁、华岩选注：《宋辽金诗选注》，北京出版社 1988 年版。

③ 罗斯宁选注：《辽金元诗三百首》，岳麓书社 1990 年版。

④ 张展、高光起、卢兴基编著：《各领风骚数百年：辽金元明清诗歌卷》，陕西人民教育出版社 1994 年版。

⑤ 刘达科选注：《辽金元绝句选》，中华书局 2004 年版。

⑥ 刘达科注评：《辽金元诗选评》，三秦出版社 2004 年版。

⑦ 邓绍基选注：《金元诗选》，人民文学出版社 2005 年版。

⑧ 陶然编纂：《金元词一百首》，岳麓书社 2010 年版。

⑨ 严迪昌编选：《金元明清词精选》，江苏古籍出版社 2002 年版。

⑩ 郝树候选注：《元好问诗选》，人民文学出版社 1959 年初版，1983 年再版。

⑪ 林从龙、侯孝琼、田培杰选注：《遗山词注析》，中州古籍出版社 1991 年版。

⑫ 姚奠中、李正民主编：《元好问诗词注析》，山西古籍出版社 2001 年版。

⑬ 周惠泉、米治国选注：《辽金文学作品选》，时代文艺出版社 1986 年版。

赏析类著作主要有齐存田的《元好问诗探艺录》[1]，该著对元好问的部分诗作进行了鉴赏。之后，齐存田又出版了《遗山诗词赏论》[2]，对元好问的部分诗词作品进行了赏析和评论。李正民的《元好问集》[3]，则选择了元好问的部分诗、词、曲、辞赋、散文和小说作品，进行了全新的解释与评论。

不管是作品选注还是诗词赏析，这类著作皆是融学术性与通俗性于一体，都有利于促进金代文学的研究和普及。

综上所述，就研究成果来看，涉及基础文献整理（全集和别集）、文学史撰述、作家年谱编撰、重点作家研究、各体文学研究、作家群体研究、文学接受研究等诸多方面；从研究层次来看，既有宏观的文学史著述，与有微观的个案研究；从研究方法来看，既有传统的方法，如作家生平和交游的考证、作品思想和艺术的分析；也有借鉴其他学科进行的尝试，如家族与文学、地域与文学、宗教与文学、民族与文学、文化融合与文学、文学接受与传播等，在研究中体现出视野的开阔、方法的多元和理论的创新。可以说，近30年来，金代文学研究成果丰富，成绩显著，但仍存在一些不足：第一，研究对象不平衡，比如总集编纂与别集整理的不平衡，断代总集的编纂给研究者带来了极大的便利，这是毋庸置疑的，但由于种种原因，其中仍有较多的遗漏，这又给人们的研究留下了一定的遗憾。再如，作家研究的不平衡，在金代文坛上，元好问当然是领袖，是一座高峰，对其花较大力气也很正常，但其他有文集流传的几位作家如赵秉文、王寂、王若虚等，在昔日文坛上的地位颇高，可对他们的研究却远远不够。还有文体研究的不平衡等，诚然，金代文学上以诗、词成就较高，流传至今的也以诗、词数量较多，在研究中用力较多也是自然的，但相比较而言，对金代散文的研究要薄弱一些，这显然不仅仅是由于作品的数量和成就的原因。第二，研究方法还有待改进，可以借鉴和尝试用多种理论进行研究，或与其他学科进行交叉研究，这样才能弥补研究对

---

① 齐存田：《元好问诗探艺录》，中国国际广播出版社1998年版。

② 齐存田：《遗山诗词赏论》，中国文联出版社2004年版。

③ （金）元好问：《元好问集》，李正民等解评，山西古籍出版社2004年版。

象的先天不足，诸如材料散失严重、整体水平不高、大家名家较少等，才能变换视角，通过方法和理论的创新，来提升研究水平，才能在中国文学史上给金代文学还原其合理的地位。

二　近30年来金代科举研究概述

关于金代科举的研究，近年来出版了两种很有分量的专著。一是薛瑞兆的《金代科举》[①]。该书是第一部全面考察金代科举的专著，全书分三章，第一章为绪论，阐述了金代科举的发展历程、社会影响和历史意义；第二章全面研究金代科举制度，细致梳理了金代科举的科目、程序、监检和授官等内容；第三章辑录并考订了1527位金代进士，按科次顺序排列；最后还附录了金代进士题名、登科序跋、宏词程文、瞻学碑帖、教授题名、科举用书、状元传略和科举年表以及金代进士人名索引等内容。该书资料翔实，考证精审，堪称金代科举研究的集大成者。二是李桂枝的《辽金科举研究》[②]。该书分为辽朝篇和金朝篇两大块，分别对两朝科举制度的相关内容（科次、科目、程式与条例）、人才培养与学校进行论述，并对辽金两朝部分进士的登第时间、名字等进行了考辨，对辽金时期的16个进士世家作了考述。此外，还以表格的形式对两朝进士按时间顺序进行排列。该书对薛瑞兆《金代科举》中的某些科次及状元有不同的看法，所录进士数量也超过前著，但其中收录有身份不能确定的进士，范围稍嫌宽泛。此外，都兴智的《辽金史研究》[③]中也有关于金代科举的论述。该书第一章为辽金教育和科举研究，对金代科举的特点、榜次与状元、女真进士科等作了论述，其中部分内容之前已在一些期刊上公开发表。

有关金代科举研究的论文数量不多，有20余篇。都兴智的《金

---

① 薛瑞兆：《金代科举》，中国社会科学出版社2004年版。

② 李桂枝：《辽金科举研究》，中央民族大学出版社2012年版。

③ 都兴智：《辽金史研究》，人民出版社2004年版。

代科举制度的特点》[①]、李玉年的《金代科举沿革初探》[②]、孙孝伟的《金朝科举制度探析》[③] 等文章对金代科举制度的特点、沿革、程序等一系列问题进行了探索。都兴智的《金代科举的女真进士科》[④] 和李文泽的《金代女真族科举考试制度研究》[⑤] 对金代女真进士科的创立、考试内容、时间、地点、榜次、录取情况、民族特点以及女真进士的政绩和学术成就进行了论述。黄凤歧《论金朝的教育与科举》[⑥] 论述了金朝教育与科举之间的关系。顾吉辰的《宋金科举制度比较研究》[⑦]、刘希伟的《辽、金、元科举制比较研究》[⑧] 将金代科举与宋、辽、元的科举制度进行了比较研究，寻绎出金代科举制度的独特之处。此外，沈仁国对部分金代进士的生平与及第年份作了一些辑补与辨疑的工作[⑨]。

三 金代科举与文学研究概述

将“科举”与“文学”进行交叉研究，最早的是程千帆的《唐代进士行卷与文学》，之后有傅璇琮的《唐代科举与文学》、王勋成的《唐代铨选与文学》、祝尚书的《宋代科举与文学》等几部力作。这几部著作都考证严密，论述精当，堪称典范。

有关金代科举与文学的研究，目前还没有专门的研究著作，仅在一些著作中稍有提及，如武怀军在《金元辞赋研究评注》一书的《概论》中认为，科举导致金代辞赋艺术水平低下，较少流传后世。牛贵琥在《金代文学编年史》的《前言》中也认为，金代科举对文

---

① 都兴智：《金代科举制度的特点》，《北方文物》1988 年第 2 期。

② 李玉年：《金代科举沿革初探》，《东南文化》1998 年第 1 期。

③ 孙孝伟：《金朝科举制度探析》，《长春师范学院学报》2007 年第 3 期。

④ 都兴智：《金代科举的女真进士科》，《黑龙江民族丛刊》2004 年第 6 期。

⑤ 李文泽：《金代女真族科举考试制度研究》，《四川大学学报》2003 年第 3 期。

⑥ 黄凤歧：《论金朝的教育与科举》，《北方文物》2002 年第 2 期。

⑦ 顾吉辰：《宋金科举制度比较研究》，《固原师专学报》1987 年第 4 期。

⑧ 刘希伟：《辽、金、元科举制比较研究》，《中国地质大学学报》2008 年第 3 期。

⑨ 沈仁国对金代天会年间的进士的生平与及第年份进行了增补和辨正，参见《江海学刊》2006 年第 1 期至 2007 年第 6 期，共有 10 余篇短札。

学产生了许多不利的影响，诸如：文学创作没有创造性和感悟力，整体平庸；内容空洞单一，形式主义泛滥；从作家到作品都缺少灵性；等等。杨忠谦在《政权对立与文化融合——金代中期诗坛研究》一书中也稍有论及，他认为：一方面，金代词赋科考试促使诗歌在音律、句式等方面的技巧更加规范；另一方面也导致了注重形式技巧、扼杀创作个性的弊病。相关的研究论文也极少，就笔者所见，国内只有4篇论文。刘达科发表了两篇论文，一是《金代科举对文学的影响》①，认为金代科举对文人生活、创作题材和文学思想均有双重作用，既有积极的影响，也有消极的影响。二是《金朝科举与文学》②，认为金代科举对作家队伍、文坛体貌、文学风气均产生了正面和负面两种影响。这两篇文章的论点完全一致，只是论述的侧面有所不同。杨忠谦的《科举文化视野下的金代家族与文学》③ 认为科举激发了金代家族学以为政的热情，客观上带动了文学创作的繁荣。金代科举制度促使众多军功家族、方技家族、寒门庶族等转型成为科宦家族，从而使金代文学家族数量增多。在科举制度背景下，通过金代家族的家学相传，中原学术文化在元代得到了传承。李卫锋和张建伟的《金代状元家族与文学》④ 认为金代科举非常兴盛，前后出现了刘㧑、孙九鼎、张行简、杨云翼、阎长言等七个状元家族。总体上看，这些状元的文学成就不高，反映出金代科举未能选拔出真正的文学之士，对金代文学的发展存在负面影响。同时作者也承认，这些金代状元家族对于文化的传承与普及发挥了重要作用。

以上有关“金代科举与文学”的论述，或者泛泛而谈，或者持论偏激，而且限于篇幅，无法展开全面系统的研究，当然也就不能够深刻地揭示出金代科举对文学的作用。这就给本书的研究留下了较大的空间。

---

① 刘达科：《金代科举对文学的影响》，《江苏大学学报》2007 年第 2 期。

② 刘达科：《金朝科举与文学》，《社会科学辑刊》2007 年第 3 期。

③ 杨忠谦：《科举文化视野下的金代家族与文学》，《民族文学研究》2011 年第 6 期。

④ 李卫锋、张建伟：《金代状元家族与文学》，《辽宁工程技术大学学报》2012 年第 6 期。

第二节　选题缘起、主要内容及研究方法

一　选题缘起

自20世纪80年代以来，金代文学研究逐渐升温，队伍逐渐壮大，成果日益增多。就已有的研究成果来看，涉及基础文献整理、文学史撰述、作家年谱编撰、重点作家研究、各体文学研究、作家群体研究、文学接受研究等诸多方面，取得了非常丰硕的成果。但毋庸讳言，在金代文学研究中也存在着许多制约因素，诸如材料散失严重、整体水平不高、大家名篇较少，等等。如果能变换视角，通过方法和理论的创新，来提升研究水平，亦可弥补其先天不足。因此，本书拟从科举的视角来研究金代文学。

二　主要内容

本书拟从七个方面来对金代科举与文学进行全面系统的研究：

第一章对金代进士做些辨正和辑补的工作。关于金代进士的辑录，前人已做了大量的工作，取得了巨大的成就，如薛瑞兆的《金代科举》辑录了1527位金代进士，李桂枝的《辽金科举研究》辑录了1825位金代进士。当然，两书中也难免存在一些瑕疵，比如误收和重出的现象。本书对此进行了仔细辨析，以正其所误。另外，笔者还新辑得70名金代进士，并对其及第时间进行了初步的考证。

第二章对金代进士、进士家族和状元的地理分布状况作些统计和分析。这部分内容的工作量较大。以金代进士为例，首先要对这1000余名进士的籍贯列表统计，以弄清楚他们在地理分布上的基本格局；其次，在此基础上总结出金代进士地理分布的基本特征；最后再深入分析其形成原因。再用同样的做法，对金代进士家族以及金代状元的地理分布状况及其形成原因进行统计和分析。

第三章对科举文化影响下金代文人的社会心态作一番考察。金代是由女真族建立的政权，汉人处于被统治的地位。那么，在这样的政

权中实行科举制度，文人会抱有什么样的态度？或者说金代文人有着怎样的科名观念？进士在社会上的地位如何？等等。弄清楚这些问题，有助于深入了解金代文人生存的文化生态环境。

第四章从考试题目入手，来探讨金代科举对相关文体的影响。关于金代科举考试的题目，前人已有辑录。本书在此基础上，进一步深入查考这些题目的具体出处，并联系当时的形势，对命题的内涵进行考释，最后再分析考试命题对文体的影响。

第五章从具体事件切入，来探讨金代科举对文学的影响。金代科举史上发生了几起轰动一时的科场事件，引起了上至帝王、下至百姓的普遍关注。这几起科场事件，都是由于主考官改变了衡文标准而引发的，对其后应举士子的文风产生了直接的影响。

第六章对金代状元的文学创作及其影响作些探讨。金代文献留存较少，而金代状元的作品流传下来的就更少。那么，作为一个特殊的进士群体，他们的文学创作情况如何？在当时文坛上又产生了怎样的影响？这就是本章所要研究的问题。其意义在于通过一些具体的案例，来了解金代科举对文学的具体影响。

第七章对金代科举题材诗词作品作些简略的分析。无论是“诗言志”，还是“诗缘情”，都表明诗歌是表达作家主体情感的最适合的文体。科举诗作为一种题材特殊的诗歌类型，真实地记载了文人在参加科举考试过程中所经历的种种情感。通过对这些作品情感的分析，有助于更加真切地理解金代文人的内心感受。

三　研究方法

科举制度本属于历史学研究的范畴。因此，科举与文学研究就要跨域史学和文学两大学科，是一种典型的交叉研究，也是一种综合研究。因而，在具体的研究过程中，势必要运用一些其他学科的方法，而不会仅限于传统的文学研究方法。本书在研究中运用得比较突出方法，最主要的有以下两种：

一是历史文献法。金代文献资料短缺，且十分零散，因此，在具体的研究过程中，需要花费大量的时间和精力来进行资料搜集和整理。比如弄清楚金代科举考试题目的具体出处，就需要从各种典籍中去查找；再如《金代进士补考》一节，都是在阅读原始文献的过程中发现的，同时，还需要将其已有的进士名录进行比对，并作出进一步的考辨。

二是图表统计法。比如第四章《金代科举考试的命题导向及其对相关文体的影响》，将39个考试题目的时间、类别、具体出处、资料来源等要素以图表来显示，能收到一目了然的效果。再如第二章《金代进士的地理分布状况及其特征》，涉及1600余名进士，用图表来统计，不但简洁明了，而且能收到文字无法达到的效果。

当然，在本书中也运用了其他研究方法，如在对具体作品的情感分析时，就要运用文艺学的方法；对金代文人的社会心态进行分析时，运用了民俗学的方法，等等。只是相比较而言，本书运用得最为突出还是历史文献法和图表统计法。

第一章　金代进士辨正、增补与考释

金代亦有类似唐、宋时期的《登科记》，现存金人李世弼的《登科记序》、李俊民的《题登科记后》等序跋就是明证。可惜这些记载金代科举的文献大量散佚，今天仅存几篇序跋和进士题名碑。当今学者薛瑞兆撰成《金代科举》一书，终于弥补了这个缺憾。全书分为三章，第一章为绪论，对金代科举的发展历程、社会影响及历史意义作了宏观的概述，第二章金代科举制度的科目、程序、监检、授官及学校养士等内容作了较为详细的梳理，第三章为全书的主体部分，共辑录和考订了46科1527位金代进士，按登科次序排列，并以小字详细标明材料出处。书后还有12个附录，或者将零乱分散的原始材料汇为一帙，诸如金代进士题名、登科序跋、宏词程文、状元传略等，或者精心编撰成简明实用的表格、索引，如金代科举年表、金代进士人名索引等，都给使用者提供了极大的方便。作者薛瑞兆先生多年来致力于金代文史资料的整理与研究，先后出版了《宋金戏剧史稿》《全金诗》（与郭明志合著）等著作。就《金代科举》一著来看，仅参阅的文献就有100余种，涉及正史、方志、笔记、金石、文集等多种文献类型，可谓是资料翔实，考证精审，史论结合，编排科学，是金代历史、文化研究的重要参考书。

第一节　《金代科举》失误辨正

任何学术著作都难免产生一些失误，甚至是错误，《金代科举》自然也不例外。笔者近来细读《金代科举》，获益良多，也发现其中有些错误或失误之处，现不揣浅陋，作些辨正，以便于读者利用，并求教于薛瑞兆先生和相关学者。

该著存在的错误或失误，主要表现在以下五个方面。

一　个别进士姓名书写错误

如天会十一年（1133）下“耿嗣昌”①，书后的附录八“金代科举年表”中“天会十一年状元”下又写作“耿世昌”②，两处用字不同且皆误，正确的应为“耿昌世”。作者收录的依据是《金文最》卷73《泰安州重修宣圣庙碑》，原文作：“泰安之为州也……自其为县，以孙复明、石守道二先生山斋之故基建学，以柏林之地课养士，作成之材，故常有焉。魁乎天下者，则耿公昌世；显于翰林者，则杨公用道，是其尤杰出者也。”③ 显然是由于作者疏忽致误。再如大定二十八年（1188）策论进士“完颜阿虎”④，实为“奥屯阿虎”之误。王鹗《汝南遗事》卷四有云：“前政内外官及省令史参注吏员，富察哈准、王阿里、李涣、郭浩辈，皆以倾险小人，致位通显，遇正大改元，潜革其弊，虽格法如常，而不令小人骤进，至于近侍，亦必参用儒生，如鄂吞阿古（即奥屯阿虎）提点近侍局，完颜苏呼（即完颜素兰）为近侍局大使，贾庭杨充奉御之。阿古，字舜卿，故参政忠孝之子，大定二十八年策论进士。苏呼，字伯阳，崇庆二年策论进士状元。庭杨，字升之，平定人，正大四年经义状元。”⑤ 此处的参政忠孝指的是奥屯忠孝，为大定二十二年（1182）策论状元，《金史》卷104有传：“奥屯忠孝，字全道，本名牙哥，懿州胡土虎猛安人。幼孤，事母孝。中大定二十二年进士科”，贞祐初，曾拜参知政事⑥。其实，《金代科举》的附录中亦全文引录《金史·奥屯忠孝传》⑦，显

---

① 薛瑞兆：《金代科举》，中国社会科学出版社2004年版，第91页。

② 同上书，第315页。

③ （金）李守纯：《泰安州重修宣圣庙碑》，载张金吾《金文最》卷73，中华书局1990年版，第1072页。

④ 薛瑞兆：《金代科举》，中国社会科学出版社2004年版，第143页。

⑤ （元）王鹗：《汝南遗事》卷4，文渊阁四库全书本，第90页。

⑥ （元）脱脱等：《金史》卷104《奥屯忠孝传》，中华书局1975年版，第2298页。

⑦ 薛瑞兆：《金代科举》，中国社会科学出版社2004年版，第295页。

然是作者没有细察之故。又泰和三年策论进士“完颜娄室”[①]，应为“蒲察娄室”之误。《金史》卷122《忠义传》有云：“蒲察娄室，东北路按出虎割里罕猛安人，泰和三年进士。调庆都、牟平主簿，以廉能迁中都右警巡副使，补尚书省令史，知管差除。”[②] 又如正大元年（1224）词赋进士“孙德华”[③]，应为“孙德秀”之误。元好问撰《御史孙公墓表》云：“公讳德秀，字伯华，其先泾州长武人，大父皋，遭靖康之乱，流寓太原之文水，因家焉。”[④] 再如崇庆二年（1213）词赋进士“张兖”[⑤]，应为“张衮”之误，书后的索引亦误。材料来源于元好问的《续夷坚志》卷二《黄真人》，“修武张衮，字君冕……崇庆二年赴帘试。”[⑥] 古人取名多有讲究，名与字的意义多有关联。“衮”的本义是画龙于衣，后来指古代帝王或三公（古代地位最高的官）穿的礼服。“冕”的本意是用带子系于下巴的礼帽，也用来指中国古代帝王及地位在大夫以上的官员们戴的礼帽，后来专指帝王的皇冠。“衮”“冕”为礼服礼冠，属于同类物，且常常连用。由此可知，“兖”实为“衮”之误。还有崇庆二年（1213）词赋进士“剌克忠”[⑦]，应为“伊喇（移剌）克忠”之误，书后的索引亦误。王鹗《汝南遗事》卷二有云：“伊喇克忠，字成之，崇庆二年词赋进士。”[⑧] 又如登第年失考的词赋经义进士“栾仲容”[⑨]，实为“乐仲容”之误，书后的索引亦误，概因“栾”与“乐”的繁体字——“欒”与“樂”字形相似而误。又如登第年失考的策论进士“仝

① 薛瑞兆：《金代科举》，中国社会科学出版社2004年版，第175页。

② （元）脱脱等：《金史》卷122《忠义传》，中华书局1975年版，第2669页。

③ 薛瑞兆：《金代科举》，中国社会科学出版社2004年版，第209页。

④ （金）元好问：《元好问文编年校注》，狄宝心校注，中华书局2012年版，第1059页。

⑤ 薛瑞兆：《金代科举》，中国社会科学出版社2004年版，第186页。

⑥ （金）元好问：《续夷坚志评注》，李正民评注，山西古籍出版社1999年版，第3页。

⑦ 薛瑞兆：《金代科举》，中国社会科学出版社2004年版，第187页。

⑧ （元）王鹗：《汝南遗事》卷2，文渊阁四库全书本，第27页。

⑨ 薛瑞兆：《金代科举》，中国社会科学出版社2004年版，第221页。

周”①，全名应为“粘葛仝周”。若失去女真姓氏，容易使人误会为汉人进士。《金史》卷111有云：“正大八年，大兵入河南，州郡无不下者，朝议以权昌武军节度使粘葛仝周不知兵事，起石伦代之……石伦投廨后井中，仝周自缢州廨……仝周名晖，字子阳，策论进士，兴定间为徐州行枢密院参议官。”② 又如特赐进士“崔文乙”③，实为“齐文乙”之误。《金史》卷10《章宗纪》有云：“（明昌四年）六月癸丑，赐有司所举德行才能之士安州崔秉仁、衮州翟驹、锦州齐文乙、大名孙可久、陈信仁、应州董戣，并同进士出身。”④

二　个别进士登第年份有误

如皇统九年进士名录中有“马柔德”⑤，《三朝北盟会编》卷245明确记载：“马柔德，字周卿，广宁人，状元刘仲渊榜及第。亶时与田谷等坐欺罔党固，贬为庶人。葛王立，复官，授刑部员外郎。”⑥ 又同卷还记载：“刘仲渊，字介石，燕山人，亶朝状元及第，是年出《日月得天能久照赋》，亮时为翰林待制。葛王立，迁知学士。”同书中记载的刘仲渊榜进士，除马柔德之外，还有徐之方、杨伯雄、张景仁、王全等数人。又《金史·杨伯雄传》云：“杨伯雄，字希云，真定藁城人……登皇统二年进士。”⑦ 既然杨伯雄与刘仲渊为同榜进士，那么，刘仲渊就是皇统二年（1142）状元，马柔德为皇统二年（1142）进士。再如时重国⑧，薛瑞兆据《时立爱神道碑铭并序》的记载：（其孙时重国）“早登儒科，累迁奉直”，列入正隆中进士。但如此推断，并无确切证据。近年出土的《时立爱墓志铭》对此有明

---

① 薛瑞兆：《金代科举》，中国社会科学出版社2004年版，第242页。

② （元）脱脱等：《金史》卷111，中华书局1975年版，第2443页。

③ 薛瑞兆：《金代科举》，中国社会科学出版社2004年版，第246页。

④ （元）脱脱等：《金史》卷10《章宗纪》，中华书局1975年版，第229页。

⑤ 薛瑞兆：《金代科举》，中国社会科学出版社2004年版，第103页。

⑥ （宋）徐梦莘：《三朝北盟会编》卷245《炎兴下帙》，上海古籍出版社景印清许涵度校刻本1987年版。

⑦ （元）脱脱等：《金史》卷105《杨伯雄传》，中华书局1975年版，第2317页。

⑧ 薛瑞兆：《金代科举》，中国社会科学出版社2004年版，第118页。

确的记载："（时立爱）孙男三人，重国，承侍郎，登皇统二年进士第。"[①] 又《时丰妻张氏墓志铭》中也有同样的记载："皇统二年，子（按：指时重国）年方弱冠，果登进士第。"[②] 此外，《时立爱三夫人墓志铭》《时丰墓志铭》也都有"（时重国）弱冠登进士第"的记载[③]。可能由于作者未能见到以上四篇墓志铭，因此导致推断失误。还有大定二十八年（1188）进士名录中有李子擢[④]，作者据李俊民的《感皇恩》词题下自注"李子擢寿日戊申年甲乙科第"[⑤]，推断其为大定二十年（1180）进士。但其词中还有"问君甲子，少我行年一纪，须知乡党，礼莫如齿"一句，由此可知，李子擢的年龄要比李俊民小12岁。而李俊民生于大定十六年（1176），则李子擢当生于大定二十八年（1188），本年即为戊申年，显然将他确定为本年进士及第是不正确的。而下一个"戊申年"为蒙古定宗三年（1248），其时金朝已灭亡十余年，而李子擢也已经六十一岁，且当时蒙古还未开科取士，因知"戊申"有误。笔者疑"戊申"为"戊寅"之误，戊寅年为兴定二年（1218），为科举之年，其时李子擢年三十一岁，进士及第应大体可信。如果对登第情况交代不够详细，很容易引起误会。如正隆二年（1157）进士下的张汝霖[⑥]，字仲泽，辽阳人，南阳郡王张浩之子，先赐第，后中第。大定中，拜参知政事，累官平章政事，封莘国公。这段文字中最让人关注的是"先赐第，后中第"，作者收录的依据是《金史·张汝霖传》。但考《金史·张汝霖传》只云其"贞元二年，赐吕忠翰榜下进士第"[⑦]，并没有关于"先赐第，后中第"的记载，但细读本卷史文，可以发现稍后有关于张汝弼的记载："汝弼，字仲佐，父玄征，彰信军节度使，玄素之兄也。汝弼初以父荫补官，

---

① 王新英辑校：《全金石刻文辑校》，吉林文史出版社2012年版，第45页。

② 同上书，第27页。

③ 同上书，第47、48页。

④ 薛瑞兆：《金代科举》，中国社会科学出版社2004年版，第144页。

⑤ 唐圭璋编：《全金元词》，中华书局1979年版，第65页。

⑥ 薛瑞兆：《金代科举》，中国社会科学出版社2004年版，第115页。

⑦（元）脱脱等：《金史》卷83《张汝霖传》，中华书局1975年版，第1865页。

正隆二年，中进士第，调沈州乐郊县主簿。”① 张汝霖乃张浩之子，张汝弼乃张玄征之子，而“张玄素与（张）浩同曾祖”②，由此可知，张汝弼与张汝霖为族兄弟。如此，容易使读者误为正隆二年（1157）及第者为张汝弼，而非张汝霖。但事实上，宋人徐梦莘《三朝北盟会编》中所引的《族帐部曲录》中有关于张汝霖“先赐第，后中第”的记载：“张汝霖，字仲潭，辽阳人，太师浩之子，亮时特赐及第，寻复正奉名及第，亮时在翰林阙，葛王立，迁吏部侍郎。”③ 可知，张汝霖的确是“先赐第，后中第”。但由于作者未能详细交代资料出处，容易导致使用者产生误解。

三 本为一人而误为二人

如正隆二年（1157）进士下有冯子翼④，“先世大定，致仕后居真定，遂为真定人，官至中顺大夫同知临海军节度使事”，作者据《中州集》卷二《冯临海子翼》与《遗山先生文集》卷19《内翰冯公神道碑铭》列为正隆二年（1157）进士；而正隆五年（1160）进士下有冯子都⑤，“完州人，仕为临海军节度使”，依据的是《（同治）畿辅通志》卷34《选举志》，作者还特意注明原作“正隆三年进士”。按：冯子翼与冯子都很可能是同一人而讹误为二人，理由有四：一是姓名字形相似；二是及第年代相近：一为正隆二年（1157），一为正隆三年（1158）；三是籍贯相近：一为真定，今河北正定县，一为完州，今河北顺平县（金代亦称永平县，贞祐二年（1214）四月升为完州，明洪武二年（1369）又降为完县），前者为真定府倚郭，后者为中山府属县［金天会七年（1129）降中山府为定州，后又复

① （元）脱脱等：《金史》卷83《张汝霖传》，中华书局1975年版，第1869页。

② 同上书，第1868页。

③ （宋）徐梦莘：《三朝北盟会编》卷245，清许涵度校刻本。按：上海古籍出版社1987年影印本《三朝北盟会编》（第1764页）中记载为：“张汝霖，字仲潭，辽阳人，太师浩之子，亮时特赐及第，葛王立，迁吏部尚书，累拜平章政事，封莘国公。”文字与前文所引不同。

④ 薛瑞兆：《金代科举》，中国社会科学出版社2004年版，第115页。

⑤ 同上书，第118页。

为中山府]，二者皆属河北西路，地理位置相连；所任官职相同，皆为临海军节度使。本书作者未加详细考辨，便将一人误分为二人。又正隆二年（1157）进士下有孟师颜[①]，咸宁人，第二甲进士（按：此处“三”误作“二”，参见本书附录《进士题名记》）。收录的依据是《金石萃编》卷158《进士题名记》。而大定十六年（1176）下又有孟师颜[②]，咸宁人，第三甲进士。收录的依据是《（乾隆）陕西通志》卷30《选举志》。本书后附录的“金代进士人名索引”中亦当作两人看待，可能作者已注意到这个问题，亦即认为金代有两个名孟师颜的进士。而笔者又检索《（乾隆）西安府志》卷42《选举中》，其中记载的金代进士名录中有孟师颜[③]，咸宁人，第三甲，但只列于正隆二年（1157）郑子聃榜下，而并无大定十六年（1176）榜的记载。咸宁为京兆府属县，即今西安市，《（乾隆）西安府志》的记载应比《（乾隆）陕西通志》更为准确。两个人名字、籍贯、登第名次都相同，却登第科次不同，理论上有这样的巧合，但可能性不太大。而方志的记载亦有错误，因此，我们可以断定《（乾隆）陕西通志》的记载有误，两个孟师颜应为同一人，即为正隆二年（1157）进士。还有承安二年（1197）进士下有郭文振[④]，字振之，太原人，累官辽州刺史。作者收录的依据是《金史·郭文振传》，而隔两页又有郝文振[⑤]，亦为太原人，仕至辽州刺史。作者收录的依据是《（光绪）山西通志》卷15《贡举志》。两人的姓名、籍贯、登第科次和所任官职都相同，很显然是同一个人，只是由于作者未能细审，导致重复收录。再如，承安五年（1200）进士下有赵卞[⑥]，“字师孟，南和县人”，收录的依据是高有邻的《万华堂记》（载《金文最》卷24）中记载有进士赵师孟，而作者据该文作于承安五年（1200）十二月而

① 薛瑞兆：《金代科举》，中国社会科学出版社2004年版，第115页。

② 同上书，第131页。

③ 严长明：《（乾隆）西安府志》卷42《选举志中》，清乾隆刊本。

④ 薛瑞兆：《金代科举》，中国社会科学出版社2004年版，第162页。

⑤ 同上书，第164页。

⑥ 同上书，第169页。

推断赵师孟当于承安五年（1200）或此前登第。又“词赋经义进士登第年失考名录”下又有赵师孟[①]，亦为南和人，收录的依据是《（同治）畿辅通志》卷34《选举志》。书后的索引中亦作两人记载，而两人的名字和籍贯相同，登第年份皆不详，可知应为同一人。类似的情况还有：“词赋经义进士登第年失考名录”下有两个高岩，一为遂城人，字士瞻[②]，为高有邻之子，收录的依据是《中州集》卷八《高工部有邻》小传，另一人为安肃人[③]，不详其字，收录的依据为《（同治）畿辅通志》卷34《选举志》。遂城为遂州唯一的属县，安肃亦为安肃州唯一的属县，两县（州）同属于中都路，地理位置亦紧紧相邻，因此，可以断定两个高岩为同一人。此外，还有承安五年（1200）词赋进士下有石抹世勣，字晋卿，咸平府路契丹人，词赋经义两科进士，官至礼部尚书兼翰林侍讲学士[④]；还有本科经义进士下有舒穆噜世勣，字景略，年二十八，咸平卓齐特千户所[⑤]。紧接着作者又加按语云：“即石抹世勣，词赋经义两科进士。”然而书后的索引中两人分别编排，并没有互见说明，此亦为小小的疏忽。

四　个别科试题目考证有误

如大定二十二年（1182）御试策题是“县令阙员取之何道”[⑥]。作者所依据的是《金史·选举志》。但笔者以为这并非大定二十二年（1182）的御试策策题，理由如下：

一是“县令阙员取之何道”应是新进士对策文中的语句，而并非策题本身。《金史·选举志》所载原文如下：“上于听政之隙，召参知政事张汝霖、翰林直学士李晏读新进士所对策，至‘县令阙员，取之何道？’上曰：‘朕夙夜思此，未知所出。’晏对曰：‘臣窃念久矣。

① 薛瑞兆：《金代科举》，中国社会科学出版社2004年版，第239页。

② 同上书，第223页。

③ 同上书，第237页。

④ 同上书，第169页。

⑤ 同上书，第171页。

⑥ 同上书，第135页。

国朝设科，始分南北两选……以入仕者多，故员不阙。其所南北通选，止设辞赋科，不过取六七十人，以入仕者少，故县令员阙也。'上曰：'自今文理可采者取之，勿限以数。'二十八年，复经义科。"①

二是策题一般较长，有时多达四五百字，非寥寥几个字可表述清楚的，如大定十三年（1173）的御试策题为："贤生于世，世资于贤，世未尝不生贤，贤未尝不辅世，盖世非无贤，惟用与否，若伊尹之佐成汤、傅说之辅高宗、吕望之遇文王，皆起耕筑渔钓之闲，而其功业卓然，后世不能企及者，盖殷周之君，能用其人、尽其才也。本朝以神武定天下，圣上以文德绥海内，文武并用，言小善而必从，事小便而不弃，盖取人之道尽矣！而尚忧贤能遗于草泽者，今欲尽得天下之贤而用之，又俾贤者各尽其能，以何道而臻此乎?"② 正大元年（1224）的御试策为："帝舜侧微，好勤憎是务，尚有益'罔游于逸，罔谣于'之戒。朝臣盈廷，纷然扩思争（议）是务，尚有舜'汝勿面从，退有后言'之谕。思伊挚有言：'若有言并于心，必求语直；若有言逊于志，必求诸非道。'（盖闻言中道非道也）降至文武之时，大小之臣咸为志良，其使御仆，莫非正人。（先）王适合成宪，举进以道，故大小之臣以至使御之士，举得其正。（勿不审四匠山□之□，欲明瞭国军之能来。）以□言□，□诸多先觉进献之言，凡何以扶持国政，臻于至理，□□急增□□。"③ 策题皆长达数十乃至百十字之多。而此处的"县令阙员取之何道"显然太简略，不足为御试策题。

三是时间不吻合。我们知道《选举志》所记之事皆按时间先后顺序排列的，而"县令阙员取之何道"这句话是置于世宗大定二十三年（1183）之后，章宗明昌元年（1190）之前的，且这段文字末还有"二十八年，复经义科"之语，而这期间只有大定二十五年（1185）为科举年，由此可知，读卷之事一定发生在大定二十五年（1185）。再考李晏和张汝霖的仕履，李晏于大定二十三年（1183）

① （元）脱脱等：《金史》卷51《选举志一》，中华书局1975年版，第1136页。

② 同上书，第1141页。

③ 金光平、金启孮：《女真语言文字研究·女真进士题名碑译释》，《内蒙古大学学报》1964年第1期。

为翰林直学士，二十四年以母老乞归养，授郑州防御使，未赴而母卒，丁忧归乡，二十五年起复为翰林直学士，礼部侍郎，为当年御试读卷官[①]，张汝霖于大定二十三年（1183）闰十一月才拜参知政事，至二十六年五月迁尚书左丞[②]。从二人所任官职也可证明，君臣三人读新进士对策之时间应在大定二十五年（1185）。

四是体味语气，与大定二十五年（1185）的策题相吻合。《金史·李晏传》有云："世宗御后阁，召晏读新进士所对策，至'县令阙员，取之何道'，上曰：'朕夙夜思此，未知所出。'晏对曰：'臣伏念久矣，但无路不敢言。今幸待罪侍从，得承大问，愿竭所知。'上曰：'然则何如？'对曰：'国朝设科取士，始分南北两选，北选百人，南选百五十人，合二百五十人。词赋经义入仕之人既多，所以县令未尝阙员。其后南北通选，止设词赋一科，每举限取六七十人。入仕之人既少，县令阙员，盖由此也。'上以为然，诏后取人毋限以数。"[③] 据《金史·世宗纪》可知，大定二十四年（1184）三月，世宗幸上京，皇太子允恭（显宗）守国，直至大定二十五年（1185）九月方返回[④]。因此，大定二十五年（1185）的御试是由显宗主持的。所以，金世宗返回后要李晏读新进士的对策，当听到策文中的"县令阙员，取之何道"时，才会产生"朕夙夜思此，未知所出"之问。再看大定二十五年（1185）御试策题为："契敷五教，皋陶明五刑，是以刑措不用，比屋可封。今欲兴教化，措刑罚，振纲纪，施之万世，何术可致？"[⑤] 细细品味文意，策题和对策之文皆关系治国之道，内容比较一致。所以说，"县令阙员，取之何道"为新进士对策中语句，并非策题。

五　编辑校对失误

有的因字音相同而误，如第304页中"李俊民"小传中有云：

① 王庆生：《金代文学家年谱》，凤凰出版社2005年版，第138页。

② 同上书，第1011—1012页。

③ （元）脱脱等：《金史》卷96《李晏传》，中华书局1975年版，第2126页。

④ （元）脱脱等：《金史》卷8《世宗纪下》，中华书局1975年版，第186—190页。

⑤ （元）脱脱等：《金史》卷98《完颜匡传》，中华书局1975年版，第2165页。

“识与不识，皆以知几许之。”“知几”应为“知己”之误，为音同而误。有的是因字形相近而误，如第132页，大定十九年（1179）词赋科御试题目作“易无礼”，应为“易无体”之误，概因“礼”与“体”的繁体“禮”“體”字形相近之故。又第296页，“贞祐初，议降衙绍王，忠孝与蒲察思忠附胡沙虎议，语在《思忠传》。”“衙绍王”显然是“卫绍王”之误，“衙”与“卫”的繁体“衛”因形近而误。再如第304页，“阎长言小传”中云：“会高以来，登科者六世矣。”“会高”应为“曾高”之误，即曾祖、高祖之省称，显然是因“会”的繁体字“會”与“曾”形近而误。再如第305页“李演小传”中云：“惟乎乱定难，在晓人以逆顺之。”“乎乱定难”应为“平乱定难”之误。有的地方缺漏文字，如第171页，“潘希孟，字仲明，年二十八，磁州司侯司。今按：南渡后，为吏部主事，迁翰林修撰，官至中大夫，同知州防御使事。后病风疾卒。为文条畅有法，宣宗哀册、玉册，皆其笔。”其中“同知州防御使”，应为“同知濬州防御使”[①]，缺少“濬”字。又如第176页，“李献卿，字钦，号定斋居士”。李献卿，字钦止[②]，文中显然是缺漏了“止”字。有的地方又因衍文而误，如第200页最下一行“策论第一”为衍文，因前文已录策论状元“斡勒业德”、词赋状元“刘遇”和经义第一“乔松”，此处明显为衍文。还有的是因文字次序颠倒而误，如第185页，“崇庆二年进士名录”下，“康伯禄中崇庆二年词赋第，同年生如‘雷御史希颜、冀都司京父、宋内翰飞卿等名士龙数十人，世以比唐龙榜。’”引文来自《遗山先生文集》卷21《大司农丞康君墓表》，但把“数十人，世以比唐‘龙虎榜’”颠倒错位成“龙数十人，世以比唐龙榜”。还有如第165页的邢兟，第223页的张梦弼、祁秉文、赵尚宾四人的籍贯写作“武修”，而所引的原始材料为元王恽《秋涧集》卷三八《河内修武县重修庙学记》，两个地名不一致，查《金

---

① 按：潘希孟小传主要引自刘祁《归潜志》（卷4第40页，中华书局1983年版），但任职“同知濬州防御使事”则源自王道衡所撰《汝州宝丰县新修炎帝庙记》（《石刻史料新编》第三辑第30册）。

② （金）刘祁：《归潜志》卷14，崔文印点校，中华书局1983年版，第175页。

史·地理志》可知，正确的应为“修武”，是河东南路怀州属县①，即今天河南省修武县。再如第251页郭某、郭济道和郭济忠三人的籍贯写作“兴定”，材料来源皆是《石刻史料新编》第三辑第二三册《兴定金石志·郭济忠碑》（应是《定兴金石志》），而正确的是“定兴”，查《金史·地理志》可知，定兴为中都路涿州属县②。此外，还有因错行而造成的失误，如第259页《附录》之《改建题名碑》有云“明昌五年张檝下”“兴定二年张檝下”，“张檝”前后两次出现。而实际上，张檝为明昌五年（1194）词赋状元，兴定二年（1218）词赋状元为张仲安，此处“兴定二年张檝下”应为“张仲安”，显然是因看错行而致误。这类型错误应归于编辑校对粗疏之失。

以上指出了该书中存在的一些错误或失误之处，但相比于该著的整体价值来说，只是白璧微瑕，丝毫不影响其学术价值和使用价值。

第二节　《辽金科举研究》所录金代进士重出误收考

李桂枝《辽金科举研究》（2012）是专门研究辽金两朝科举的专著。全书分为《辽朝篇》和《金朝篇》两大部分，皆是先探讨科举制度的相关问题（包括科次、科目、程式、条例和学校等内容），再对部分进士和进士家族作一些考证和辨析，最后是附录，以表格的形式，按登科时间顺序载录两朝进士，并注明科次、籍贯、职任和所据文献等内容。其中的《金代进士名录》共辑录了1825名进士，比薛瑞兆《金代科举》（2004）所辑金代进士（1527名）多出将近300名，对金代科举研究做出了极大的贡献，但其中也存在不少重收或误收的问题。以下笔者就对此作一些考辨，以求教于作者和方家。

一　本为一人而前后两见

（一）因字形相近而前后两出

比如李达（第343页）与李逵（第344页）实为同一人。李达列

① （元）脱脱等：《金史》卷26《地理志下》，中华书局1975年版，第640页。

② （元）脱脱等：《金史》卷24《地理志上》，中华书局1975年版，第575页。

于正隆二年（1157）进士，籍贯太谷，所据文献是《太谷县志》卷七；而李逵列于正隆四年（1159）前进士，籍贯亦是太谷，所据文献是元人李之芳的《陕西仓使李君墓志铭》①。二人的籍贯相同，皆为河东北路太原府太谷人，及第时间亦相近，可知应为同一人，概因“达”的繁体“達”与“逵”的字形相近，而作者疏于检点，因而将一人误分为二人。又据墓志可知，李逵之子李敏修，夺正隆二年（1157）亚魁，官至奉训大夫、祁县令。

郭黼（第387页）与郭澈（第387页）亦为同一人。郭黼列于明昌元年（1190）前进士，籍贯不详，所据文献是刘祁《归潜志》卷10和王恽《秋涧集》卷38，备注云“宏词”；郭澈及第科次不详，职任是隆州录事，所据文献是《澄城县志》和《金文最》卷114《师节妇传》，作者在备注中有云：“与‘郭黼’或为同一人。”按：《归潜志》卷10云：“张仲淹复亨，少为进士，同郭黼、周询、卢元中宏词科，为文有体，且长于吏事，大为章宗所知。”②《中州集·卢待制元》有云：“卢元，字子达，玉田人……子达幼而敏惠，年未二十试于长安，为策论魁，擢第后又中策魁。明昌初，章庙设宏词科，命公卿举所知，子达与郭澈、周询、张复亨就试，凡七日，并中选。遂入翰苑，累迁至待制。”③据此可知，“郭黼”与“郭澈”实为同一人。又《金文最》卷114《师节妇传并序》文末署名为“隆州录事进士郭澈”④，《中州集·王监使特起》云：“王特起，字正之，代州崞县人，智识精深，好学善论议，音乐技艺无所不能，长于辞赋，出入经史，摘其英华以为句读，如天造神出，至得意不减郭黼。”⑤王恽《河内

① 新文丰出版公司编辑部编：《石刻史料新编》第三辑第31册《太谷墓志》，（台北）新文丰出版公司1986年版。

② （金）刘祁：《归潜志》卷10，崔文印点校，中华书局1983年版，第114页。

③ （金）元好问编：《中州集》卷8《卢待制元》，中华书局上海编辑所1959年版，第421页。

④ （金）郭澈：《师节妇传并序》，载（清）张金吾编纂《金文最》卷114，中华书局1990年版，第1634页。

⑤ （金）元好问编：《中州集》卷5《王监使特起》，中华书局上海编辑所1959年版，第262页。

修武县重修庙学记》有云："后之来者复能增崇勉励，以极菁莪乐育之美。异时人才辈出，如近代进士张梦弼、郭瀓、张衮、祁文秉、赵尚宾，文彩风流，照映一时，诚不难矣。"[①] 尽管在不同文献中所用名字不同，但实际上为同一人。

广处仁（第385页）与唐处仁（第386页）为同一人。广处仁列于世宗时进士，籍贯济州，职任兖州学正，所据文献是《金文最》卷76[②]，备注云："明昌元年作《重修炳灵王庙碑》"[③]；而唐处仁列于明昌元年（1190）前进士，籍贯亦为济州，职任亦为兖州学正，所据文献是《重修炳灵王庙碑》[④]，备注云："明昌元年撰碑文，署衔'济州进士'。"由此可知，广处仁与唐处仁的籍贯、职任与所据文献完全相同，前者科次列于"世宗时"，后者则列于明昌元年（1190）前，亦不矛盾，可见二人实为同一人。又按：清孙星衍《寰宇访碑录》卷十载："《重修至圣炳灵王庙记》：唐处仁撰，正书，明昌元年四月，山东济宁。"[⑤] 清毕沅《山左金石志》卷二十载："《重修炳灵王庙碑》：明昌元年四月立，正书，篆额，碑高四尺，广二尺，在济宁州南乡。右碑额题《重修至圣炳灵王庙记》三行，记及年月，衔名凡二十二行，济州进士兖州学正唐处仁撰文。此碑未见拓本，自黄小松司马处录寄。"[⑥] 可知，应以"唐处仁"为是。

李革（第372页）与李巩（第395页）为同一人。李革列于大定二十五年（1185）进士，籍贯河津，所据文献《金史》卷99和《畿辅通志》卷34，备注云："宰执，平阳为蒙古军攻陷，自杀。"李巩列于明昌五年（1194）前进士，籍贯河中，职任是"南迁后为参

---

① （元）王恽：《河内修武县重修庙学记》，《秋涧先生大全文集》卷38，四部丛刊景明弘治本。

② （金）唐处仁：《重修炳灵王庙碑》，载（清）张金吾编纂《金文最》卷76，中华书局1990年版，第1106页。

③ 按：原文作"明昌元年作《重修业丙灵王庙碑》"，乃是校对不精之误。

④ 国家图书馆善本金石组编：《辽金元石刻文献全编》第1册，北京图书馆出版社2003年版，第652页。

⑤ （清）孙星衍：《寰宇访碑录》卷10，清嘉庆七年刻本。

⑥ （清）毕沅：《山左金石志》卷20，清嘉庆刻本。

知政事，出镇平阳”，所据文献是《归潜志》卷5，备注云：“其侄复亨明昌五年进士，巩登第当在此前。城陷，自杀。宰执。”从职任和备注来看，“李革”与“李巩”实为同一人。按：《金史·李革传》云：“李革，字君美，河津人。大定二十五年进士，调真定主簿。……四年，拜参知政事……（兴定二年）十月，平阳被围，城中兵不满六千，屡出战，旬日间伤者过半。征兵吉、隰、霍三州，不时至。裨将李怀德缒城出降，兵自城东南入，左右请革上马突围出，革叹曰：‘吾不能保此城，何面目见天子！汝辈可去矣。’乃自杀。赠尚书右丞。”[①] 又《归潜志》卷六有云：“李参政巩，字君美，河中人。少擢第，有能名。南渡，为参知政事，出镇平阳，北兵至，城陷自杀。从子复亨，字仲修，逾冠擢第，以才能称为人通敏，善奏对，南渡为左司郎中，大为宣宗所器，一时誉甚隆，迁翰林直学士，知开封府，进吏部尚书，为参知政事，年方四十，父母俱存，近世未有也。兴定末，坐监试进士失取人，出镇同州。未几，北兵攻城陷，自杀。叔侄相继执政，俱死事，士论所嘉。”[②] 由此可知，《归潜志》之“李巩”与《金史》之“李革”实为同一人，概因繁体字“鞏”简化为“巩”而导致前后重出。

苑中（第418页）与范中（第419页）实为同一人。苑中列于承安间进士，籍贯大兴，职任京西路司农少卿、滑州刺史，所据文献是《中州集》。范中的科次、籍贯、职任皆与苑中完全相同，没有明确交代所据文献[③]，可知“苑中”与“范中”实为同一人。按：《中州集·苑滑州中》云：“苑中字极之，大兴人。承安中进士，累官京西路司农少卿，滑州刺史。好贤乐善，有前辈风流。”[④] 中华书局上海编辑所出版的《中州集》所用底本为四部丛刊景元刊本，是现存

---

① （元）脱脱等：《金史》卷99《李革传》，中华书局1975年版，第2197—2198页。

② （金）刘祁：《归潜志》卷6，崔文印点校，中华书局1983年版，第59页。

③ 按：苑中（第418页）后有备注云：“《畿辅通志》卷34、《析津志辑佚·人物》作‘范中’。”

④ （金）元好问编：《中州集》卷8《苑滑州中》，中华书局上海编辑所1959年版，第422页。

《中州集》最早的版本，因此，应以“苑中”为是。

张衮（第440页）与张究（第442页）为同一人。张衮列于崇庆二年（1213）进士，籍贯修武，职任左右司郎中，所据文献是《续夷坚志》《归潜志》和《汝南遗事》[①]；张究的科次、籍贯、职任皆不详，所据文献是《汝南遗事》。按：元好问《续夷坚志》卷二《黄真人》云：“修武张衮，字君冕。其父仲和，少日为府史，好祈仙。一日，黄翻绰降，因留事之，谓之黄真人。悬笔画像前，每事祷之。君冕崇庆二年赴帘试。仲和问云：‘儿子入试，御题得闻乎？’批曰：‘天机不容泄！’及试期过，问之，即批云：‘臣作股肱弼予违赋，成绩纪太常诗。’又问：‘儿登第否？’批曰：‘黄裳头、绿衣尾。’张不解，请解之，又批曰：‘天机不容泄！’及四月，当唱名，张又问：‘榜旦夕至，幸先告之！’即批云：‘绿衣、六衣也，非君冕名乎？’及榜至，黄吉甫真第一人，而君冕名最下。”[②] 刘祁《归潜志》卷十一《录大梁事》亦云：“（正大九年）十二月，朝议以食尽无策，末帝亲出东征。丞相塞不、平章白撒、右丞完颜斡出、工部尚书权参知政事李蹊、枢密院判官白华、近侍局副使李大节、左右司郎中完颜进德、张衮、总帅徒单百家、蒲察官奴、高显、刘奕皆从。”[③] 又王鹗《汝南遗事》卷三有云“左右司郎中内族鄂和，字进德；张君冕名究，崇庆进士；完颜呼拉剌，字仲亨；与进德皆省令史出身，皆死于满城之败”[④]。据此，则张衮与张究为同一人。又以上三书中，或作“张衮”，或作“张究”，究竟孰是孰非？笔者以为当以“张衮”

---

① 按：此处《汝南遗事》应作《秋涧集》。因《汝南遗事》中作“张究”，而《秋涧集》中作“张衮”。王恽《河内修武县重修庙学记》有云：“后之来者复能增崇勉励，以极菁莪乐育之美。异时人材辈出，如近代进士张梦弼、郭瓛、张衮、祁文秉、赵尚宾，文彩风流，照映一时，诚不难矣。刘侯曰：‘有味哉！子之言也。请笔之。’归而刻诸丽石，庶几有读斯文而兴起者焉。二十年岁在癸未二月十八日谨记。”参见（元）王恽：《秋涧先生大全文集》卷38，四部丛刊景明弘治本。

② （金）元好问：《黄真人》，载《续夷坚志》卷2，常振国点校，中华书局1986年版，第34页。

③ （金）刘祁：《录大梁事》，载《归潜志》卷11，崔文印点校，中华书局1983年版，第125页。

④ （元）王鹗：《汝南遗事》卷3，清文渊阁四库全书本，第49页双行夹注。

为是。理由有二：一是古人取名多有讲究，名与字的意义多有关联。“衮”的本义是画龙于衣，后来指古代帝王或三公（古代地位最高的官）穿的礼服。“冕”的本意是用带子系于下巴的古代礼帽，也用来指中国古代帝王及地位在大夫以上的官员们戴的礼帽，后来专指帝王的皇冠。“衮”“冕”为礼服礼冠，属于同类物，且常常连用。二是《黄真人》中有云“绿衣、六衣也，非君冕名乎?”将“衮”拆字为“六衣”，亦可知应作“张衮”。由此可知，“兖”实为“衮”之误，当以“张衮”为是。

唐瑭（第458页）与康瑭（第458页）为同一人。唐瑭列于兴定五年（1221）进士，籍贯辽阳，职任是钧州刺史，权沁南军节度使、兼怀州招抚使。所据文献是《遗山集》卷27，备注云“词赋进士”。而唐瑭亦列于兴定五年（1221）进士，籍贯作林县，职任为怀州招讨使，所据文献是《河南通志·选举二》。按：元好问《辅国上将军京兆府推官康公神道碑铭》有云：“康氏世为辽阳人。曾祖某，辽澄州刺史；祖斌，天会中进士，仕为咸平路转运副使；考道安，不慕荣利，优游乡里，以读书讲道为业……公即侯之长子也。大定中，以咸平君荫历邯郸、沂州酒官……俄致仕，爱林虑山水，有终焉之志……子男一人，（康）瑭，兴定五年擢词赋进士第，官正奉大夫、钧州刺史，权沁南军节度使、兼怀州招抚使……瑭以癸卯十月十有二日，奉公之柩，葬于林虑县三阳里东南原，礼也……某于塘为同年生，义不得辞，乃为之铭，并叙其平生如此。”① 由于元好问与康瑭是同年进士，因而元好问才被邀请为其父康德璋撰写墓志铭。我们再来看看地方志的记载：《（嘉靖）彰德府志》卷七《选举志第七》云：“康塘，字良辅，沁州节度使，林虑人。”②《（雍正）河南通志》卷四十五《选举二》云：“唐塘，林县人，兴定中第，怀州招抚使。”③可见，从元好问所撰《神道碑》到《（嘉靖）彰德府志》，再到

① （金）元好问：《辅国上将军京兆府推官康公神道碑铭》，载姚奠中主编《元好问全集》卷27，山西古籍出版社2004年版，第578页。

② （明）崔铣：《（嘉靖）彰德府志》卷7《选举志第七》，明嘉靖刻本。

③ （清）王士俊：《（雍正）河南通志》卷45《选举二》，清文渊阁四库全书本。

《（雍正）河南通志》，康瑭的籍贯由“辽阳”变为“林虑”，再变为“林县”，名字亦由“康瑭”而变成“唐瑭”。综合以上诸种材料，我们认为“唐瑭”与“康瑭”实为同一人，应以“康瑭”为是。以上事例是由于后人在编撰地方志时粗心大意，因而造成了一些错误，这类问题在地方志中是较为普遍的现象。由此也提醒我们，在使用地方志时，还需要对相关的材料进行一些考辨。

张玠（第459页）与张价（第464页）实为同一人。张玠列为兴定五年（1221）进士，籍贯为林虑，职任为尚书省掾，所据文献是《（嘉靖）彰德府志》卷7和《（雍正）河南通志》卷45；张价列为正大二年（1225）进士，籍贯为林县，职任为尚书省令史，所据文献是《河南通志·选举二》。按：《（嘉靖）彰德府志》卷7《选举志第七》有云：“（张）玠，字佩玉，尚书省补，后归林虑教授，髦士皆出其门。”[①]《（雍正）河南通志》卷45《选举二》则云：“张价，林县人，兴定九年第，尚书省撰（按：应为掾，原文误）。”[②] 可见《通志》是源自《府志》的，但人名有误。又李桂枝在备注中说：“记为兴定九年。兴定只有五年，按九年计，当为正大二年。”笔者以为，“九年”更可能是“五年”之误。方志在编撰过程中多有讹误，如前“省掾”误为“省撰”。据此可知，“张玠”与“张价”实为同一人。及第时间应为“兴定五年（1221）”。

（二）因对人名、字或号未加分辨，而导致前后重出

朱焕（第416页）与朱文伯（第429页）为同一人，前后重出。朱焕列为承安五年（1200）进士，籍贯为开封府，所据文献是《庄靖集》卷8；而朱文伯列为章宗时进士，籍贯汴梁，职任为河北西路盐铁判官，所据文献是《遗山集》卷20，备注云：“名进士，河内张汝翼内兄。汝翼泰和三年进士，文伯亦应于章宗朝登第。”按：元好问《通奉大夫钧州刺史行尚书省参议张君神道碑铭并引》云：“君讳汝翼，字季云，族张氏，世为河南人……天资颖悟，童丱中，以善属

---

① （明）崔铣：《（嘉靖）彰德府志》卷7《选举志第七》，明嘉靖刻本。

② （清）王士俊：《（雍正）河南通志》卷45《选举二》，清文渊阁四库全书本。

句称。弱冠，擢泰和三年经义进士第……君娶朱氏，河北西路盐铁判官、汴梁名进士文伯之女弟，封清河郡夫人。”[①]知张汝翼的确为朱文伯之妹婿。又李俊民《题登科记后》有云：“朱焕，字文伯，年四十四，开封府警巡院。”[②]李俊民与朱焕为同年进士，所记自然准确可靠。据此可知，朱焕即朱文伯，为承安五年（1200）经义进士。由于作者没有细察，因而导致一人而前后两出。

高岩夫（第364页）与高汝砺（第365页）重复。高岩夫列于大定十九年（1179）进士，籍贯应州，职任空白，所据文献是《金文最》卷77《应州重修庙学碑》，备注云“李仲略同年”。高汝砺列为大定十九年（1179）进士，籍贯作应州金城，所据文献《金史》卷107、《山西通志·贡举二》和《中州集》卷9，备注云“宰执”。按：《金史·高汝砺传》云：“高汝砺，字岩夫，应州金城人。登大定十九年进士第，莅官有能声。”[③]元好问《中州集·丞相寿国高公汝砺》云：“汝砺，字岩甫，应州金城人，大定中进士，扬历中外，居户曹三司为最久。相宣宗十年，小心畏慎，夙夜匪懈，笃于古人造膝诡辞之义，谋谟周密，人莫得而闻。元光末，宣宗上仙，公亦薨于位。君臣之契，义均同体者，于斯见之。”[④]由此可知，岩夫即岩甫，高岩夫与高汝砺实为同一人。

王采苓（第463页）与王磐（第471页）为同一人。王采苓列于正大元年（1224）进士，籍贯、职任皆不详，所据文献是《金史》卷126和《畿辅通志》卷34；而王磐列于正大四年（1227）进士，籍贯作广平永年，所据文献是《元史》卷160和《秋涧集》卷80，备注云：“参与制定礼仪，对时事多所进谏。”按：《金史·麻九畴传》云：“正大初，门人王说、王采苓俱中第。上以其年幼，怪而问

---

① （金）元好问：《通奉大夫钧州刺史行尚书省参议张君神道碑铭并引》，载姚奠中主编《元好问全集》卷20，山西古籍出版社2004年版，第468页。

② （金）李俊民：《题登科记后》，《庄靖集》卷8，吴广隆、马甫平点校，山西古籍出版社2006年版，第450页。

③ （元）脱脱等：《金史》卷107《高汝砺传》，中华书局1975年版，第2351页。

④ （金）元好问编：《中州集》卷9《丞相寿国高公汝砺》，中华书局上海编辑所1959年版，第461页。

之，乃知尝师九畴。平章政事侯挚、翰林学士赵秉文连章荐之，特赐卢亚榜进士第。”①《元史·王磐传》有云：“王磐，字文炳，广平永年人……磐年方冠，从麻九畴学于郾城，客居贫甚，日作糜一器，画为朝暮食。年二十六，擢正大四年经义进士第。”② 刘祁《归潜志》卷二有云：“正大初，门人王说、王采苓俱中第。上以其年幼，怪而问之，且知知几为师。近臣言其有才学，平章政事侯公挚、翰林学士赵公秉文俱荐之，特召，赐进士第。以病不拜官，告归。”③ 鲜于枢《困学斋杂录》云：“内朝鹿庵先生王磐，字文炳，初名采龄，字萧客，东平人，学于征君麻九畴，金末以易经登科。北渡后，为东平学官，一时名士皆出其门。中统初，召为真定宣抚使，入拜翰林学士承旨，年八十余致仕，归东平，东宫命朝士祖饯，仍给半俸，时人荣之，今近九十，尚无恙。”④ 由此可知，王采苓即王磐，正大四年（1227）进士及第，李桂枝先生不察，误将一人分为二人。

史元（第455页）与史邦直（第490页）实为一人。史元列为兴定五年（1221）进士，籍贯武陟，职任武陟簿、管勾三白渠、尚书省令史、彭城令、观察判官，所据文献是《遗山集》卷22；而史邦直的科次、籍贯、职任等皆不详，亦未交代所据文献。按：元好问《史邦直墓表》云：“邦直，讳元，姓史氏，世为武陟人，某年迁河内，乃占籍焉。曾祖良，祖万，父选，三世在野。母常氏，出士族，知邦直可以起家，力课之学，邦直亦能自树立。从乡先生王国光游，不数年，学业大进，遂擢兴定五年词赋乙科，释褐武陟簿。”⑤ 元好问与史元为同年进士，墓表所载自是可靠的。由此可知，“史邦直”与“史元”乃是同一人。

完颜仲平（第424页）与完颜珠颗（第478页）为同一人。完

① （元）脱脱等：《金史》卷126《文艺下·麻九畴传》，中华书局1975年版，第2740页。

② （明）宋濂等：《元史》卷160《王磐传》，中华书局1976年版，第3751页。

③ （金）刘祁：《归潜志》卷2，崔文印点校，中华书局1983年版，第14页。

④ （元）鲜于枢：《困学斋杂录》，清知不足斋丛书本。

⑤ （金）元好问：《史邦直墓表》，载姚奠中主编《元好问全集》卷22，山西古籍出版社2004年版，第501页。

颜仲平，列为泰和三年（1203）进士，职任为户部尚书，所据文献为《归潜志》卷5，备注云："崔立之变，自杀。"完颜珠颗列为天兴前进士，籍贯辽东，职任为转运使、户部尚书兼汴京里城四面都总领，所据文献为《金史》卷114，备注云："字仲平，女真策论进士。天兴二年已官至户部尚书，登第当在此前。崔立之变，自缢死。"[①]按：《归潜志》卷五有云："裴满御史大夫阿虎带，字仲宁，女直进士也。历清要，名亚完颜速兰。尝为陈州防御使，累迁御史大夫，使北朝。崔立之变，自缢死。同时户部尚书完颜仲平亦自杀。仲平亦女直进士也。"[②]《金史·忠义四·乌古孙奴申传》有云："乌古孙奴申，字道远。由译史入官。性伉特敢为，有直气。尝为监察御史，时中丞完颜百家以酷烈闻，奴申以事纠罢，朝士耸然。后为左司郎中、近侍局使，皆有名。哀宗东迁，为谏议大夫、近侍局使、行省左右司郎中兼知宫省事，留汴京居守。崔立变之明日，同御史大夫裴满阿虎带自缢死于台中。是日，户部尚书完颜珠颗亦自缢。阿虎带字仲宁，珠颗字仲平，皆女直进士。"[③]可知，"完颜仲平"与"完颜珠颗"实为同一人。

敬斋（第476页）、李治（第476页）与李冶（第484页）实为同一人。敬斋列于正大七年（1230）科进士，职任、籍贯皆不详，所据文献为《西岩集·张淡然先生文集序》。李治列于正大间进士，籍贯栾城，职任钧州知州，所据文献是《畿辅通志》卷34，备注云："李寄庵子，《寄庵墓志》称'正大中收世科'。"李冶列为金后期进士，籍贯为真定藁城，职任为"仕金，同知钧州事，入蒙元"，所据文献是《大清一统志》卷19和《秋涧集》卷82，备注云："曾向忽必烈举荐魏璠、王鹗等人，著有《测圆海镜》、《益古衍段》。"按：元好问《寄庵先生墓碑》云："先生讳某，字平父，姓李氏，系出唐明皇帝。历五季、宋末之乱，谱谍散失，无可考案。靖康初，先生之

---

① 按：备注原作"天光二年"，误。

② （金）刘祁：《归潜志》卷5，崔文印点校，中华书局1983年版，第50页。

③ （元）脱脱等：《金史》卷124《忠义四·乌古孙奴申传》，中华书局1975年版，第2702—2703页。

祖玘，自济南齐河，避乱镇州，侨寓一名医家，遂传其学。生子拯，徙居栾城，仍食先业……（先生）登明昌二年词赋进士第……子男三人：澈，方山抽分窑冶官，刘出也；次曰治，自幼有文章重名，正大中收世科，征事郎、长陵主簿，王出也；次曰滋，崔出也。”①《元史·李冶传》有云：“李冶，字仁卿，真定栾城人。登金进士第，调高陵簿，未上，辟知钧州事……冶晚家元氏，买田封龙山下，学徒益众。及世祖即位，复聘之，欲处以清要，冶以老病，恳求还山。至元二年，再以学士召，就职期月，复以老病辞去，卒于家，年八十八。所著有《敬斋文集》四十卷，《壁书丛削》十二卷，《泛说》四十卷，《古今黈》四十卷，《测圆海镜》十二卷，《益古衍段》三十卷。”②又元人纳新《河朔访古记》卷上有云：“李文正公字仁卿，自号敬斋，金进士，栾城人，也有文集行世。”③由此可知，李治、李冶与敬斋实为同一人。元史作“李冶”误，概因字形相近而讹误，应以元好问所撰《墓碑》为准，作“李治”是。又在本表中，敬斋之前一人为张鼎，也即张淡然，其备注有云：“从敬斋学，与之同年登第。”这里作者将“敬斋”当作一人之姓名，显然也是由于没有细察而致前后重出。又按：金末李治、元好问和张德辉曾游封龙山，时人称“龙山三老”。④

（三）姓名全同，而前后重出

李偁前后两次出现（第393、403页）。前一李偁列为明昌三年（1192）前进士，籍贯厌次，所据文献是《棣州重修庙学记》（《辽金元石刻文献全编》第一册第656页），备注云：“赞助重修棣州庙学。”后一李偁列为明昌六年（1195）前进士，籍贯也是厌次，所据文献也与前者完全一致。显然是由于作者疏于检点，因而导致前后

① （金）元好问：《寄庵先生墓碑》，姚奠中主编《元好问全集》卷17，山西古籍出版社2004年版，第415页。

② （明）宋濂等：《元史》卷160《李冶传》，中华书局1976年版，第3759—3760页。

③ （元）纳新：《河朔访古记》卷上，清武英殿聚珍版丛书本。

④ （明）宋濂等：《元史》卷163《张德辉传》，中华书局1976年版，第3826页。

重出。

吕卿云前后两次出现（第386、400页）。前者列为世宗、章宗期间进士，籍贯济源，职任空缺，所据文献是《畿辅通志》卷34和《中州集》卷8，备注云："字祥卿，贞幹弟。"后者列为明昌五年（1194）进士，籍贯大兴，职任"左补阙、国史院编修、应奉翰林文字、左司谏、汝州刺史"，所据文献是《昌平金代摩崖石刻考》。按：《中州集·吕陈州子羽》云："子羽，字唐卿，大兴人，大定末进士，仕至陈州防御使。"又引《屏山故人外传》云："吕氏自国朝以来，父子昆弟，凡中第者六人，以'六桂'名其堂。贞幹，字周卿，尤自刻苦，酷嗜文书，著《碣石志》数十万言……弟士安，字晋卿；卿云，字祥卿。子鉴，字德昭，皆名士。唐卿，其从子云。"① 而《昌平金代摩崖石刻》的具体内容是："泰和四年三月十七日永安吕贞幹同弟子羽景安卿云贞一来游侄益侍从。"② 由此可见，以上两则材料中所载的吕氏家族的成员名字基本相同。又考《金史·地理志》有云："大兴府，上。晋幽州，辽会同元年升为南京，府曰幽都，仍号卢龙军，开泰元年更为永安析津府。天会七年析河北为东、西路时属河北东路，贞元元年更今名。"③ 可知永安即大兴，由此可知，以上两处材料所载的吕氏家族应为同一个家族，两个"吕卿云"也就是同一个人。

赵宇前后两出（第417、428页）。前者列为承安五年（1200）进士，籍贯泽州陵川，职任尝为兴平令，所据文献为《庄靖集》卷8，备注云"李献甫姊夫"；后者列为泰和间进士，籍贯为陵川，职任空缺，所据文献为《山西通志·贡举谱二》。按：李俊民《题登科记后》有云："赵宇，字公定，年二十八，泽州陵川。"可知，赵宇与李俊民为同年进士，且同为泽州人。又元好问《赟皇郡太君墓铭》

① （金）元好问编：《中州集》卷6《吕陈州子羽》，中华书局上海编辑所1959年版，第415页。

② 郭聪、穆长青：《昌平金代摩崖石刻考》，载北京辽金城垣博物馆编《北京辽金文物研究》，北京燕山出版社2000年版，第221页。

③ （元）脱脱等：《金史》卷24《地理志上》，中华书局1975年版，第573页。

有云："夫人三子，献卿其长，今为正议大夫……献诚，汝州郏城令；献甫，京兆长安令……女二人：长适夫人之从侄梁玙，次适经义省元、兴平令赵宇。"① 李俊民与赵宇是同年进士，又同为泽州人，因此，《题登科记后》所记自然是准确的。又李献甫是元好问的"三知己"之一，因而，《墓铭》所载也是可信的。由此可知，两个"赵宇"籍贯相同，及第时间相近，实为同一人。（参见《金代人物传记资料索引》第705页）

张瓌前后重出（第439、442页）。前者列于崇庆元年（1212）前进士，籍贯鸡泽，职任空缺，所据文献是《鸡泽县文宣王庙碑阴》；后者列于崇庆元年（1212）进士，籍贯、职任与备注皆空缺，也未交代所据文献。可知两个"张瓌"为同一人。

刘德基前后两次出现（第444、449页）。前者列于贞祐元年（1213）进士，籍贯大兴，所据文献是《金史》卷121，备注云："特赐同进士出身，被西夏俘虏，不屈死。"后者列为贞祐年间进士，籍贯亦为大兴，职任空缺，未交代所据文献，备注云："即贞祐三年科。"按：《金史·忠义一》有云："刘德基，大兴人，贞祐元年，特赐同进士出身。守官边邑，夏兵攻城，德基坐厅事，积薪其傍，谓家人曰：'城破即焚我。'及城破，其家人不忍纵火，遂被执。胁使跪降，德基不屈。同僚故人给夏人曰：'此人素病狂，故敢如此。'德基曰：'为臣子当如此尔，吾岂狂耶？'夏人壮其义，乃系诸狱，冀其改图。已而召问，德基大骂，终不能从，曰：'吾岂苟生者哉！'遂害之。赠朝列大夫、同知通远军节度使事。"② 由此可见，两个"刘德基"实为同一人。

郭邦彦前后重出（第457、458页）。前者列于兴定五年（1221）进士，籍贯鄠县，所据文献是《中州集》卷7和《陕西通志·选举志》。后者亦列于兴定五年（1221）进士，籍贯阳翟，职任永城主

① （金）元好问：《赞皇郡太君墓铭》，姚奠中主编《元好问全集》卷25，山西古籍出版社2004年版，第54页。

② （元）脱脱等：《金史》卷121《忠义一·刘德基传》，中华书局1975年，第2651—2652页。

簿，所据文献亦为《中州集》卷7。按：《中州集·郭邦彦》云："邦彦，字平叔，本鄠县人，侨居阳翟，遂占籍焉。兴定五年进士，调永城簿，以退让见称。生世不幸，处于顽、嚚、傲三者之间，郁郁不自聊，年未四十而死。寄庵先生爱其诗，甚嗟惜之。"① 文献来源既同，而前后重复，显然是由于作者疏于检点而造成的。

（四）其他类型的重出情况

王修然（第317页）与王翛（第322页）实为一人。前者列于天眷元年（1138）进士，籍贯为涿州，所据文献是《畿辅通志》卷34；后者列于皇统二年（1142）进士，籍贯亦为涿州，职任较详，不烦引录，所据文献是《金史》卷105和《中州集》卷8，备注云："刚严果断，名臣。"按：《金史·王翛传》云："王翛，字翛然，涿州人也。登皇统二年进士第，由尚书省令史除同知霸州事，累迁刑部员外郎。坐请嘱故人奸罪，杖四十，降授泰定军节度副使。四迁大兴府治中，授户部侍郎。"② 又《中州集·王大尹翛》云："翛，字翛然，范阳人，皇统二年进士。资禀鲠峭，甫入仕，即以材干称。大定中，皇子曹王尹大兴，翛然为少尹，王移镇北门，复以同尹从之，前后多所规益，朝廷称焉，迁咸平转运使，改知浀州，坐为怨家所诬，夺官，宰相有为辨理者，得郑州防御使。章宗即位，召拜礼部尚书，以选为大兴尹，两月政成，发奸击强，剖繁理剧，百年以来，无有出其右者。寻为护前者所排，系狱累月，天子知其非罪，出之。翛然幅巾归范阳。明年，起为定国军节度使，致仕，卒。遗命无请谥、无立碑，然至今言名臣者，必及焉。"③ 又《（雍正）畿辅通志》卷61《选举志》之"金代进士"中有云："王翛，涿州人，皇统年第，户部侍郎。"④ 可知，"王修然"实为"王翛然"之误，概因字形相近而

① （金）元好问：《中州集》卷7《郭邦彦》，中华书局上海编辑所1959年版，第377页。

② （元）脱脱等：《金史》卷105《王翛传》，中华书局1975年版，第2315页。

③ （金）元好问：《中州集》卷8《王大尹翛》，中华书局上海编辑所1959年版，第402页。

④ （清）李卫：《（雍正）畿辅通志》卷61《选举志一》，清文渊阁四库全书本。

讹误。如此，“王修然”与“王脩”乃一人而前后两出。

平宗与平宗哲或为同一人（第380页）。平宗列于大定间进士，籍贯未详，职任“大定十三年为章丘县丞”，所据文献是《山西通志·贡举谱》，备注云：“登进士乙科。”平宗哲紧列其后，科次亦为大定间，籍贯为遂城，所据文献是《畿辅通志》卷34，由此可知，“平宗”与“平宗哲”本为同一人，概因传写过程中有所遗漏而讹为两人。

田锡与田永锡为同一人（第455、458页）。前者列于兴定五年（1221）进士，籍贯宛平，职任新蔡主簿，所据文献是《中州集》卷8和《畿辅通志》卷34，备注云：“《畿辅通志》作‘田赐’，恐误。”后者亦列于兴定五年（1221）进士，籍贯义州，所据文献为《归潜志》卷3，备注云：“兴定末及第。”按：《中州集·田锡》有云：“锡，字永锡，宛平人。兴定五年进士，调新蔡主簿，闲居南阳骥立山下，资豪爽，自少日有声场屋间，作诗甚多。《吊苏坟》一篇有‘英灵还却眉山秀，依旧东风草木天’之句，世哄传之。”① 又《归潜志》卷三有云：“田永锡，义州人。叔思敬耀卿，名进士。永锡少有诗声，其过东坡坟诗云：‘富贵一场春夜梦，文章万斛冷云泉。英魂返却眉山秀，依旧春风草木天。’为人传诵。兴定末，同余试南京，擢第。遭乱南奔，在江淮间，病卒。”② 由此可知，田锡与田永锡实为同一人。

曹居一与曹居易为同一人（第477、478页）。前者列于正大间进士，籍贯太原，职任“仕元为行台员外郎”，所据文献是《秋涧集》卷59和《山西通志·贡举谱二》。后者列为哀宗时进士，籍贯亦为太原，职任亦作“入元为行台员外郎”，所据文献是《困学斋杂录》，备注云：“金末进士。”按：元好问向耶律楚材推荐的54位金代名士

① （金）元好问：《中州集》卷8《田锡》，中华书局上海编辑所1959年版，第431页。

② （金）刘祁：《归潜志》卷3，崔文印点校，中华书局1983年版，第27页。

中就有“燕人曹居一”[①]。又王恽《碑阴先友记》有云：“曹居一，字通甫，北燕人，有文章，善谈，诣以谟画佐征南幕府官员外郎，卒。”[②] 又鲜于枢《困学斋杂录》云：“南湖散人曹居一，字通甫，又号听翁，太原人，金末登进士第，仕国朝为行台员外郎。”[③] 又虞集《道园学古录》有云：“曹居一，字通甫，燕人。”[④] 可知，“曹居一”与“曹居易”实为同一人，应以“曹居一”为是。

二　进士身份确凿，但相关史实有误

（一）张冠李戴，人名与事实不相吻合

魏玉（第448页）列于贞祐三年（1215）进士，籍贯浑源，备注云：“国子监试屡为第一，七赴殿试，皆不中，恩赐及第。”按：魏初《先君墓碣铭》云，魏玉“业进士举，笃志力学，府会试屡得上捷，因避地唐州比阳县，与友人苑德茂者入山，不知所终”[⑤]。又姚燧《金故甄官署令魏府君墓碣》有云：“（魏）玉，进士，未禄卒。”[⑥] 可知魏玉的确考中进士。但备注所云并非魏玉之事，乃是其兄魏珪（笏）之事。魏初《先君墓碣铭》云：“父讳珪，改讳笏，字君玉……先君之父，其最长也，虞夏文不胜质，终场时年十有八，后补入太学，声闻藉甚，为流辈所称，春秋私试，三作监魁，与张巨济、马至道、马柔克并驱争先，无得而优劣之，不幸七赴殿选，终于贞祐三年恩赐而已，用是绝仕进意，养心守道，澹乎其世味也。”[⑦] 可知此处是将魏玉与魏珪之事相混了。

---

① （金）元好问：《寄中书耶律公书》，姚奠中主编《元好问全集》卷39，山西古籍出版社2004年版，第805页。

② （元）王恽：《碑阴先友记》，《秋涧先生大全文集》卷59，四部丛刊景明弘治本。

③ （元）鲜于枢：《困学斋杂录》，清知不足斋丛书本。

④ （元）虞集：《田氏先友翰墨序》，《道园学古录》卷5，四部丛刊景明景泰翻元小字本。

⑤ （元）魏初：《先君墓碣铭》，《青崖集》卷5，清文渊阁四库全书本。

⑥ （元）姚燧：《金故甄官署令魏府君墓碣》，《牧庵集》卷27，清武英殿聚珍版丛书本。

⑦ （元）魏初：《先君墓碣铭》，《青崖集》卷5，清文渊阁四库全书本。

乔松（第454页）列于兴定五年（1221）进士，籍贯洪洞，所据文献是《改建题名碑》，备注云：“乔扆子。该科省试官于常额外多放十余人，乔松居首。宣宗以时艰，恐伤士人心，特恩放及第。”按：《中州集·莲蓬真逸乔扆》云：“扆，字君章，初名逢辰，洪洞人，天德三年进士，诗、乐府俱有名。子宇，字德容，八岁能鼓琴，召入东宫，显宗称其不凡。大定十六年登科。贞祐初，为益都按察转运使，与田涿器之俱殁兵间。”[①] 明确说乔扆之子名宇，字德容。又《金史·宣宗下》有云：“（兴定五年三月），省试经义进士，考官于常额外多放乔松等十余人。有司奏请驳放，上已允，寻复遣谕松等曰：‘汝等中选而复黜，不能无动于心。方今久旱，恐伤和气，今特恩放汝矣。’”[②] 可知，乔松的确考中了进士。此处是将乔宇与乔松相混了，乔松并非乔扆之子，当然也不是洪洞人。

夹谷土剌（第424页）列于泰和三年（1203）进士，籍贯为海兰路，所据文献是《遗山集》卷20，备注云：“女真策论进士第一名，刚直廉介。”按：元好问《资善大夫武宁军节度使夹谷公神道碑铭》有云：“公讳土剌，字大用，姓夹谷氏。世为合懒路人……弱冠，始知读书，三举策论进士，以泰和三年登科。”[③]《神道碑》中并未记载其为策论进士第一，未知作者何据？

贾庭扬（第470页）列于正大四年（1227）进士，籍贯平定乐平，职任奉御，备注云：“经义第一，杨云翼女婿。”所据文献是《遗山集》卷22、《汝南遗事总论》和《山西通志·贡举谱二》。按：元好问《大中大夫刘公墓碑》有云：“南渡以来，士子潜心文律，视师弟子之传为重。从公讲学者，如罗鼎臣、贾庭扬、李浩辈，往往甲乙擢第。其有功后进，盖如此。”[④] 说明贾庭扬确实考中了进士。王

---

① （金）元好问编：《中州集》卷2《莲蓬真逸乔扆》，山西古籍出版社2004年版，第104页。

② （元）脱脱等：《金史》卷16《宣宗下》，中华书局1975年版，第356页。

③ （金）元好问：《资善大夫武宁军节度使夹谷公神道碑铭》，姚奠中主编《元好问全集》卷20，山西古籍出版社2004年版，第473页。

④ （金）元好问：《大中大夫刘公墓碑》，姚奠中主编《元好问全集》卷22，山西古籍出版社2004年版，第495页。

鹗《汝南遗事》卷四云："前政内外官及省令史参注吏员，富察哈准、王阿里、李涣、郭浩辈，皆以倾险小人，致位通显。遇正大改元，潜革其弊，虽格法如常，而不令小人骤进，至于近侍，亦必参用儒生，如鄂吞阿古提点近侍局，完颜苏呼为近侍局大使，贾庭杨充奉御之类。阿古字舜卿，故参政忠孝之子，大定二十八年策论进士。苏呼字伯阳，崇庆二年策论进士，状元。庭杨字升之，平定人，正大四年经义状元。"① 明确记载贾庭杨为正大四年（1227）经义状元。又元好问《内相文献杨公神道碑铭》有云："公讳云翼，字之美。杨氏其先，赞皇之檀山人，六代祖忠，客乐平，遂占籍焉……公资颖悟……弱冠，登明昌五年经义第一甲第一人进士第，词赋亦中乙科……子，男二人：长曰朴，前公卒；次曰恕，擢正大四年经义进士第。女一人，适某族。"② 并未交代杨云翼的女婿是谁？从所据文献来看，贾庭扬是杨云翼女婿的证据并不充足。而苏天爵《元朝名臣事略》卷六有云："壬辰，天兵渡河。明年，汴降。诸将争取金缯，公独入史馆，收金实录、秘府、图书，仍访求乡曲、耆旧、望族十余家，若高户部、李都运、时立、赵礼部三子贽、克刚、克慕，杨翰子子恕、婿贾庭，护送北归，其薄汴梁，蹙归德，陷汝南，攻徐邳，公莫不身先士卒，横槊转斗，大小数十战，未尝败衄。"③ 说杨翰之子为杨恕，婿为贾庭。由子杨恕可知，杨翰应指杨云翼，贾庭也应指贾庭扬，由此可知，贾庭扬是杨云翼之婿。可见，由于作者在交代所据文献时有所遗漏，因而导致相关信息无法核验。

周伯禄之外孙并非王寂。周伯禄（第350页）列为大定三年（1163）进士，籍贯真定，职任刑部郎官，所据文献是《滋溪文稿·金进士盖公墓记》。备注云："外孙王寂为撰写墓志。"按：苏天爵《金进士盖公墓记》有云："中选之士，若武简，如赵沨、周昂、赵

---

① （元）王鹗：《汝南遗事》卷4，清文渊阁四库全书本。

② （金）元好问：《内相文献杨公神道碑铭》，姚奠中主编《元好问全集》卷18，山西古籍出版社2004年版，第421、424页。

③ （元）苏天爵：《万户张忠武王》，《元朝名臣事略》卷6，清文渊阁四库全书本，第244页。

文昌、萧武、都贡、孟奎、孙椿年、杨庭秀、路元，皆有名。盖公、昂、椿年，俱真定人也。昂尤知名，尝为监察御史、户部郎官。其父伯禄，大定五年进士，卒刑部郎官，墓在真定县南仰陵原，事具中都转运使王寂所述墓铭可考。"[①] 王寂的确为周伯禄撰写过墓铭，然王寂并非周伯禄外孙，其《先君行状》有云："先君仕四十三年，积官至通奉大夫。夫人清河张氏，汾州西河主簿孝端之女。夫人有贤行，为中外姻族表仪，累封太原郡夫人，后先君五年卒。男三人，曰寂，中宪大夫、中都副留守兼本路兵马副都总管；曰宷，修武校尉。"[②] 可知王寂母亲为清河张氏。又其《清河张氏夫人墓志铭》有云："夫人讳某，字季玉，姓张氏，易人也。其曾祖之上，数世皆以赀产长雄于乡里，然高气义，务施舍，人以此多之。大王父讳孝端，主汾州西河簿。王考价，宋宣和间补秘书省秘书郎、景州户曹掾，本朝改奉信校尉，隐居以终。夫人年十四，归于今中都副留守王寂。夫人性敏而静恭，执妇道，闺门肃然，言动有法，实生二男：曰钦哉，业进士；曰直哉，供奉班祗候；女昭余，适左国公孙茂。"[③] 知王寂又娶舅氏之女为妻，为中表婚。可见，无论是苏天爵还是王寂本人，都没有其外祖父是周伯禄的记载。周伯禄外孙应为王若虚。《中州集·常山周先生昂》云："昂，字德卿，真定人。父伯禄，字天锡，师事玄真先生褚承亮……德卿传其甥王从之文法云……德卿初有《常山集》，丧乱后不复见，从之能记三百余首，因得传之。"[④] 明确记载王若虚是周昂的外甥，即周伯禄之外孙。王若虚还有《上周监察夫人生朝》[⑤]，乃是为舅母——周昂夫人的生日所作。周昂之侄周嗣明，字晦之，短

① （元）苏天爵：《金进士盖公墓记》，《滋溪文稿》卷4，陈高华、孟繁清点校，中华书局1997年版，第55页。

② （金）王寂：《先君行状》，《拙轩集》卷6，清文渊阁四库全书本。

③ （金）王寂：《清河张氏夫人墓志铭》，《拙轩集》卷6，清文渊阁四库全书本。

④ （金）元好问编：《中州集》卷4《常山周先生昂》，中华书局上海编辑所1959年版，第166页。

⑤ （金）王若虚：《上周监察夫人生朝》，《滹南遗老集校注》卷45，胡传志，李定乾校注，辽海出版社2005年版，第547页。

小精悍，有古侠士风，与王若虚为莫逆之交。[①] 这些材料都记载了王若虚与周昂的亲缘关系。

武都（第367页）并非女真进士。武都列于大定二十二年（1182）进士，籍贯真定，所据文献是《金进士盖公墓记》，备注云："女真策论进士，有政声，善理财，入《循吏传》。"然查《盖公墓记》，虽有武都是进士的记载，但并未云其为女真策论进士。又《金史·武都传》云："武都，字文伯，东胜州人，大定二十二年进士，调阳谷主簿，迁商水令。"[②] 亦未言其为女真人。则备注中所云武都为女真策论进士，还缺乏充足的证据。

（二）因缺漏或刊刻而导致的讹误

孙亿（第310页）为孙九亿之误。孙亿列天会六年（1128）进士，籍贯忻州定襄，职任尚书员外郎知翼县事，所据文献是《遗山集》卷39、《中州集》卷2和《山西通志·贡举谱》，备注云："一作'孙九亿'"。按：《中州集·孙内翰九鼎》云："九鼎，字国镇，忻州定襄人，天会六年经义第一人……弟九畴、亿，俱有时名，三人同榜登科。"[③] 从字面上来看，此处的确是记为"孙亿"，但按照古人取名的规律，似乎应理解为"孙九亿"，也即《中州集》所记乃是简称，孙氏三兄弟全名应为九鼎、九畴和九亿。事实上，前人也是作这样理解的，如《万姓统谱》《明一统志》《大清一统志》等书中皆书作"弟九畴、九亿"。[④] 因此，笔者认为"孙亿"当作"孙九亿"为是。

"苞诚之"实为"苑诚之"之误。苞诚之（第327页）列于皇统

① （金）王若虚：《林下四友赞》，《滹南遗老集校注》卷45，胡传志，李定乾校注，辽海出版社2005年版，第544页。

② （元）脱脱等：《金史》卷128《循吏·武都传》，中华书局1975年版，第2772页。

③ （金）元好问编：《中州集》卷2《孙内翰九鼎》，中华书局上海编辑所1959年版，第75页。

④ （清）李贤：《大明一统志》卷19《太原府·名宦》，清文渊阁四库全书本；（清）凌迪知：《万姓统谱》卷21《孙》，清文渊阁四库全书本；（清）穆彰阿：《（嘉庆）大清一统志》卷150《忻州·人物》，四部丛刊续编景旧钞本。

六年（1146）进士，所据文献是《（嘉靖）清苑县志》。按：《清苑县志》卷四《选举》有云："元进士苑诚，中皇统间进士；苑汝励，延佑二年中张起岩榜进士；苑汝舟，延佑四年中霍希贤榜进士。"①可知，"苞诚"本为"苑诚"，概因字形相近而致讹误。

"张椿年"（第368页）实为"孙椿年"之误。张椿年列为大定二十二年（1182）进士，籍贯云中，职任"监察御史、左司员外郎、中都路都转运使"，所据文献是《滋溪文稿·金进士盖公墓记》。按苏天爵《金进士盖公墓记》云："是岁考士之法，以'天地无私覆载'为赋，'发仓赈乏馁'为诗，'正心以正朝廷'为论，中选之士，若武简，如赵沨、周昂、赵文昌、武都、萧贡、孟奎、孙椿年、杨庭秀、路元，皆有名。盖公、昂、椿年，俱真定人也，昂尤知名，尝为监察御史、户部郎官。其父伯禄，大定五年（1165）进士，卒刑部郎官，墓在真定县南仰陵原，事具中都转运使王寂所述墓铭可考。"②由此可知，"张椿年"实为"孙椿年"之误，又《墓记》中也没有提及孙椿年的仕历，这显然是把周昂与王寂的职任混入孙椿年的名下了。

"伯德雄"（第416页）实为"伯德维"之误。伯德雄列为承安五年（1200）进士，籍贯为中都和鲁胡千户所，所据文献为《庄靖集》卷8，备注云："李俊民同榜进士。"按：李俊民《题登科记后》原文云："伯德维，字公理，年四十一，中都哈勒珲千户所。"③可知，"伯德雄"实乃"伯德维"之误。

"梁实"应为"梁宝"之误。梁实（第418页）列于承安间进士，籍贯满城，所据文献是《（光绪）畿辅通志》卷34，备注云："《志》作'宝'，又作'宾'？"按：《（雍正）畿辅通志》有云：

① （明）李廷宝：《（嘉靖）清苑县志》卷四《选举》，明嘉靖刻本。

② （元）苏天爵：《金进士盖公墓记》，《滋溪文稿》卷4，陈高华、孟繁清点校，中华书局1997年版，第55页。

③ （金）李俊民：《题登科记后》，《庄靖集》卷8，吴广隆、马甫平点校，山西古籍出版社2006年版，第450页。

"梁宝，满城人，承安年第。"① 故应以"梁宝"为是，当是因字形相近而导致的讹误。

（三）本可考知而疏于考证者

"元□"（第346页）实为"元滋善"（第490页），前后两出。"元□"列于正隆五年（1160）进士，所据文献为《遗山集》卷37和卷39，备注云："元好问祖，遗名。号铜山府君，赐出身。"而元滋善则列于金后期进士，籍贯为忻州，所据文献是《山西通志·贡举谱二》。按：元好问《南冠录引》有云："先祖铜山府君，正隆二年赐出身。"② 郝经《遗山先生墓铭》有云："先生讳好问，字裕之，太原秀容人。系出拓拔魏，故姓元氏。曾大父春，忠显校尉，隰州团练使。大父滋善，儒林郎、铜山府君，赠朝列大夫。"③ 由此可知，元好问的祖父名滋善，即铜山府君。"元□"应为"元滋善"，并非不可考知，赐第时间应为正隆二年（1157），而非正隆五年（1160）。

三个"王□"（第348页）实为王邦用、邦基、邦宪兄弟三人。三个"王□"皆列于正隆五年（1194）进士，籍贯定州永平，所据文献是《遗山集》卷18，备注云："王扩伯或叔。兄弟三人相继登第。扩明昌五年（1194）登第，伯叔或当天海陵、世宗时登第。"此外，又有王邦基（第344页），列于正隆二年（1157）进士，籍贯完州，职任遂州司侯，所据文献是《畿辅通志》卷34《选举》。按：元好问《嘉议大夫陕西东路转运使刚敏王公神道碑铭》有云："公讳扩，字充之，族王氏，世为定州永平人。曾大父某。大父某，仕为县功曹……五子皆教之宦学，三子继登上第，而仕亦达……邦用，公之父也，仕至同知安国军节度使事……公孩幼嗜学，甫冠从乡赋，即有

---

① （清）李卫：《（雍正）畿辅通志》卷61《选举·进士·金》，清文渊阁四库全书本。

② （金）元好问：《南冠录引》，姚奠中主编《元好问全集》卷37，山西古籍出版社2004年版，第775页。

③ （金）元好问：《大德碑本遗山先生墓铭》，姚奠中主编《元好问全集》卷54，山西古籍出版社2004年版，第1263页。

声，时辈无不推伏，擢明昌五年甲科。”[①] 据此可知，王扩中明昌五年（1194）进士，三个“王□”实为王扩的父辈，分别是王邦用、王邦基、王邦宪[②]，其中王邦用为王扩之父，天德三年（1151）进士，历仕南和令、邢台通守，大定间终于安国军节度同知；王邦基，正隆三年（1158）进士，曾任获鹿主簿、遂州司侯；王邦宪，明昌二年（1191）进士，曾任尚方署令[③]。

三　本非进士而误收录者[④]

彭椿（第385页）并非进士。彭椿列于世宗时进士，籍贯真定，所据文献是《滹南遗老集》卷34，备注云：“其子彭悦承安五年进士，则彭椿当为世宗时进士。”按：王若虚《进士彭子升墓志》云：“君讳悦，字子升。世为真定人。父椿，将仕郎，大兴安次主簿。子升幼明悟过人，倜傥有立志。读书为文，悉得其妙处。承安五年，擢经义进士第，调冀州录事判官。”[⑤] 并没有提及彭椿曾中进士。又王若虚还有《送彭子升之任冀州序》一文[⑥]，也没有关于其父彭椿曾中进士的记载。彭子升是王若虚的知心好友[⑦]，如果其父彭椿曾中进士，自然会在相关文章中有所提及的。因此，将彭椿收录为进士，是缺乏

---

① （金）元好问：《嘉议大夫陕西东路转运使刚敏王公神道碑铭》，姚奠中主编《元好问全集》卷18，山西古籍出版社2004年版，第430页。

② 参见薛瑞兆《金代科举》，中国社会科学出版社2004年版，第109页。

③ 参见《（光绪）畿辅通志》卷34，第348、349、351页；《（光绪）保定府志》卷10第3、4、6页；《（民国）完县新志》卷6第344、345、346页。

④ 李桂枝在提到该著收录进士的标准时曾说：“本书所录进士中可能还有相当一部分是参加会试而非进士及第者，为防止遗漏，除虽有‘进士’记录，却已经考知并非及第进士者外，其余一律保留，以俟今后有足够证据时确定或排除。”参见李桂枝《辽金科举研究》，第191页。笔者在此无意讨论其收录标准的恰当与否，只是如作者所云，将那些能够考知的“并非进士及第者”排除出去而已。

⑤ （金）王若虚：《进士彭子升墓志》，《滹南遗老集校注》卷43，胡传志、李定乾校注，辽海出版社2005年版，第518页。

⑥ （金）王若虚：《送彭子升之任冀州序》，《滹南遗老集校注》卷44，胡传志、李定乾校注，辽海出版社2005年版，第539页。

⑦ （金）王若虚：《林下四友赞》，《滹南遗老集校注》卷45，胡传志、李定乾校注，辽海出版社2005年版，第544页。

文献依据的。

吕贞一（第386页）并未中进士。《中州集·吕陈州子羽》云："子羽，字唐卿，大兴人。大定末进士，仕至陈州防御使。"又引《屏山故人外传》云："吕氏自国朝以来，父子昆弟，凡中第者六人，以'六桂'名其堂。贞幹，字周卿，……弟士安，字晋卿；卿云，字祥卿；子鉴，字德昭；皆名士。唐卿，其从子云。"① 这里共提到五位吕氏家族成员，即吕子羽、吕贞幹、吕士安②、吕卿云和吕鉴，先提到"六桂堂"，后列举五人姓名，从逻辑上来讲，这五人应皆为进士。那么吕氏家族中的另一名进士究竟是谁呢？李桂枝先生据《昌平金代摩崖石刻》认为可能是吕贞一，亦可能是吕益，但无确凿证据③。然吕贞幹《王元德墓志铭》有云："余不能拒其命，又以王公与家伯父同年□□□□，有世契义。"④ 此段文字虽有剥落，但文意大体可读，由此可知，吕贞幹之伯父亦曾中进士。至此，《屏山故人外传》中提到吕氏"五桂"，再加上吕贞幹之伯父，正好凑足"六桂"，也与李纯甫所言"自国朝以来，父子昆弟，中第者凡六人"相合。由此，也就可以排除吕贞一的进士身份。

敬德（第409页）本无其人。敬德列于承安二年（1197）进士，所据文献是《遗山集·内翰冯公神道碑铭》，备注云："敬公名德，至不敢以同年生数之。"但事实上，"敬德"并非人名，此处实乃作者误读所致。备注所引文字乃是断章取义，完整详细的文字是："王延州从之公于鉴裁，为海内称首，敬公名德，至不敢以同年生数之。"⑤ 其中提到的王延州从之，即王若虚，为承安二年（1197）进士。志主冯璧，字叔献，亦为承安二年（1197）进士，可知王若虚

---

① 元好问：《中州集》卷8《吕陈州子羽》，第415页，中华书局上海编辑所，1959年。

② 李桂枝据《摩崖石刻》认为："吕士安"应为"吕景安"之误，是。参见李桂枝《辽金科举研究》，中央民族大学出版社2012年版，第300页。

③ 李桂枝：《辽金科举研究》，中央民族大学出版社2012年版，第301页。

④ 王新英辑校：《全金石刻文辑校》，吉林文史出版社2012年版，第331页。

⑤ （金）元好问：《内翰冯公神道碑铭》，姚奠中主编《元好问全集》卷19，山西古籍出版社2004年版，第450—451页。

与冯璧为同年进士。一般来说，同年进士之间的关系较为随和，但由于冯璧为官清正廉洁，威名远扬，因此，王若虚在提及冯璧时，才不会像普通的同年关系那样太过随和，反而是“敬公名德，至不敢以同年生数之”，这才是原文的真实含义。李先生对这段文字没有细读，因而误把“敬德”当作一人名。

耶律楚材（第432页）也并非进士。书中将其列于章宗时进士，籍贯为中都，职任尚书省令史，开州同知，所据文献是《元史》卷16，备注云：“契丹人。不愿就荫，章宗令与十六人同试，乙科。仕与蒙元，多有建树。”按：《元史·耶律楚材传》云：“耶律楚材，字晋卿，辽东丹王突欲八世孙。父履，以学行事金世宗，特见亲任，终尚书右丞。楚材生三岁而孤，母杨氏教之学。及长，博极群书，旁通天文、地理、律历、术数及释老、医卜之说，下笔为文，若宿构者。金制，宰相子例试补省掾。楚材欲试进士科，章宗诏如旧制。问以疑狱数事，时同试者十七人，楚材所对独优，遂辟为掾。后仕为开州同知。”① 这里明确说耶律楚材欲试进士科，但章宗诏如旧制。那么所谓的旧制究竟是什么？《金史·选举志》有云：“（大定）十六年，命皇家两从以上亲及宰相子，直赴御试。皇家祖免以上亲及执政官之子，直赴会试。”② 又《金史·世宗纪中》有云：“（大定十六年）四月丙戌，诏京府设学养士，及定宗室、宰相子程试等第。”③ 这条规定应该就是所谓的旧制。据此我们推测，如果耶律楚材要参加进士科考试的话，应当是以宰相子身份直接参加御试。而金代进士考试多为诗、赋、策、论四种文体，御试亦与此相同。而从章宗“问以疑狱数事”来看，显然不是御试的内容。再从“楚材所对独优，遂辟为掾”来看，也不像是进士御试，而应是试补省掾的一场临时考试。事实上，《元史》本传中也并没有提及耶律楚材“乙科及第”，其他文献中也没有见到耶律楚材进士及第的记载。因此，笔者认为，耶律楚材并没有去参加进士考试，当然也就不可能进士及第了。

① （明）宋濂等：《元史》卷146《耶律楚材传》，中华书局1976年版，第3455页。

② （元）脱脱等：《金史》卷51《选举志一》，中华书局1975年版，第1141页。

③ （元）脱脱等：《金史》卷7《世宗中》，中华书局1975年版，第164页。

刘祁并非进士（第478页）。刘祁列于天兴二年（1233）进士，籍贯浑源，所据文献是《秋涧集》卷58，备注云："刘从益子，崔立以城降蒙古，以布衣被胁迫为之撰碑文，特赐进士出身。入蒙元，赴戊戌选，为西京魁。"按：《金史·刘从益传》有云："刘从益，字云卿，浑源人。其高祖㧑，天会元年词赋进士，子孙多由科第入仕。从益登大安元年进士第，累官监察御史……子祁，字京叔，为太学生，甚有文名。值金末丧乱，作《归潜志》以纪金事，修《金史》多采用焉。"① 又王恽《浑源刘氏世德碑铭并序》有云："（刘）祁，字京叔，少颖异，为学能自刻厉，有奇童目，弱冠举进士，庭试失意，即闭户读书，务穷远大，涵濡锻淬，一放意于古文间……士论咸谓得斯文命脉之传。壬辰，北还乡里，躬耕自给，筑室，榜曰'归潜'。岁戊戌，诏试儒人，先生就试，魁西京，选充山西东路考试官。"② 明确记载刘祁在金末参加进士考试时庭试失意，也即没有考中进士。至于备注中所说的刘祁曾为崔立撰写功德碑而特赐进士出身，一方面史料中并没有明确的记载，另一方面，因为崔立是逆臣、叛臣，他的所作所为并不代表金王朝的意旨，因而，即使是真有其事，也是不能算作金代进士的。再说戊戌（蒙古太宗十年，1238）选试，也并非严格意义上的科举考试，而且举行的时间已在金亡之后。因此，把刘祁看作金代进士是没有道理的。

赵敏叔、介叔、方叔三兄弟（第443页），列为贞祐前进士，所据文献是《归潜志》卷4和《遗山集·礼部尚书赵公神道碑》，备注云："佚名。赵思文子。思文明昌间进士，三兄弟当在卫绍王、宣宗时登第。"按：《归潜志》卷四云："赵尚书思文，字庭玉，中山人。与其弟庭秀、庭直皆名进士。公少擢第，为省掾。从完颜福兴守燕都。福兴死，奔诣南京行宫，擢侍御史。"③ 这里只提及赵思文的两

① （元）脱脱等：《金史》卷126《文艺下·刘从益传》，中华书局1975年版，第2733页。

② （元）王恽：《王恽全集汇校》，杨亮、钟彦飞点校，中华书局2013年版，第2565页。

③ （金）刘祁：《归潜志》卷4，崔文印点校，中华书局1983年版，第37页。

个弟弟庭直、庭秀皆为进士，并没有提到赵思文的三个儿子。而元好问《通奉大夫礼部尚书赵公神道碑》云："公讳思文，字庭玉，姓赵氏，世为永平人。……初，公名璜，弟去非名珩。奉天君夜梦道士书今名，且云：'二南有不次喜。'寤而解之曰：'二南云者，吾两男子之谓乎?'乃命改焉。公天资颖悟，弱冠有赋声。未几，偕去非擢明昌五年进士第。乡里荣之，号'双飞赵家'……子，男三人，贾所出：赟，尚书省令史；克刚，奉职；克基，行中书省左右司员外郎。"① 也没有提及赵思文的三个儿子进士及第，且所记为三人之名（赟、克刚、克基），而非字（敬叔、介叔、方叔）。而《中州集·赵礼部思文》云："思文，字庭玉，永平人。明昌五年进士……弟庭垚，同榜登科。三子：敬叔、介叔、方叔，今居乡里。"② 也没有记载赵思文三子考中进士。可见，赵氏兄弟三人皆非进士。

众所周知，文献辑录是一项烦琐而枯燥的工作。由于资料繁杂，头绪众多，考辨时难免顾此失彼，因此，研究中的任何疏忽，都会造成种种失误，这实在是从事文献研究工作在所难免的事情。以上笔者指出《辽金科举研究》中的一些失误，并非刻意吹毛求疵，只是希望能有补于氏著。

第三节　金代进士增补与考释

薛瑞兆在《金代科举》一书中，共辑录了46科1527位金代进士，按登科次序排列，每位进士后都附有资料来源，书后还附有人名索引，非常便于读者使用。嗣后，便有学者作了一些增补辨正的工作。其中沈仁国、李桂枝二位学者用力尤勤，成绩显著。沈仁国对金代天会年间的进士作了一些辑补工作，并以短札的形式，在《江海学

---

① （金）元好问：《通奉大夫礼部尚书赵公神道碑》，姚奠中主编《元好问全集》卷18，山西古籍出版社2004年版，第436、439页。

② （金）元好问编：《中州集》卷8《赵礼部思文》，中华书局上海编辑所1959年版，第423页。

刊》（自2006年第1期至2007年第5期）上连续发表，共计11篇，或对部分进士的登科时间作了辨析（如作者认为金初的王础、沈宜中、毛评、毛询、巩伯勋、王琯等人很可能不是在金朝登第，而是辽朝或北宋的进士）；或对他们的生平资料作了些补充。计其总数，新增补的进士有10人，分别是天会二年（1124）的张国正，天会六年（1128）的李聪和石诩，天会十一年（1133）的裴处仁，天会十三年（1135）的郑汝励，天会十四年（1136）的裴敦仁、裴端仁，天会十五年（1137）的王可，还有天会年间登第而不知科次的王谏和程四穆。沈仁国还对《金代科举》中辑录的明昌进士作了些考辨，用作者的话来说就是："详加考证，找出其史源；厘清史料，辨别疑惑。"[①] 作者引用了很多方志材料，下了很大的功夫，使得部分进士的登科时间更加确定。尽管该文资料非常丰富，也取得了不少成就，但新增补的进士只有14人。具体来说，明昌二年（1191）进士有9人[②]：完颜伯嘉、刘涛、张公著、郑询、郑璘、郑才、郑椿、郑松、梁肃；明昌五年（1194）进士有2人[③]：齐希文、张益，不知科次的明昌中进士4人[④]：李恕、李端甫、张环、卫友端；另有特恩进士1人[⑤]：安硐。此外，沈仁国还有一篇长文《金代进士新探析——以官吏的官衔为视角》[⑥]，对部分金代官员的进士身份进行了一些探讨。文章根据金代某些时期的特定官职必须由进士担任的规定，先用史实来验证这些规定实施的情形和时限，进而通过登第者的特定官衔来判别其进士身份，探讨的对象包括监察御史、提举学校官、正六品至正

---

① 沈仁国：《金明昌进士辑补》，载《庆贺邱树森教授七十华诞史学论文集》，华夏文化艺术出版社2007年版。

② 另有论道宁、巨仲嘉2人，已为《金代科举》辑录。

③ 另有孔之固、申振（应为甲振之误）2人，已为《金代科举》辑录。

④ 另有魏大钧、姚德璋、贾景山、郭仲容、梁陟5人，已为《金代科举》所辑录。

⑤ 另有刘器博、张安行、胡光谦、王震、游总、孔端甫、崔秉仁、翟驹、齐文乙、孙可久、陈信仁、董戣、文商、李奖、李天祺、康晋侯、时琦、刘挚、李升、傅砺、赵挚、田扈方、魏汝翼、刘震亨、王枢、翟介然、李贞固、刘住儿（即刘微）、高仁杰29人，皆已为《金代科举》所辑录。

⑥ 该文为第四届中国科举学术讨论会宣读论文（2008年天津），目前还未见正式发表。

三品的文资官、御试读卷官和会试考官、翰林院官、以“赐绯鱼袋”入衔的文资官、六部主事八个类型的官员，由此推断出进士身份比较可靠的151人，可能是进士者48人。尽管这种类比推论的研究方法在逻辑上也并不严密，但考虑到金代文献损毁缺失的严重情况以及作者严谨的研究态度，其推论基本上是令人信服的。在史料极其匮乏的情况下，审慎地使用类比推论进行研究，在某种程度上，也不失为一种可取的方法。在这方面，沈仁国先生的这篇长文给我们提供了一个较好的范例。

2012年年底，李桂枝也出版了《辽金科举研究》一书。全书分为《辽朝篇》和《金朝篇》两大部分，皆是先探讨科举制度的相关问题（包括科次、科目、程式、条例、学校等内容），再对部分有疑问的进士作考证辨析，最后是附录，以表格的形式，按登科时间先后载录两朝进士，并注明科次、籍贯、职任和资料来源等内容。在该著的《金代进士名录》中，共辑录了1825名进士，比薛瑞兆《金代科举》所辑人数（1527）多出近300人。然而正如作者所说，“其中还有相当一部分是参加会试而非进士及第者”，“同时律科、经童也包括在内”。[①] 因此，该著中新增补的金代进士并没有那么多。

笔者近来在阅读《全金石刻文辑校》等金元文献时，又辑得70名金代进士[②]，大致按其登科时间顺序排列如下：

1. 何遵晏，文德人，天会二年（1124）进士。

《何遵晏墓志铭》（郭长倩撰）云其“中天会二年进士”，“幼岐嶷，长而好学，于书无所不读……天文、地理、民族之所自出，广博贯穿”。其父何佳，亦“博极群书，名闻……场屋，文行称于乡里”[③]。

---

① 李桂枝：《辽金科举研究》，中央民族大学出版社2012年版，第191页。

② 这些进士皆为薛瑞兆《金代科举》所失载，其中部分进士，或已为李桂枝《辽金科举研究》所辑录，但由于作者未对其登第时间进行考辨，故笔者于此文中也一并收录，并作进一步的考辨。为尊重前人的劳动成果，随文加以注明。若未加以特别说明，即为笔者新辑补的进士。

③ 王新英辑校：《全金石刻文辑校》，吉林文史出版社2012年版，第142页。

2. 张辅，祖籍雄武（凤翔路秦州），后迁居宣德，天会二年（1124）进士。

《张世本墓志铭》有云："（张世本）次男讳辅，肆进士业，本朝天会二年及第，见带奉直大夫……辅取伊氏，乃大监伊皋之女，亦有辽世禄名世之家，伊氏生三男二女：长男煦，习进士业，娶王氏，生三男一女，长曰卫孙，次曰灵孙，次曰宜孙，女曰琼英；次男照……小男熙，亦习进士业；长女小字迎銮，嫁郭朝散男楹，亦已进士第，见带奉德大夫。"[①] 又同书《张子行墓志》有云："公讳子行，字敏之，雄武人。祖讳辅，登进士第，官至中散大夫、河东南路户籍判官。父讳煦，官至承务郎，兴中府兴中县令。"[②] 将两篇志文对读可知，张世本、张辅、张煦乃祖孙三代，家族世代业儒，婚娶皆重进士出身。

3. 巩伯埙，天会初年进士。

4. 王琯，天会初年进士。

《奇石山磨崖记》题署为："朝散大夫、尚书虞部郎中、权知藁城县事巩伯埙撰，文林郎、尚书都官员外郎、权知获鹿县事王琯书，文林郎、太子校书郎、守获鹿县丞郭宗益篆额，太子右翊卫校尉、知获鹿县尉赵炳温同建。"文末有云："盖余曩时庞（笔者按：庞指法师庞居仁，字子安）为学校友，而县令王公都官，亦有同年契，因殿之落成也，欲刊诸崖石而纪之，以垂永远，来□余记，义不得辞……故余喜导其事而为文也。天会十五年十月十五日记。"[③] 文中的县令王公都官即指王琯。按文意可知，巩伯埙与王琯为"同年契"，也即同年进士，题记时间为"天会十五年"，则他们中进士必在天会十五年（1137）以前。按金朝官制，文官共分九品四十二阶，"凡进士所历之阶，及所循注之职。贞元元年（1153）制：南选，初除军判、丞、簿，从八品。次除防判、录事，正八品。三除下令，从七品。四中令、推官、节察判，正七品。五、六皆上令，从六品。北选，初军

① 王新英辑校：《全金石刻文辑校》，吉林文史出版社 2012 年版，第 54 页。

② 同上书，第 328 页。

③ 同上书，第 18 页。

判、簿、尉，二下令，三中令，四上令，已后并上令，通注节察判、推官。”又“凡官资以三十月为考，职事官每任以三十月为满”①。巩伯埙的官阶是朝散大夫，为从五品中。按进士初出仕，官阶为从八品算起，每三十个月一转，则升至正五品约需要六转，正好十五年时间，则巩伯埙中进士当在天会初年。当然，并非所有人都能正常升迁。王琯的官阶是文林郎，为正八品上，与同年进士巩伯埙相比，王琯的升迁速度就慢得多了②。

5. 刘中孚，天会初进士。

《刘中德墓志铭》有云：刘中德“大父讳肇，皇业进士举，虽无成功，绰有余誉。父讳世安，皇复嗣祖风，以养高尚……长子中孚，果登进士第，累任清要，克绍前业。公自卯岁，旦夕随兄游黉舍，既冠，端庄纯厚，孝谨仁慈，容目有容，而不校。天会十二年，用兄比部郎中官阴，补供奉班祗侯”③。从墓志铭来看，刘氏家族是重视科举的家族，按金代门阴之制：“天眷中，八品用荫，不限所荫之人。贞元中，七品用荫，方限以数。当是时，文始于将仕，武始于进义，以上至七品儒林、忠显，各七阶，许荫一名。”④ 刘中孚在天会十二年（1134）时即任比部郎中，查《金史·百官志》没有比部郎中之职，但《旧唐书》卷47《职官志二》有云：“刑部尚书一员，正三品。隋初改都官尚书，又改为刑部。龙朔改为司刑太常伯，光宅改为秋官尚书，神龙复也。侍郎一员。正四品下。龙朔为司刑少常伯。尚书、侍郎之职，掌天下刑法及徒隶、勾覆、关禁之政令。其属有四：一曰刑部，二曰都官，三曰比部，四曰司门。总其职务，而行其制命。凡中外百司之事，由于所属，咸质正焉。”又云：“比部郎中一员，从五品上。”⑤ 金初官制多借鉴唐、宋之制，故有此职。《金史·

---

① （元）脱脱等：《金史》卷52《选举志二》，中华书局1975年版，第1160、1158页。

② 沈仁国认为此二人或许是金代进士，也可能是北宋进士。参见沈仁国《天会间进士辨疑（二）》，《江海学刊》2007年第4期。

③ 王新英辑校：《全金石刻文辑校》，吉林文史出版社2012年版，第203页。

④ （元）脱脱等：《金史》卷52《选举志二》，中华书局1975年版，第1159页。

⑤ （五代）刘昫等：《旧唐书》卷47《职官志二》，中华书局1975年版，第1837页。

百官志》有云："汉官之制，自平州人不乐为猛安谋克之官，始置长吏以下。天辅七年以左企弓行枢密院于广宁，尚踵辽南院之旧。天会四年，建尚书省，遂有三省之制。至熙宗颁新官制及换官格，除拜内外官，始定勋封食邑入衔，而后其制定。然大率皆循辽、宋之旧。"①而辽朝官制又源于唐朝官制，《辽史·百官志》云："辽有北而朝官矣，既得燕、代十有六州，乃有唐制，复设南面三省、六部、台、院、寺、监、诸卫、东宫之官。"② 所以，金朝有一些官称是源于唐代官制的。由此可知，比部郎中为从五品官员，按常规，金朝进士及第初任职从八品，迁转到从五品官阶，至少需要十余年时间，则刘中孚登进士第时间当在天会初年③。

6. 柴思议，天会初年进士。

《时立爱墓志铭》（宇文虚中撰）云："（时立爱）女三人，长适进士柴思议，次为比丘尼，法名思琼。"④ 文中未言明何时中进士，据墓志，可知时立爱生于辽道宗清宁八年（1062），卒于金熙宗皇统三年（1243），享年八十二岁，辽大康九年（1083），时年二十二岁登进士第。又《时立爱三夫人墓志铭》（李芝撰）有云："（时立爱）原配李氏，安次人，廿岁来归，□□□□□方笃于修进，游学四方，夫人每加劝勉，有古断丝之风，唯克自谨，以奉舅□□，古所谓寒素而能乐善者也。暨□□□登高科，夫人之名愈显。辽寿昌□□八月三日卒，享年三十有一，追封岐国夫人。生一男，未名而卒。二女，长适□□，次为尼。"⑤ 志文虽有残缺，但文意基本能通，据此可知柴思议应为时立爱原配夫人李氏所生长女之婿。假设李氏卒于辽寿昌元年（1095），以享年三十一岁推算，其生年应为辽道宗感雍元年（1065），比时立爱小三岁，大体符合常情。又志文云，李氏二十岁

---

① （元）脱脱等：《金史》卷55《百官志一》，中华书局1975年版，第1216页。

② （元）脱脱等：《辽史》卷47《百官志三》，中华书局1974年版，第772页。

③ 李桂枝列为大定十六年前进士，参见李桂枝《辽金科举研究》，中央民族大学出版社2012年版，第360页。

④ 王新英辑校：《全金石刻文辑校》，吉林文史出版社2012年版，第45页。

⑤ 同上书，第47页。

才与时立爱结婚[①]，则其所生长女应出生于辽大安年间（1085—1094），李氏共生三个子女，则长女（即柴思议之妻）约生于大安六年（1090）前后。据常理，柴思议与其妻应年龄相仿，生于大安六年前后，至天会元年（1123）时，二十四岁左右，则柴思议很可能在金初天会年间登进士第[②]。

7. 李铎，代州人，天会六年（1128）进士。

《李择墓志铭》（李楫撰）有云："（李铎）孝友之行，得之于性，才宏学优，辞源富赡，平居以教授后进为乐，处学校时魁多士者，未易以数计，七赴礼部试，本朝天会六年（1128）登进士第。"[③]

8. 李楫[④]，代州人，天会六年（1128）进士。

《李择墓志铭》志文又云："同年出于师门者，如楫辈凡八人。"[⑤]这里的"师"即指李铎。志文首云："公与楫同宗且同里，素以叔事之。其长子未第时久处学校，以行艺正诸生屡矣。楫幼而从学，以师事之。诸仲季皆长，悉以兄事之，生平无间。"可知为李铎为志主李择之长子，李楫"幼而从学，以师事之"。"同年"者，意为同年登第者，即李楫等八人，同年登进士第，并且都曾受学于李铎；但细味文意，这里还应指李楫于天会六年（1128）登第，与其师李铎为同年进士。这一点我们可以从李楫撰此墓志铭的时间与题署官衔中得到印证。碑文撰于天眷二年（1139），题署为："代州观察判官、奉直大夫、飞骑尉、赐绯鱼袋李楫撰，文林郎、守太子秘书郎守代州雁门县主簿、武骑尉李沦书丹，承直郎、定州市令兼州学助教、赐绯鱼袋

---

① 按：志文明确记载时立爱于大康九年（1083）登进士第，时年二十二岁，然细味文意，时立爱应结婚于登第之前，如按志文所云，李氏二十岁（1084 年）时才嫁给时立爱，则两者相差一年时间，或许李氏稍早一两年嫁给时立爱，亦合乎常情。

② 李桂枝认为柴思议为辽后期进士，参见李桂枝《辽金科举研究》，中央民族大学出版社 2012 年版，第 131 页。

③ 王新英辑校：《全金石刻文辑校》，吉林文史出版社 2012 年版，第 28 页。

④ 薛瑞兆《金代科举》亦辑录了同名进士李楫（字济川，淄川人，为大定十九年进士，官至沁州刺史），资料源自《遗山先生文集》卷 16《沁州刺史李君神道碑》（参见薛瑞兆《金代科举》，中国社会科学出版社 2004 年版，第 133 页）。二人的姓名虽同，但所处时代和籍贯皆不同。

⑤ 王新英辑校：《全金石刻文辑校》，吉林文史出版社 2012 年版，第 28 页。

李迪篆额。”李椲官阶是奉直大夫，为从六品上，勋级是飞骑尉，亦为从六品，推其资考可知，至少需要十年才能升任此职，则他中进士时间当在天会六年（1128）前后，与其师李铎同年中进士的记载正好吻合。我们再来推算下李铎登第时的年龄，是否可佐证这一推断？所志文记载，李铎之父李择，天眷二年（1139）去世，享年八十一岁，知其生于北宋仁宗嘉祐四年（1059）。其母亲高氏，年十四归李氏，先公四十六年卒，享年三十五岁，共生儿女九人，由此可知，李铎之母高氏与父李择同岁，二人完婚于北宋神宗熙宁五年（1072），则李铎出生时间最早也在北宋神宗熙宁六年（1073），至天会六年（1128）登第时已五十六岁。如此，李椲等八名学生与其师李铎同年登进士第，也就在情理之中了。

9. 郭楹，天会七年（1129）前进士。

《张世本墓志铭》有云：“（张辅）长女琼英，嫁郭朝散男楹，亦已进士第，见带奉德大夫。”郭楹官阶为奉德大夫，《金史》卷55《百官志一》在“从五品下朝列大夫”之下有条注释云“旧曰奉德大夫，天德二年（1150）更”，碑文撰写于皇统四年（1144），可知碑文所记应是准确的，依资考推算，可知郭楹升至从五品至少需要十五年时间，则郭楹中进士最晚应在天会七年（1129）之前①。

10. 张子贞，天会年间进士。

《张雄墓志》有云：“公（指张雄）以辽乾统九年擢进士甲科，累迁飞狐令……国朝天会六年，改捺河东南路转运户籍判官。到任未几，因酒得疾，竟不起，以是天会七年三月九日终，享年五十有九，官至少府少监。公先娶县君吴氏，有一男曰子贞，登进士第，今为辽阳府判官，中散大夫、上骑都尉，清河县开国子，食邑五百户，赐紫金鱼袋。”② 张子贞的勋级为上骑都尉，为正五品，官阶为中散大夫，查《金史·百官志》所载文官九品四十二阶中并没有“中散大夫”的官阶，但在《金史》中的确有相关记载：“内侍，天德创制，自从

① 李桂枝列为皇统四年前进士，见《辽金科举研究》，中央民族大学出版社2012年版，第325页。

② 王新英辑校：《全金石刻文辑校》，吉林文史出版社2012年版，第93页。

四品以下十五阶：从四品上曰中散大夫。”① 再查《旧唐书》卷46《职官志一》：“中散大夫，正五品上。”《新唐书》卷46《百官志一》亦云：“正五品上曰中散大夫。”② 志文撰于正隆元年（1156）八月，天德（1149—1153）在正隆之前，可见墓志所载是准确的。则以资考推算，从进士及第起，累官至从四品，至少需要经历十八年时间，那么，张子贞进士及第应当在天眷元年（1138）以前③。

11. 罗邦彦，代州人，天眷二年（1139）前进士。

12. 高跻，崞邑人，天眷二年（1139）前进士。

13. 高楫，繁峙人，天眷二年（1139）前进士。

《李择墓志铭》中还记载：“（李择）孙女真惠，为比丘尼，适本州进士罗邦彦；次适市户许大佑；次适崞邑进士高跻；次适繁峙进士高楫。”④ 前文已述墓志铭撰于天眷二年（1139），则这三人最晚也于天眷二年（1139）登进士第。

14. 赵然，皇统二年（1142）前进士。

《时立爱墓志铭》（宇文虚中撰）云：“（时立爱）孙男三人，重国，承侍郎，登皇统二年进士第……孙女六人，长适奉议大夫、析津府安次县令龚夷鉴……次适进士赵然。”⑤ 志文撰写于皇统三年（1143），皇统三年未开科举，则赵然中进士最晚当在皇统二年（1142）以前⑥。

15. 徐之方，皇统二年（1142）进士。

《三朝北盟会编》云：“徐之方，燕山玉田人，状元刘仲渊榜及

---

① （元）脱脱等：《金史》卷55《百官志一》，中华书局1975年版，第1225页。

② （宋）欧阳修、宋祁：《新唐书》卷46《百官志一》，中华书局1975年版，第1187页。

③ 李桂枝列为正隆元年前进士，见李桂枝《辽金科举研究》，中央民族大学出版社2012年版，第341页。

④ 王新英辑校：《全金石刻文辑校》，吉林文史出版社2012年版，第28页。

⑤ 同上书，第45页。

⑥ 李桂枝列为皇统三年前进士，见李桂枝《辽金科举研究》，中央民族大学出版社2012年版，第323页。

第。葛王立，除少府太监。"[①] 刘仲渊为皇统二年（1142）词赋状元，则徐之方应为皇统二年（1142）词赋进士。

16. 王克温，皇统二年（1142）进士。

《张世本墓志铭》有云："（张辅）次女小字蓬仙，嫁卫节副男桐，供奉班祗侯。一女，小字意儿，嫁王氏，生一男一女，男曰克温，进士第，见带承奉郎。"[②] 王克温官阶为承奉郎，查《金史》卷55《百官志一》，并没有承奉郎的官阶，但《金史》确曾有使用承奉郎官阶的记载，如："天眷三年（1140），诏求孔子后，加璠承奉郎，袭封衍圣公，奉祀事。"[③] 再查《旧唐书》卷46《职官志一》："承奉郎、承务郎，从八品。"[④]《新唐书》卷46《百官志一》亦云："从八品上曰承奉郎，从八品下曰承务郎。"[⑤] 由此可见，承奉郎应是金朝初期借用唐朝官制，碑文撰写于皇统四年（1144），依资考推算，王克温中进士当在皇统二年（1142）[⑥]。又《时立爱墓志铭》有云："孙女六人，长适奉议大夫、析津府安次县令龚夷鉴，次适承奉郎、前大同府长清县丞王克温，次适进士赵然。"[⑦] 志文为宇文虚中奉敕所撰，时间为皇统三年（1143），亦可证王克温中进士当在皇统二年（1142）。

17. 辛照，皇统二年（1142）进士。

《徐方墓志铭》题署为"从侍郎、济州防御推官麻德基撰，从仕郎、登州军事推官刘文饶书丹，进士辛照篆盖"[⑧]，撰文时间为皇统

---

① （宋）徐梦莘：《三朝北盟会编》卷245《炎兴下帙》，上海古籍出版社影印本1987年版。

② 王新英辑校：《全金石刻文辑校》，吉林文史出版社2012年版，第54页。

③ （元）脱脱等：《金史》卷105《孔璠传附子拯》，中华书局1975年版，第2311页。

④ （五代）刘昫等：《旧唐书》卷46《职官志一》，中华书局1975年版，第1784页。

⑤ （宋）欧阳修、宋祁撰：《新唐书》卷46《百官志一》，中华书局1975年版，第1187页。

⑥ 李桂枝列为皇统四年前进士，参见李桂枝《辽金科举研究》，中央民族大学出版社2012年版，第325页。

⑦ 王新英辑校：《全金石刻文辑校》，吉林文史出版社2012年版，第45页。

⑧ 同上书，第56页。

四年（1144）十二月，从只题署“进士”而不带任何官职来看，辛照当在皇统二年（1142）中进士。

18. 马谌，皇统六年（1146）或以前进士。

《张岐墓志铭》文末题署为“韩城进士马谌撰”[①]，撰文时间为皇统六年（1146）六月，可知马谌中进士当在皇统六年（1146），抑或为皇统五年（1145）。

19. 吕忠敏，天德三年（1151）进士。

《吕嗣延墓铭》（赵摅撰）有云：“（吕嗣延）孙男七人……忠敏，举天德进士高弟，今为南京路转运副使；忠翰，举贞元进士第一，为莫州刺史。”[②]可知吕忠敏为天德中进士，吕忠翰为贞元状元。又《东平县君韩氏墓志铭》（吕造撰）志主韩氏为吕忠敏的夫人，文中有云：“公以天德二年举进士第”[③]，明确记载吕忠敏为天德二年（1150）进士。志文撰者吕造为吕忠敏之侄，为承安二年（1197）词赋状元，按理说，志文所载应相当可靠，但天德二年（1150）不是科举年，应为天德三年（1151）之误。吕氏家族中，自吕忠敏之曾祖吕德方为辽统和中进士，祖父吕士安为辽重熙中进士，父亲吕嗣延为辽寿昌中进士，子吕介石为辽德兴中进士，连续六代皆有人进士及第，而且还出现了三个状元，即吕德方、吕忠翰和吕造，可谓是辽金时期著名的进士家族。

20. 王之美，贞元二年（1154）前进士。

《少府少监王公幢铭》（刘允升撰）铭文有云：“王氏远祖，出自寿春。奥因游宦，为辽阳人。业积其德，日以增新。惟公之考，当宰归仁。庆有其余，生公之美。登进士科，德才兼备。”[④]铭文撰于贞元二年（1154）十一月，则王之美中进士，在贞元二年（1154）之前。

21. 班□□，贞元二年（1154）前进士。

---

① 王新英辑校：《全金石刻文辑校》，吉林文史出版社2012年版，第59页。

② 同上书，第423页。

③ 同上书，第453页。

④ 同上书，第87页。

22. 杨景行，贞元二年（1154）前进士。

《张雄墓志》（李□撰）有云："（张雄）孙女五人……曰玉儿，适进士班□□为妇；曰迎儿，适进士杨景行为妇。"① 墓志撰于正隆元年（1156）八月，正隆元年（1156）未开科，则班□□、杨景行最晚当在贞元二年（1154）前中进士②。

23. 李㮚，京兆府人，正隆二年（1157）进士。

《京兆府重修庙学记碑》文末题署"大金正隆二年十一月十有五日，京兆前进士李㮚谨记"③，由自署"前进士"可知，李㮚中进士应在正隆二年（1157）④。

24. 智深，太原阳曲人，正隆五年（1160）前进士。

25. 乔玮，太原阳曲人，正隆五年（1160）前进士。

《英济侯感应记碑》（史纯撰）碑文末题署"大定二年岁次壬午六月望日，忠显校尉、知阳曲县令史纯撰记……当里进士刘巨川、智深、乔玮同立石"⑤，大定二年（1162）没有开科，最近一科为正隆五年（1160），可知刘智深、乔玮最晚当于正隆五年（1160）登第⑥。

26. 何仲殊，字同老，通州三河（今河北三河）人，大定十年（1170）进士。

《何仲殊墓志铭》有云："公讳仲殊，字同老家世居通州三河县……自幼好其学，博通经史，歆以文章，取其富贵，文声远播，遂以高捷，自大定十年三月及弟，赐从仕郎。"⑦ 墓志中明确记载何仲殊为大定十年（1170）进士。

---

① 王新英辑校：《全金石刻文辑校》，吉林文史出版社 2012 年版，第 93 页。

② 李桂枝列为正隆元年前进士，参见李桂枝《辽金科举研究》，中央民族大学出版社 2012 年版，第 341 页。

③ 王新英辑校：《全金石刻文辑校》，吉林文史出版社 2012 年版，第 101 页。

④ 李桂枝列为正隆二年前进士，参见李桂枝《辽金科举研究》，中央民族大学出版社 2012 年版，第 341 页。

⑤ 王新英辑校：《全金石刻文辑校》，吉林文史出版社 2012 年版，第 117 页。

⑥ 李桂枝列此二人为大定二年前进士，参见李桂枝《辽金科举研究》，中央民族大学出版社 2012 年版，第 350 页。而薛瑞兆据《山右石刻丛编》仅录刘巨川一人，参见薛瑞兆《金代科举》，中国社会科学出版社 2004 年版，第 117 页。

⑦ 王新英辑校：《全金石刻文辑校》，吉林文史出版社 2012 年版，第 353 页。

27. 刘瑾，宣德州宣德县人，大定十六年（1176）武举进士。

《刘中德墓志铭》题署为“修武校尉、前进士族侄瑾撰”①，撰文时间为大定十六年（1176）七月，修武校尉为武散官官阶，《金史·选举志二》有云：“凡武举，泰和三年格，上甲第一名迁忠勇校尉，第二、第三名迁忠翊校尉。中等迁修武校尉，收充亲军，不拘有无荫，视旧格减一百月出职。下等迁敦武校尉，亦收充亲军，减五十月出职。”② 又《金史·百官志一》：“（武散官）从八品上曰修武校尉。”③ 据此可知，刘瑾应为武举进士，及第时间当在大定十六年（1176），释褐后的最初任职为修武校尉。

28. 禹敦礼，大定十六年（1176）前进士。

《刘中德墓志铭》有云：“（刘中德）孙男十一人，习进士业。孙女七人，长适进士禹教礼。”④ 又《刘中德夫人王氏墓志铭》云：“孙女七人，长适进士禹敦礼。”⑤ 两文皆为志主刘中德之侄刘瑾所撰，前文撰于大定十六年（1176）七月，后文撰于大定十七年（1177）四月，则禹敦礼最晚应于大定十六年（1176）登进士第。

29—52. 赵洵仁、仲顧、刘磐、李复古、尹天民、胡作均、李构、赵佐圣、耿宪、王梦攱、公秉均、刘德昭、李天锡、陈善信、明泰、李祺、曹昌国、张嗣祖、郄观、仲嗣、赵之才、赵瑀、姜昭、张百祥，以上 24 人皆为大定十六年（1176）前进士。

《重修宣圣庙记碑》题署为：“济南进士李坦之书丹，进士崔洋篆额”，碑文末还有如下内容：“大定十六年八月初一日，徵事郎、前滑州军事判官姜国器记。管勾修造：进士赵洵仁、仲顧。同管勾：进士刘磐、李复古、尹天民，班祗进义王昌符。进士胡作均、李构、赵佐圣、耿宪、王梦攱、公秉钧、刘德昭、李天锡、陈善信、明泰、李祺、曹昌国、张嗣祖、郄观、仲嗣、赵之才、赵瑀、姜昭、张百

① 王新英辑校：《全金石刻文辑校》，吉林文史出版社 2012 年版，第 203 页。

② （元）脱脱等：《金史》卷 52《选举志二》，中华书局 1975 年版，第 1165 页。

③ （元）脱脱等：《金史》卷 55《百官志一》，中华书局 1975 年版，第 1222 页。

④ 王新英辑校：《全金石刻文辑校》，吉林文史出版社 2012 年版，第 203 页。

⑤ 同上书，第 214 页。

祥，乡老王平、王晖同立石。”[1] 薛瑞兆《金代科举》于其中只辑录了碑文的书丹者李坦之、篆额者崔洋和管勾修造赵洵仁3名进士，而不及其余，可能认为其他人都不是进士出身。李桂枝《辽金科举研究》中则辑录除“班祗进义王昌符”和“乡老王平、王晖”以外的所有人，共计24名进士，但未作具体分析。因此处涉及人数较多，故笔者对他们是否为进士身份作进一步辨析。碑文的书丹者李坦之、篆额者崔洋的进士身份，是没有任何疑问的。问题在于，“进士”一词后面所列的管勾修造、同管勾修造及立石者中究竟有哪些人是进士，哪些人不是进士？这就需要我们仔细解读这几句话的含义。先看“同管勾：进士刘磐、李复古、尹天民，班祗进义王昌符”这一段文字，“同管勾”后列有四人：刘磐、李复古、尹天民、班祗进义王昌符。“班祗”为金代皇帝的随驾卫队[2]，“进义”即进义校尉。按金代官制：进义校尉为武散官阶，正九品下[3]。又《金史·选举志二》云：“天眷中，八品用荫，不限所荫之人。贞元中，七品用荫，方限以数。当是时，文始于将仕，武始于进义，以上至七品儒林、忠显，各七阶，许荫一名。”[4] 可见，进义校尉一般为有一定品级的官员荫护子弟之职任，不是进士所任之官，也就是说，王昌符不是进士出身，故而此处特别加以说明，以示与其他人有所区别。如此看来，“进士”一词所限定的应包括除王昌符之外的三人在内，并非只有刘磐一人。换句话说，刘磐、李复古、尹天民三人都是进士。接下来，我们再看“进士胡作均、李构、赵佐圣、耿宪、王梦攽、公秉钧、刘德昭、李天锡、陈善信、明泰、李祺、曹昌国、张嗣祖、郄观、仲嗣、赵之才、赵瑀、姜昭、张百祥，乡老王平、王晖同立石”这一段文字，立石人共列有21位，其中最后二人前署“乡老”二字，说明他们不是进士出身。那么，另外19人是否皆为进士呢？或者说“进士”一词所限定的只是“胡作均”一人，还是包括“乡老”之前所

---

① 王新英辑校：《全金石刻文辑校》，吉林文史出版社2012年版，第204页。

② 邱树森主编：《辽金史辞典》，山东教育出版社2011年版，第508页。

③ （元）脱脱等：《金史》卷55《百官志一》，中华书局1975年版，第1222页。

④ （元）脱脱等：《金史》卷52《选举志二》，中华书局1975年版，第1159页。

有19个人呢？我们再看《重修宣圣庙碑阴记》的文末题署："大定十六年秋八月癸酉朔五日丁丑疏首，进士赵佐圣等同立石"，这里明确记载赵佐圣为进士。那么，我们再来看，在"乡老"前面的19名立石人中，赵佐圣排在第三位，这就充分说明"进士"一词修饰限定后面的19人，也即胡作均及其后面的18人皆为进士。重修宣圣庙是一项崇高而庄严的事情，是文人乐于参与的事情，这么多进士参与其事，是与他们的身份完全相符的。试想，能参与这样的盛事，并留名于碑石，其谁不愿为之呢？至此，我们有充分的证据说明，以上参与重修宣圣庙碑的24人皆为进士出身，他们登第时间不晚于大定十六年（1176）。

53. 阎元辇，大定十八年（1178）前进士。

《李抟墓志铭》（朱澜撰）有云："（李抟）女三人，长适进义校尉孟柔中，次适显武将军孙衍康，幼适进士阎元辇。"① 墓志撰于大定十九年（1179）二月，则阎元辇最晚于大定十八年登进士第。

54. 窦容，长子（今山西长子县）人，大定十九年（1179）前进士。

《乌塘德政碑》文末题署"大定辛丑夏望日彭城刘丙述，进士窦容书丹"②。大定辛丑为大定二十一年（1181），本年不是科举年，前一科为大定十九年（1179），由此可知，窦容最晚当于大定十九年（1179）登进士第③。

55. 张维垣，字子安，大定二十二年（1182）进士。

《张维垣墓志铭》有云："公（即张维垣）于余为同年兄。登大定壬寅□□□，凡□十六人，其存者二十七人而已。"④ 墓志为周昂所撰，大定壬寅即大定二十二年（1182），周昂为大定二十二年（1182）进士，二人为同年进士，确凿无疑。文中还云："公，京师

① 王新英辑校：《全金石刻文辑校》，吉林文史出版社2012年版，第232页。

② 同上书，第245页。

③ 李桂枝录作"贾容"，列为大定二十二年前进士，参见李桂枝《辽金科举研究》，中央民族大学出版社2012年版，第366页。

④ 王新英辑校：《全金石刻文辑校》，吉林文史出版社2012年版，第473页。

人也，生而颖悟，少长，知读书，精力过人，涵浸百氏，发乎文章，清拔有体，颇得声于时，年□□四，中进士第，选主化簿……到官未期而卒，年五十有九。”据志文可知，张维垣卒于泰和七年（1207），则可推知其生年为天德元年（1149），中进士时正好三十四岁。又苏天爵《金进士盖公墓记》中亦云：“大定二十二年三月二十日，集英殿放进士七十六人，第一甲三人，第二甲七人，第三甲六十七人。”此处三甲人数相加为七十七人，与前述总数为七十六人相差一人，薛瑞兆先生认为七十六人可能为笔误或刊误。《张维垣墓志铭》中所记人数为“□十六人”，恰好有缺失，但两相对照，还是可知本科录取总数为七十六人，则《金进士盖公墓记》所记录及第总人数是正确的，错误的地方很可能为第三甲人数。《金进士盖公墓记》又云：“中选之士，若武简、赵沨、周昂、赵文昌、武都、萧贡、孟奎、孙椿年、杨庭秀、路元皆有名。”① 可知，这一科进士中人才济济。

56. 穆昌世，明昌二年（1191）前进士。

《重修兖国公庙记》有云：“既而告成，念无文以纪之，将何以传于久远，乃命进士穆世昌记之。”② 撰文时间为“明昌五年岁次甲寅三月”，《金史·选举志一》云：“御试，则以三月二十日策论进士试策，二十三日试诗论，二十五日词赋进士试赋诗论，而经义进士亦以是日试经义，二十七日乃试策论。若试日遇雨雪，则候晴日。御试唱名后，试策则禀奏，宏词则作二日程试。旧制，试女直进士在再试汉进士后。大定二十九年以复设经义科，更定是制。”③ 明昌五年（1194）虽是科举年，但三月底才举行御试，考虑到还要评卷、定等程序，当年三月是不可能知道是否中第的结果的。因此，从撰文时间和御试时间来看，穆昌世在明昌五年（1194）登进士第的可能性较小，最晚当于明昌二年（1191）登中进士第。

57. 杨瀛，明昌二年（1191）进士。

---

① （元）苏天爵：《金进士盖公墓记》，《滋溪文稿》卷4，陈高华、孟繁清点校，中华书局1997年版，第54页。

② 王新英辑校：《全金石刻文辑校》，吉林文史出版社2012年版，第368页。

③ （元）脱脱等：《金史》卷51《选举志一》，中华书局1975年版，第1147页。

《杨瀛神道碑》（贾益撰）有云："公（指杨瀛）秉志醇壹，幼而笃学，年十有三善属文，□□□工翰墨，缙绅之流一见者，皆以才冠许之，遂博极群书，驰声儒苑，弱冠以荫补官，稍迁修武校尉，然箕裘□□□夜不舍，后四赴廷试，命与时违，人悉叹其久淹。公专以诗书自娱，晏如也，竟登明昌二年□□□士第，换授承事郎，调河南府录事判官。"① 志文明确记载杨瀛为明昌二年（1191）进士。杨氏家族是辽金时期著名的科宦家族，一门三代至少有八名进士，杨瀛之曾祖杨永，杨永有三子，长为杨丘文，次为杨丘行，季为杨丘忠，皆为名进士，仕宦亦达，时人号称"黄金三柱"，杨丘文之子为杨伯渊，亦为进士；杨丘行有四子，分别是杨伯元、杨伯杰、杨伯雄和杨伯仁，皆为进士。杨伯雄有五子，瀛、济、沩、渥、瀚。长子即杨瀛，中明昌二年（1191）进士，明昌七年（1196）曾为同知西京路词赋贡举，当年又任夏国接送伴使，"凡两知贡举，名士不失，人皆以精鉴赏之"。杨瀛凡两娶，先娶定远大将军马仲柔之女，后娶尚书右丞苏保衡之女，皆为显宦。

58. 完颜伯嘉，字辅之，明昌二年（1191）策论进士。

《金史》卷100《完颜伯嘉传》云："完颜伯嘉，字辅之，北京路讹鲁必剌猛安人，明昌二年策论进士。"② 据本传可知，完颜伯嘉历任中都左警巡判官、同知西京留守、顺义军节度使、震武军节度使兼宣抚副使、元帅左监军、太原府知事河东北路宣抚使、彰国军节度使、宣抚副使、彰化军节度使、翰林侍讲学士等职。

59. 刘涛，字及之，夏津人，明昌二年（1191）进士。

《中州集》卷四《刘涛小传》云："涛，字及之，夏津人。明昌二年同进士，用户部尚书孙铎荐，入翰苑，历太原运副，汾州倅。入为太子赞善，以彰德治中致仕。寻卒。沁南节度康瑭良辅葬之林虑之

---

① 王新英辑校：《全金石刻文辑校》，吉林文史出版社2012年版，第507页。又，北京市文物局编《北京辽金史迹图志》上册第156页有拓片，下册第41页有录文，北京燕山出版社2004年版。

② （元）脱脱等：《金史》卷100《完颜伯嘉传》，中华书局1975年版，第2208页。

宝岩。”[①]

60. 张公著，字庭俊，太原阳曲人，明昌二年（1191）词赋进士。

《朝列大夫同知河间府事张公墓表》（元好问撰）云：“公讳公著，字庭俊，姓张氏，初名宁，以梦兆改焉。世为太原阳曲人……初自童卯，朝列君教之学。长游府庠，有能赋声，寻擢明昌二年进士第，释褐平遥县丞。”[②] 墓表中明确记载张公著为明昌二年（1191）进士。

61. 孔端肃[③]，明昌四年（1193）特赐进士。

《姜氏云亭房题名碑》题署云：“特赐进士及第、将士郎孔端肃篆额”[④]，撰文时间为明昌四年（1193），则孔端肃特赐进士及第应不晚于明昌四年（1193）。

62. 张宗古，鄗阳人，明昌五年（1194）前进士。

《张温妻智氏墓志》文末题署“鄗阳进士张宗古撰仍书”[⑤]，撰写时间为“承安二年二月”，可知张宗古最晚于明昌五年（1194）登进士第。

63. 刘杰，安东人，承安二年（1197）前进士。

《曹道士碑》文末题署“安东进士刘杰遗文”[⑥]，立石时间为承安四年（1199）五月，则刘杰中进士当在承安二年（1197）或以前。

---

① （金）元好问：《中州集》卷4《刘治中涛》，中华书局上海编辑所1959年版，第198页。

② （金）元好问：《元好问文编年校注》，狄宝心校注，中华书局2012年版，第721页。

③ 按：据《金史·章宗纪一》记载：（明昌三年）十一月庚午朔，尚书省奏：“翰林侍讲学士党怀英举孔子四十八代孙端甫，年德俱高，该通古学；济南府举魏汝翼有文章德谊，苦学三十余年，已四举终场；蔚州举刘震亨学行俱优，尝充举首；益都府举王枢博学善书，事亲至孝。”敕魏汝翼特赐进士及第，刘震亨等同进士出身，并附王泽榜。孔端甫俟春暖召之。《金史·章宗纪二》又云：“（明昌四年三月）丙子，特赐有司孔端甫及第，授小学教授，寻以年老，命食主簿半俸致仕。”则孔子四十八代孙孔端甫，亦为明昌四年（1193）特赐进士及第，授将士郎。此处记载为“孔端肃”，或许因“甫”与“肃”形近而讹误，估录之，待考。

④ 王新英辑校：《全金石刻文辑校》，吉林文史出版社2012年版，第362页。

⑤ 同上书，第391页。

⑥ 同上书，第411页。

64. 陈邦政，承安二年（1197）前进士。

《虞海幢记》文末题署“进士陈邦政撰”[①]，撰文时间为承安四年（1199）三月，则陈邦政当于承安二年（1197）或以前中进士。

65. 王莘，承安五年（1200）前进士。

《崔宪墓志铭》文末题署为：“涌云进士王莘撰”[②]，撰文时间泐失严重，仅余“□□□亥岁乙□月庚子朔壬寅□□”，有学者考证为泰和三年（1203）[③]，又据陈垣《二十史朔闰表》可知，泰和三年（1203）只有二月为庚子朔，其时该科御试还未举行[④]，则王莘最晚当于前一科，即承安五年（1200）登进士第[⑤]。志主崔宪，《金史》无传，赵秉文《滏水集》卷11有《孝义县丞崔公墓铭》一文，可与此志对读。

66. 杨伯杰，先世真定藁城人，后徙临潢，大安三年（1211）前进士。

《杨瀛神道碑》（贾益撰）文中有云：“通奉公（即杨丘行，为志主杨瀛之父）生四子，并清真拔俗，卓荦不群，竟能该赡学艺，以次擢巍科……长曰伯元，少中大夫、同知定国军节度使事；次曰伯杰，中奉大夫、北京路都转运使；次曰伯雄，正词□□知河中府，谥庄献；次曰伯仁，翰林侍讲学士、中大夫、知制诰兼太常卿，左谏议大夫、尚书礼部侍郎。”[⑥] 据文意可知，杨伯元、杨伯杰、杨伯雄和杨伯仁四兄弟皆考中进士。事实上，四兄弟中，三人在《金史》中都

---

① 王新英辑校：《全金石刻文辑校》，吉林文史出版社2012年版，第447页。

② 北京市文物局编：《北京辽金史迹图志》下册，北京燕山出版社2004年版，第214页。

③ 同上。

④ （元）杨奂《跋赵太常拟试赋藁后》有云：“泰和丙寅春三月二十五日，万宁宫试贡士，总两科，无虑千二百辈，上躬命赋，题曰《日合天统》。”（参见杨奂《还山遗稿》卷上）泰和丙寅为泰和六年（1206），据此可以推知，泰和三年（1203）御试时间亦在三月二十五日前后。

⑤ 李桂枝列为泰和三年（1203）前进士，见李桂枝《辽金科举研究》，中央民族大学出版社2012年版，第421页。

⑥ 北京市文物局编：《北京辽金史迹图志》上册第156页有拓片，下册第41页录文，北京燕山出版社2004年版。

有传，并且明确记载为进士。杨伯元，字长卿，大定三年（1211）进士，《金史》卷97有传。杨伯仁，字安道，为皇统九年（1149）进士，《金史》卷125《文艺传》有传。杨伯雄，字希云，皇统二年（1142）进士，《金史》卷105有传。碑文撰于大安三年（1211）四月，则杨伯杰最晚当于大安三年（1211）登进士第。又其堂兄杨伯渊，伯父杨丘文之子，字宗之，天会十四年（1136）御赐进士及第，《金史》卷105有传。文末有铭，云："公继祖考，杨名三世。隐然相望，文撰魏科。缙绅蝉联，流泽斯多。"据碑文可知，除以上杨伯元兄弟四人为进士外，志主杨瀛，即杨伯雄之子，中明昌二年（1191）进士，前文已录。而杨瀛之祖父杨丘行及其兄杨丘文、弟杨丘忠，也皆业进士，仕宦通显。可见杨氏家族的确是辽金时期著名的科宦世家。

67. 范景纯，山东东牟人，崇庆二年（1213）前进士。

《圣水岩玉虚观记》文末题署："贞祐二年五月望日，朝散大夫、前中都左警巡使、赐紫金鱼袋国偁记，文山进士王良臣书丹，州学进士范景纯篆额"[①]，贞祐二年（1214）没有开科，前一科为崇庆二年（1213，本年五月改元至宁，九月又改为贞祐），可知范景纯最晚于崇庆二年（1213）登进士第[②]。

68. 朱芾，兴定五年（1221）前进士。

《重刻吴道子画圣像记》，记文为尚佐均于宋徽宗大观元年（1107）所撰，但碑文后还有题署："金朝兴定壬午孟秋望日，鲁山县学进士山阳朱芾立石"[③]，兴定壬午为兴定六年（1222），其年八月改年号为元光，则朱芾最晚当于兴定五年（1221）年登进士第[④]。

---

① 王新英辑校：《全金石刻文辑校》，吉林文史出版社2012年版，第523页。

② 李桂枝列为贞祐初进士，参见李桂枝《辽金科举研究》，中央民族大学出版社2012年版，第445页。

③ 王新英辑校：《全金石刻文辑校》，吉林文史出版社2012年版，第546页。国家图书馆善本金石组编《辽金元石刻文献全编》中为"朱芾"（第108页），王新英《全金石刻文辑校》中误作"朱带"。

④ 李桂枝录作"朱芾"，列为兴定六年前进士，参见李桂枝《辽金科举研究》，中央民族大学出版社2012年版，第459页。

69. 李蒙，字济川，先世为洺州永年人，金代进士。

王鹗于蒙古中统三年（1262）撰写《玄门掌教大宗师真人道行碑铭》，文中有云："（李志常）二岁丧父，六岁丧母，养于伯父济川家。济川讳蒙，名举子也。赋、义两科，屡占上游，虽以四举终场同进士出身，歉如也。"① 碑主李志常，字浩然，道号真常子，为长春真人丘处机的弟子，曾与张本为同舍生。张本，字敏之，贞祐二年（1214）词赋进士，《中州集》卷七有传②。

70. 周从善，荣河（今山西万荣县）人，金代进士。

《创修栖云观记》（段成己撰）文中有言："至元十八年五月甲午，荣河栖云观张志觉介清风观主人王志瑞、乡进士周从善，状其师立观始末，绘而图之，就平阳寓舍来谒文志其事。"③ 至元十八年（1281）为1280年，其时元代还未正式开科④，可知，周从善为金进士。

以上共辑录70名金代进士，皆注明资料来源，并对其登第时间略作考辨，庶几有补于《金代科举》。失误之处，不吝赐教。

① 阎凤梧主编：《全辽金文》，山西古籍出版社2002年版，第3473页。

② （金）元好问编：《中州集》卷7，中华书局上海编辑所1959年版，第361页。

③ 阎凤梧主编：《全辽金文》，山西古籍出版社2002年版，第3559页。

④ 元代正式设立科举在元仁宗皇庆二年（1313），延祐元年（1314）正式开科，举行乡试，延祐二年（1315）共录取56名进士。虽然此前，曾于元世宗至元十年（1273）举行了一次考试，共录取了儒士4030人，即史称的"戊戌选试"，但学界认为该科并非严格意义上的科举考试。

第二章　金代进士的地理分布特征及其形成原因

第一节　金代进士的地理分布状况及基本特征

一　金代进士的地理分布状况

薛瑞兆《金代科举》共辑录了1528名金代进士。尽管这个数字并非金代进士的总数①，但如果我们将其看作是一份数据样本，对其进行统计和分析，得出的结论也是较为可信的。因为从理论上来讲，任何数据统计都是不全面的，都只是一个数据样本而已。下文就以薛瑞兆《金代科举》所辑录的金代进士为主，并适当参考沈仁国、李桂枝等学者的增补成果，将金代进士按其籍贯，分路、府/州和县三级行政区划进行统计，具体情况见表2－1所示：

表2－1　金代进士地理分布统计表

各路进士总数	各府/州进士总数	各县进士人数	属县不详	备　注
上京路20	隆州8	利涉 1	隆安7	利涉倚，隆州即隆安府、黄龙府
	合懒路5			
	恤品路1			含速频路与耶懒路
	上京路猛安6			

① 薛瑞兆估算金代进士总数应是“高于唐，少于宋，约六千余人”。参见薛瑞兆《金代科举》，中国社会科学出版社2004年版，第27页。

续表

各路进士总数	各府/州进士总数	各县进士人数	属县不详	备　注
咸平路 10	咸平府 10	咸平 6　元菟 1	咸平府路猛安 1 齐特千户所 2	平郭倚，旧名咸平、安东军
东京路 40	辽阳府 29	辽阳 27　鹤野 2		辽阳倚
	沈州 2			
	盖州 6	熊岳 2	辽海 1 盖州猛安 3	
	婆速府路 2			
	东京路斡底必剌猛安 1			
北京路 44	大定府 13	大定 11　长兴 1　松山 1		大定倚
	利州 3	龙山 3		
	义州 1			
	锦州 1			
	瑞州 1			
	广宁府 7	广宁 7		广宁旧名山东
	懿州 2			
	兴中府 5	兴中 2　宜民 2	辽西 1	
	临潢府 4	临潢 3　长泰 1		临潢倚
	泰州 3			
	兴州 2			
	北京路猛安 2			
西京路 99	大同府 10	大同 1　云中 7　天成 2		大同倚
	弘州 14	襄阴 7　顺圣 4	弘州 3	襄阴倚，本永宁
	德兴府 6	德兴 2　矾山 1	奉圣州 3	德兴倚，即永兴。德兴府即奉圣州
	宣德州 7	宣德 7		宣德旧名文德
	武州 1			
	应州 44	金城 2　山阴 3　浑源 26	应州 13	

续表

各路进士总数	各府/州进士总数	各县进士人数	属县不详	备注
西京路99	蔚州 6	灵仙 1　广灵 1　定安 2	蔚州 2	
	东胜州 4	东胜 4		
	朔州 3	马邑 2　鄯阳 1		
	丰州 3			西南路猛安
	桓州 1			西北路猛安
中都路182	大兴府 74	大兴 22　宛平 22 昌平 1　良乡 7　安次 2 潮阴 3　永清 1　宝坻 1 香河 1	燕京 9　巡警院 4 哈勒珲千户所 1	大兴（析津）倚 宛平（幽都）倚
	通州 10	三河 5	通州 5	
	蓟州 19	渔阳 4　丰润 6 玉田 6　平峪 2	蓟州 1	渔阳倚
	易州 15	易县 5	易州 10	
	涿州 27	范阳 2　固安 2 新城 8　定兴 9　奉先 1	涿州 5	范阳倚
	顺州 1	温阳 1		温阳旧名怀柔
	平州 5	卢龙 2	平州 3	卢龙倚
	滦州 9	乐亭 2	滦州 7	
	雄州 3	容城 1	梅坚猛安 1 徒门必罕猛安 1	
	霸州 2	益津 2		益津倚
	保州 7	清苑 1　满城 3	保州 3	清苑倚
	安州 1	葛城 1		
	遂州 6	遂城 5	遂州 1	遂城倚
	安肃州 2	安肃 2		
	中都路猛安 1			

续表

各路进士总数	各府/州进士总数	各县进士人数	属县不详	备　注
南京路 50	开封府 9	开封 2　祥符 1 尉氏 1　康泰 1	警巡院 2 南京（汴京）2	开封为东附郭 祥符为西附郭
	归德府 1		宋州 1	归德府即宋州
	睢州 1	陈留（仇香）1		仇香即考城
	单州 3	鱼台 3		
	寿州 2	蒙城 2		
	陕州 1	阌乡 1		
	邓州 2	南阳 1　内乡 1		
	裕州 1	叶县（昆阳）1		叶县旧名昆阳
	河南府 5	偃帅（缑氏镇）4 嵩阳 1		嵩阳即登封
	嵩州 1	福昌 1		福昌下有三乡镇
	汝州 4	梁县 1　鲁山 2　宝丰 1		
	许州 7	临颍 4　襄城 3		襄城旧属汝州
	钧州 1			
	亳州 3	永城 1	亳州 2	
	陈州 2	商水 1　西华 1		
	蔡州 4	汝阳 2　平舆 1	蔡州 1	
	息州 1	新息 1		新息倚
	郑州 2	管城 1	郑州 1	管城倚
河北东路 31	河间府 3	河间 3		河间倚
	献州 4	交河 2	献州 2	
	冀州 10	信都 2　南宫 1 武邑 1　枣强 1	冀州 5	信都倚，武邑下有观津镇
	深州 5	饶阳 1　安平 4		
	清州 1			
	沧州 4			
	河北东路猛安 4			

续表

各路进士总数	各府/州进士总数	各县进士人数	属县不详	备注
河北西路247	真定府40	真定（东垣）20 藁城8 栾城4 元氏3 获鹿（鹿泉）2	真定路猛安2 真定府录事司1	真定倚，古称东垣，鹿泉即获鹿
	威州1	威县1		
	沃州27	临城10 宁晋3 柏乡1 隆平10	沃州（赵州）3	沃州，即赵州
	邢州6	唐山1 南和1	邢州3	
	洺州28	永年4 肥乡12 鸡泽6 曲周1 洺水1 广平1	洺州（洺中）3	永年倚，广平本魏县
	彰德府58	安阳11 林虑6 汤阴5 临漳5	彰德府31	安阳倚，有永和镇，林虑即林州
	磁州17	滏阳（观台）9 武安5 邯郸1	磁州司侯司2	滏阳下有台城、观城二镇
	中山府61	安喜5 永平（完州）28 唐县19 无极1	中山（定州、定武）8	安喜倚，中山府即定州、定武军
	祁州2	蒲阴1 鼓城1		
	卫州3	苏门（辉县）2	卫州1	苏门也称共城、河平、辉州
山东东路129	益都府8	益都4 寿光1 临淄1	青州1 益都路猛安1	益都倚，益都府即青州
	潍州7	昌乐7		
	滨州1	渤海1		渤海下有安平镇
	密州4	诸城2 高密1	密州1	
	莒州6	日照5	城阳1	莒州即城阳军
	棣州23	厌次12 阳信9	棣州2	
	济南府47	章丘27 禹城2 长清5 济阳3	济南10	长清为剧县
	淄州8	淄川3 邹平2 高苑3		淄川倚
	莱州10	莱阳5 即墨2 胶水1	莱州（东莱）2	莱州即东莱郡
	登州9	蓬莱8	东牟1	登州即东牟郡
	宁海州6	文登（文山）4	宁海2	文登为剧县

续表

各路进士总数	各府/州进士总数	各县进士人数	属县不详	备　注
山东西路116	东平府55	须城15　东阿9 平阴16　汶上2 寿张1	东平12	
	济州9	任城1　金乡6　嘉祥1	济州1	任城倚
	徐州1	彭城1		彭城倚
	邳州2	兰陵2		兰陵本承县
	滕州6	滕县1　沛县5		滕县旧名滕阳
	博州12	堂邑1　博平4　高唐6	博州1	
	兖州7	曲阜5　宁阳1	兖州1	
	泰安州16	新泰12	泰安4	
	曹州7	济阴1　定陶1 东明2	曹州3	济阴倚
	其他1			
大名府路34	大名府25	大名7　南乐1　馆陶1 夏津4　朝城1　清平2 莘县3	大名府路猛安6	大名倚
	恩州8	历亭1　清河3 临清2	恩州2	历亭倚
	开州1	清丰1		
河东北路124	太原府45	阳曲6　太谷7 平晋3　榆次1　文水1 盂县14	太原（并州）13	阳曲倚，太原古称并州
	忻州28	秀容5　定襄13	忻州10	
	平定州14	平定10　乐平4		平定倚
	汾州4	介休1　平遥1	汾阳2	汾州又称汾阳军
	石州4	离石1	石州3	离石倚
	代州21	雁门1　崞县5 五台8　繁畤3	代州4	雁门倚 崞县倚
	隩州3			
	岚州1	合河1		
	朔州1			
	保德州3	保德3		

续表

各路进士总数	各府/州进士总数	各县进士人数	属县不详	备注
河东南路 250	平阳府 33	襄陵 2 洪洞 12 赵城 2 霍邑 2 浮山 4	平阳 11	襄陵倚
	隰州 3	大宁 3		
	吉州 4	吉乡 1	吉州 3	
	河中府 27	河东 1 临晋 6 猗氏 1 荣河 1 万泉 2 河津 4	蒲州（河中）12	河东倚，河中府即蒲州
	绛州 27	正平 1 曲沃 7 稷山 7 翼城 3 绛县 2	绛州 7	正平倚，曲沃剧
	解州 20	解县 1 芮城 5 夏县 1 安邑 2 闻喜 7	解州 4	解县倚
	泽州 82	晋城 5 端氏 2 陵川 29 高平 17 阳城 4 沁水 10	泽州 15	晋城倚，古称凤台，漳源即端氏
	潞州 29	上党 4 屯留 1 长子 7 潞城 8 襄垣 2 黎城 1 涉县 2	潞州 4	上党倚
	辽州 3	和顺 1	辽州 2	
	沁州 4	铜鞮 1 武乡 2	沁州 1	铜鞮倚
	怀州 15	河内 6 修武 7 山阳 1	怀州 1	河内倚
	孟州 3	济源 3		
京兆府路 92	京兆府 48	长安 1 咸宁 4 泾阳 3 泾湄 1 临潼 2 云阳 2 高陵 6 栎阳 2 鄠县 1 咸阳 1	京兆 13 录事司 12	长安倚，咸宁倚
	商州 1			
	同州 22	白水 2 郃阳 3 澄城 7 韩城 5	同州 5	
	耀州 6	美原 1 三原 3	耀州 2	三原后并入富平
	华州 9	华阴 2 蒲城 4	华州 3	
	乾州 6	奉天 1 武亭 5		武亭又称武功
凤翔路 13	凤翔府 10	虢县 1 郿游 5 郿县 2 扶风 2		郿县古称雨金
	秦州 3	清水 2	秦州 1	

续表

各路进士总数	各府/州进士总数	各县进士人数	属县不详	备　注
鄜延路 3	延安府 2			
	坊州 1			
庆原路 5	庆阳府 1			
	宁州 2			
	泾州 1			
	邠州 1	永寿 1		
18 个路 1489 人	137 个府/州，1465 人	共 270 个县，1089 名进士		

注：1. 本表中所统计的金代进士只涉及词赋、经义和策论进士，经童、律科和武举及第者并不在统计范围内；2. 如果某位进士既有祖籍，又确知其出生地或迁居地者，本表中统计其籍贯便以其出生地或迁居地为准；3. 本表中的地名以《金史·地理志》所载为准，史籍中原载进士籍贯为古地名或别名者，附注于括号内；4. 凡县名外加方框者，表示该县为倚郭，也即为府/州的治所驻地。

目前，姓名可考的金代进士共有 1610 人，其中籍贯可知者有 1489 人，占已知金代进士总数的 92.48%，那么，以此数据作为样本，对金代进士的地理分布状况进行统计和分析，所得出的结论应是较有说服力的。

二　金代进士地理分布的基本特征

据表 2－1 的统计结果，我们可以看出，金代进士在地域分布上表现出不平衡的状况，主要表现在两个方面：

一是金代进士在地域分布上呈现出大范围覆盖、小区域聚集的特点。首先，以最高级行政区划来看，金国共设有 19 个路，目前籍贯可考的进士分布于 18 个路中（只有临洮路未见有进士的记载），区域分布率高达 94.74%。这 18 个路中共有 1489 名进士（籍贯可考知者），平均每个路有进士 82.7 人，进士人数在平均数（取 83 人）以上的共有 8 个路，分别是河东南路、河北西路、中都路、山东东路、河东北路、山东西路、西京路和京兆府路，而这 8 个路中共有进士 1239 人，占已知籍贯进士总数（1489 人）的 83.21%。其次，以第二级行政区划来看，金国共设有179个府/州，籍贯可知的进士分布在137个府/州中，区域分布率为76.5%。而这137个府/州中共有1465名进士，平均每个府/州有进士10.7人，超过平均数（取11人）的府/州有33个，而这33个府/州共有进士1055名，占已知府/州籍进士总数（1465人）的72%。最后，以第三级行政区划来看，金代共有683个县，籍贯可知的进士分布在270个县中，区域分布率仅为39.5%。而在这270个县中共有1089名进士，平均每县有4.03人，超过平均数（取5人）的县有77个，共有进士737人，占已知县籍进士总数（1089）的67.68%。由此可见，从总体上来看，金代进士的地域分布范围较广，但随着行政区域的缩小，地域分布率也逐步下降，基本上呈现出递减的趋势。

二是金代进士在各个地区的人数相差悬殊，极不均衡。由表2-1可知，金代进士的地域分布范围虽然较大，但分布在各地区的进士人数却相差极大。我们还是按三级行政区划来做个比较：首先，从路级行政区域来看，进士人数最多的是河东南路，多达250人，依次为河北西路247人，中都路182人，山东东路129人，河东北路124人，山东西路116人，西京路99人，京兆府路92人……咸平路10人，庆原路5人，人数最少的是鄜延路，仅有3人。河东南路的进士人数是鄜延路进士人数的83倍。其次，从府/州级行政区域来看，进士人数最多的是泽州，有82人，依次为大兴府74人，中山府61人，彰德府58人，东平府55人，京兆府48人，济南府47人，太原府45人，应州44人，真定府40人，平阳府33人，辽阳府29人，潞州29人，洺州28人，忻州28人，河中府27人，绛州27人，沃州27人，涿州27人，大名府25人，棣州23人，同州22人，代州21人，解州20人，以上为进士人数超过20人的府/州。绝大多数府/州的进士人数较少，比如只有3名进士的府/州有15个，只有2名进士的府/州有13个，而只有1名进士的府/州有26个。再次，从县级行政区划来看，进士人数最多的是陵川县29人，依次为永平县28人，辽阳县27人，章丘县27人，浑源县26人，大兴县22人，宛平县22人，真定县20人，唐县19人，高平县17人，平阴县16人，须城县15

人，盂县14人，定襄县13人，肥乡县12人，新泰县12人，洪洞县12人，厌次县12人，安阳县11人，大定县11人，临城县10人，隆平县10人，平定县10人，沁水县10人，以上为进士人数超过10人的县；同样，绝大多数县的进士人数较少，比如有3名进士的县有24个，有2名进士的县有54个，只有1名进士的县多达96个。由此可见，金代进士在各地区的分布是极不均衡的。

第二节　影响金代进士地理分布的几个因素

由表2-1的统计结果可知，金代进士在各地区的分布极不平衡。那么，金代进士集中分布在哪些地区？为什么会集中分布在这些地区？这些地区究竟有哪些优势？换句话说，究竟有哪些因素影响到金代进士的地域分布？

一　政治因素

由表2-1统计结果可以看出，金代进士人数较多的地区主要是各个行政中心，即各级政府驻地。从总体上来看，行政中心区域的进士人数要比非行政中心的地区要多。一般来说，行政中心都设立在人口稠密、经济发达、交通便利的地区，这自然有利于当地文人读书应举。京府、总管府是各个路的行政中心，也是当地的政治中心，一般来说，这些地区的进士要就比其他地区多些。比如：大兴府既是中都路的治所，又是全国的政治中心，该地区有进士74人，在中都路所属的各府/州中位居第一，在全国各府/州中位居第二。辽阳府是东京路的治所，有29名进士，在东京路所属的各府/州中是最多的。大定府是北京路的治所，有13名进士，人数亦为北京路所属各府/州之冠。太原府为河东北路的治所，有45名进士，数量在河东北路中居于各府/州之首。东平府是山东西路的治所，有55名进士，在山东西路所属的各府/州中人数最多。大名府为大名府路的治所，有25名进士，人数在该地区也是最多的。京兆府为京兆府路的治所，有48名进士，同样是该地区各个府/州中人数最多的。

倚郭县是各个府/州的治所驻地，即当地的行政中心，在人口、经济、交通等方面的条件较为优越，能够给当地的读书人提供更多的便利条件，因此，这些县区的进士人数比那些非倚郭县区多些。比如：襄阴县是西京路弘州的倚郭，有进士7人，数量多于非倚郭的顺圣县（4人）。安阳县是彰德府的倚郭，有11名进士，数量为彰德府各县之冠。大兴县和宛平县都是大兴府的倚郭，各有22名进士，数量亦居大兴府各属县之首。遂城县是遂州的倚郭，有5名进士，在遂州各属县中占绝对优势。此外，咸平县、辽阳县、大定县、真定县、大名县、河内县等皆为倚郭县，这些地区的进士人数也都明显多于那些非倚郭的县区。

二　文化因素

由表2－1可知，也有一些州府县区的进士人数较多，但这些地区并不是当地的行政中心。比如：河东南路的泽州、潞州、绛州、解州，京兆府路的同州等地区，都不是当地的行政中心，但这些地区的进士人数也明显高于其他地区。如泽州有82名进士，潞州有29名进士，绛州有27名进士，解州有20名进士，同州有22名进士，等等，都远远超出全国各府/州进士的平均数（11人），尤其是泽州的进士人数，竟然高居全国各府/州之冠。究其原因这些地区大多文化较为发达。以河东南路为例，泽州、潞州位于太行山深处，地势偏僻，资源贫乏，但却有着较深厚的文化积累。金元时期的文人对此现象多有记述，比如郝经《宋两先生祠堂记》中有云："河东自唐为帝里，倚泽潞为重。五季以来，屡基王业。故其土俗质直尚义，武而少文。明道先生令泽之晋城，为保伍均役法，惠孤茕，革奸伪，亲乡闾，厚风化，立学校，语父老以先王之道，择秀俊而亲教导之，正其句读，明其义理，指授大学之序，使格物致知，诚意正心，修身齐家，笃于治己而不忘。仕禄视之以三代，治具观之以礼乐。未几，被儒服者数百人，达乎邻邑之高平、陵川，渐乎晋、绛，被乎太原，担簦负笈而至者，日夕不绝，济济洋洋，有齐鲁之风焉。在邑三年，百姓爱之如父母，去之日哭声震野。金源氏有国，流风遗俗，日益隆茂，于是平阳一府冠诸道，岁贡士甲天下。大儒辈出，经学尤盛。虽为决科文者，六经传注，皆能成诵，耕夫贩妇，亦知愧谣诼、道文理，带经而锄者，四野相望，雅而不靡，重而不佻，矜廉守介，莫不推其厚俗，犹有先生之纯焉。”① 正是由于北宋大儒程颢在泽州做官时重视教化，对当地的文化事业产生了深远的影响。又如孔天监《藏书记》有云：“河东之列郡十二，而平阳为之帅。平阳之司县十一，而洪洞为之剧……邑居之繁庶，土野之沃衍，雄冠他邑，其俗好学尚义，勇于为善。每三岁大比，秀造辈出，取数居多。故程能西府，则老郑为之魁；较艺上都，则二郭取其乙。祖庆以妙龄驰誉，居善以老成擢试。济济蔼蔼，前后相望。吾见其进，未见其止也。虽家置书楼，人畜文库，尚虑夫草莱贫乏之士，有志而无书，或未免借观，手录之勤，不足于采览，无以尽发后生之才分。吾友承庆先辈奋为倡首，以赎书是任；邑中之豪，从而和之，欢喜施舍，各出金钱。于是得为经之书有若干，史之书有若干，诸子之书有若干，以至类书、字学，凡系于文运者，粲然毕修。噫！是举也，不但便于己，盖以便于众。不特用于今，亦将传于后也。”② 平阳地区是金代著名的刻书中心，平水版书籍一度显誉全国。发达的文化事业当然会对当地的藏书读书风气产生直接的影响。元好问曾在泽州陵川求学六年，对当地浓厚的文化氛围深有感触，他在《郝先生墓铭》中有这样的记载：“濩泽风土完厚，人质直而尚义。在宋有国时，俊造辈出，见于黄鲁直、季父廉行县之诗。风俗既成，益久益盛，迄今，带经而锄者四野相望；虽闾巷细民，亦能道古今，晓文理。为子求师，莫此州为宜。”③ 又在《寿阳县学记》中亦云：“上党、高平之间，士或带经而锄，有不待风厉而乐为之者，化民成俗，概见于此。”④ 正是河东南路的文化积累非常

---

① （元）郝经：《宋两先生祠堂记》，《陵川集》卷 27，文渊阁四库全书本。

② （金）孔天监：《藏书记》，张金吾编纂《金文最》卷 28，中华书局 1990 年版，第 385 页。

③ （金）元好问：《郝先生墓铭》，姚奠中主编《元好问全集》卷 23，山西古籍出版社 2004 年版，第 517 页。

④ （金）元好问：《寿阳县学记》，姚奠中主编《元好问全集》卷 32，山西古籍出版社 2004 年版，第 674 页。

深厚，读书风气十分盛行，才会出现“金有天下百余年，泽、潞号为多士”的状况①。

再如京兆府路的同州，同样地处偏僻，也并非行政中心，而当地的进士人数也多达22人，值得我们特别关注。探寻其原因，离不开当地悠久的文化传统。让我们把目光移向历史深处，回到那令人神往的大唐帝国，那时的长安——帝国的心脏，曾经吸引了无数的文人墨客，目的当然是为了应举，为了能够顺利取得一张应举入场券。因为京兆府为当时的首善之地，不论是在解额分配上，还是在录取比例上，都远远高于其他地区。当然，由于在京兆争取解额，竞争是非常激烈的，致使不少文人无法如愿以偿，只得退而求其次，于是便纷纷转移到长安附近的同州、华州等地，以求解额，以至于当时流传有“以京兆为荣美，同华为利市”的说法②。于是，在同州、华州等地区就形成了一种重视科举的文化传统。尽管时间过去了几百年，但这种浓厚的科举文化传统在当地并没有衰减，这应该就是同州的进士人数较多的重要原因之一。

三 教育因素

如表2－1所示，还有一些地区既非行政中心，也称不上是传统的文化之乡，但该地区的进士人数也明显较多。以州而言，河东北路的平定州有14名进士，忻州有28人，代州有21人，河北西路的沃州有27人，磁州有17人，河北东路的冀州有10人，中都路的涿州有27人，蓟州有19人，易州有15人，西京路的应州有44人，山东东路的棣州有23人，山东西路的博州有12人，泰安州有13人，等等，数量都超过全国各州进士的平均数（11人）。以县而言，泽州陵川县有29人，高平县有17人，济南府章丘县有27人，中山府唐县有19人，洺州肥乡县有12人，鸡泽县有6人，潞州潞城县有8人，长子县有7人，弘州襄阴县有7名进士，绛州曲沃县有7人，解州闻

① （元）郝经：《先曾叔大父东轩老人墓铭》，《陵川集》卷36，文渊阁四库全书本。

② （五代）王定保：《唐摭言》卷1《两监》，阳羡生校点，上海古籍出版社2012年版，第3页。

喜县有7人，同州澄城县有7人，太原府阳曲县有6人，等等，也都高于全国各县进士的平均数（5人）。以上所列举的这些州、县，进士人数都明显多于其他地区。之所以会出现这种状况，主要原因就在于当地重视教育，兴办学校，养育人才。

金朝建立不久，即开始设学养士。比如，在中都大兴府建有国子学和太学，在各地方亦普遍建有府学、州学和县学。据《金史·选举志》可知：天德三年（1151），始设置国子监；大定六年（1166）置太学；大定十六年（1176）置府学十七处；大定二十九年（1189），又置节镇学、防御州学六十处，府学亦增至二十四处。① 这几类学校都是由国家统一设立的，提供全额经费，并配给师资，甚至对各学的学生名额也有明确的规定："大兴、开封、平阳、真定、东平府各六十人，太原、益都府各五十人，大定、河间、济南、大名、京兆府各四十人，辽阳、彰德府各三十人，河中、庆阳、临洮、河南府各二十五人，凤翔、平凉、延安、咸平、广宁、兴中府各二十人。节镇学三十九，共六百一十五人。绛、定、卫、怀、沧州各三十人，莱、密、潞、汾、冀、邢、兖州各二十五人，代、同、邠州各二十人，奉圣州十五人，余二十三节镇皆十人。防御州学二十一，共二百三十五人。博、德、洺、棣、亳各十五人，余十六州各十人。凡千八百人。"②

从上述引文中可以看出，各个府学、州学的生员定额多寡不均，多者达60人，少者只有10人。尽管这个定额是由国家统一分配的，地方政府无法随意增减，有行政干预的成分在内，但从某种程度上来说，学生定额的多少也反映了各地文化教育水平的高低。以下我们把这25个府学的学生定额与当地的进士人数做一对比，具体情况如表2－2所示：

表2－2　　金代25个府的学生定额数与进士人数对照表

序号	府名	学生数	进士数	序号	府名	学生数	进士数
1	大兴府	60	74	14	辽阳府	30	29
2	东平府	60	55	15	河中府	25	27

① （元）脱脱等：《金史》卷51《选举志一》，中华书局1975年版，第1131、1133页。

② 同上书，第1133页。

续表

序号	府名	学生数	进士数	序号	府名	学生数	进士数
3	真定府	60	40	16	大同府①	25	10
4	平阳府	60	33	17	河南府	25	5
5	开封府	60	9	18	庆阳府	25	1
6	太原府	50	45	19	临洮府	25	0
7	益都府	50	8	20	咸平府	20	10
8	京兆府	40	48	21	广宁府	20	7
9	济南府	40	47	22	延安府	20	2
10	大名府	40	25	23	凤翔府	20	10
11	大定府	40	13	24	平凉府	20	0
12	河间府	40	3	25	兴中府	20	0
13	彰德府	30	58				

从表2-2的统计结果来看，学生定额数较多的地方，进士人数也相应较多，如大兴府、平阳府、真定府、东平府、太原府、济南府、大名府、京兆府等地；而学生定额数较少的地方，进士人数也相应较少，如庆阳府、临洮府、河南府、凤翔府、平凉府、延安府、咸平府、广宁府、兴中府、大同府等地。当然也有例外，如开封府、益都府和河间府的学生定额数较多，进士人数却很少；彰德府的学生定额数较少，进士人数却很多。但就整体情况而言，学校教育对进士人数产生了较大的影响，却是毋庸置疑的事实。

除此之外，金代各地还有一些刺史州学和县学。与前几类学校不同的是，刺史州学和县学不是由国家统一设立的，而是由各地政府根据实际情况自愿设立。赵秉文《郏县文庙创建讲堂记》云："皇朝自大定累洽重熙之后，政教修明，风俗臻美，及明昌改元，尝诏天下兴学，刺郡之上，官为修建，诸县听从士庶自愿建立，著为定令。由是庙学在处兴起。"② 庞元《肥乡县创建文宣王庙碑》亦云："泰和元

① 按：《金史》卷51《选举志一》中所载府学共24个，府学学生总数为880人，与文中所云905人不一致，有可能漏记了大同府学。参见兰婷《金代教育研究》，吉林大学出版社2010年版，第46—48页。

② （金）赵秉文：《郏县文庙创建讲堂记》，阎凤梧主编《全辽金文》，山西古籍出版社2002年版，第2375页。

年，以令颁告天下：若无庙舍者，刺郡以上，官为创建，诸县许士庶自愿建立。”① 目前可查考到的刺史州学共有 12 个②，具体情况如表 2－3 所示：

表 2－3　金代 12 个设学的刺史州之进士人数统计

州名	进士（人）	州名	进士（人）	州名	进士（人）
保德州	3	泰安州	16	赵州	27
单州	3	忻州	28	涿州	27
滑州	0	裕州	1	辽州	3
钧州	1	泽州	82	绥德州	0

由表 2－3 可知，在这 12 个建有庙学的刺史州中，泽州有 82 名进士，数量为全国各府/州之最；忻州有 28 名进士，涿州和赵州各有 27 人，进士人数也较多。12 个刺史州中共有进士 191 人，平均数为 15.92 人。而金代共设 73 个刺史州，共有 478 名进士，平均为 6.54 人。可见，是否设学对刺史州的进士数有重要影响。

金代县学的数量稍多些，目前查找到的共有 45 个③，具体情况如表 2－4 所示：

---

① （金）庞元：《肥乡县创建文宣王庙碑》，阎凤梧主编《全辽金文》，山西古籍出版社 2002 年版，第 2118 页。

② 按：兰婷统计出金代的刺史州学共有 12 个，但实为 8 个，其中有 3 个并非刺史州学，分别是霍州、邓州和棣州。霍州本为霍邑县，贞祐三年（1215）升为霍州，兴定元年（1217）升为节镇州；邓州亦为节镇州，棣州为防御州。另外，“本州”并非地名，而是指泽州，（李俊民《本州庙学筑墙疏》），参见兰婷《金代教育研究》，吉林大学出版社 2010 年版，第 54 页。本书在此基础上又增补 4 个刺史州学（单州、滑州、钧州和辽州），共有 12 个刺史州学。详参附录三。

③ 按：兰婷统计的金代县学有 33 个，参见兰婷《金代教育研究》，吉林大学出版社 2010 年版，第 55—57 页。本书在此基础上又增补了 12 个，分别是闻喜县、胶水县、潞城县、冀氏县、霍邑县（霍州）、蒲城县、冠氏县、南宫县、河津县、鄠县、岐山县、元氏县等 45 个县学。另外，登封县颖阳镇还建立了镇学，绥德州怀宁寨亦建立了寨学，参见李俊民《颖阳镇修宣圣庙疏》，阎凤梧主编《全辽金文》，山西古籍出版社 2002 年版，第 2590 页；元好问《国子祭酒权刑部尚书内翰冯公神道碑铭》，姚奠中主编《元好问全集》卷 19，山西古籍出版社 2004 年版，第 453 页。详参附录四。

表 2－4　　　　金代 45 个设学县的进士人数统计

县名	进士数	县名	进士数	县名	进士数
澄城县	7	胶水县	1	万泉县	2
大城县	0	陵川县	29	威县	1
砀山县	0	潞城县	8	文登县	4
登封县	1	南宫县	1	闻喜县	7
肥乡县	12	蒲城县	4	夏邑县	0
高平县	18	栖霞县	0	襄陵县	2
冠氏县	0	清丰县	1	襄垣县	2
行唐县	0	清河县	3	新乡县	0
河津县	4	曲阜县	5	阳城县	4
鄠县	1	曲沃县	7	阳曲县	6
霍邑县	2	曲周县	1	叶县	1
鸡泽县	6	商水县	1	猗氏县	1
济阳县	3	寿阳县	0	渔阳县	4
冀氏县	0	顺安县	0	章丘县	27
郏县	0	唐县	19	长子县	7

由表 2－4 可知，在 45 个设学的县中，陵川县有 29 名进士，人数为全国各县之首；章丘县有 27 名进士，唐县有 19 名，高平县有 18 名，肥乡县有 12 名，进士人数明显较多，而潞城县有 8 名进士，长子县、曲沃县和澄城县各有 7 名，阳曲县、鸡泽县各有 6 名，曲阜县有 5 名，进士人数也都在全国各县的平均数以上。在这 45 个建有庙学的县中，共有进士 202 人，平均每个县拥有进士 4. 5 人。而金代有 683 个县，共有进士 1092 人，平均每个县有进士 1. 6 人，可见，是否建立庙学对一个县的进士人数也具有重要的影响。

事实上，金代文人入学读书的主要目的就是应举。“学校者，化民之本，仁义道德之所兴修也，礼乐教化之所宣布也，人材之所作成也，风俗之所变易也。广而言之，则是致君泽民之道，皆出其中。其为功也，不止肄业之人钓巍科、取青紫而已。”① 可见，学校的礼乐教化功能早已被弱化了，“钓巍科、取青紫” 才被世人认为是兴办学

① （金）张邦彦：《河中府万全县重修宣圣庙记》，（清）张金吾编纂《金文最》卷 66，中华书局 1990 年版，第 957 页。

校最主要的功效。贾霆在冀州兴办学校，张亿称赞道："此英特之举、希世之遇，虽诗人善颂，固难形容；史笔所书，未尽仿佛。使诸生处于斯者，悉知副公之意，勉勉自强，他日业精行成，擢巍科，登要路，功著当时，名垂后世，风化之行，民淳俗美，后来之秀，相继不绝，是皆出于公之赐，岂易量哉?"① 王鲁重修冀州庙学，路伯达称赞道："今公方宣国家崇儒重道之意，敦奖人才。学者方向公之化，将见舒秀发之才，吐宏杰之气，掇巍科、登要津者，比肩继踵而出，皆能以三代之道事君报国，又岂独冀人之幸也?"② 尽管两次兴办学校的时代不同，但时人都认为兴学有助于诸生"擢巍科，登要路"。

四 人口因素

还有一个因素不能忽略，那就是各地的人口数。一般来说，人口较多的地区，优秀人才也相应较多些。当然，这也只是在一定意义上来讲的，并不是完全如此。有时人口较少的地区也会出现很多优秀的人才，因为这本来就不是由某一种因素决定的，而是由诸多因素共同作用的结果。《金史·地理志》中明确地记载了金代各个府/州的户口数，我们可以据此统计出各路的户口数（由于州/府数量太多，不利于统计和分析），以便弄清楚人口数（户口数）是否对进士的地域分布产生了重要的影响。统计结果见表2－5所示：

表2－5 金代18个路的户口数与进士数统计

序号	路分	进士数	名次	户口数	名次
1	北京路	44	10	411930	11
2	大名府路	34	12	494414	6
3	东京路	40	11	142733	16
4	凤翔路	13	15	197122	14

① （金）张亿：《创建文庙学校碑》，阎凤梧主编《全辽金文》，山西古籍出版社2002年版，第1223页。

② （金）路伯达：《冀州节度使王公重修庙学碑》，阎凤梧主编《全辽金文》，山西古籍出版社2002年版，第1523页。

续表

序号	路 分	进士数	名次	户口数	名次
5	鄜延路	3	18	205809	13
6	河北东路	31	13	463540①	8
7	河北西路	247	2	726560	5
8	河东北路	124	5	452809	10
9	河东南路	250	1	785948	4
10	京兆府路	92	8	278626	12
11	南京路	50	9	957605②	2
12	庆原路	5	17	181813③	15
13	山东东路	129	4	1101200	1
14	山东西路	116	6	466770	7
15	上京路	20	14	54184	18
16	西京路	99	7	458142	9
17	咸平路	10	16	71816	17
18	中都路	182	3	839576	3
合计		1489		8290597	

表2－5的统计结果表明：户口数较多的地区，进士人数也相应

① 《金史·地理志》中所记载的河北东路所属的冀州的户口数为“三千六百七十”，疑有脱误。按：冀州领有五县三镇，户口数不会如此之少。相邻的深州领有五县一镇，户口为五万六千三百四十。两州同为上等刺郡，同领五县，户口数应该大致相当。因此，笔者拟冀州的户口数为“五万三千六百七十”，并以此数据来计算，如此统计出来的河北东路的户口数为463540户。参见脱脱等《金史》卷25《地理志中》，中华书局1975年版，第600—601页。

② 按：南京路开封府的户口有两个数据，一是天德四年（1152）户口数为235890，二是泰和末年户口数为1746210。《金史》校勘记云：泰和末全国户口数为7684438，若开封府的户口为1746210，即占到将近全国户口总数的四分之一，因疑此数据有误。故本表统计南京路的户口总数时，开封府以天德四年（1152）的户口数235890来进行统计。如此统计出来的南京路的户口总数为957605户。参见脱脱等《金史》卷25《地理志中》，中华书局1975年版，第588、618页。

③ 庆原路还有8个边将营，共有11205户，因其全部为军户，不能参加科举考试，所以此处未计算在内。参见脱脱等《金史》卷26《地理志下》，中华书局1975年版，第650—653页。

较多，如山东东路、中都路、河东南路、河北西路、西京路等地区。反过来，户口数较少的地区，进士人数也相应较少，如上京路、咸平路、凤翔路、庆原路、鄜延路等地区。尽管也有个别的例外，如南京路户口多而进士人数偏少。但从整体上来看，人口因素也是影响金代进士地理分布的重要因素。

综上所述，金代进士的地理分布极不平衡，政治、文化、教育和人口等因素是造成这种状况的主要原因，而其中又以教育的影响最大。

第三节　金代进士家族的地理分布及其形成原因

所谓家族，是指以血统关系为基础而结成的社会单位。一般包括同一血统的几代人。进士家族，顾名思义，就是指有多名进士的家族。金代重视科举，因而出现了许多进士家族。有的家族同一代中就有多人及第，如绛州孙镇与弟锜、铉，“同榜擢第，乡人荣之，号‘三桂孙氏’”[①]。河中府李献能，“贞祐三年，特赐词赋进士……从兄献卿、献诚、从弟献甫相继擢第，故李氏有‘四桂堂’”。[②] 玉田卢启臣与四子皆中进士，时人以“燕山窦氏比之”[③]。而有些家族中连续几代都有进士及第，如浑源刘氏家族，一门四代八进士，以至于时人有“丛桂蟾窟”之誉[④]；济南长清的阎长言家族，“曾高以来，登科者六世矣”[⑤]。兴州刘昂，字子昂，大定十九年（1179）进士，“曾高

① （金）元好问编：《中州集》卷7《孙省元镇》，中华书局上海编辑所1959年版，第347页。

② （元）脱脱等：《金史》卷126《文艺下·李献能传》，中华书局1975年版，第2736—2737页。

③ （金）元好问编：《中州集》卷8《卢待制元》，中华书局上海编辑所1959年版，第421—422页。

④ （金）刘祁：《归潜志》卷10，崔文印点校，中华书局1983年版，第120页。

⑤ （金）元好问编：《中州集》卷9《阎治中长言》，中华书局上海编辑所1959年版，第470页。

而下，以科名相踵者七世矣”①，等等。可见，金代进士家族化的现象比较突出。本节拟对金代进士家族的地理分布状况及其形成原因进行一些初步的探索。

一　金代进士家族的地理分布状况

借助于文化地理学的理论和方法，我们对金代进士家族的地域分布状况做些统计。首先我们对统计的标准做些说明：一是这个家族是指具有同一父系血缘的家族，不包含由婚姻关系结成的家族，因为后者并非先天形成的关系。二是家族中的进士人数不少于 2 名②，因为对古代文人来说，能够考取进士是非常不易的。三是家族中的进士必须是在金代登第的，只有这样，才能真正了解金代科举的实际情况。我们便依照这个统计标准，按路、府/州两级行政区划，对金代进士家族的地域分布进行统计，进士名单统计结果如表 2－6 所示：

表 2－6　　金代进士家族地域分布统计

<table>
<tr><th colspan="3">分路统计</th><th colspan="3">分府/州统计</th><th rowspan="2">进士名录</th></tr>
<tr><th>路分</th><th>家族</th><th>进士</th><th>府/州</th><th>家族</th><th>进士</th></tr>
<tr><td rowspan="3">北京路</td><td rowspan="3">5</td><td rowspan="3">9</td><td>大定府</td><td>3</td><td>6</td><td>高怀忠　高怀正
王维翰　王贡
赵之杰　赵绘</td></tr>
<tr><td>兴州</td><td>1</td><td>1</td><td>刘昂（之昂）③</td></tr>
<tr><td>懿州</td><td>1</td><td>2</td><td>奥屯忠孝　奥屯阿虎</td></tr>
</table>

① （金）元好问编：《中州集》卷 4《刘左司昂》，中华书局上海编辑所 1959 年版，第 193 页。

② 李桂枝在《辽金科举研究》中对进士家族的认定标准是：“取三代以上有进士家族中之尤著者，以世家称之。”李桂枝以这个选录标准，共列举了辽金两朝的进士世家 16 个，并对这些家族进士成员作了简略的考证。然而其所列举的这 16 个进士世家并非全部是三代以上有进士的家族，比如（五）易州魏氏、（八）大兴“六桂堂”吕氏家族只有两代进士，（十二）河中李氏四桂、（十三）太原三桂王氏皆为兄弟进士，皆为一世进士家族。除此之外，李先生还提及的进士家族有 23 个，当然并非都是有进士三世以上的进士世家。参见李桂枝《辽金科举研究》，中央民族大学出版社 2012 年版，第 285—308 页。笔者在统计金代进士家族时，对这部分内容有所参考，特此说明。

③ 金代有两个刘昂，加括号是为了区别。

续表

分路统计			分府/州统计			进士名录
路分	家族	进士	府/州	家族	进士	
东京路	5	15	辽阳府	4	13	高衎　高守义　高宪 康斌　康瑭 张浩　张汝为　张汝弼　张汝霖 张汝翼 张甫　张庸　张冉
			盖州	1	2	王尊古　王庭筠
咸平路	1	2	咸平府	1	2	石抹世勣　石抹嵩
西京路	12	39	大同府	2	5	边元鼎　边元勋 孟鹤　孟泽民　孟攀鳞
			东胜州	1	3	程鼎　程震　程思温
			弘州	3	12	李安上　李采　李纯甫 王谏　王元德　王元节　王铉 魏子平　魏播　魏琎（玠）　魏玠 魏琦
			朔州	1	2	李完　李渊
			宣德州	1	2	刘瑾　刘敬修
			应州	4	15	刘抃　刘汲　刘渭　刘偘　刘似 刘俨　刘从益　刘从禹 雷思　雷志　雷渊 刘仲瀛　刘仲泽 王嗣福　王嗣晖
中都路	25	74	大兴府	8	24	王中安　王赍　王质 刘仲诲　刘仲询　刘仲渊　刘仲洙 吕贞幹　吕子羽　吕景安　吕卿云 吕贞一　吕鑑 马大中　马成谊 田思敬　田锡 吕忠翰　吕忠敏　吕造 郭元徽　郭岐 任侗　任倜
			蓟州	5	15	傅霖　傅辅之 韩锡　韩玉　韩琇　卢启臣　卢长 卢庸　卢元　卢曾　卢翔 王寂　王邻哉 巨构　巨仲嘉
			保州	1	3	孟□　孟兴　孟升卿
			滦州	2	4	李元道　李元璋 张天左　张天右
			遂州	1	5	高有邻父　高有邻　高岩　高嵩 高铸
			通州	3	6	贾少冲　贾益 刘晋　刘骥 马柔德　马百禄
			易州	2	8	敬嗣晖　敬子渊　敬铉　敬鑑 魏道明　魏上达　魏元化　魏元真
			涿州	3	9	李怀远　李师孟 郭道济　郭济忠　时重国　时播 时邻　时琦　时元瑜

续表

分路统计			分府/州统计			进士名录
路分	家族	进士	府/州	家族	进士	
大名府路	2	4	大名府	1	2	聂许　聂谦
			恩州	1	2	毛询　毛评
河北东路	2	5	冀州	1	3	路伯达　路铎　路钧
			献州	1	2	许安仁　许古
河北西路	20	54	真定府	6	19	蔡珪　蔡璋 冯仲尹　冯子翼　冯璧　李遹　李治 周伯禄　周昂　周嗣明　王若虚 赵鼎　赵中立 杨伯元　杨伯杰　杨伯雄　杨伯仁 杨伯渊　杨瀛
			中山府	5	16	王邦用　王邦基　王邦宪　王扩 赵蕃　赵珩　赵思文　赵庭秀 赵庭直 郑汝楫　郑汝励 张邦基　张邦荣 李好复　李好履　李居道
			彰德府	4	8	赫[illegible]　赫晔 郦权　郦掖 论道宁　论从义 王万钧　王万石
			磁州	2	5	胡景崧　胡义　胡琏 刘蕃　刘轨
			洺州	3	6	董师中　董师俭 王文勉　王磐 高冲　高可久（约）
河东北路	16	42	太原府	5	14	郝俣　郝居简 张公著　张经　张纬 李逵　李敏修 刘贞　刘辅　刘允 王珙　王珦　王璹　王渥
			代州	3	6	李铎　李楫 胥持国　胥鼎 张大节　张岩叟
			忻州	3	8	元滋善　元好问 张翰　张翛　张天彝 孙九鼎　孙九畴　孙九亿
			平定州	2	7	吕崇礼　吕宗智　吕仲堪　吕时敏 杨云翼　杨恕　李庭简
			汾州	1	2	任才珍　任嘉言
			石州	1	3	吴永　吴希尹　吴章
			隩州	1	2	白贲　白华

续表

分路统计			分府/州统计			进士名录
路分	家族	进士	府/州	家族	进士	
河东南路	21	59	河中府	4	11	李献诚　李献甫　李献卿　李献能 麻思诚　麻秉彝 李革　李复亨　李恒亨 张铉　张琚
			平阳府	3	11	郑时昌　郑才　郑椿　郑松　郑璘 郑询 张邦彦　张迪禄　张德直 乔扆　乔宇
			绛州	3	8	段铎　段钧　段成己 梁襄　梁持胜 孙镇　孙锜　孙铉
			解州	2	5	许安上　许安世 裴处仁　裴端仁　裴敦仁
			潞州	1	4	宋辑　宋元吉　宋元圭　宋景萧
			泽州	8	20	李俊民　李谦甫 申万全　申无夷 李晏　李曼　李仲略　李仲立 武明甫　武天和　武天佑　武俊臣 赵可　赵述 邢天祐　邢天秩 赵安时　赵安荣 阴孝思　阴孝彰
京兆府路	2	4	京兆府	1	2	张珪　张琚
			华州	1	2	杨邦基　杨勗
山东东路	6	16	济南府	1	3	阎俊　阎时升　阎长言
			莒州	1	5	张莘卿　张玮　张晔　张行简 张行信
			莱州	2	4	刘迎　刘国枢　赵格　赵植
			淄州	2	4	李楫　李国维　刘时昌　刘汝翼
山东西路	10	24	东平府	7	14	高霖　高仁杰 贾炤　贾起 赵悫　赵沨 张万公父　张万公 王去非　王仲元 李世弼　李昶 王尚智　王璃
			博州	1	2	赵雄飞　赵安世
			泰安州	1	4	刘良佐　刘述　刘造　刘进
			兖州	1	4	孔固　孔端甫　孔端肃　孔瑭
籍贯不详	2	6				鲜于淳　鲜于孝标　鲜于坦 鲜于寿吉　完颜素兰　完颜努申
合计	129	353	52 府/州	127	347	

由表2－6统计可知，金代至少有进士家族129个，进士353人。目前可查考到的金代进士共有1611名，家族进士占到总数的21.9%，即在每5名进士中就有1名为进士家族的成员。由此可见，金代进士家族化的现象是非常突出的。

除了以上所统计的进士家族外，金代还有一些跨越朝代的进士家族。一种是由辽入金的进士家族，如韩企先为辽乾统元年（1101）进士，辽亡入金，其子韩铎为特赐进士；韩昉为辽天庆二年（1112）状元，后仕金朝，其子韩汝嘉为皇统二年（1142）进士，张通古为辽天庆二年（1112）进士，其子张沉为天德三年（1151）特赐进士；张雄为辽乾统元年（1101）进士，其子张子贞为天会中进士；左企弓为辽末进士，其孙左贻庆亦为特赐进士；等等。另一种是由宋入金的进士家族，如高士谈为北宋进士，其子高公振为正隆二年（1157）进士；褚承亮为宋宣和六年（1124）进士，其子褚席珍为正隆二年（1157）进士；朱之才为北宋崇宁二年（1103）进士，其子朱澜为大定二十八年（1178）进士；史良臣为北宋宣和中进士，其子史公奕为大定二十八年（1178）进士；等等。尽管这些家族中都有2名进士，可以称之为进士家族，但因其在金代及第者只有一人，所以我们在表4－6中没有予以统计。

二　金代进士家族地理分布的基本特征

据表2－6统计可知，除了2个进士家族的6名进士的籍贯未详，金代进士家族分布在全国13个路的52个府/州中，共有127个家族，进士347人，占籍贯可查的进士总数（1489人）的23.4%。可见，金代进士家族的地理分布状况呈现出极大的不平衡性。我们将这13个路的家族数与进士数单独列表2－7：

表2－7　　　　金代13个路的进士家族统计

序号	路分	家族数	进士数	名次
1	北京路	5	9	9
2	东京路	5	15	8
3	咸平路	1	2	13
4	西京路	12	39	5

续表

序号	路 分	家族数	进士数	名 次
5	中都路	25	74	1
6	大名府路	2	4	11
7	河北东路	2	5	10
8	河北西路	20	54	3
9	河东北路	16	42	4
10	河东南路	21	59	2
11	京兆府路	2	4	12
12	山东东路	6	16	7
13	山东西路	10	24	6
总计		127	347	

由表2－7的统计结果可知，按路级区划来看，中都路、河东南路、河北西路、河东北路、西京路、山东西路等地区的进士家族较多；咸平路、京兆府路、大名府路、河北东路、北京路、东京路和山东东路等地区的进士家族明显较少；而凤翔路、庆原路、鄜延路、上京路等地区都没有进士家族。同样，按府/州级区划来看，大兴府、东平府、真定府、泽州、中山府、蓟州、太原府、应州、辽阳府等地区的进士家族较多，兴州、隩州、懿州、宣德州、献州、咸平府、朔州、京兆府、华州、盖州、汾州、恩州、大名府、博州、济南府、东胜州、兖州、泰安州、潞州、遂州、莒州等地区皆只有1个进士家族。当然，还有更多的府/州没有出现进士家族。由此可见，金代进士家族的地域分布是极不平衡的。

如果将表2－1与表2－6做一番对比，我们就会发现，金代进士家族的地形分布状态与金代进士的地域分布状况大体上是一致的。从路级行政区划来看，河东南路、河北西路、中都路、河东北路等地的进士人数较多，进士家族也同样较多。而凤翔路、庆原路、鄜延路、上京路等地区由于进士人数较少，竟然没有进士家族。同样，就各府/州的分布情况来看，进士人数较多的地区，进士家族也较多；反之亦然。可见，金代进士家族与进士的地域分布都呈现出不平衡状况，而且两者之间有很大的相关性。

三　金代进士家族的主要类型

从以上统计结果来看，金代进士家族化的现象较为突出。通过考察金代进士家族内部的关系，我们将其家族类型概括为三种：祖孙父子型（简称父子型，叔侄、伯侄、族叔侄、族伯侄关系也归此类），兄弟型（堂兄弟、从兄弟包括在内）和父子兄弟复合型（简称复合型）。以下便按照这一标准进行统计，如表2－8所示：

表2－8　　金代进士家族类型统计

类型	家族进士名录	合计
父子型	奥屯忠孝、奥屯阿虎；杜忱、杜仁杰；冯仲尹、冯子翼、冯璧；傅霖、傅辅之；高冲、高可约（久）；高霖、高仁杰；郭元徽、郭岐；韩锡、韩玉、韩琇；郝俣、郝居简；赫牤、赫晔；贾少冲、贾益；贾益谦、贾炤、贾起；巨构、巨仲嘉；康斌、康瑭；李安上、李采、李纯甫；李世弼、李昶；李楫（济川）、李国维；李怀远、李师孟；李逵、李敏修；李俊民、李谦甫；李完、李渊；李遹、李治；郦权、郦掖；梁襄、梁持胜；刘之昂家族；刘迎、刘国枢；刘晋、刘骥；刘时昌、刘汝翼；论道宁、论从义；马柔德、马百禄；马大中、马成谊；孟鹤、孟泽民、孟攀鳞；孟□、孟兴、孟升卿；乔扆、乔宇；石抹世勣、石抹嵩；田思敬、田锡；王维翰、王贲；王寂、王邻哉；王尚智、王瑀；王遵古、王庭筠；吴永、吴希尹、吴章；鲜于淳、鲜于孝标、鲜于寿吉、鲜于坦；胥持国、胥鼎；许安仁、许古；阎俊、阎时升、阎长言；杨邦基、杨勗；杨云翼、杨恕；杨旭、杨著；元滋善、元好问；张邦彦、张迪禄、张德直；张大节、张岩叟；张铉、张琚；张万公、（子，张某）；赵雄飞、赵安世；赵鼎、赵中立；赵悫、赵沨；赵可、赵述；赵之杰、赵绘；周伯禄、周昂、周嗣明；高衎、高守义、高宪；王去非、王仲元；麻思诚、麻秉彝；张国祯、张道	63组 138人
兄弟型	白贲、白华；边元鼎、边元勋；蔡珪、蔡璋；董师中、董师俭；高怀忠、高怀正；李楫、李铎；李献诚、李献能、李献卿、李献甫；李元道、李元璋；刘瑾、刘敬修；刘仲诲、刘仲洵、刘仲渊、刘仲洙；刘仲瀛、刘仲泽；刘蕃、刘轨；毛询、毛评；聂许、聂谦；裴处仁、裴端仁、裴敦仁；任倜、任僩；申无夷、申万全；孙九畴、孙九鼎、孙九亿；孙镇、孙锜、孙铉；完颜素兰、完颜努申；王磐、王文勉；王万钧、王万石；魏上达、魏道明、魏元化、魏元真；邢天祐、邢天秩；许安世、许安上；阴孝思、阴孝彰；张甫、张庸、张冉；张珪、张琚；张天右、张天左；赵安时、赵安荣；赵格、赵植；王嗣福、王嗣晖；张邦基、张邦荣；郑汝楫、郑汝砺；郭济忠、郭道济	35组 80人

续表

类型	家族进士名录	合计
复合型	程鼎、程震、程思温；高有邻父、高有邻、高嵩、高岩、高铸；李好复、李好履、李居道；李曼、李晏、李仲立、李仲略；胡景崧、胡义、胡琏；敬嗣辉、敬子渊、敬鉴、敬铉；雷思、雷志、雷渊；刘㧑、刘汲、刘渭、刘偘、刘似、刘俨、刘从益、刘从禹；刘贞、刘辅、刘允；卢启臣、卢长、卢庸、卢元、卢曾、卢翔；路伯达、路铎、路钧；吕贞幹伯父、吕贞幹、吕子羽、吕景安、吕卿云、吕鉴；吕宗（崇）礼、吕宗知、吕仲堪、吕时敏；吕忠敏、吕忠翰、吕造；宋楫、宋元圭、宋元吉、宋景霄；时重国、时璠、时琦、时邻、时元瑜；王邦用、王邦基、王邦宪、王扩；王中安、王赍、王质；王谏、王元德、王元节、王铉；魏子平、魏璠、魏珪（笏）、魏玠、魏琦；武明甫、武天和、武天佑、武俊臣；杨伯渊、杨伯杰、杨伯仁、杨伯雄、杨伯元、杨瀛；张翰、张翛、张天彝；张公著、张经、张纬；张莘卿、张暐、张晔、张行简、张行信；赵思文、赵珩、赵庭秀、赵庭直；张浩、张汝为、张汝弼、张汝霖、张汝翼；段铎、段钧、段成己；郑松、郑椿、郑询、郑才、郑璘、郑时昌；孔固、孔端甫、孔端肃、孔瑭；王璹、王珣、王珙、王渥；李革（鞏）、李复亨、李恒亨；刘良佐、刘述、刘造、刘进	33 组 138 人

由表2－8可知，金代进士家族的类型以父子型和复合型为多，兄弟型的稍微少一些。但不论哪一种类型，都表明这些家族重视科举，都是努力通过科举来走上仕途。因为通过科举入仕是保持和维护家族地位的重要途径。

四　金代进士家族形成的主要原因

除了前述政治、文化、教育等方面的因素外，金代进士家族形成的原因还有两个主要因素：一是家族教育，二是特赐及第。以下就对此做些简单的探讨。

（一）重视家庭教育

家族教育对一个人的成长至关重要。一个家族中有人进士及第了，就在其他成员中树立了榜样，激励他们更加努力地读书上进。元好问曾说："士之有立于世，必藉国家教育、父兄渊源、师友讲习，三者备，然后可……承安、泰和间，文治熠然勃兴，士生于其时，蒙被其父兄之业，由子弟之学，而为名卿材大夫者，尝十分天下寒士之九。”①《内相文献杨公神道碑铭》亦云：“维金朝大定已还，文治既洽，教育亦至，名氏之旧与乡里之彦，率由科举之选。父兄之渊源，师友之讲习，义理益明，利禄益轻，一变五代、辽季衰陋之俗。”② 又《鸠水集引》亦云：“文章虽出于真积之力，然非父兄渊源、师友讲习、国家教养，能卓然自立者鲜矣！”③ 又《寄中书耶律公书》有云：“夫天下大器，非一人之力可举；而国家所以成就人材者，亦非一日之事也。从古以来，士之有立于世，必藉学校教育、父兄渊源、师友之讲习，三者备而后可。”④又《嘉议大夫陕西东路转运使刚敏王公神道碑铭》中说：“大定、明昌间，文治为盛，教养既久，人物辈出。公主于其时，禀赋之美，固已绝人远甚；加之内承父兄之教，而外渐师友之训，故能卓然成就如此。”⑤元好问如此一而再、再而三地陈述这个道理，说明在他看来，父兄渊源对一个人的成长实在是太重要了。

对金代进士家族进行一番考察，我们就会发现，许多家族都非常重视家庭教育。比如王遵古，字元仲，正隆五年（1160）进士，“文行兼备，潜心伊洛之学，言论皆可纪述。”其子王庭筠，“生未期，视书，识十七字。六岁，闻父兄诵书，能通大义。七岁，学诗。十一岁，赋全题，读书五行俱下，日记五千余言。涿郡王公翛然，风岸孤峻，少所许可；一见公，以国士许之。弱冠，擢大定十六年（1176）甲科”⑥。又如王扩之大父，曾仕为县功曹，后来改服儒业，“五子皆

---

① （金）元好问：《张君墓志铭》，姚奠中主编《元好问全集》卷24，山西古籍出版社2004年版，第536页。

② （金）元好问：《内相文献杨公神道碑铭》，姚奠中主编《元好问全集》卷18，山西古籍出版社2004年版，第420页。

③ （金）元好问：《鸠水集引》，姚奠中主编《元好问全集》卷36，山西古籍出版社2004年版，第761页。

④ （金）元好问：《寄中书耶律公书》，姚奠中主编《元好问全集》卷39，山西古籍出版社2004年版，第804页。

⑤ （金）元好问：《嘉议大夫陕西东路转运使刚敏王公神道碑铭》，姚奠中主编《元好问全集》卷18，山西古籍出版社2004年版，第430页。

⑥ （金）元好问：《王黄华墓碑》，姚奠中主编《元好问全集》卷16，山西古籍出版社2004年版，第392页。

教之宦学，三子继登上第，而仕亦达。"① 张公著，字庭俊，世为太原阳曲人，擢明昌二年（1191）进士第，后来历任三县两州，"在所敦奖儒学，留意风教，旧俗为之一变。起文庙于所居安生里社，延致名儒，课子弟授业。二侄经、纬，皆有声场屋间，继擢上第。张氏遂为河东文章宗，乡人至今荣之"②。如果母亲知书识礼，也能对儿子的教育起到非常重要的作用。如李献卿的母亲梁夫人，出于广宁大族，"在父母家，已知读书，作字有楷法。年十有七，嫁为河中李侯讳某之夫人……以教子为事。其后，献卿中泰和三年（1203）进士第，献诚、献甫同以兴定五年（1221）登科。乡人荣之"③。舅氏虽为外族，但亦属于血亲，因此，舅舅对外甥的教育也可视为家庭教育。如杨云翼为明昌五年（1194）经义状元，"其姊既寡，挈孤幼来归，公处之官下……抚导二甥，卒为名士。其长庭简者，登上第"④。又如王若虚，字从之，"幼颖悟，若夙昔在文字间者"，其舅周昂"自龆龀间识公为伟器，教督周至，尽传所学；及官四方，又托之名士刘正甫，使卒业焉。弱冠，擢承安二年（1197）经义进士甲科"⑤。由此可见，大多数的金代进士家族都具有良好的家学渊源。

（二）特赐进士及第

金代统治者对科举极为重视，常常将科名赏赐给臣下，以示恩宠。赐第的理由也有很多。有时是赏赐给有功之臣，以示奖赏。如曹望之，字景萧，正隆南伐时，因负责运粮，馈伐宋诸军有功，特赐进士及第。⑥ 又如韩锡，字难老，天德元年（1149），因负责燕都营缮

---

①（金）元好问：《嘉议大夫陕西东路转运使刚敏王公神道碑铭》，姚奠中主编《元好问全集》卷18，山西古籍出版社2004年版，第430页。

②（金）元好问：《朝列大夫同知河间府事张公墓表》，姚奠中主编《元好问全集》卷17，山西古籍出版社2004年版，第417页。

③（金）元好问：《赞皇郡太君墓铭》，姚奠中主编《元好问全集》卷25，山西古籍出版社2004年版，第541页。

④（金）元好问：《内相文献杨公神道碑铭》，姚奠中主编《元好问全集》卷18，山西古籍出版社2004年版，第420页。

⑤（金）元好问：《内翰王公墓表》，姚奠中主编《元好问全集》卷19，山西古籍出版社2004年版，第442页。

⑥（元）脱脱等：《金史》卷92《曹望之传》，中华书局1975年版，第2035页。

有功，特赐胡砺榜进士及第。[①] 又如左企弓之子左渊，在金世宗即位之初，“使其子贻庆诣东京上表，特赐贻庆任忠杰榜第三甲进士”[②]。张浩，字浩然，辽阳渤海人。“天辅中，辽东平，浩以策干太祖，太祖以浩为承应御前文字。天会八年（1130），赐进士及第。”贞元元年（1153），海陵王定都燕京，“浩请凡四方之民欲居中都者，给复十年，以实京城，从之。拜尚书右丞相兼侍中，封潞王，赐其子汝霖进士及第”[③]。

有时又对勋臣子弟予以照顾而特赐及第。如沈璋，字之达，奉圣州永兴人也。金初因伐宋有功，历仕要职。“天德元年（1149），以病致仕。天德三年（1151），特赐其子沈宜中杨建中榜及第。”[④] 又如刘彦宗，字鲁开，大兴宛平人，辽勋臣之后。金初伐宋时，刘彦宗曾画十策，立有大功。其二孙仲询、仲诲，先后被赐及第[⑤]。再如张万公，字良辅，东平东阿人，正隆二年（1157）词赋进士，仕至平章政事，超资善大夫，封寿国公，“泰和元年（1206）六月，连章请老，迁荣禄大夫，且以公第四子某赴庭试，当同进士出身，诏充合门祗候，又改笔砚局承应，寻赐进士第。所以优礼公者，他相莫与为比。”[⑥] 刘玮，字德玉，咸平人。其祖刘弘，仕至同平章政事。父刘君诏，同知宣徽院事。“玮幼警悟，业进士举，熙宗录其旧，特赐及第。”[⑦] 刘迎，字无党，东莱人。“大定十三年（1173），用荐书对策为当时第一。明年，登进士第，除豳王府记室，改太子司经，显宗特亲重之。二十年（1180），从驾凉陉，以疾卒。章宗即位，录旧学之

---

① （元）脱脱等：《金史》卷97《韩锡传》，中华书局1975年版，第2148—2149页。

② （元）脱脱等：《金史》卷75《左泌传附弟左渊传》，中华书局1975年版，第1726页。

③ （元）脱脱等：《金史》卷81《张浩传》，中华书局1975年版，第1862、1863页。

④ （元）脱脱等：《金史》卷75《沈璋传》，中华书局1975年版，第1721—1722页。

⑤ （元）脱脱撰：《金史》卷78《刘萼传》《刘仲诲传》，中华书局1975年版，第1771、1773页。

⑥ （金）元好问：《平章政事寿国张文贞公神道碑》，姚奠中主编《元好问全集》卷16，山西古籍出版社2004年版，第386页。

⑦ （元）脱脱等：《金史》卷95《刘玮传》，中华书局1975年版，第2111页。

劳，赐其子国枢进士第。"[1] 还有完颜匡，曾任章宗、宣宗的侍读，"大定二十八年（1188），在试诗赋时漏写诗题下注字，不取，特赐及第"[2]。

有时又对德行高尚之士赐以科名，以示尊崇。比如明昌三年（1192）八月丁未，"有司奏宁海州文登县王震孝行，以尝业进士，并试其文，特赐同进士出身"[3]。又如明昌四年（1193）六月癸丑，"赐有司所举德行才能之士安州崔秉仁、衮州翟驹、锦州齐文乙、大名孙可久、陈信仁、应州董戣并同进士出身"[4]。明昌五年（1194）夏四月壬辰朔，幸北苑。庚子，诏各路所举德行才能之士，涿州时琦、云中刘挚、郑州李升、恩州傅砺、济南赵挚、兴中田崑方六人，并特赐同进士出身。[5] 又如明昌六年（1195）三月庚子，"以郡举才行之士翟介然以下三人特赐进士及第，李贞固以下十五人同进士出身"[6]。又如毛麾，字牧达，平阳人。大定十六年（1176）举学行，特赐进士出身[7]。王世赏，字彦功，汴人。"明昌中，保举才能、德行，赐出身。"[8]

有时对那些曾中省魁或多次参加御试的举子给予特恩，明昌元年（1190）五月甲子，"制省元及四举终场人许该恩"[9]。如孙镇，"高才博学，尝中省试魁。承安二年（1197），五赴廷试赐第"[10]。又如李

---

① （金）元好问编：《中州集》卷3《刘记室迎》，中华书局上海编辑所1959年版，第109页。

② （元）脱脱等：《金史》卷98《完颜匡传》，中华书局1975年版，第2166页。

③ （元）脱脱等：《金史》卷9《章宗纪一》，中华书局1975年版，第223页。

④ （元）脱脱等：《金史》卷10《章宗纪二》，中华书局1975年版，第229页。

⑤ 同上书，第232页。

⑥ 同上书，第235页。

⑦ （金）元好问编：《中州集》卷7《毛宫教麾》，中华书局上海编辑所1959年版，第338页。

⑧ （金）元好问编：《中州集》卷9《浚水王先生世赏》，中华书局上海编辑所1959年版，第440页。

⑨ （元）脱脱等：《金史》卷9《章宗纪一》，中华书局1975年版，第214—215页。

⑩ （金）元好问编：《中州集》卷7《孙省元镇》，中华书局上海编辑所1959年版，第347页。

献能，字钦叔，河中人。“年二十一，以省元赐第。”[①] 王革，字德新，临潢人。“正大中，以六赴廷试，赐出身。”[②] 程震之兄程鼎，“以六赴廷试，赐第”[③]。

有时又因经明修行或学问该通而赐进士第。如明昌三年（1192）十一月，“尚书省奏：‘翰林侍讲学士党怀英举孔子四十八代孙端甫，年德俱高，该通古学。济南府举魏汝翼有文章德谊，苦学三十余年，已四举终场。蔚州举刘震亨学行俱优，尝充举首。益都府举王枢博学善书，事亲至孝。’敕魏汝翼特赐进士及第，刘震亨等同进士出身，并附王泽榜。孔端甫俟春暖召之。”[④] 明昌四年（1193）三月丙子，“特赐有司孔端甫及第”[⑤]。

由上所举，可见金代科举特赐名目繁多，科名已失去其选拔人才的本意，成为笼络人心的工具了。

第四节　金代状元的地理分布状况及其形成原因

有金一代共举行了 47 榜进士科考试，其中词赋科 45 次，经义科 26 次，策论科 16 次[⑥]，共应产生 87 名状元[⑦]，但目前姓名可考的金

---

① （金）元好问编：《中州集》卷 6《李右司献能》，中华书局上海编辑所 1959 年版，第 322 页。

② （金）元好问编：《中州集》卷 7《王主簿革》，中华书局上海编辑所 1959 年版，第 365 页。

③ （金）元好问：《御史程君墓表》，姚奠中主编《元好问全集》卷 21，山西古籍出版社 2004 年版，第 476 页。

④ （元）脱脱等：《金史》卷 9《章宗纪一》，中华书局 1975 年版，第 224 页。

⑤ （元）脱脱等：《金史》卷 10《章宗纪二》，中华书局 1975 年版，第 228 页。

⑥ 薛瑞兆：《金代科举》，中国社会科学出版社 2004 年版，第 84 页。

⑦ 在金代科举中并非御试第一就全部称为“状元”。承安四年（1199）以后，词赋第一名称“状元”，经义第一视同词赋第二，不再称“状元”。尽管官方规定如此，但民间仍称经义第一为状元。如李俊民为承安五年（1200）经义第一，金杨奂《还山遗稿》卷上有《李状元传略》，仍称其为“状元”。又刘汝翼为贞祐三年（1215）经义第一，金代刊刻的《京兆府进士题名记》碑中仍刻有“经义状元刘汝翼榜下”的字样。当代多数学者对此亦不作严格区分，统称为状元。本书亦从众说，将承安四年（1199）以后的经义第一视为“状元”。

代状元只有 68 名[①]，其中词赋状元 37 名，经义状元 25 名，策论状元 6 名。以下就对这 68 名状元的地理分布状况做些统计和分析。

一　金代状元的地理分布状况

状元是时代的宠儿，他们成长的经历尤其受瞩目。因此，对状元所生活的地理环境做些考察，有助于更加深入地了解他们成功的因素。以下我们就把金代状元的地理分布状况绘制成表 2－9：

表 2－9　　金代状元地域分布统计

籍贯			状元名录	人数（个）		所占比例（%）
今省市区	路	州/府		州/府	路	
黑龙江	上京路		徒单镒	1	1	1.5
辽宁省	东京路	辽阳府	张甫	1	1	1.5
	北京路	懿州	奥屯忠孝	1	2	2.9
内蒙古		大定府	郑子聃	1		
北京市	中都路	大兴府	刘仲渊　孙用康　吕忠翰　赵摅　吕造　高斯诚　张仲安　王彪	8	11	16.2
河北省		平州	刘敏行　张介	2		
		琢州	李瑭	1		
	河北东路	河间府	王彦潜　赵承元	2	4	5.9
		沧州	徐韪	1		
			勃术论长河	1		
	大名府路		纳兰胡鲁剌	1	1	1.5
	河北西路	真定府	许必　李著　刘遇	3	7	10.3
		中山府	石琚　史绍鱼	2		
		磁州	胡砺	1		
河南省		彰德府	刘彧	1		
	南京路	开封府	孟宗献	1	2	2.9
		河南府	卢亚	1		

① 此处以薛瑞兆《金代科举》的考订结果为依据，但去除吕忠嗣，增加刘敏行，总数仍为 68 名。

续表

籍贯			状元名录	人数（个）		所占比例（%）
今省市区	路	州/府		州/府	路	
山西省	河东北路	忻州	孙九鼎	1	4	5.9
		太原府	王泽	1		
		平定州	杨云翼　贾庭扬	2		
	河东南路	平阳府	王纲　邢天佑	2	9	13.2
		泽州	武明甫　武天佑　武天和　赵安时　赵安荣　陈载　李俊民	7		
	西京路	应州	刘抟　张檝　孟德渊	3	4	5.9
		大同府	任忠杰	1		
山东省	山东东路	淄州	刘汝翼	1	4	5.9
		密州	黄从龙	1		
		棣州	王堪	1		
		莒州	张行简	1		
	山东西路	济州	李演	1	5	7.4
		曹州	王鹗	1		
		泰安州	耿世昌	1		
		滕州	邵世矩	1		
		兖州	阎长言	1		
籍贯不详	赵洞　宋端卿　罗诱　张璧　李修　黄裳　许天民　杨建中　常大荣　程嘉善　乔松　完颜素兰　斡勒业德			13	13	16.2
总计				68	68	100

二　金代状元地理分布的基本特征

由表2-9可知，在姓名可考的68名金代状元中，除了13人的籍贯还无法确定外，其余55人的籍贯皆有据可考。统计结果表明，金代状元分布在全国13个路，30个州/府中。据《金史·地理志》可知，金国共有19个路，179个州/府。以路级行政区域来看，金代状元分布的范围较广，占据了全国2/3的区域。其中状元人数最多的是中都路，共有11名，约占总数的16.2%；其次是河东南路，有9

名，约占 13.2%；第三是河北西路，有 7 名，约占 10.3%；第四是山东西路，有 5 名，约占 7.4%；其余各路的状元人数较少，如上京路、东京路和大名府路各有 1 名，北京路、南京路各有 2 名。可见金代各路的状元人数相差较大。以州/府级行政区域来看，金代状元仅分布于全国 1/6 的地区。其中以大兴府的状元最多，共有 8 名，约占总数的 11.8%；其次是泽州，有 7 名，约占 10.3%；应州和真定府各有 3 名，平州、河间府、平定州、平阳府和中山府各有 2 名，其余州/府各有 1 名状元。可见，各个州/府的状元人数相差也较大。由此可见，金代状元集中分布在个别地区，总体上呈现出高聚集性和不平衡性的特征。

三　金代状元地理分布的形成原因

金代状元在地理分布上的不平衡是由什么原因导致的？从表 4－9 中我们很容易发现，中都路的状元人数较多，主要是由于大兴府的状元人数较多；同样，河东南路的状元人数较多，主要也是由于泽州的状元人数较多。那么，大兴府和泽州为什么会出现那么多的状元呢？笔者以为只能从文化教育因素去解释。因为科举在本质上是以文取士。一个地区文化教育水平的高低，必然会影响到该地区进士人数的多少。同理，各地区状元人数的多少，当然也与各地的文化教育紧密相关。大兴府作为金王朝的国都，在政治、文化、教育等各个方面都占据优势，这是其他地区所无法比拟的。比如就学校而言，除了府学之外，国子学和太学也建立于此，则大兴府在教育方面的优势显而易见。因此，大兴府的状元明显多于其他地区，也是人们意料之中的事情。那么，泽州僻处太行山区，远离政治中心，在文化、教育方面又能有哪些优势呢？原来，北宋时期的大儒程颢曾在晋城（即泽州）为官三年，兴学育人，打下了厚实的文化基础。金元文人对此多有记述，如郝经《宋两先生祠堂记》有云："明道先生（按：指程颢）令泽之晋城……立学校，语父老以先王之道，择秀俊而亲教导之，正其句读，明其义理，指授大学之序……未几，被儒服者数百人，达乎邻邑之高平、陵川，渐乎晋、绛，被乎太原，担簦负笈而至者，日夕不绝，济济洋洋，有齐鲁之风焉。”① 郝经为泽州陵川人，他的记述应是可信的。元好问《寿阳县学记》亦云：“上党、高平之间，士或带经而锄，有不待风厉而乐为之者，化民成俗，概见于此。”② 元好问曾在陵川从师郝天挺求学六年，对当地浓厚的读书风气自然是深有感触的。可见，泽州之所以成为状元之乡，与当地重视文化教育的传统有着极大的关系。

上京路、北京路、东京路等地的状元人数之所以较少，也是因为当地的文化教育水平整体上较为落后。这些地区多为女真、契丹和渤海族等少数民族聚集之地。由于地处偏僻，生产方式落后，文化上也远远落后于中原汉地。以上京路为例，在金朝立国以前，该地区几乎没有什么文化积累，甚至可以说还是一文化荒漠之地。直到女真人建国以后，才在这些地区建立了女真学校，培养本民族人才。后来又专门设立了女真进士科，以选拔女真族的优秀人才。但由于种种原因，女真进士科考试时行时断。所以，总体上来看，女真进士的人数较少，相应的女真状元的人数也就更少，目前可以考知的只有 6 人。另外还有一个原因，就是金统治者为了促进民族融合，以利于强化统治，将大批女真人迁移至中原汉族地区，客观上减少了上京路等金源腹地的女真进士人数。比如女真状元勃术论长河就移籍至河北东路，另一名女真状元纳兰胡鲁剌也是占籍大名府路，如此一来，金源内地的女真状元就更加少了。当然也有一部分汉人被迁移到北京路、东京路等金源腹地，但毕竟人数不多，而且由于当地的整体教育水平较为落后，所以，这些地区的汉族状元也极为少见。比如，北京路只有郑子聃一名汉族状元，东京路则只有张甫一人而已。

由此可知，一个地区状元人数的多少与其文化教育水平有着极大的关系。

---

① （元）郝经：《宋两先生祠堂记》，李修生主编《全元文》第 4 册，江苏古籍出版社 1999 年版，第 353 页。

② （金）元好问：《寿阳县学记》，姚奠中主编《元好问全集》卷 32，山西古籍出版社 2004 年版，第 674 页。

第三章　科举制度下金代文人的社会心态

第一节　占卜梦兆与“科名前定”观念

自从隋朝实行科举制度以来，经由科举入仕，成为古代文人最主要的仕进之途。但由于录取名额有限，科场竞争十分激烈，绝大多数举子都有过失败的经历。如果屡试不第，就会给举子带来巨大的心理压力，并进而生出种种不安情结，诸如焦虑、紧张、恐惧、烦闷等。因此，每当考试前后，总有不少举子或是占卜算卦，或是祈仙问道，希望能求得一个金榜题名的吉兆。“因为对科场举子而言，最让他们‘惑’与‘忧’的莫过于自己的命运和前程，故求神问卜，遂成常事。”① 洪迈《夷坚志》云：“每当科举岁，士人祈祷，赴之如织。”② 可见宋代举子祈仙问道、询问前程的风气之盛。金代虽是女真统治的政权，但实行科举取士制度也有百余年，社会上亦广泛流行着各种各样的科举习俗。

一　疑信参半的卜卦

自隋唐实行科举取士制度以来，文人士子就与卜卦结下了不解之缘。沈括《梦溪笔谈》云：“京师卖卜者，唯利举场时。举人占得

---

① 祝尚书：《宋代科举与文学考论》，大象出版社 2006 年版，第 378 页。

② （宋）洪迈：《夷坚志·夷坚支志》丁卷第 8《陈尧咨梦》，何卓点校，中华书局 1981 年版，第 1030 页。

失，取之各有术。”① 金代社会中，举子占卜祈仙之风依然盛行。元好问《续夷坚志》中就记载了许多这类故事。有的以赌钱来问卜前程的，比如《盗谢王君和》：

> 冯翊士人王献可，字君和，元丰中试京师，待榜次。一日晨起，市人携新鱼至，掷骰钱赌之。君和祝骰钱以卜前程，一掷得鱼。市人拊膺曰：“我家数口绝食已二日，就一熟分人赊此鱼，望获数钱，以为举家之食。子乃一掷胜之，我家食禄尽矣！”君和恻然哀之，不取鱼，又以数钱遗之。市人谢而去。及下第西归，路经渑池，早发山谷间，猝为群盗所执，下路十数里。天明，阅客行囊，一少年忽直前问君和：“非京师邸中掷我鱼不取者乎？今日乃相见于此！”再三慰谢，并同行皆免。同郡徐安上记其事云。②

士人王献可赴试京师应举，待榜之时，“祝骰钱以卜前程”。有时也向动物祝祷以卜前程，如王元德，字子善，弘州襄阴人，“天德中，赴试上京。暇日暨数辈口饮于野，鸣蛙聒耳。公起酹酒而咒曰：‘吾有前程，则蛙不鸣矣。’应祷而息。众曰：‘验当复鸣。’公又叱之，群蛙一部鼓吹。公果然第，授从仕郎，高顺州怀柔县主簿，超授文林郎。”③“鼓吹”，本意是指古时仪仗乐队的器乐合奏，这里特指蛙鸣，典出《南齐书·孔稚珪传》：“稚珪风韵清疎，好文咏，饮酒七八斗。与外兄张融情趣相得……门庭之内，草莱不剪，中有蛙鸣，或问之曰：‘欲为陈蕃乎？’稚珪笑曰：‘我以此当两部鼓吹，何必期效仲

① （宋）沈括：《新校正梦溪笔谈·梦溪笔谈补证稿》卷22《谬误谲诈附》，胡道静校注，虞信棠、金良年编《胡道静文集》本，上海人民出版社2011年版，第532页。

② （金）元好问：《续夷坚志评注》，李正民评注，山西古籍出版社1999年版，第62页。

③ （金）吕贞幹：《王元德墓志铭》，王新英辑校《全金石刻文辑校》，吉林文史出版社2012年版，第329页。

举。'"[①] 赴试途中，偶遇蛙鸣，便对蛙祝，以问前程。

有时举子会向术士、相人问询前程。比如《史学优登科岁月》中记载了这样一则奇事：

> 河中李钦叔初生，其父之才作汤饼局，有相者为延安史学优言："君后当擢第，但当出此儿门下，为太晚耳。"学优雅以才名自负，不以相者之言为然。其后钦叔二十三，省元赐第，中廷试策宏词科，除应奉翰林文字，两预主贡，学优竟出其门云。[②]

相者的话近乎戏言，任何人都不会信以为真，更不用说是以才名自负的史学优，然而命运似乎在故意捉弄他。在以后的二十多年里，史学优竟然屡试不中，最终还是应了相者的预言。故事中的李钦叔即李献能，河中人，年二十一，以省元赐第，宏词优等，授应奉翰林文字[③]。史学优即史学，年五十，以省元赐第[④]。刘祁《归潜志》中对史学进士及第之事也有记载：

> 贞祐初，诏免省试，而赵闲闲为省试，有司得李钦叔赋，大爱之。盖其文虽格律稍疏，然词藻庄严绝俗，因擢为第一人，擢麻知几为策论魁。于是举子辈哗然，诉于台省，投状告赵公坏了文格，又作诗讥之。台官许道真奏其事，将覆考，久之方息。俄钦叔中宏词科，遂入翰林，众始厌服。正大中，钦叔复为省试，有司得史学优赋，大爱之，亦擢为第一，于是举子辈得复大噪。盖史之赋比李尤疏，第以学问词气见其为大手笔。又赋中多用禽兽对属，众言"何考官取此赋为魁？盖其中口味多也。"又曰：

---

① （南朝梁）萧子显：《南齐书》卷48《孔稚珪传》，中华书局1972年版，第840页。

② （金）元好问：《续夷坚志评注》，李正民评注，山西古籍出版社1999年版，第97页。

③ （金）元好问编：《中州集》卷6《李右司献能》，中华书局上海编辑所1959年版，第322页。

④ （金）刘祁：《归潜志》卷2，崔文印点校，中华书局1983年版，第16页。

“可号学优为‘百兽家’。”俄学优对廷策中之，议者亦息。[①]

可证实史学确实出于李献能门下，而且及第时年已老。再如，张公著，字庭俊，太原阳曲人，明昌二年（1191）进士。元好问在其墓志中这样写道：

> 公讳著，字庭俊，初名宁，以梦兆改焉。世为太原阳曲人。曾大父某，知宋将乱，隐居不仕。大父祐，好读书，尤长于术数，卜葬东山之大石谷，自言却后三十年，吾宗当有文达者。已而果然[②]。

张公著的祖父长于术数，预知其孙子必定能考中进士。

有时人们又会求仙以问前程，《黄真人》中就记载了这样一个故事：

> 修武张衮，字君冕。其父仲和，少日为府史，好祈仙。一日黄翻绰降，因留事之，谓之黄真人。悬笔画像前，每事祷之。君冕崇庆二年赴帘试，仲和问云：‘儿子入试，御题得闻乎?’批曰：‘天机不容泄。’及试期过，问之，即批云：‘臣作股肱弼予违赋，成绩纪太常诗。’又问：‘儿登第否?’批曰：‘黄裳头，绿衣尾。’张不解，请解之。又批曰：‘天机不容泄。’及四月，当唱名，张又问：‘榜旦夕至，幸先告之。’即批云：‘绿衣，六衣也。非君冕名乎?’及榜至，黄吉甫真第一人，而君冕名最下。[③]

---

① （金）刘祁：《归潜志》卷10，崔文印点校，中华书局1983年版，第108—109页。

② （金）元好问：《朝列大夫同知河间府事张公墓表》，姚奠中主编《元好问全集》卷17，山西古籍出版社2004年版，第417页。

③ （金）元好问：《续夷坚志评注》，李正民评注，山西古籍出版社1999年版，第3页。

黄幡绰，为唐玄宗时宫廷乐官，为人滑稽谐趣，亦善参军戏，能解梦，颇得玄宗宠爱[1]。在这个故事中，张衮之父为了儿子能顺利考取进士，竟向仙人询问御题以及能否中试。黄真人并没有明确告知其结果，只是以隐语暗示。然而张榜公布之后，证实了所考试题和张衮及第名次皆与仙人所说吻合。《北面大王》中亦记叙了梁肃应举时祈仙问前程之事：

> 参政梁公肃举子时，祈仙问前途。仙批云："六十入相而已。"后节度彰德，年适六十，以入相未应。会世宗怒宋人就驿中取国书，选于朝孰可为详问使不辱君命者，宰相以公应诏。使还称旨，拜参政。入相之应乃在此。[2]

文中虽然没有提到能否中第，但既然是举子，他祈仙问前途，首要的当然是能否进士及第。因为只有考中进士，才可能做官，也才会有辉煌的前程。

有时举子也会向道士问询前程，如元李道谦《终南山仙真祖庭内传》卷中有云："崇庆间，儒士吴士杰、薛国宝（即薛知微）问先生秋试题，对曰：'三王以赏刑致康。'至期果然，二人皆第。"[3] 两位举子向道士问询考题，竟然如愿以偿，得以顺利登第。李晏及第前曾有道士预言他日后必定富贵。对于此事，郝长卿在《上党县西韩村新修石闸碑》中有专门的记载："尝闻公（按：指李晏）未冠时，同乡中举子三十余人，将赴试都下，至店南，愒于桥楼逡巡。一道者至，坐于公侧，笑曰：'观诸生，惟公当享富贵寿考。他年店北水败其道，公能治之。'言讫，忽失所在。以今观之，信有征矣。"[4] 明昌二年

① （唐）李德裕：《次柳氏旧闻》，明顾氏文房小说本。

② （金）元好问：《续夷坚志评注》，李正民评注，山西古籍出版社 1999 年版，第 2 页。

③ （元）李道谦：《终南山仙真祖庭内传》，《道藏》第 19 册，文物出版社、上海书店、天津古籍出版社联合出版影印本 1988 年版。

④ （金）郝长卿：《上党县西韩村新修石闸碑》，（清）张金吾编纂《金文最》卷 76，中华书局 1990 年版，第 1111 页。

(1191)，李晏奉命到潞州治理水患，其间到上党县西韩村修石闸，当地百姓为了纪念此项功德之事，便请郝长卿写下此碑文。可见道人预言李晏及第之事在当时流传甚广。此事亦为《山西通志》所载："金皇统中，高平举子六七辈赴都试，憩于韩店。一道士遍视诸生，得李晏，执其手曰：'公富贵寿考，他年当建节于此，值水败道，赖公治之。'语毕不见。其年登第，历官至中丞。"① 孟宗献状元及第前，亦有道士预知其事，《历代真仙体道通鉴续编》卷一有载："师至南京，憩于王氏旅邸。时孟宗献友之以同知单州丁母忧归，有神风先生杜哥者，尝预言友之四魁事，凡所发莫不应，友之以仙待之。"② 这位神风先生能预知孟宗献连中四元之事，使得孟宗献对他极为崇拜，甚至于把他当作神仙，由此可见其道术之灵验。

甚至于连鬼也能预知前程，如《玉鬼（儿）》中就讲了这么一则故事：

> 太原庙学旧有鬼妇人，是宋时一提刑妾，为正室妒，捶而死，倒埋学旁。其处有桑生焉。此鬼时入斋舍，与人戏语，然不为祟也。大定中，有数人夜宿时习斋，三更后，忽闻窗外履声，须臾入斋，以手遍拊睡者，云："此人及第，此人不及第。"既而曰："休惊，休惊也。"及至后，皆如其言。（学正马持正说："睡者，赵文卿、段国华、郭及之。"）③

这个女鬼不但没有害人之意，而且常常进入斋舍与举子戏语，还能预知举子能否及第。而《京娘墓》则讲述一个人鬼相恋的爱情故事：王寂年轻时在县廨后园读书肄业，准备应举，一日晚，在园中遇一个女子，自言为前县令杨公之女，于是二人相悦。后有人告知王寂，前县令之女京娘早已亡故，才知所遇乃一女鬼。就是这个女鬼京

① 《（雍正）山西通志》卷31《水利》。

② 转引自王庆生：《金代文学编年史》，中华书局2013年版，第276—277页。

③ （金）元好问：《续夷坚志评注》，李正民评注，山西古籍出版社1999年版，第20页。

娘竟能预知王寂的前程，“今试期在迩，君必登第，中间稍有龃龉”，并于暗中助他一臂之力。王寂此番果真登第，竟如所言[①]。

但占卜算卦有时并不准确，比如兴定五年（1221）词赋状元刘遇就有过这样的经历：

> （刘遇）初自以所业过人，意气锐甚，谓当立取荣名，而数奇不偶，累举未从。一时侪辈，收罗殆尽，至于后生新进，亦往往先登，而君郁滞如故。继遭丧乱，生理日艰，晚达汴梁，才试充史院书写，不胜落寞。日者推其命，咸谓无科第分[②]。

刘遇自视甚高，但在科考中却“数奇不偶”，术士推其命后，也认为他“无科第分”。然而，刘遇最后竟然出乎意料地夺得了状元的桂冠。正如王若虚所言：“所谓命者果何如哉？”

法国学者乔治·杜比曾说：“当危险、焦虑和烦恼纠葛交集，影响到个人以及亲近之人的生活之时，私人领域就交由上帝来掌控。”[③]也就是说，人们面对自己无力掌控的事情时，就会相信神灵，认为冥冥之中的神灵能够解决一切问题。科考对每个举子来说都是非常重要的事情，但是谁都无法掌控其最终结果。正是在这样一种充满焦虑和烦恼的境况下，许多举子便将自己的命运交给了“上帝”，占卜算卦、祈仙问神，就成为唯一可能的选择。

二 千奇百怪的“功名梦”

所谓“功名梦”，是指反映科第前程的梦。《太平广记》中记时人之言曰：“举子将策名，必在异梦。”[④] 这些奇异的梦往往会被人看

---

① （金）元好问：《续夷坚志评注》，李正民评注，山西古籍出版社 1999 年版，第 13 页。

② （金）王若虚：《故朝列大夫刘君墓碣铭》，《滹南遗老集校注》卷 41，胡传志、李定乾校注，辽海出版社 2005 年版，第 505 页。

③ ［法］菲利浦·阿利埃斯等主编：《私人生活史Ⅱ》，李群等译，北方文艺出版社 2007 年版，第 268 页。

④ （宋）李昉等编：《太平广记》卷 184《高辇》，中华书局 1961 年版，第 1376 页。

作是夺取功名的吉兆。功名梦的内容五花八门，千奇百怪，并没有统一的标准。比如，有的举子梦到神灵现身指点，元好问的《平阳贡院鹤》云：

> 大安初，高子约、耿君嗣、阎子秀、王子正之考试平阳，举子万人。主司有梦绯衣人来谢谒者。明旦试题下，以语同官。俄群鹤旋舞至公楼上，良久不去。主司命胥吏揭榜，大书示众云："今场状元出自河东。"当举府题《圣人有金城》，解魁宋可封，泽州；省题《俭德化民家给之本》，省魁孙当时；御题《获承休德不遑康宁》，状元王刚，平阳。三元者，果皆河东云。①

故事中提到主司梦有绯衣人来谢谒。绯色即红色，"绯衣人"也即是"朱衣人"。关于"朱衣人"，《侯鲭录》中有如此记载："欧阳公知贡举日，每遇考试卷，坐后常觉一朱衣人，时复点头，然后其文入格；不尔，则无复与考。始疑侍史，及回视之，一无所见。因语其事于同列，为之三叹，尝有句云：'唯愿朱衣一点头。'"② 因此，"朱衣人"就成为考官公正阅卷的代称。清人杨潮观《吟风阁杂剧》中收有《开金榜朱衣点头》一剧，其中朱衣出场时作自我介绍云："吾乃文昌帝君殿下朱衣使者是也。"主司因梦见"绯衣人来谢谒"，又加上有"群鹤旋舞至公楼"，因此断言"今场状元出自河东"。党怀英在及第前也曾梦到有神人指点：

> 余昔家徂徕之下，而游于所谓"天封"者旧矣，盖尝下第归，过而托宿焉。醉卧僧榻上，夜半若有人掖余者三，且言曰："前路通矣，何为醉且眠？"殆梦而非梦也，寤而甚异之。是时独一老僧宿东庑下，诘旦，告以其故。老僧笑曰："是伽蓝神也。

---

① （金）元好问：《续夷坚志评注》，李正民评注，山西古籍出版社1999年版，第153页。

② （宋）祝穆编：《事文类聚》前集卷26《仕进部》，清文渊阁四库全书本。按：今传《侯鲭录》中无此条记载。

异时神甚灵，寺之僧童有不力者，神必以疾痛苦之，至悔谢乃已。间亦警人以来事，子其或者为神警乎？审如神，子固非久滞者。行矣，勉之。”余亦未之信也。其后余登科第，始记神言有征，欲书其事于石以答神意，盖久而不果。今幸得以附见于记，其尚何辞，故书以遗之。①

党怀英下第后，心情自然不快，醉卧中，梦有伽蓝神告知“前路通矣”。其后，党怀英果然顺利考中进士，于是他就认为此“神甚灵”。李扮应考之时，叔父李俊民也曾梦到有神人相告：“万轴牙签未是多，十年辛苦短檠歌。敢忘奕世箕裘业，忽玷清朝甲乙科。我已梦君三举后，君如输我一筹何？二疏此去人方识，名字先应报大罗。”（《癸酉榜后寄侄谦甫》）原诗后有注云：“尘忝后梦一人云：‘王道衡、李扮更三举，二人亦高第。’癸酉省试，王道衡第二；御试，扮第二，道衡第十，一隅三举也。本壬申举场，为兵事移至次年。”李扮字谦甫，为李俊民长兄李植的次子。癸酉年即至宁元年（贞祐元年，1213）。梦竟然真的变成了现实。再如王绘在等待考试结果之际，其母就梦见神人的告示：

昔在皇统九年，绘就试回，待榜之次，胸次芥蒂，一日，先妣太君田氏谓绘曰：“昨暮梦自络丝于张丝竿上火起，方惊愕间，忽见南寺大圣，忻然而言：‘汝子今岁必了此吉征也。’”不数月，捷报登第，式符其梦，太君遂施僧伽黎衣，以答灵贶。②

作者因此而大发感叹：“自非兹悲妙用，福佑一方，安能现化如是哉？”于是他为了“显圣贤之灵迹，故因书石云”。

还有一些人因梦而改名，终取高第，如李庭《金故朝请大夫同知

① （金）党怀英：《重修天封寺碑》，（清）张金吾编纂《金文最》卷70，中华书局1990年版，第1029页。

② （金）王绘：《大圣院记》，阎凤梧主编《全辽金文》，山西古籍出版社2002年版，第1137页。

裕州防御使事王君墓志铭》中有这样的记载：

> 安仁，君之初讳也，资颖悟，少力学，读书虽祁寒盛暑不废，不数年，一时同舍生皆师事之。初住郡庠，日梦唱名云："华阴王元礼登第。"骑从前导，行至一观，有羽衣人出迎，仪观修整，类古之得道者。既而相从上殿，所语皆尘外事。又二道者侍其傍，顾谓君曰："子前身中条山玉华洞主也。"诘旦以语同舍，皆曰佳兆。遂请更名元礼，仍以玉华自号。未几，登兴定五年进士第。①

因梦到有名叫王元礼的士人顺利登第，于是将自己的名字更改为梦中登第者的名字，竟然就真的及第了。赵思文及第前，其父赵藩也做过类似的梦：

> 初，公名璜，弟去非名珩。奉天君（按：指其父赵藩）夜梦道士书今名，且云："二南有不次喜。"寤而解之曰："'二南'云者，吾两男子之谓乎？"乃命改焉。公天资颖悟，弱冠有赋声。未几，偕去非擢明昌五年进士第。乡里荣之，号"双飞赵家"。②

赵藩按梦中道士的指示，为其子改名，结果是二子同榜及第。又如李世弼、李昶父子之所以能够及第，据说也与一个梦有关，《元史·李昶传》中有这样的记载：

> 李昶，字士都，东平须城人。父世弼，从外家受孙明复《春秋》，得其宗旨。金贞祐初，三赴廷试，不第，推恩授彭城簿，志壹郁不乐，遂复求试。一夕，梦在李彦榜下及第，阅计偕之

---

① （元）李庭：《金故朝请大夫同知裕州防御使事王君墓志铭》，《寓庵集》卷6，清宣统刻藕香零拾本。

② （金）元好问：《通奉大夫礼部尚书赵公神道碑》，姚奠中主编《元好问全集》卷18，山西古籍出版社2004年版，第435页。

士，无之，时昶年十六，已能为程文，乃更其名曰彦。兴定二年，父子廷试，昶果以《春秋》中第二甲第二人，世弼第三甲第三人。父子褒贬各异，时人以比向、歆。①

因梦改名，竟然使得父子同榜及第。此外，张万公也曾因梦改名，终登科第。“崇进公（按：指张万公之父张弥学）尝梦至一大官府，署曰‘张万相公之室。’已而公生。因以名焉。公幼颖悟，号称博闻强记，弱冠登正隆二年（1157）词赋进士第。”②

还有人能梦中预知自己的前程，元好问《续夷坚志》中就记载了不少金代状元梦验的故事，如《孟内翰梦》云：

孟内翰友之，大定三年，乡府省御四试皆第一，供奉翰林。历曹王府文学，以疾寻医。久之，授同知单州军州事。丁内艰，哀毁致卒。友之未第前，梦中预知前途所至，其后皆验。③

这个故事流传较广，以至于在孟宗献去世后，这件事还被人写入诗中，如高公振为其写的挽诗中有云：“见说平生梦，前途尽目前。”对于这两句诗，元好问还特意加了注释，“友之未第时，梦中预见前途所至，于今皆验”④。

也有人以梦到花为吉兆，如武明甫有诗云：“科第蝉联父子间，龙颔谁道取珠艰。年来频献梅花梦，最上一枝谁敢攀？”⑤ 古人认为，梅具四德，初生蕊为元，开花为亨，结子为利，成熟为贞。也有人认为，梅花五瓣，是五福的象征。因此，梅花梦也就象征着吉祥如意。

---

① （明）宋濂等：《元史》卷160《李昶传》，中华书局1976年版，第3761页。

② （金）元好问：《平章政事寿国张文贞公神道碑》，姚奠中主编《元好问全集》卷16，山西古籍出版社2004年版，第386页。

③ （金）元好问：《续夷坚志评注》，李正民评注，山西古籍出版社1999年版，第11页。

④ （金）元好问编：《中州集》卷9《孟内翰宗献》，中华书局上海编辑所1959年版，第465页。

⑤ （民国）《陵川县志》卷10《杂录》，（台北）成文出版社1976年版，第586页。

武明甫，字无疑，号太虚，泽州陵川人，海陵王贞元元年（1153），状元及第[①]。之后，其侄武天佑于泰和三年（1203）状元及第，武天和亦于泰和六年（1206）高中状元。武氏父子三人先后状元登第，也难怪武明甫总是多次做着相同的梅花梦呢？

甚至还有人梦中作诗，刘祁在《归潜志》中云：

> 祖余高祖南山翁未第时，尝梦游山寺，见佛衣纹隐隐如金字，然细视之，乃七言诗也。觉而记其四句云："喜逢汉代龙兴日，高谢商山豹隐秋。蟾宫好养青青桂，须占鳌头稳上游。"已而，金朝初开进士举，中魁甲。继以二子西岩、龙泉同擢第，又继以孙洺州君，又继以孙中奉君、朝列君、曾孙翰林君、奉政君，凡四世八人也。[②]

南山翁即刘㧑，金代首位词赋状元。梦佛衣金字一举夺魁。梦中之诗，实为诗人自作之诗。终金一代，刘氏子孙竞相登第，共有四世八进士，与正好与"蟾宫好养青青桂，须占鳌头稳上游"的诗句相合。又如承安五年（1200）词赋状元阎长言，字子秀，济南长清人，也是"平生多奇梦，果魁天下"[③]。

当然，也有的梦兆并不明确，做梦者也并不认为是吉兆。比如张甫在登第前，"梦人以物易其首，手自扪之，乃玉也，初甚恶之，继有是应"（《张甫梦应》）[④]。又如吕造在未第时，"梦金龙蜿蜒自天而下，攫而食之。是岁经义魁南省，词赋继擢殿元"（《吕状元梦应》）[⑤]。张甫梦到有人以玉易其首，因而甚恶之；吕造梦金龙自天而

① （金）李仲常：《特赠金紫光禄大夫户部尚书太子太保文端无疑武公墓表碑铭》，阎凤梧主编《全辽金文》，山西古籍出版社2002年版，第2138页。

② （金）刘祁：《归潜志》卷10，崔文印点校，中华书局1983年版，第120页。

③ （金）元好问编：《中州集》卷9《阎长言治中》，中华书局上海编辑所1959年版，第470页。

④ （金）元好问：《续夷坚志评注》，李正民评注，山西古籍出版社1999年版，第9页。

⑤ 同上书，第10页。

下，却攫而食之。他们起初并不认为这是个好梦，只是后来考中了状元，才猛然醒悟。

这些功名梦“直接反映了世俗对功名事业的重视，其实传达了世人对仕途深沉的迷惘及内心的焦虑。人们相信‘命运’是能否实现功名事业的关键，‘梦’的预示作用为焦虑彷徨的士人提供了一个似虚似实的希望，‘梦’也成为万千士子的一种寄托”①。

功名梦之所以能够在社会上广泛流传，一方面是做梦者有意宣扬的。梦本是私人的，如果做梦者自己不说出来，他人何以得知？另一方面也是由于世人对科名的重视。由上文可知，做功名梦者，尤以状元居多，比如刘㧑为金代首位词赋状元，孟宗献为大定三年（1163）状元，张甫是大定二十二年（1182）词赋状元，吕造是承安二年（1197）词赋状元，武明甫是贞元元年（1153）词赋状元，武天佑是泰和三年（1203）经义状元，武天和是泰和六年（1206）经义状元，等等。可见，金代社会具有浓厚的状元情结。

三　敏感得近乎神经的吉兆

士人对科举功名都充满了期盼，甚至偶然出现一些奇异的事象，都会将视为吉祥之兆。元好问《续夷坚志》中对此也有不少记载，比如《三秀轩》：

> 李都运有之、高户部唐卿、赵礼部廷玉，读书永平西一山寺。腊月，桃树一枝作花，大金蝉集其上，又竹林出一笋，故名所居为“三秀轩”。后三人皆登上第，极品。②

桃树开花、金蝉脱壳、竹笋抽芽等，一般是在春夏之季才能发生的事象，尤其是在北方寒冷的腊月是极少见到的。只要出现其中之

---

① 李汉滨：《〈太平广记〉的梦研究》，（台北）学海出版社2004年版，第139、251页。

② （金）元好问：《续夷坚志评注》，李正民评注，山西古籍出版社1999年版，第41页。

一，就会引起人们的关注，更不用说这三种物象竟然同时出现了。这自然引起了三位准备应举的士子的特别注意。三人把所居之所命名为“三秀轩”，表明他们已经将这一奇异事象看成是吉祥的征兆了。再如《莲十三花》云：

同年康良辅说，磁州观台刘轨家，承安中，池莲一茎开十三花。是岁，轨登科。终于京兆按察判官。①

一支茎上竟然开出了十三朵莲花，当然是极为少见的现象。难怪人们会将之视为吉祥的征兆呢。再如《张子野吉征》所云：

张华子野，易无体榜廷试后，与诸生坐庭中，忽一鸟衔小绿衣判官，堕几上。未几，子野擢上第。②

绿衣判官，古代民间传说中阴间的阎罗王殿里掌管赏善司的判官，因其身着绿袍，故称绿衣判官。文中的绿衣判官当是人们供奉在庙里的小型塑像。小鸟衔来的绿衣判官，成为张华考中进士的吉兆。

无论占卜祈仙，还是梦兆吉征，其实都反映了“科名前定”的观念。正如著名学者刘海峰所说：“科名前定论的产生并在相当大程度上得到社会的认同和欣赏，有着深刻的社会历史原因。竞争激烈的科场中有太多的必然、偶然或显性、隐性的制约因素，使人难以把握和捉摸，对于一些似乎无法解开的谜，科名前定论正好给出了最简洁而又不容究诘的答案。而科名前定论对登科得志者十分有利，他们可以借此炒作名声，巩固地位；落第者则从前定论中得到了精神安慰，找到了求得心态平衡的支点，似乎科名原非自家所有，不必妄求。”③

① （金）元好问：《续夷坚志评注》，李正民评注，山西古籍出版社 1999 年版，第 158 页。

② 同上书，第 104 页。

③ 刘海峰：《科举学导论》第 11 章《科举社会论》，华中师范大学出版社 2005 年版，第 253 页。

第二节　阴德果报的功名观

“阴德”是指在人世间所做的可以在阴间记功的好事，又称“阴功”。“阴德”是与“阳善”相对的。行善为人所知是“阳善”，为善而不为人知就是“阴德”。换句话说，“阴德”就是无所求的成就好事。那么，究竟做哪些事情才可以称为“积阴德”呢？一句话，大凡有益于他人和社会的事，不论大小，都可以称为积阴德。诸如分粥赈饥、仗义疏财，是积阴德；筑桥铺路、凿井引水，是积阴德；扶危济困、治病救人，也是积阴德；等等。

在古人的观念中，积阴德可以给子孙后代带来福祉。《淮南子·人间训》有云：“有阴德者，必有阳报，有阴行者，必有昭名。”① 也就是说，积有阴德的人，上天必将赐福于他。《易经》云：“积善之家，必有余庆。”② 行好积善不仅对自身有益，而且能惠及后世子孙。司马光在家训中告诫子孙：“积金以遗子孙，子孙未必能守；积书以遗子孙，子孙未必能读；不如积阴德于冥冥之中，以为子孙长久之计。”③ 都是教育人们要行善积德，才会给子孙后代带来意想不到的福祉。

自从实行科举取士以后，阴德果报的观念也深刻地影响着广大的应举士人。由于考试结果的不确定性，使很多士子对自身命运无法预料，更无从掌握。“善有善报，恶有恶报”的因果报应思想以及长期以来鼓励人们行善积德道德教化，使得人们很容易将一些士子的成功登第归因于阴德果报，这种观念普遍反映在科举考试中。唐宋以来的野史笔记、小说、诗文等文献中记载了许多阴德果报的故事。金代社

---

① （汉）刘安：《淮南子集释》卷18《人间训》，何宁集释，中华书局1998年版，第1254页。

② 黄寿祺、张善文译注：《周易译注》卷一《坤卦第二》，上海古籍出版社2007年版，第22页。

③ 转引自叶德辉《书林清话·书林余话》卷1《总论刻书之益》，岳麓书社1999年版，第1页。

会中也普遍盛行着这种观念。具体而言，主要有以下几种情况：

一　仗义施财，荫及子孙

中国自古以来就有仇富的传统，“为富不仁”就代表了对富人的普遍看法。但也并非完全如此，如果为富而仁，就能得到人们的肯定。尤其是在灾荒年月，能够散财施舍、扶危济困就会得到世人普遍的颂扬，甚至认为他们行善事必将荫庇其子孙后代兴旺发达。

古代有条件参加科举考试的人大多数出生在富人家庭，这样的判断大致是不错。如果某个富家乐善好施，在老百姓中间有较好的口碑，而其子弟中恰好有人考中进士，人们便想当然地认为这是他家祖上积阴德所致。唐宋时期，这样的观念已深入人心。当然，在金代社会中，这也是普遍流行的观念。比如聂天骥，字元吉，代州五台人，“父讳明，自先世雄于财，而以阴德闻里中，用元吉贵，封大中大夫。元吉，其长子也。弱冠，登进士第”①。很显然，这里将聂天骥登第归结到其祖上疏财于乡里的阴德。再如王元礼，字符礼，华阴人，兴定五年（1221）进士及第，时人也认为这是对其父王珪“诲之积粟，遇荒岁则下其值以济饥民，赖以全活者甚众，乡人以此德之”的回报②。

当某个家族中出了状元，或是一个家族中有多人考中进士时，人们是绝不会相信这是刻苦读书所致，而作其他种种的猜想，最普遍的就是把目光对准了他们的祖辈。比如泽州陵川人赵安时、赵安荣兄弟先后高中状元，《光绪山西通志》是如此记载的：“赵振，性淳厚，乐施与。遇异人曰：‘公阴骘厚，后必光大其门。至天眷中，二子安时、安荣，皆状元及第。”③ 将其父赵振的“乐施与”“阴骘厚”看成是赵氏兄弟能够考中状元的主要原因。再如磁州武安胡氏家族，先后

---

① （金）元好问：《聂元吉墓志铭》，姚奠中主编《元好问全集》卷21，山西古籍出版社2004年版，第490页。

② （元）李庭：《金故朝请大夫同知裕州防御使事王君墓志铭》，《寓庵集》卷6，清宣统刻藕香零拾本。

③ 薛瑞兆：《金代科举》，中国社会科学出版社2004年版，第108页。

有三人考取进士：胡景崧，字彦高，大定二十五年（1185）进士；其子胡琏，字德圭，正大四年（1227）进士；从弟胡义，亦中进士。而其祖胡益“家累巨万，涉猎经史，工于书翰，轻财好施，不责报偿。秋冬之交，量以布絮散寒者，仍作糜粥以食之，岁以为常。赵魏间称积德者，莫不以胡氏为称首云”①。于是世人便认定了这一切皆是缘于胡氏祖先的阴德。

二　治病救人，荫及子孙

医生的本分是治病救人，所以医生历来为人们所尊重。如果医户的子孙后代中有考取进士者，那么，人们大多会认为这一定是对其祖上行医积德的回报。如冯延登，字子骏，吉州吉乡人，年二十三，登承安二年（1197）词赋进士②。乡人即将其成功归结为其祖上行医积德的恩报。“（冯延登）曾大父世安，以医名河东，乡里推其阴德及物，谓子孙当有起其家者。”③ 再如，王璹兄弟三人相继考中进士，乡人以为乃是其祖上行医积德所致。元好问《王氏金马》云：

> 太原王氏，上世业医，有阴德闻里中。至君玉之父，翁母皆敬神佛。一净室中安置经像，扃钥甚严，于洒扫，母亦亲为之。一日晚，入室中焚诵，忽供几下一细小物跳跃而出，有光随之，须臾，作声如马嘶。母起立祝曰：“故老传有金马驹，今真见之，果欲送福，来老妇衣襟中。”即以襟迎之。此物一跳而上，视之，金马也。君玉以天眷二年第，器玉、汝玉，皇统九年相次科第，乡人荣之，号“三桂王氏”。府尹并以“三桂”名所居之坊。④

---

① （金）元好问：《朝散大夫同知东平府事胡公神道碑》，姚奠中主编《元好问全集》卷17，山西古籍出版社2004年版，第409页。

② （元）脱脱等：《金史》卷124《忠义四·冯延登传》，中华书局1975年版，第2700页。

③ （金）元好问：《国子祭酒权刑部尚书内翰冯君神道碑铭》，姚奠中主编《元好问全集》卷19，山西古籍出版社2004年版，第453页。

④ （金）元好问：《续夷坚志评注》，李正民评注，山西古籍出版社1999年版，第136页。

虽然因敬神佛而出现了“金马驹”的吉征，但推其根本，还在于“上世业医，有阴德闻里中”。此事亦记载于《中州集》中：

> （王）璹，字君玉，太原人，天眷二年进士。弟珙器玉、珣汝玉，皇统九年同榜。家世业医，有阴德，闻里中尝有“金蚕金马”之瑞。君玉仕至汾阳军节度使，乡人荣之，号“三桂王氏”。①

这里略去了“礼佛敬神”之事，直接将“家世业医，有阴德”与王氏兄弟的科名联系起来。

三　为官爱民，荫及子孙

如果说行医积德就能荫及子孙，那么，在战争时期，为官一方，保全一城生灵免遭涂炭，就是积大功德，也同样会阴及其子孙后代。元好问的《石公阴德》就记载了这样一个故事：

> 国初定州唐县王八郎，姿容雄伟，膂力绝人，为相者所惑，谋作乱，因设诡计，藉乡人姓名。未及引诱，为人所告。州将高某捕获，按籍逮捕，凡数千人。高欲一切以造逆当，石公时为都司，谏止之曰：“以诡计籍人名，罪止王八。其它无预谋者，使其在诖误之列且不可，况诬以从逆乎?”州将不悦，命他吏鞫其事。吏承风旨，文致其罪。然州将以石公一言遂疑之，明日召石公曰：“王八而下皆自伏，公所言，何不惜死之甚也?”石公曰：“雪人之冤，一死何惜?”州将良久曰：“有是哉?吾更思之。”明日即从石公议，戮首恶二三人，余悉纵遣，并取旧案焚之。石公之子琚，业进士，天眷初第一人擢第，大定中以左丞相致政。

① （金）元好问编：《中州集》卷8《王汾州璹》，中华书局上海编辑所1959年版，第400页。

故石公阴德，乡人无大小能备道之。[①]

很显然，这里认为石琚之所以能够高中状元，是其父石公曾经冒死挽救众人性命所积的阴德。类似的故事还有《高尉阴德》：

高工部有邻，字德卿。父飞狐令集尝尉南和，以公事活千余人。德卿生于此邑，四十年后拜安国军节度使。父老有及见当时事者，扶杖迎劳，欢呼马前。德卿亦为立碑尉厅，道所以阴德阳报之故。不逾月，子嵩、犹子铸同榜登科，时人荣之。[②]

时人赵卞在《万华堂记》中对此事的记载更为详细：

窃闻“有开必先，无德不报”。昔阳元以外氏宅，相者知其必贵；袁公以楚狱理，史臣谓待乎后昆。况有“兆应自己，德深在人”者，其流泽不亦远乎？当今之世，则我节使高公其人也。天会间，公之先大夫以经义擢进士第，来尉南和。下车日，洒扫庭宇。入户，则见有莲烨然，既妍且多，惊喜而出，再不复见，意以为瑞。因“万华”以名其堂。“万”取盈数也，“华”取其后实也。逮天会改元，公生于是堂，则“有开必先”之兆显矣。侯之为尉也，时承本期抚定后师旅荡灭之余，民未知化，农不亩，商不市，小人辈啸聚于野，什百为郡，昼伏夜掠。久而上闻，悬赏而招，自谓恶，终畏不敢出。侯哀之，单骑往喻，示以全活。其魁焦赵等，率徒出降，列上其事，师班，金吾欲尽诛之，侯恳营救，赖得蠲宥，生死骨肉，复为平民。其后，公于大定初，以词赋擢进士第。公以其生于此也，心以为乡，自始筮

① （金）元好问：《续夷坚志评注》，李正民评注，山西古籍出版社 1999 年版，第 66 页。《金史·石琚传》亦载此事，但故事的细节与此有异，参见脱脱等《金史》卷 88《石琚传》，中华书局 1975 年版，第 1958—1959 页。

② （金）元好问：《续夷坚志评注》，李正民评注，山西古籍出版社 1999 年版，第 78 页。

仕，常欲于是郡是县得一职焉，以光州闾，以厌宿望。承安五年正月，被命由陕西漕台移镇是邦，既而是岁四月，子嵩、侄铸，同登高第，则万华之应、活降之德尤显明矣。前所谓“万华”者，今界于令、簿两衙之间，因尉衙治城外，地乃分而为二，其木瓦所遗，今为县衙之偏厅焉。公以孝心，思荣考妣，亲书旧题，命卒往执，俾榜于应门。生叨居郡庠，闻兹美事，若以不称不书，是掩人之美而不欲扬之也，敢窃君子之名而敬记。泰和元年正月望日。①

两篇文章中都认为，由于高有邻之父“以公事活千人”，积下大阴德，高氏子弟中多人进士及第，就是对祖辈所积阴德的果报。王扩家族的情况亦与之类似，“国初，籍新附之民，畀以符契，使复旧业；归附后，时或先服后叛者，则别籍次第。拘儋将及永平，功曹（按：指王扩之大父）辄焚其籍以灭迹，所活无虑数千人。令叹曰：‘阴德在汝矣！’因改服儒业，五子皆教之宦学，三子继登上第，而仕亦达。”② 也是将王氏子孙的科第功名归因于其祖上“所活无虑数千人”的阴德。再如赵秉文《郭公碣铭》中有这样的记载：“予于见闻间，以阴德有后者得三人焉：若王宝文守洺，有德于洺人，而以横逆被祸，其子学士君彦潜，以进士甲科文学名于世；贾迪功称为遗直，而其子户部尚书执刚，以政事闻于时；君以慈仁孝友，轻财乐施，位不满德，而转运使公，富贵而好德，康宁而寿考，以忠果强敏闻于天下。天之报施善人，果何如也?”③ 王彦潜，皇统九年（天德元年，1149）状元登第，但在时人看来，乃是由于其父的阴德所致。再如郑仲国，十八岁时经义及第，元好问在其墓志铭中这样写道：“其始生

① （金）赵下：《万华堂记》，（清）张金吾编纂《金文最》卷24，中华书局1990年版，第336页。

② （金）元好问：《嘉议大夫陕西东路转运使刚敏王公神道碑铭》，姚奠中主编《元好问全集》卷18，山西古籍出版社2004年版，第430页。

③ （金）赵秉文：《郭公碣铭》，阎凤梧主编《全辽金文》，山西古籍出版社2002年版，第2236页。

也，父欣然语人曰：‘我家积功累行有自来矣，天其或者而后必大。此岂吉之先见耶？’”[①] 可见，这种阴德果报的观念对时人的影响是多么的深刻。

唐宋以来，民间社会上普遍流传着这样一句俗语：“一命二运三风水，四积阴功五读书。”表明在世人看来，能否获得科名，主要在于个人的命运好坏、祖上阴功的大小，而对个人读书的努力程度不太看重。又云“名第者，阴注阳受。”[②]，则说明科第功名原本是祖上积德所致。这种普遍流行科名观念有着巨大的生命力。金代科考中普遍流行着阴德果报的观念，与上述传统观念也并无二致。比如赵秉文就认为：“人之寿夭穷达系于天，而其子孙之贤不肖，与其世数之远近，则系乎其人所积之有厚薄。”作为金代后期的朝廷重臣和文坛盟主，赵秉文的这种观念具有代表性。

第三节　金代进士的婚恋观

一　士人婚姻观念的历史变迁

在古代社会，与文人命运关系最大的是仕宦与婚姻。郑樵《通志·氏族略》有云：“自隋唐而上，官有簿状，家有谱系，官之选举，必由于簿状；家之婚姻，必由于谱系……自五季以来，取士不问家世，婚姻不问阀阅。”[③] 也就是说在魏晋以前，婚姻是要讲究门第的，世族和庶族之间极少通婚；唐末五代以后，婚姻不再看重门第了。促成这种婚姻观念发生变化的原因之一，就是自隋唐以来普遍实行的科举制度。由于科举制度选拔人才主要着眼于士人自身的德才学识，而不太看重其出身门第，这就为出身下层的文人走上仕途打开了

---

① （金）王反成：《大金故赠儒林郎郑公墓碑》，阎凤梧主编《全辽金文》，山西古籍出版社 2002 年版，第 1728 页。

② （宋）李昉等编：《太平广记》卷 184《高辇》，中华书局 1961 年版，第 1376 页。

③ （宋）郑樵：《通志二十略》卷 1《氏族略·序》，王树民点校，中华书局 1995 年版，第 1 页。

一条通道，从而在一定程度上打破了阶层的固化。“旧时王谢堂前燕，飞入寻常百姓家”，非常形象而深刻地揭示出这种世事的变迁。而伴随着社会形势的变化，士人的择偶观念也发生了变化。

据王定保《唐摭言》所云：每当进士放榜之后，“曲江之宴，行市罗列，长安几于半空。公卿家率以其日拣选东床，车马填塞，莫可殚述”①。这些新科进士已经成为达官贵人挑选女婿的主要目标。然而，由于唐代科举取人较少，文人的入仕之途也较多，由科举入仕仍没有成为主流，因此，虽然有“仕宦重进士”的说法，但“婚姻重高门”的现象仍然普遍存在。直到宋代，实行“重文轻武”的基本国策，科举制度也更加完善，录取人数大大增加，由科举入仕才成为文人进入官场的主要渠道，“婚姻重进士”的观念才最终形成，以至于宋人流传有“榜下择婿”的说法②。

二　金代进士的婚姻取向

金朝虽以武力消灭辽和北宋，但在政治上又借鉴辽、宋之制，普遍实行科举制度，给广大汉族士人开通了仕进之路。金代汉族文人的生存环境虽不如在宋时优越，但从总体上看，与北宋相差并不远。因此，在婚姻观念上，金人仍延续宋时的风习，很重视进士身份。元好问的《天赐夫人》就讲述了一个“书中自有颜如玉”的故事：

> 广宁闾山公庙灵应甚著，又其象设狞恶，林木蔽映，人白昼入其中，皆恐怖毛竖。旁近言静夜时闻讯掠声，故过者或迂路避之。参知政事梁公肃，家此乡之牵马岭，作举子时与诸生结夏课，谈及鬼神事，历数时人之胆勇者，梁公都不之许，因自言：“我能以昏暮或阴晦之际，入闾山庙，巡廊庑一周。”诸生从臾之曰：“能往？何以取信？”梁公曰：“我当就周行处以物画之，用是为验。”明日晚，约偕往。诸生待于庙门外，奋袖径去。画至

① （五代）王定保：《唐摭言》卷3《散序》，阳羡生校点，上海古籍出版社2012年版，第16页。

② （宋）彭乘：《墨客挥犀》卷1，中华书局1991年版，第3页。

庙之东隅，摸索有一人倚壁而立。梁公意其为鬼，负之出。诸生迎问："何所见？"梁公笑曰："我负一鬼至矣！可取火照之。"及火至，见是一美妇，衣装绝与世俗不同。欲问诘之，则气息奄奄，状若昏醉。诸生真谓鬼物，环立守之。良久开目，见人环绕，惊怖不自禁，问："此为何地？"诸生为言其处，及庙中得之者，且诘其为人为鬼？何所从来？妇言："我扬州大族某氏女，以吉日迎往婿家，在舆中，忽为大风所飘，神识散乱，不知何以至此？"诸生喜曰："梁生未受室，神物乃所扬州送一妻至，诚有冥数存乎其间，可因而成之。"梁公乃携妇归，寻擢第。不十数年，致身通显，妇举数子，故时人有"天赐夫人"之目，至于传达宫禁。梁公以大定二十年节度彰德，相下耆旧仍有及见之者。兵乱后，梁氏尚多，问其家世，多天赐诸孙行云。①

这是一个美丽而生动的爱情故事，也是万千举子梦寐以求的美事。尽管"小说中的故事、人物可能是虚构的，但对于人物具体细节的描写，则多来自当时耳濡目染的实际生活场景"②。如果抛开细节不论，我们就能从故事中读出这样一层意蕴：一个读书人，只有努力求取功名，才会拥有美好的婚姻，也即小说题目所称的"天赐夫人"。

可惜的是金代文献留存极少，像这样生动的故事并不多见。然

---

① （金）元好问：《续夷坚志评注》，李正民评注，山西古籍出版社 1999 年版，第 69 页。又郝经有《天赐夫人词》："八月十五双星会，佳妇佳儿好婚对。玉波冷浸芙蓉城，花月摇光照金翠。黑风当筵灭红烛，一朵仙桃降天外。梁家有子是新郎，芊氏忽从钟建背。负来灯下惊鬼物，云鬓欹斜倒冠佩。四肢红玉软无力，梦断春闺半酣醉。须臾举目视傍人，衣服不同言语异。自说成都五千里，恍惚不知来此际。玉容寂寞小山颦，俯首无言两行泪。甘心与作梁家妇，诏起高门榜天赐。几年夫婿作相公，满眼儿孙尽朝贵。须知伉俪有缘分，富者莫求贫莫弃。望夫山头更赋《白头吟》，要作夫妻岂天意？君看符氏与薄姬，关系数朝天子事。"郝经为金代名士郝天挺之孙，元好问曾受学于郝天挺，而郝经又受学于元好问，此诗所咏之事当即本之于元好问的《天赐夫人》故事。参见郝经《陵川集》卷 8，吴广隆、马甫平点校，山西古籍出版社 2006 年版，第 256 页。

② 郑阿财：《唐代人冥故事中的衙役书写》，载逢甲大学中国文学系主编《六朝隋唐学术研讨会论文集》，（台北）文史哲出版社 2004 年版，第 648 页。

而，在金人的墓志碑铭中也记载了其家族的婚姻状况，尽管这些材料无法给我们的研究提供更多丰富的细节，但至少可以说明金代士人的婚姻观念。以下便列举数例：

李铎为天会六年士，其女多择进士而嫁："真惠为比丘女，适本州进士罗邦彦；次适市户许天佑；次适崞邑进士高跻；次适繁峙进士高楫。"①

时立爱本为辽代进士，辽亡仕金，"女三人，长适进士柴思议……孙女六人，长适奉议大夫、析津府安次县令龚夷鉴；次适承奉郎、前大同府长清县丞王克温；次适进士赵然。"② 王克温亦进士及第。③

赵秉文，大定二十五年进士，曾任礼部尚书、吏部尚书、翰林侍读学士，有女三人："长嫁汝州推官高可约；次嫁卫州行部郎中石玠；季嫁省知管差除令史张履。三婿皆名进士也。"④

赵思文，字庭玉，明昌五年进士，官到礼部尚书，先后凡四娶："先娶贾氏，尚书左丞亨甫之女侄；再娶王氏，行六部尚书充之之女弟；再娶李氏，中京推官华国之女弟；皆追封天水郡侯夫人。再娶孙氏，太子太师振之之女，封如三夫人。"⑤

在这四家姻亲中，贾左丞亨甫，即贾益谦，大定十年进士；王尚书充之，即王扩，明昌五年进士；太子太师孙振之，即孙铎，大定十三年进士。可见，赵思文几次娶妻，皆为进士之家。

张汝翼，弱冠擢泰和三年经义进士第，"娶朱氏，河北西路盐铁

---

① （金）李楫：《李择墓志铭》，王新英辑校《全金石刻文辑校》，吉林文史出版社2012年版，第27页。

② （金）宇文虚中：《时立爱墓志铭》，王新英辑校《全金石刻文辑校》，吉林文史出版社2012年版，第45页。

③ （金）佚名：《张世本墓志铭》，王新英辑校《全金石刻文辑校》，吉林文史出版社2012年版，第54页。

④ （金）元好问：《闲闲公墓铭》，姚奠中主编《元好问全集》卷17，山西古籍出版社2004年版，第400页。

⑤ （金）元好问：《通奉大夫礼部尚书赵公神道碑》，姚奠中主编《元好问全集》卷18，山西古籍出版社2004年版，第435页。

判官、汴梁名进士文伯之女弟。”[①]

朱文伯即朱焕，承安五年进士。

雷渊，崇庆二年进士，“女二人，长嫁进士陈某。”[②]

聂元吉，崇庆二年进士，“女三人，长嫁进士张伯豪。”[③]

刘汝翼，贞祐三年状元，“女二人：一适进士谢芝，一适士族张简。”[④]

张景贤，曾任镇南军节度副使，“女二人：长适平晋进士李铣，次适安肃进士陈惟良。”[⑤]

孙德秀，字伯华，正大元年词赋进士，“女二人：长适祭酒吉州冯内翰子骏之子亨，次适进士太原王楫。”[⑥] 冯子骏即冯延登，承安二年进士。

聂天骥，崇庆二年进士，仕至尚书左右司员外郎，其女聂舜英，“嫁为进士张伯豪妻。”[⑦]

阎珍，字载之，少颖悟，知读书。及长，仕州县，累至公府掾，“女一人，嫁为进士王得臣妻。”[⑧]

陈仲谦，字受卿，“幼颖悟，监丞君授之赋学，即有声同辈中，年未二十，继遭家难，不能卒业，乃以父荫系供奉班。娶同县贾氏，

---

① （金）元好问：《通奉大夫钧州刺史行尚书省参议张君神道碑铭并引》，姚奠中主编《元好问全集》卷20，山西古籍出版社2004年版，第466页。

② （金）元好问：《雷希颜墓铭》，姚奠中主编《元好问全集》卷21，山西古籍出版社2004年版，第485页。

③ （金）元好问：《聂元吉墓志铭》，姚奠中主编《元好问全集》卷21，山西古籍出版社2004年版，第491页。

④ （金）元好问：《大中大夫刘公墓碑》，姚奠中主编《元好问全集》卷22，山西古籍出版社2004年版，第493页。按：原文作“贞祐四年经义第一”，误。

⑤ （金）元好问：《中顺大夫镇南军节度副使张君墓碑》，姚奠中主编《元好问全集》卷22，山西古籍出版社2004年版，第496页。

⑥ （金）元好问：《御史孙公墓表》，姚奠中主编《元好问全集》卷22，山西古籍出版社2004年版，第502页。

⑦ （金）元好问：《聂孝女墓铭》，姚奠中主编《元好问全集》卷25，山西古籍出版社2004年版，第545页。

⑧ （金）元好问：《故帅阎侯墓表》，姚奠中主编《元好问全集》卷29，山西古籍出版社2004年版，第618页。

大定中进士河东丞恕之女"[①] 其父陈克基，登天德三年进士第，仕为国子监丞。其子陈赓、陈庾兄弟，河汾诸老。

不烦多举，从以上例子可以看出，在金代社会中，进士与官宦联姻是极为普遍的现象。这说明金代社会流行着"婚姻重进士"的观念。

当然，也有例外的情况，如杨云翼就曾休弃了出身相门的妻子，"初，公娶胥氏左丞通敏公之孙、平章政事惠简公之女，以事姑尝有后言，即日弃去，不以相家子为难"[②]。这里我们注意的是，杨云翼之所以休妻，是因为其妻"事姑尝有后言"，所谓"后言"，即在背后议论别人。《尚书·益稷》云："汝无面从，退有后言。"胥氏夫人因奉侍婆婆不够谨慎，便被杨云翼休弃。但像杨云翼这样不以联姻官宦为意的情况毕竟是极个别的现象，绝大多数的情况下，举子是愿意与权贵联姻的。

三　进士与权贵联姻的现实原因

自古以来，结婚并不单纯是男女两情相悦的结合，对于那些享有较高社会地位的士族家庭来说，结婚实质上"是一种政治行为，是一种借新的联姻来扩大自己势力的机会"[③]。进士与官宦联姻，会给男女双方都带来好处。

一方面，举子攀龙附凤，借助于权贵的力量，能在仕途上得到更好的发展。唐宋文献中记载了许多这样的故事。如唐代诗人邓敞本有家室，但在应举时却故意隐瞒已婚的情况，娶宰相牛僧儒之女为妻，因而能够顺利登第[④]。再如唐代诗人裴筠，与萧遘之女刚刚订婚，进士考试时便捷足先登，罗隐写诗讥讽道："细看月轮还有意，信知青

---

① （金）元好问：《故规措使陈君墓志铭》，姚奠中主编《元好问全集》卷31，山西古籍出版社2004年版，第658页。

② （金）元好问：《内相文献杨公神道碑铭》，姚奠中主编《元好问全集》卷18，山西古籍出版社2004年版，第420页。

③ ［德］恩格斯：《家庭、私有制和国家的起源》，载《马克思恩格斯选集》第4卷，人民出版社1995年版，第7677页。

④ （宋）李昉等编：《太平广记》卷498《邓敞》，中华书局1961年版，第4090页。

桂近姮娥。”[①] 显然，在罗隐看来，裴筠能考取进士，与其准岳父有很大的关系。金代社会也有类似的情况，如刘祁《归潜志》中就记载了这样一件事情：

余高祖南山翁，金国初，辟进士举，词赋状元也，故为一代词学宗。雅好成就后进，见其文，辄能断其后中第否。当时名士大夫多出门下，学者至今皆师尊之。四子，长西岩、次龙泉，同年擢第。二女，长姑及笄，将适人，一时贵显者争求之，翁皆不许。张御史景仁时在布衣，以所业诣翁，翁嘉之。俄翁为有司取士，张赋甚佳，为邻坐者剽之，尽坐同而黜。已而翁知其然，遽以长姑嫁焉。家人辈皆愠，翁不恤也。后三年，翁复为有司，御试，张擢别试魁，骤历清华，以文章擅当世，位至翰林学士、河南尹、御史大夫。尝使宋，有风节，赫然为名臣，世皆以翁有知人之鉴也。后，翁墓表，张所作，具载其事云。次姑适襄阴王元节，亦名进士。能诗，博学，尝为密州节度判官。迄今士大夫嫁女多谈翁之事也。[②]

张景仁之所以能顺利及第，并“骤历清华”，显然少不了其岳父的助力。

另一方面，官宦之家“榜下择婿”，也有利于巩固家族的利益。司马光云：“凡议婚姻，当先察其婿与妇之性行及家法如何，勿苟慕其富贵。婿苟贤矣，今虽贫贱，安知异时不富贵乎？苟为不肖，今虽富盛，安知异时不贫贱乎？”[③] 可谓是一语道破了天机。比如，宋人叶梦得《石林燕语》中记载了一个权贵择进士嫁女的故事：

王沂公初就殿试，时固已有盛名。李文靖公沆为相，适求婿，语其夫人曰：“吾得婿矣。”乃举公姓名，曰：“此人今次不

① （宋）李昉等编：《太平广记》卷256《罗隐》，中华书局1961年版，第1998页。

② （金）刘祁：《归潜志》卷8，崔文印点校，中华书局1983年版，第81页。

③ （宋）司马光：《书仪》卷3《婚仪上》，清雍正刻本。

第，后亦当为公辅。”是时吕文穆公家亦求姻于沂公。公闻文靖言，曰：“李公知我。”遂从李氏。唱名果为第一。[①]

王沂公即王曾，在他进士及第前，就被宰相李沆一眼看中，认定他日后必有前程，于是以女嫁之。王曾果然高中状元，后来还官至宰相。再如江少虞的《宋朝事实类苑》中也记载了一个故事，北宋中期士人杜衍，少时家庭贫困，以抄书度日，富豪相里氏认定他日后必定富贵，于是以女妻之，后来杜衍果然高中进士，官至集贤殿大学士兼枢密使，太子太师，封祁国公[②]。前述刘祁《归潜志》中所记载其高祖刘抃嫁女之事，也可作如是观。刘抃没有将两个女儿嫁给贵显者，而是嫁给两个穷困的读书人，因为刘抃清楚地知道，尽管这两个举子今日还处于贫困之中，但只要考中进士，将来必定会飞黄腾达。后来的事实证明，他当初的选择是多么的明智。再如，弋润为汝州梁县人，家富于财，有古豪士之风，“中年，喜儒学，折节下士。以实丰多文士，结夏课者多，故久居之以便诸子之学。士子不能自给者，为之经理日事，使得卒业。同郡张翥雄飞，资颖悟，日诵万言。公得之童丱中，妻以甥，且招致其家，遂登进士第。及将莅官，复殷重教督。翥卒为良民吏，河阳人至画像事之。”[③] 由此可见，弋润也是非常善于识人的。

四 金代进士的风流韵事

才子风流的故事，历代文献多有记载。孙棨《北里志》、王定保《唐摭言》中就记载了不少唐代诗人的风流韵事。王仁裕《开元天宝遗事》也说：“长安有平康坊，妓女所居之地。京都侠少，萃集于

① （宋）叶梦得：《石林燕语》卷9，宇文绍奕考异、侯忠义点校，中华书局1997年版，第139页。

② （宋）江少虞：《宋朝事实类苑》卷10《名臣事迹·杜祁公》，日本元和七年活字印本。

③ （金）元好问：《临海弋公阡表》，姚奠中主编《元好问全集》卷24，山西古籍出版社2004年版，第527页。

此。兼每年新进士以红笺名纸游谒其中，时人谓此坊为‘风流薮泽’。”① 唐代进士的风流放荡于此可见。宋人钱易《南部新书》中记载了这样的一个故事：

> 杜羔妻刘氏，善为诗。羔累举不第，将至家，妻先寄诗与之曰：“良人的的有奇才，何事年年被放回？如今妾面羞君面，君若来时近夜来。”羔见诗，即时回去。寻登第，妻又寄诗云：“长安此去无多地，郁郁葱葱佳气浮。良人得意正年少，今夜醉眠何处楼？”②

我们不能说杜羔妻的担忧是多余的，因为生活中这类才子风流的故事上演得实在太多了。金代社会也有一些才子风流的故事。如《中州集·史学小传》云：

> 史学，字学优，延安人。兄才，字才长，住太学，有声。学优正大中省试第一人，释褐舞阳簿，辟卢氏令，卒官。妻李氏，国初河南尹成之孙女，小诗殊有思致。学优尝客京师，有所眷，久而不归。李作诗寄之，云：“百年风树底，谁泪到君前。”学优得诗，即日命驾。③

活脱脱一个金代版的“杜羔故事”。又如元好问《续夷坚志》也记载了一个故事：

> 寿阳歌妓梁梅，承安、太和间以才色名河东。张状元巨济过寿阳，引病后孤居，意不自聊。邑中士子有以梅为言者。时已落

---

① （五代）王仁裕：《开元天宝遗事》卷上《风流薮泽》，曾贻芬点校，（与《安禄山事迹》合编一册）中华书局 2006 年版，第 25 页。

② （宋）钱易：《南部新书》丁卷，黄寿成点校，中华书局 2002 年版，第 53 页。

③ （金）元好问编：《中州集》卷 7《史学》，中华书局上海编辑所 1959 年版，第 378 页。

籍，私致之，待于尼寺。梅素妆而至，坐久干杯，唱【梅花】《水龙吟》。张微言："六月唱梅词，寿阳地寒可知。"然以其音调圆美，颇为改观，唱至"天教占了，百花头上，和羹未晚"，乃以酒属张。张大奇之，赠之乐府，有"谁知幽谷里，真有寿阳妆"之句，为留数日而行。(《梁梅》)①

故事中的主人公张状元名檝，字巨济，山阴人，为明昌五年（1194）词赋状元。"为人有蕴藉，善谈论，文赋诗笔，截然有律度，时人甚爱重之。"而这位歌妓也才色俱佳，由此而赢得状元张檝的爱慕，最终成就了一段风流之事。刘祁《归潜志》卷十也记载了一个艳情故事：

（赵）可晚年奉使高丽。高丽故事，上国使来，馆中有侍妓，献之作望海潮以赠，为世所传。其词云："云垂余发，霞拖广袂，人间自有飞琼。三馆俊游，百衔高选，翩翩老阮才名。银汉会双星。尚相看脉脉，似隔盈盈。醉玉添春，梦魂同夜。惜卿卿。离觞草草同倾。记灵犀旧曲，晓枕余酲。海外九州岛，邮亭一别，此生未卜他生。江上数峰青。怅断云残雨，不见高城。二月辽阳芳草，千里路旁情。"归而下世，人以为"此生未卜他生"之谶云。先是蔡丞相伯坚亦尝奉使高丽，为馆妓赋石州慢云："云海蓬莱，风雾鬓鬟，不假梳掠。仙衣卷尽霓裳，方见宫腰纤弱。心期得处，世间言语非真，海犀一点通寥廓。无物比情浓，与无情相搏。离索。晓来一枕余香，酒病赖花医却。滟滟金尊，收拾新愁重酌。半帆云影，载得无际关山，梦魂应被杨花觉。梅子雨丝丝，满江千楼阁。"二词至今人不能优劣。予谓萧闲之浑厚，玉峰之峭拔，皆可人。然蔡之"仙衣卷尽霓裳，方见宫腰纤弱"与赵之"惜卿卿"皆不免为人疵议之矣。②

① （金）元好问：《续夷坚志评注》，李正民评注，山西古籍出版社1999年版，第91页。

② （金）刘祁：《归潜志》卷10，崔文印点校，中华书局1983年版，第116—117页。

文中的蔡松年，字伯坚，北宋末年，随其父蔡靖守燕山，后降金，仕至右丞相，长于乐府，“百年以来，乐府推伯坚与吴彦高，号‘吴蔡体’”[①]，有《明秀集》行世。赵可，字献之，高平人，贞元二年（1154）进士，“文章健捷，尤工乐章”[②]，有《玉峰闲情集》行于世。蔡、赵二人皆因奉命出使高丽，而引出一段风流韵事来。这在高丽虽是“故事”，即被视为正常的公务接待，但在金朝却受到时人的讥讽。可见，金代社会风气已不如唐代那样开放，文人偶有风流之事，就会“不免为人疵议”。

如果说刘祁《归潜志》中所记载的是一段跨国的恋情故事，那么，元好问在《续夷坚志》中还记载了两个阴阳相隔的人鬼风流故事。《宫婢玉真》云：

> 大定中，广宁士人李惟清元直者，与鬼妇故宋宫人玉真遇。玉真有《杨柳枝词》云：“已谢芳华更不留，几经秋。故宫台榭只荒邱，忍回头。塞外风霜家万里，望中愁。楚魂湘血恨悠悠，此生休。”一诗云：“皓齿明眸掩路尘，落花流水几经春。人间天上归无处，且作阳台梦里人。”又一诗云：“自怜华色镜中衰，轻弃前欢已自宜。不恨相逢情不尽，直须白鼠望归期。”李生后以庚子夏六月暴心痛死。[③]

主人公李惟清偶然与一鬼妇人遇合，最终却暴病而死。李生的暴亡似乎告诫人们要谨慎行事，不可造次。如果说这个故事最终以悲剧收场，那么，下面一个故事就完全是一段好姻缘，《京娘墓》云：

---

① （金）元好问编：《中州集》卷1《蔡丞相松年》，中华书局上海编辑所1959年版，第22页。

② （金）元好问编：《中州集》卷2《赵内翰可》，中华书局上海编辑所1959年版，第76页。

③ （金）元好问：《续夷坚志评注》，李正民评注，山西古籍出版社1999年版，第76页。

都转运使王寂元老之父础，任平山令。元老年二十许，初就举选，肄业县廨之后园。一日晚，步花石间，与一女子遇，问其姓名，云："我前任杨令女。"元老悦其稚秀，微言挑之。女不怒而笑，因与之合。他日寒食，元老为友招，击丸于园西隙地。仆有指京娘墓窝场者，元老因问京娘为谁，同辈言："前令杨公幼女，字曰京娘，方笄而死，葬此。"元老闻杨令之女，心始疑之，归坐书舍。少顷，女至，娇啼宛转，将进复止，谓元老曰："君已知我，复何言也。幽明异路，亦难久处。今试期在迩，君必登科，中间小有龃龉，至如有疾，亦当力疾而往，当见君辽阳道中。"言讫而去。元老寻病，父母不欲令就举。月余，小愈。元老锐意请行，以车载之。途次辽河淀，霖雨泥淖，车不能进。同行者鞭马就道，车独行数里而轴折。元老忧，不知所为，忽有田夫腰斤斧负轴而来。问之，匠者也。元老叹曰："此地前后二百里无民居，今与匠者，值非阴相耶？"治轴讫，将行，俄见一车，车中人即京娘也。元老惊喜曰："尔亦至此乎？"京娘曰："君不记'辽阳道中相见'之语乎？知君有难，故来相慰耳。"元老问："我前途所至可得知否？"京娘即登车，第言"尚书珍重"而已。元老不数日达上京，擢第。明昌中为运使，车驾享太室，摄礼部尚书，数日而薨。①

正是由于京娘暗中帮助，主人公王寂才能顺利考中进士。这两个人鬼风流的故事看似有些荒诞迷信，但"即便是虚构的故事、人物，也都是作者取自现世人事的描摹。有些作品尽管书写的内容是超现实、非人间的神仙鬼怪，但其书写的角色仍然是人间社会生活的折射。"② 透过故事中虚幻的外表，我们从中可以了解金代士人的婚姻观念和风流生活。

---

① （金）元好问：《续夷坚志评注》，李正民评注，山西古籍出版社1999年版，第13页。

② 郑阿财：《唐代人冥故事中的衙役书写》，载逢甲大学中国文学系主编《六朝隋唐学术研讨会论文集》，（台北）文史哲出版社2004年版，第648页。

总的来看，尽管金代文人也有一些风流韵事，但为数较少。而且金代文人在对待这类风流之事上，态度较为审慎，这与唐代文人对此类艳情故事津津乐道和大肆宣扬形成了明显的对照。从上述故事的悲惨结局以及刘祁所载时人的疵议态度来看，金代普通民众对此类艳情故事基本上持否定的态度。可见，与唐代社会相比，金代的世俗风气已不那么开放了。

第四章　金代科举考试命题导向及其对相关文体的影响

科举考试是我国古代选拔官员的一种政治制度。考试命题集中体现了统治者的官方意志，反映了统治阶级的治国理念与用人导向。科举考试的性质是以文试士，必然会影响到文人的创作。因此，综合考查一个时代的科举考试题目，可以了解当时的思想文化背景和社会政治状况，也可以揭示出影响文学创作趋向的某些深层原因。

第一节　金代科举考试的命题原则

《金史·选举志》云："金承辽后，凡事欲轶辽世，故进士科目兼采唐宋之法而增损之。其及第出身，视前代特重，而法亦密焉。"[①] 所谓的"兼采唐宋之法""法亦密焉"，说明金代科举制度比唐、宋更为规范严密。就科举考试命题而言，"唐礼部试，诗赋题不皆有所出，或自以意为之"[②]。命题较为随意；而北宋庆历四年（1044）贡举条制规定："诗、赋、论于九经、诸子、史内出题。"[③] 对命题的范围作出明确规定。金代科举对命题范围也有明确的规定："词赋之初，以经、传、子、史内出题。""正隆二年（1157），

---

① （元）脱脱等：《金史》卷51《选举志一》，中华书局1975年版，第1129—1130页。

② （宋）叶梦得：《石林燕语》卷8，宇文绍奕考异、侯忠义点校，中华书局1997年版，第113页。

③ （清）徐松：《宋会要辑稿》卷10642《选举三之二五》，中华书局影印本1957年版，第4274页。

以五经、三史正文内出题。”① “明昌元年（1190），诏以六经、十七史、《孝经》、《论语》、《孟子》及荀、扬、老子内出题。”② 可以看出，从唐朝到北宋，再到金代，科举考试命题是越来越规范，而命题范围则是越来越窄。

又《金史·选举志一》云：“凡经《易》则用王弼、韩康伯注，《书》用孔安国注，《诗》用毛苌注、郑玄笺，《春秋左氏传》用杜预注，《礼记》用孔颖达疏，《周礼》用郑玄注、贾公彦疏，《论语》用何晏集注、邢昺疏，《孟子》用赵岐注、孙奭疏，《孝经》用唐玄宗注，《史记》用裴骃注，《前汉书》用颜师古注，《后汉书》用李贤注，《三国志》用裴松之注，及唐太宗《晋书》、沈约《宋书》、萧子显《齐书》、姚思廉《梁书》、《陈书》，魏收《后魏书》，李百药《北齐书》，令狐德棻《周书》，魏徵《隋书》、新旧《唐书》，新旧《五代史》，《老子》用唐玄宗注疏，《荀子》用杨倞注，《扬子》用李轨、宋咸、柳宗元、吴秘注，皆自国子监印之，授诸学校。”③ 对国子学、太学所用各种经史及其注本作了明确规定，实际上也是对科举考试用书的规定。

金代科举考试科目主要有词赋、经义和策论三科，词赋科试诗、赋、策、论各一道，经义科试经义和时务策，策论科试策、论和诗。刘祁《归潜志》云：“国家初设科举，用四篇文字，本取全才，盖赋以择制诰之才，诗以取风骚之旨，策以究经济之业，论以考识鉴之方，四者俱工，人才出焉。”④ 由此可见，金国统治者对科举制度的设计是极为用心的，也是较为合理的。

---

① （金）李世弼：《登科记序》，（清）张金吾编纂《金文最》卷45，中华书局1990年版，第651页。

② （元）脱脱等：《金史》卷51《选举志一》，中华书局1975年版，第1136—1137页。

③ 同上书，第1131—1132页。

④ （金）刘祁：《归潜志》卷8，崔文印点校，中华书局1983年版，第80页。

第二节　金代科举考试题目的留存与出处

薛瑞兆的《金代科举》是目前研究金代科举的集大成之作。作者在该著中共列举了 39 个考试题目（另有 2 个题目不能确定榜次和科目[①]），均详细标明了材料的出处。以下就在此基础上，对这些考试题目的具体出处作进一步的考察。为了便于观览，笔者将考察的结果制成表格，具体情况如表 4－1 所示：

据表 4－1 的统计结果可知，金代科举考试题目主要出自《尚书》《周易》《礼记》《春秋》《诗经》《论语》《史记》《汉书》《后汉书》等经史之中，与正隆元年（1156）所规定的在“五经三史”内出题的范围基本一致。只有个别题目没有查找到具体出处，大概为临时取题，如天会二年（1124）真定榜经义策试题：“上皇无道，少帝失信”，正隆二年（1157）的御试诗题：“忠臣犹孝子”，大定二十二年（1162）的御试策题：“县令阙员，取之何道”，等等。以上所辑考出的金代科举考试题目共计 39 个，如果单从数量来看，与实际相比，可谓是十不存一，不能够全面反映出历史事实；但从另一个侧面来看，这些题目又具有广泛的代表性。从考试时间来看，这些题目分布于从金初到金末的每个帝王统治时期；从所试科目来看，涉及词赋、策论和经义三大类别；从考试层次来看，包括了乡试、府试、省试、御试四个级别。由此我们可以说，这现存的 39 个题目数量虽少，但却涵盖了各个不同的维度，具有广泛的代表性，在某种程度上，是能够反映出金代科举考试的特点的。

---

① 一是“爱民”，参见王恽《秋涧集》卷 44《鹿庵先生卒日》、卷 49《南鄘王氏家传》；二是“三王内恕及人”，参见元好问《中州集》卷 7《李端甫》，中华书局上海编辑所 1959 年版，第 346 页。

表 4－1

金代科举考试题目统计①

朝代	科考年份	考试题目	题目出处	材料来源
太宗朝	天会四年（1126）	真定榜经义策试题：上皇无道，少帝失信		《金史・隐逸传》卷127；《金史・太宗纪》卷3
	天会十年（1132）	会试：好生德洽民不犯上赋	《尚书・虞书・大禹谟》："皋陶曰：帝德罔愆，临下以简……**好生之德，洽于民心，兹用不犯于有司。**"（卷2）	（宋）张棣《金图经・族帐部曲录》；（宋）徐梦莘《三朝北盟会编》卷245炎兴下
	天会十二年（1134）	会试：天下不可以马上治赋	《史记・郦生陆贾列传》："陆生时时前说称诗、书，高帝骂之曰：'乃公**居马上而得之，安事诗书？**'陆生曰：'居马上得之，宁可以马上治之乎？'"（卷97）又见于《汉书・郦陆朱刘叔孙传》（卷43）	（宋）李心传《建炎以来系年要录》卷81《绍兴四年十月》；《三朝北盟会编》卷162炎兴上
熙宗朝	天眷二年（1139）	会试：君子能尽人之情赋	《诗经・采薇》注文：我心伤悲，莫知我哀。注云：**君子能尽人之情**，故人忘其死。	《金图经・族帐部曲录》；《三朝北盟会编》卷245炎兴下
	皇统二年（1142）	会试：日月得天能久赋	《周易・恒卦第三十二》："**日月得天而能久照**，四时变化而能久成，圣人久于其道而天下化成。"	《金图经・族帐部曲录》；《三朝北盟会编》卷245炎兴下
	皇统五年（1145）	会试：仁为道远行莫能致赋	《礼记・表记》："子曰：**仁之为器，重其为道，远举者莫能胜**也，行者莫能致也。"（卷17）	《金图经・族帐部曲录》；《三朝北盟会编》卷245炎兴下
	皇统九年（天德元年）（1149）	会试：文以足行而远赋	《春秋左传正义・襄公二十五年》："仲尼曰：志有之，言以足志，**文以足言，不言，谁知其志。言之无文，行而不远。**"（卷36）《春秋经传集解・襄公四年》（卷17）	《金图经・族帐部曲录》；《三朝北盟会编》卷245炎兴下

① 本表在制作时参考了薛瑞兆《金代科举》的相关成果，其中考试题目与材料来源皆为薛先生亓辑考，题目出处则为笔者查考所得。

续表

朝代	科考年份	考试题目	题目出处	材料来源
海陵王朝	天德三年（1151）	词赋御试题：天锡勇智正万邦	《尚书·商书·仲虺之诰》：“惟天生民有欲，无主乃乱。惟天生聪明时乂。有夏昏德，民坠涂炭。**天乃锡王勇智，表正万邦**，缵禹旧服。”（卷4）	《金图经·族帐部曲录》；《三朝北盟会编》卷245 炎兴下
	贞元二年（1154）	省试题：尊祖配天赋	《诗集传》：“生民之章，言其**尊祖配天之祭**。”（卷17）；《礼记注疏·表记》注文：“诗曰：后稷兆祀者是大雅生民之篇，美成王**尊祖配天**。”	《金史·张景仁传》（卷84）；《金史·翟永固传》（卷89）
		御试题：王业艰难赋	《毛诗诂训传·豳·七月》：“七月，陈王业也。周公遭变故，陈后稷，先公风化之所由，致王业之艰难也。”（卷4）	（金）刘祁《归潜志》卷10；《金图经·族帐部曲录》；《三朝北盟会编》卷245 炎兴下
	正隆二年（1157）	御试赋题：不贵异物民乃足	《尚书·周书·旅獒》：“志以道宁，言以道接，不作无益害有益，功乃成。**不贵异物贱用物，民乃足**。”（卷7）；又见《淮南鸿烈解》卷1。	《金史·文艺传》卷125；《三朝北盟会编》卷245 炎兴下
		论题：忧国如饥渴	《汉书·王贡两龚鲍传》：“董贤贵幸，（鲍）宣以谏大夫从其后上书谏曰：……议论通古今、喟然动众心，**忧国如饥渴者**，臣未见也。”（卷72）	
		诗题：忠臣犹孝子		
	正隆五年（1160）	省试赋题：事不避难臣之职	《后汉书·虞傅盖臧列传》：“虞诩笑曰：**志不易事，不避难，臣之职**也。”（卷58）	《金史·任熊祥传》（卷105）；《三朝北盟会编》卷245 炎兴下
		御试赋题：赏罚之令信如四时	《汉书·贾谊传》：“若夫**庆赏以劝善，刑罚以惩恶，先王执此之政，坚如金石；行此之令，信如四时**；据此之公，无私如天地耳。”（卷48）	《三朝北盟会编》卷245 炎兴下

续表

朝代	科考年份	考试题目	题目出处	材料来源
世宗朝	大定三年（1163）	解试赋题：建官惟质天下治（大定二年春三月解试）	《尚书·周书·周成》："列爵惟五，分土惟三，**建官惟贤，位事惟能，重民五教，惟食丧祭，惟信明义，崇德报功，垂拱而天下治。**"（卷7）	《金图经·族帐部曲录》《三朝北盟会编》卷245炎兴下
		府试赋题：立政惟人不惟官职（大定二年秋八月府试）	《尚书·商书·咸有一德》："**任官惟贤材，左右惟其人。**"（卷4）	
		省试赋题：夙夜求贤务在安民	《汉书·赵尹韩张两王列传》："（伊翁归），元康四年病卒，家无余财，天子贤之，制诏御史：'**朕夙兴夜寐，以求贤为右，不异亲疏近远，务在安民而已**……。'"（卷76）；《尚书注疏·虞书》："人君所重者在于民之食哉！惟当敬授民之天时，无失其农用，**为政务在安民**，当安彼远人，则能安近人耳。"（卷3）	
		御试赋题：知所以临制则臣民畏服	《汉书·袁盎晁错传》："**人主知所以临制臣下而治其众，则群臣畏服矣**；知所以听言受事，则不欺蔽矣。"（卷49）	
	大定十三年（1173）	御试赋题：周德莫若文王	《毛诗序》："《皇矣》，美周也，天监代殷莫若周，**周世世修德，莫若文王。**"（卷16，文王之什）	《遗山先生文集》卷22《大中大夫刘公墓碑》
		御试策论题： 贤生于世，世资于贤，世未尝不生贤，贤未尝不辅世，盖世非无贤，惟用与否，若伊尹之佐成汤，傅说之辅高宗，吕望之遇文王，皆起耕筑渔钓之闲，而其功业卓然，后世不能企及者，盖殷周之君，能用其人、尽其才也。本朝以神武定天下，圣上以文德绥海内，文武并用，言小善而必从，事小便而不弃，盖取人之道尽矣！而尚忧贤能遗于草泽者，今欲尽得天下之贤而用之，又俾贤者各尽其能，以何道而臻此乎？		《金史·选举志》卷51

续表

朝代	科考年份	考试题目	题目出处	材料来源
世宗朝	大定十九年（1179）	御试赋题：易无体	《周易·系辞上》：“故**神无方而易无体**，一阴一阳之谓道。继之者，善也；成之者，性也。仁者见之谓之仁，知者见之谓之知。百姓日用而不知，故君子之道鲜矣。”（卷第7）	《遗山先生文集》卷16《沁州刺史李君神道碑》；《中州集》卷9《张左丞行中》；《续夷坚志》卷4《张子野吉征》
	大定二十二年（1182）	御试赋题：天地无私覆载	《礼记·孔子闲居》：“子夏曰：敢问何谓三无私？孔子曰：**天无私覆，地无私载，日月无私照**。奉斯三者，以劳天下，此之谓‘三无私’。”（卷51） 又《魏书·高允传》：“恭宗季年颇亲近左右，营立田园，以取其利。（高）允谏曰：**天地无私，故能覆载。王者无私，故能包养**。（卷48）	苏天爵《滋溪文稿》卷4《金进士盖公墓记》
		御试诗题：发仓振乏馁	《礼记·月令》：“是月也，生气方盛，阳气发泄，……天子布德行惠，命有司**发仓廪，赐贫穷，振乏绝**，开府库，出币帛，周天下，勉诸侯，聘名士，礼贤者。”（卷5） 又《汉书·魏相丙吉传》有云：“臣闻明主在上，贤辅在下，则君安虞而民和睦……窃伏观先帝圣德仁恩之厚，勤劳天下，垂意黎庶，忧水旱之灾，为民贫穷，**发仓廪，振乏馁**……所以周急继困，慰安元元、便利百姓之道甚备。（卷74）	
		御试论题：正心以正朝廷	《汉书·董仲舒传》：“臣谨案：‘春秋’谓一元之意……故为人君者，**正心以正朝廷**，正朝廷以正百官，正百官以正万民，正万民以正四方。”（卷56）	
		御试策题：县令阙员，取之何道		《金史·选举志》卷51

续表

朝代	科考年份	考试题目	题目出处	材料来源
世宗朝	大定二十五年（1185）	御试策论题目： 契敷五教，皋陶明五刑，是以刑措不用，比屋可封。今欲兴教化，措刑罚，振纲纪，施之万世，何术可致		《金史·选举志》卷51
章宗朝	明昌五年（1194）	词赋试诗题：仙掌承露	《史记·孝武本纪》："《汉武故事》云：又作柏梁、铜柱**承露仙人掌**之属矣。（集解：苏林曰：仙人以手掌擎盘承甘露也。索隐：……三辅故事云：台高二十丈，用香柏为殿梁，香闻十里，中建章宫承露盘高三十丈，大七围，以铜为之，有**仙人掌承露**，和玉屑饮之。故张衡赋曰：'**立修茎之仙掌，承云表之清露**'是也。）"（卷12）；又《史记·书第六·封禅》（卷28）、《汉书·郊祀志》（卷25上）中亦有此段文字	《中州集·梁录事仲新》卷8
	泰和六年（1206）	御试赋题：日合天统	《汉书·律历志》："传曰：天有三辰，地有五行……故三辰之合于三统也。**日合于天统**，月合于地统，斗合于人统，五星之合于五行。"（卷21上）	《金史·贾铉传》（卷99）； 杨奂《还山遗稿》卷上； 刘祁《归潜志》卷10

续表

朝代	科考年份	考试题目	题目出处	材料来源
卫绍王朝	大安元年（1209）	平阳府试题：圣人有金城（泰和八年秋府试）	《汉书·贾谊传》："上设廉耻礼义，以遇其臣，……故父兄之臣，诚死宗庙；法度之臣，诚死社稷；辅翼之臣，诚死君上；守卫扞敌之臣，诚死城郭封疆。故曰：'**圣人有金城**者，比物比志也。'"（卷48）	元好问《续夷坚志》卷4《平阳贡院鹤》
		省题：俭德化民，家给之本	《汉书·董仲舒传》："古者修教训之官，务**以德善化民**，民已大化之后，天下常亡一人之狱矣。"（卷56）； 又《汉书·成帝纪》云："四年春正月诏曰：夫《洪范》八政，以食为首。八政，一曰食。盖王政之所先，故以为首。斯诚**家给刑错之本**也。"（卷10）	
		御题：获承休德，不遑康宁	《汉书·董仲舒传》："朕**获承至尊休德**，传之亡穷，而施之罔极。任大而守重，是以夙夜**不皇康宁**。永惟万事之统，犹惧有阙。故广延四方之豪儁……子大夫其精心致思，朕乘听而问焉。（卷56）此为汉武帝考试董仲舒贤良对策的制文	
	崇庆二年（至宁元年）（1213）	御试诗题：成绩纪太常	《尚书·周书·君牙》："惟乃祖乃父，世笃忠贞，服劳王家，**厥有成绩，纪于太常**。惟予小子，嗣守文武成康遗绪。"（卷12）	元好问《续夷坚志》卷2《黄真人》
		御试赋题：臣作股肱弼予违	《尚书·虞书·益稷》："帝曰：'**臣作朕股肱**耳目。予欲左右有民，汝翼。……**予违汝弼**，汝无面从，退有后言。"（卷2）	
		府试题：三王以赏刑致康（崇庆元年秋府试）	《后汉书·梁统传（附梁商传）》："（梁商上表曰）：春秋之义，功在元帅，罪在首恶。故**赏不僭溢，刑不淫滥，五帝三王所以同致康义**也。"（卷34）	（元）李道谦《终南山仙真祖庭内传》卷中（《道藏》第19册）

续表

朝代	科考年份	考试题目	题目出处	材料来源
哀宗朝	正大元年（1224）	策论科御试策题：制曰：帝舜侧微，好勤憎是务，尚有益“罔游于逸，罔谣于乐”之戒。朝臣盈廷，纷然扩思争（议）是务，尚有舜“汝勿面从，退有后言”之谕。思伊挚有言：“若有言并于心，必求语直；若有言逊于志，必求诸非道。”（盖闻言中道非道也）降至文武之时，大小之臣咸为志良，其使御仆，莫非正人。（先）王适合成宪，举进以道，故大小之臣以至使御之士，举得其正。（勿不审四匠山□之□，欲明瞭国军之能来。）以□言□，□诸多先觉进献之言，凡何以扶持国政，臻于至理，□□急增□□		金光平、金启孮《女真语言文字研究·女真进士题名碑译释》（《内蒙古大学学报》1964 年第 1 期）
		论题：闻本□□□可失亦□忧		
		诗题：臣事君以忠	《论语·八佾》：“定公问：‘君使臣，臣事君，如之何？’孔子对曰：‘君使臣以礼，**臣事君以忠**。’”	
		府试词赋题：高帝以天下为度（宣宗元光二年秋府试，1223）	《汉书·窦田灌韩传》：“（高祖）平城之饥，七日不食，天下歌之，及解围，反位，而无分忿怨之心。夫**圣人以天下为度**者也，不以己私怒伤天下之功。”（韩安国传，卷 52）	《遗山先生文集》卷 18《内相文献杨公神道碑铭》

我们再对金代考试题目的类别、层次和出处频次进行统计，具体结果如表4－2、表4－3、表4－4所示：

表4－2　　金代科举考试留存题目类别统计

题目类别	诗题	赋题	策题	论题	总计
留存数量（个）	5	26	5	3	39
所占比例（%）	13	67	13	7	100

据表4－2可知，金代留存至今的39个考试题目，分为诗、赋、策、论四种类型，与前文所引刘祁之言相符。其中又以赋题留存较多，共26个，占总数的67%，在一定程度上说明了金代科举考试较为重视词赋。刘祁云："金朝取士，止以词赋为重……故学子止工于律赋。"[①] 这一统计数据亦可为之佐证。

表4－3　　金代科举考试留存题目级别统计[②]

科考级别	御试	省（会）试	府试	乡（解）试	总计
留存数量（个）	23	11	4	1	39
所占比例（%）	59	28	10	3	100

据表4－3可知，在留存下来的39个科考题目中，御试题目有23个，占总数的59%；其次是省试题目，有11个，占28%；最少的是乡试题目，仅存1题。这说明不同级别的考试，其重要性也不同，受到举子的关注度也就自然不同。北宋科举考试自嘉祐二年（1057）以后，在御试时已不再黜落举子，只是确定等第和名次[③]，而金代科举考试在御试时仍要黜落考生，所以御试就成为决定举子命运的最为关键的一场考试，所以御试题目也就最为考生所关注。

---

① （金）刘祁：《归潜志》卷8，崔文印点校，中华书局1983年版，第80页。

② 因为从海陵王天德二年（1150）下诏，始增加御试，成为定式，直到金末未有改变。所以，天德三年（1151）以前的科举考试没有御试题目，如以现存题目总数为基数来计算，其所占比例自会降低些。

③ 参看祝尚书《宋代科举与文学》第八章《宋代科举的殿试》，中华书局2008年版，第226、230页。

表 4-4　　金代科举考试题目出处频次统计①

题目出处	尚书	周易	春秋	诗经	礼记	论语	史记	汉书	后汉书	其他	题目总数
使用次数（次）	8	2	2	4	4	1	2	13	2	2	34②
所占比例（%）	24	6	6	12	12	3	6	38	6	6	

据表 4-4 可知，在所统计的 34 个题目中，出自《汉书》的最多，共有 13 次，占总数的 38%；其次为《尚书》，共有 8 次，占 24%。这种现象说明：一是金代科举程序极为严格，很少突破制度的规定。虽然金代科举考试的出题范围后来有所扩大，但在实际操作中仍不出早先规定的“五经三史”的范围。二是《汉书》《尚书》得到女真统治者的高度重视，在诸经史中地位相对重要些，如杨云翼曾给哀宗专门讲解《尚书》③，《汉书》则是最早被译成女真文字，并作为女真国子学使用的教材之一④。三是《汉书》中记载了大量策论奏书，更适合科举考试出题之用。王大钧《两汉策要序》有云：“皇朝专尚词赋取士，限以五经三史出题，惟东西汉二书最为浩汗，学者披阅，如涉渊海，卒莫能际其畔岸，大抵菁华无出策论书疏而已，可取而为题者十盖八九，真科举之急用也。”⑤

① 有的题目在两种文献中都可找到出处，则分别计数 1 次，如天会十二年（1134）的会试赋题：“天下不可以马上治赋”二出于《史记》《汉书》；大定二十二年（1173）的御试诗题“发仓振乏馁”二出于《礼记》《汉书》，明昌五年（1194）的词赋试诗题“仙掌承露”二出于《史记》《汉书》，等等。

② 因时务策题文字较长，且皆为针对现实问题而发问，亦无所谓出处，此处统计题目总数时未将 5 个策题计算在内。

③ （金）元好问：《内相文献杨公神道碑铭》，姚奠中主编《元好问全集》卷 18，山西古籍出版社 2004 年版，第 420 页。

④ 金世宗大定四年（1164），曾下诏以女真字翻译书籍。大定五年（1165），翰林侍讲学士徒单子温进所译《贞观政要》《白氏策林》等书。大定六年（1166），复进《史记》《西汉书》，诏颁行之。详见《金史》卷 99《徒单镒传》，中华书局 1975 年版，第 2186 页。

⑤ （金）王大钧：《两汉策要序》，（清）张金吾编纂《金文最》卷 37，中华书局 1990 年版，第 544 页。

第三节　金代科举考试题目内涵考释

金统治者灭辽侵宋、占领汉地以后，面临着如何治理汉地的问题。在投降归附的辽、宋文人的辅助下，金统治者逐步采用汉法，以儒治国，以期达到长治久安的目的。而实行科举选士，就是这种治国政策的具体化。作为选拔官员的国家考试，科举考试在命题时总是要体现统治者的某些政治意图。以下便结合题目出处与时代背景，对此稍作分析。

一　命题关涉时政

科举考试作为金朝选拔人才的一项基本政治制度，深受统治者重视，因此，在命题取士时必然要体现官方意志，为其现实政治服务。如天会四年（1126）真定榜以"上皇无道，少帝失信"为策题，表明金统治者不仅要在武力上征服宋朝，还企图在精神上压服汉人，体现了金人居高临下的胜利者姿态和蛮横的征服欲望。天辅四年（1120），北宋与金签订了"海上之盟"，双方议定联合灭辽，但由于宋军屡为辽人所败，不能如约。在灭辽的战事中，北宋确实没有金国的功劳大；可是北宋朝廷仍然按照约定，向金人索要燕京。宋朝的这种做法被金人认为是"背盟弃信"，并成为日后侵略北宋的主要借口。再如，天会十二年（1134）试题为"天下不可以马上治"赋，出自《史记·郦生陆贾列传》[①]，表明金国统治者已经意识到仅凭武力无法在汉地保持长久统治，开始转向以文治国。在灭辽侵宋之后，金国统治者仍意犹未尽，一心想要灭亡整个赵宋政权，并展开大规模进攻南宋的战争。直到天会八年（1130），宗弼渡江侵宋，仍然没有能够捉获宋高宗，金人始觉彻底灭亡南宋并非易事，开始调整对宋政策，流露出讲和之意。天会十年（1132）八月，金人将扣留的宋使王伦遣归南宋，并具言息兵讲和之意。天会十一年（1133），金人派

① （汉）司马迁：《史记》卷97《郦生陆贾列传》，中华书局1959年版，第2699页。

遣李永寿等使宋，开始与南宋王朝进行议和。天会十二年（1134）以“天下不可以马上治”为赋题，就反映了当时金国统治者意欲息兵议和的政治意图。《三朝北盟会编》对此亦有明确的记载：“聿兴曾在宋朝沈晦第三甲及第，后来却再与本朝取应，来问某云：‘侍郎是谁榜?’某云：‘何涣牓。’又言：‘今年本朝试进士，出赋题是《天下不可以马上治》。’某答云：‘此可见大国息兵之意，天下幸甚。’又云：‘这赋题是本朝张炳文侍郎出，丞相见，问是谁意思?左右云事见前汉陆贾传。丞相遂令人用国书译过其传，看后大喜，遂与张侍郎转两官。’某等复云：‘大国果有意偃兵修文，岂惟江南之幸！实天下生灵之福！’某等以聿兴所说。遣某等回报，前后反复，迁延不定。某等恐误国事，遂以长书献达兰云。”[①] 可见，这个考试题目确实是为当时的政治形势服务的。

海陵王天德三年（1151）词赋御试题为“天锡勇智正万邦”，题目出自《尚书·商书·仲虺之诰》：“有夏昏德，民坠涂炭。天乃锡王勇智，表正万邦，缵禹旧服。”《书》序云：“汤归自夏，至于大坰，仲虺作诰。仲虺之诰，成汤放桀于南巢，惟有惭德。曰：予恐来世以台为口实。”[②] 也就是说，汤灭夏朝，并流放夏桀于南巢，却又为自己德行不如古代圣王而深感惭愧，于是仲虺作此诰来劝解成汤，认为夏桀暴虐无道，成汤灭夏是符合天意的，不必自我惭愧。皇统九年（1149）十二月，海陵王发动政变，弑君自立。天德三年（1151）是其登帝后的首次科举，以商汤讨伐暴虐的夏桀来比附自己除灭乱杀无辜的熙宗，显然是为其弑君篡位的罪行辩护和正名，目的是为了掩盖罪行，重新赢得世人的尊重和顺从。由此可见此科命题的深刻寓意。

正隆五年（1160）的省试赋题为“事不避难臣之职”，题目出自《后汉书·虞傅盖臧列传》：“朝歌贼宁季等数千人攻杀长吏，屯聚连

---

① （宋）徐梦莘：《三朝北盟会编》卷162《炎兴上》，上海古籍出版社影印本1987年版，第1174—1175页。

② （汉）孔安国传，（唐）孔颖达疏：《十三经注疏·尚书正义》卷8，北京大学出版社1999年版，第196页。

年，州郡不能禁，乃以（虞）诩为朝歌长。故旧皆吊诩曰：‘得朝歌何衰?’诩笑曰：‘志不求易，事不避难，臣之职也。不遇盘根错节，何以别利器乎?’”[①] 这里讲的是朝歌贼众横行，众官避之不及，唯独虞诩不避危难，把平息贼人当作自己的分内之职。《国语韦氏解·鲁语上》亦云：“居官者事不避难，在位者恤民之患，是以国家无违。”[②] 认为官员食国家俸禄，就应该忠君报国，要不避危难、体恤民情，为君王分忧。海陵王完颜亮雄心勃勃，一心想南伐宋朝，统一全国，进而做全中国的大皇帝，但统治阶级内部意见不一，有人反对进攻南宋，在这种情况下，完颜亮急需做些统一思想和行动的工作。此科省试在正隆南伐（1161）前一年，海陵王以此命题试士，有激发士气、鼓励奉献之意图，以期达到凝聚人心、统一行动之目的。此科的御试赋题为“赏罚之令信如四时”，出自《汉书·贾谊传》：“若夫庆赏以劝善，刑罚以惩恶，先王执此之政，坚如金石；行此之令，信如四时；据此之公，无私如天地耳。”[③] 讲的是治国之道在于劝善惩恶、赏罚严明。《尉缭子·兵令下》有云：“百万之众不用命，不如万人之斗也；万人之斗，不如百人之奋也。赏如日月，信如四时；令如斧钺，制如干将。士卒不用命者，未之有也。”[④] 所言是用兵之要在于赏罚决断、号令如一。正隆四年（1159）冬，完颜亮派遣翰林侍讲学士施宜生等使宋贺正旦，在使节队伍中隐匿了几个画工，让他们将南宋首都临安及吴山、西湖风景画下来，做成一扇屏风，立于寝宫，在画面上又添一人骑马立于吴山绝顶，且在画上题写一诗云：“万里车书已混同，江南岂有别疆封。屯兵百万西湖上，立马吴山第一峰。”完颜亮继统大位后，便积极谋取讨伐南宋，统一全国，并为此做了大量准备，先是迁都燕京，再迁至汴京，同时征调全国兵马，

---

① （南朝宋）范晔：《后汉书》卷58《虞傅盖臧列传》，中华书局1965年版，第1867页。

② （民国）徐元诰撰：《国语集解》，王树民、沈长云点校，中华书局2002年版，第148—149页。

③ （汉）班固：《汉书》卷48《贾谊传》，中华书局1962年版，第2252页。

④ （战国）尉缭：《尉缭子直解》卷5，（明）刘寅直解，江苏古籍出版社1988年版，第207页。

准备大举进攻南宋。在南伐之前，以此题试士，显然也是有所用心的，即含有赏罚严明、令行禁止、严明军令之意。

卫绍王大安元年（1209）平阳府试题“圣人有金城”，出自《汉书·贾谊传》：“上设廉耻礼义，以遇其臣……故父兄之臣，诚死宗庙；法度之臣，诚死社稷；辅翼之臣，诚死君上；守卫扞敌之臣，诚死城郭封疆。故曰：‘圣人有金城者，比物比志也。’彼且为我死，故吾得与之俱生；彼且为我亡，故吾得与之俱存。夫将为我危，故吾得与之皆安。顾行而忘利，守节而仗义，故可以托不御之权，可以寄六尺之孤。此厉廉耻、行礼谊之所致也。”① 颜师古解释说：“此言圣人厉此节行，以御群下，则人皆怀德，戮力同心，国家安固，不可毁拔，若金城也。”② 卫绍王时期，北方蒙古逐渐强大，不断骚扰金国北境，需要将士同仇敌忾，抵御强敌，守疆卫土。在这种严峻的政治形势下，以此命题取士，自然是表达了国家对忠臣良将的期待之情。

宣宗元光二年（1223）府试词赋题为“高帝以天下为度”，出自《汉书·窦田灌韩传》：“（高祖）平城之饥，七日不食，天下歌之，及解围，反位，而无忿怨之心。夫圣人以天下为度者也，不以己私怒伤天下之功。”③ 据元好问所言，“是秋，公（按：指杨云翼）主贡举，且取‘高帝以天下为度’命题以讽焉。”④《中州集·礼部杨公云翼》云：“宣宗频岁南伐，事势有决不可者，论议之际，时相多以避嫌不敢言，公独直言极谏，以为两淮生灵皆陛下赤子，不能外御北兵而取偿于宋，以天下为度者不如是也。是后再出兵，时全一军几为宋人所覆。宣宗悔悟，责主兵者曰：‘我当何面目见杨云翼耶？’”⑤ 可见，杨云翼主贡举，出此题目，意在讽谏宣宗不听劝阻、执意伐宋之举，是有明确的现实针对性的。

---

① （汉）班固：《汉书》卷48《贾谊传》，中华书局1962年版，第2257页。

② 同上书，第2259页。

③ （汉）班固：《汉书》卷52《窦田灌韩传》，中华书局1962年版，第2400页。

④ （金）元好问：《内相文献杨公神道碑铭》，姚奠中主编《元好问全集》卷18，山西古籍出版社2004年版，第420页。

⑤ （金）元好问编：《中州集》卷4《礼部杨公云翼》，中华书局上海编辑所1959年版，第214页。

二　命题留心治道

治国的根本在于选拔人才。受汉族文人的影响下，金国统治者也接受了儒家的一整套治国理念，诸如推行德治、选贤用能、关心民瘼等。因此，在命题选士时也就特别留心治道之方。

有的试题题目表明了统治者有意推行汉法，倡导德治。如天会十年（1132）的“好生德洽民不犯上赋”，出自《尚书·虞书·大禹谟》：“皋陶曰：帝德罔愆，临下以简，御众以宽，罚弗及嗣，赏延于世，宥过无大，刑故无小，罪疑惟轻，功疑惟重，与其杀不辜，宁失不经，好生之德，洽于民心，兹用不犯于有司。”① 这是讲皋陶赞扬帝舜爱惜民众、为政宽简的德行。以此命题，正表明金统治者在占领汉地后，改变武力征服，转向文德治国。皇统二年（1142）“日月得天能久赋”出自《周易·恒卦》：“日月得天而能久照，四时变化而能久成，圣人久于其道而天下化成。”② 本意是说只有保持美德，顺从天道，才能使得国运长久。皇统五年（1145）是“仁为道远行莫能致赋”，出自《礼记·表记》：“子曰：仁之为器，重其为道，远举者莫能胜也，行者莫能致也。取数多者，仁也。夫勉于仁者，不亦难乎？是故君子以义度人，则难为人，以人望人，则贤者可知已矣。”③ 大定十三年（1173）御试赋题：“周德莫若文王”，出自《毛诗序》：“《皇矣》，美周也，天监代殷莫若周，周世世修德，莫若文王。”④ 在金代帝王中，金熙宗和金世宗的汉化程度极高，对儒家典籍也非常熟悉。仁德是儒家思想的核心，以此命题选士，可以看出他们推行儒术、以德治国的政治意图。

---

① （汉）孔安国传，（唐）孔颖达疏：《十三经注疏·尚书正义》卷4，北京大学出版社1999年版，第91页。

② （三国魏）王弼注，（唐）孔颖达疏：《十三经注疏·周易正义》卷16，北京大学出版社1999年版，第1017页。

③ （汉）郑玄注，（唐）孔颖达疏：《十三经注疏·礼记正义》卷54，北京大学出版社1999年版，第1476页。

④ （汉）毛亨传，（汉）郑玄笺，（唐）孔颖达疏：《十三经注疏·毛诗正义》卷21，北京大学出版社1999年版，第1476页。

如果说以汉治汉、以德治国还是处于政策层面，仅仅表明一种思想态度和政策导向；那么，从根本上来说，国家的治理还是要依靠各级官员来施行，这就必然要求重视吏治，选贤任能。科举考试以选拔官员为目的，在金代科举考试题目中，这类内容所占比例最大。

大定三年（1163）的解试赋题："建官惟质天下治"，出自《尚书·周书·武成》："列爵惟五，分土惟三，建官惟贤，位事惟能，重民五教，惟食丧祭，惟信明义，崇德报功，垂拱而天下治。"[①] 府试赋题："立政惟人不惟官职"，出自《尚书·商书·咸有一德》："任官惟贤材，左右惟其人。"[②]《书》序云："伊尹作《咸有一德》，言君臣皆有纯一之德，以戒太甲。"[③] 省试赋题："夙夜求贤务在安民"，出自《汉书·赵尹韩张两王列传》："（尹翁归）元康四年病卒，家无余财，天子贤之，制诏御史：'朕夙兴夜寐，以求贤为右，不异亲疏近远，务在安民而已。扶风翁归，廉平乡正，治民异等，早夭不遂，不得终其功，朕甚怜之。'"[④] 又《尚书注疏·虞书·舜典》：（疏文）"人君所重者在于民之食哉！惟当敬授民之天时，无失其农用，为政务在安民。当安彼远人，则能安近人耳。"[⑤] 御试赋题："知所以临制则臣民畏服"，出自《汉书·袁盎晁错传》："（晁错）上书言：人主所以尊显功名、扬于万世之后者，以知术数也。故人主知所以临制臣下而治其众，则群臣畏服矣；知所以听言受事，则不欺蔽矣；知所以安利万民，则海内必从矣；知所以忠孝事上，则臣子之行备矣。此四者，臣窃为皇太子急之。"[⑥] 又《尚书·周书·吕刑》云："皇帝

① （汉）孔安国传，（唐）孔颖达疏：《十三经注疏·尚书正义》卷11，北京大学出版社1999年版，第295页。

② （汉）孔安国传，（唐）孔颖达疏：《十三经注疏·尚书正义》卷8，北京大学出版社1999年版，第217页。

③ 同上书，第214页。

④ （汉）班固：《汉书》卷76《赵尹韩张两王列传》，中华书局1962年版，第3209页。

⑤ （汉）孔安国传，（唐）孔颖达疏：《十三经注疏·尚书正义》卷13，北京大学出版社1999年版，第328—329页。

⑥ （汉）班固：《汉书》卷49《袁盎晁错传》，中华书局1962年版，第2277页。

清问下民，鳏寡有辞于苗，德威惟畏，德明惟明。”注文中有“言又增尧监苗民之见怨，则修其德。行威则民畏服，明贤则德明人，所以无能名焉。”① 本篇为周穆王之相吕侯所作，故名《吕刑》，告诫执法官要勤政慎罚、注重德政。金世宗在继承大统后，有意纠正完颜亮穷兵黩武的政策，力主和议，偃武休兵，并于大定四年（1164，宋隆兴二年）与南宋签订了“隆兴和议”，开始了长达四十余年的和平相处时期，金朝国力至此达到全盛，史称其为“小尧舜”。此次为金世宗初继大位后首次开科取士，所出试题均体现了偃武修文、选贤任能、励精图治的政治意图。

大安元年（1209）御题是“获承休德不遑康宁”，出自《汉书·董仲舒传》：“朕获承至尊休德，传之亡穷，而施之罔极。任大而守重，是以夙夜不皇康宁。永惟万事之统，犹惧有阙。故广延四方之豪儁……朕垂听而问焉。”② 这段文字实为汉武帝选拔贤良方正的制文，董仲舒著名的“天人三策”即是应此制而作。崇庆二年（1213）御试赋题：“臣作股肱弼予违”，出自《尚书·虞书·益稷》：“帝曰：‘臣作朕股肱耳目。予欲左右有民，汝翼……予违汝弼，汝无面从，退有后言。”③ 这段文字是帝舜与大禹的对话，告诫他要忠于职守，行为谨慎，用正直的人做辅佐，令行则天下响应。府试题为“三王以赏刑致康”，出自《后汉书·梁统传（附梁商传）》：“（大臣梁商上表曰）：春秋之义，功在元帅，罪在首恶。故赏不僭溢，刑不淫滥，五帝三王所以同致康义也。”④ 卫绍王统治时期，内有权臣干政，外有强敌侵犯，可谓是内忧外患，急需忠勇能干之臣辅佐。以上考试题目便反映出统治者急切求治的内心期待。

儒家提倡忧国忧民，情怀天下。民为邦本，关心民瘼便是忧国的

① （汉）孔安国传，（唐）孔颖达疏：《十三经注疏·尚书正义》卷13，北京大学出版社1999年版，第328—329页。

② （汉）班固：《汉书》卷56《董仲舒传》，中华书局1962年版，第2495页。

③ （汉）孔安国传，（唐）孔颖达疏：《十三经注疏·尚书正义》卷5，北京大学出版社1999年版，第116页。

④ （南朝宋）范晔：《后汉书》卷34《梁统传（附梁商传）》，中华书局1965年版，第1176页。

具体表现。金统治者以儒治国，崇尚德治，也极为关注民生问题，这在科举考试题目中也有所体现。正隆二年（1156）御试赋题："不贵异物民乃足"，出自《尚书·周书·旅獒》："志以道宁，言以道接，不作无益害有益，功乃成。不贵异物贱用物，民乃足。"[①] 本篇大意是召公告诫周武王，不要接受西旅贡献的獒犬，不要玩物丧志，而要勤政爱民。大定二十二年（1182）御试诗题："发仓振乏馁"，出自《礼记·月令》："是月也，生气方盛……天子布德行惠，命有司发仓廪，赐贫穷，振乏绝，开府库，出币帛，周天下，勉诸侯，聘名士，礼贤者。"[②]《汉书·魏相丙吉传》亦云："窃伏观先帝圣德仁恩之厚，勤劳天下，垂意黎庶，忧水旱之灾，为民贫穷，发仓廪，振乏馁……所以周急继困、慰安元元，便利百姓之道甚备。"[③] 表明金统治者具有仁德情怀，关心民瘼，情系天下。

在金代科举考试中，也有个别的极端情况，出题竟然是要为难士子，这与选拔人才的初衷相去甚远。如泰和六年（1206），金章宗为人所谗，对文人比较厌恶，自出题曰："日合天统"，以困诸进士[④]。又如大定十九年（1179）御试赋题："易无体"，出自《周易·系辞上》："故神无方而易无体，一阴一阳之谓道。"[⑤] 据《金史·选举志》云："（大定）十九年，（世宗）谓宰臣曰：'自来御试赋题，皆士人尝拟作者，前朕自选一题，出人所不料，故中选者多名士，而庸才不及焉。是知题难则名儒亦擅场，题易则庸流易侥幸也。'"[⑥] 尽管说得冠冕堂皇，但仍不免有为难士子之嫌。当然，帝王因个人喜好而随意出题，只是极个别的现象。

---

① （汉）孔安国传，（唐）孔颖达疏：《十三经注疏·尚书正义》卷13，北京大学出版社1999年版，第328—329页。

② （汉）郑玄注，（唐）孔颖达疏：《十三经注疏·礼记正义》卷15，北京大学出版社1999年版，第483—484页。

③ （汉）班固：《汉书》卷74《魏相丙吉传》，中华书局1962年版，第3137页。

④ （金）刘祁：《归潜志》卷10，崔文印点校，中华书局1983年版，第111页。

⑤ （三国魏）王弼注，（唐）孔颖达疏：《十三经注疏·周易正义》卷7，北京大学出版社2000年版，第315页。

⑥ （元）脱脱等：《金史》卷51《选举志一》，中华书局1975年版，第1135页。

第四节　金代科举考试命题导向对相关文体的影响

就文体特征而言，策、论是议论性文体，适合于表达政治见解，与科举考试的诉求是一致的；而诗、赋是抒情叙事性文体，不太适合发表个人意见，与科举考试的文体要求是相违背的。祝尚书说："就文体和内容论，经、子、史书与抒情言志的传统文学——诗赋疆域分明，互不相侵，而要从哲学、史著中出诗赋题，除了礼乐刑政、典章文物外，实在别无选择；而作者（举子）欲将本来是缘情体物的诗赋写得'象'诗赋，除了描摹'朝廷气象'外，似乎也别无他途。"① 金代科举考试多从"五经三史"内出题，寓含朝廷推行德政、选贤任能的政治意图。金代文人生存于这样的科举文化环境中，长期的政治教化和写作训练，使他们的文学创作必然会打上科举考试的烙印。

一　命题导向对金代词赋之影响

金代科举以词赋为重，极大地促进了文人创作词赋的热情。元好问曾说："明昌、承安间，科举之学盛，大夫士非赋不谈。"② 的确，金朝擅长辞赋创作的文人很多，除王寂、赵秉文、王若虚、李纯甫、李俊民、元好问等著名文人皆有赋作留存外，还有很多文人也以赋著称，如刘昂"律赋自成一家，轻便巧丽，为场屋捷法"；刘中"中明昌五年词赋、经义第，诗清便可喜，赋甚得楚辞句法"；史肃"古赋亦奇峭，工于字画，业科举为名进士，立朝为才大夫"；王特起"长于辞赋，出入经史，摘其英华，以为句读，如天造神出"；冯璧"少日在太学，赋声籍甚"；王琢所著"《圣人赋》，今世少有能到者"；王元节是金初词赋状元刘㧑的女婿，"传其赋学，第进士"；景覃"年十八，有赋声"；崔遵"少日在太学，有赋声"；王万石"住太

① 祝尚书：《宋代科举与文学》第九章《宋代的科举时文：诗赋》，中华书局2008年版，第276页。

② （金）元好问编：《中州集》卷10《先大夫诗》，中华书局上海编辑所1959年版，第526页。

学，有赋声"；田特秀有专门的《赋集》；张介"幼有赋声"；胡汲"少有赋声"；张庭玉"能日赋百篇"；郝天挺"少日有赋声"；曹用之"幼有赋声，屡中甲乙"；刑安国"少日有赋声"；马舜卿"在太学有赋声"；郑子聃"少日有赋声，时辈莫与为敌"；张楫"文赋诗笔，截然有律度，时人甚爱重之"；阎长言"工词赋"①；宋九嘉"少游太学，有能赋声"；王渥"少游太学，有词赋声"；王特起"少工辞赋有声"；张邦直"少工词赋，尝魁进士平阳"；魏琦"少工词赋，擢高第"；"金朝以律赋著名者曰孟宗献友之、赵枢子克"②；神童刘住儿善作诗赋，为《金史·选举志》所特意："年十一岁，能诗赋……召至内殿，试《凤凰来仪赋》、《鱼在藻》诗，又令赋《旱》诗，章宗嘉之，易经童出身"③；等等。甚至女真、契丹等少数民族文人也能作赋，如石抹世勣"少有词赋声，擢第"④；完颜勖曾在金熙宗射获五虎后即刻献上《东狩射虎赋》⑤；徒单镒"献《汉光武中兴赋》，世宗大悦，不设此科，安得此人"⑥；等等。仅《中州集》和《归潜志》所载，以赋著称的金代文人就有30多位。由此可见，金代词赋创作的确是非常繁荣的，而这种繁荣很明显是科举考赋推动的结果。

另一方面，长时期以词赋取士的结果是，词赋成了文人追求功名利禄的工具，这就必然导致其创作程式化，缺乏艺术个性，最终使得金代词赋作品难以长久流传于世。这种为追求功名而热衷于词赋创作的现象在当时即引起了有识之士的反思和批评。如孟宗献连中四元，

① 以上各条分别参见元好问编《中州集》，中华书局上海编辑所1959年版，第193、200、228、262、281、341、345、348、364、370、409、432、436、443、447、450、451、452、464、469、470页。

② 以上各条分别见刘祁《归潜志》，崔文印点校，中华书局1983年版，第11、18、31、43、50、80页。

③ （元）脱脱等：《金史》卷51《选举志一》，中华书局1975年版，第1149页。

④ （金）刘祁：《归潜志》卷4，崔文印点校，中华书局1983年版，第39页。

⑤ （元）脱脱等：《金史》卷66《始祖以下诸子·完颜勖传》，中华书局1975年版，第1559页。

⑥ （元）脱脱等：《金史》卷99《徒单镒传》，中华书局1975年版，第2186页。

受到时人的热烈追捧，但魏道明却对这位奇才状元有不同于时人的看法，他认为孟宗献“学问渊源，度越流辈远甚，惜乎方少年进取，从事于场屋间，独以诗格赋律见称，岂尽君之才耶？而又连取四魁，以成其赋名，人皆以为荣，余独以为不幸，何者？使其不为时学而大发于古文，则必有桓桓之声、浑浑之力，追配于昔人，又岂止传道八韵而已哉？亦尝览其赋矣，皆约束俊气，徘徊窘步，以俯就时律。此尤足惜也！”① 郝天挺也有类似的看法，他反对为追求功名而进行的写作训练，他教育元好问：“今人学词赋，以速售为功。六经百氏分裂补缀外，或篇题句读之不知。幸而得之，且不免为庸人。况一败涂地者乎？”② 刘祁则对此种现象进行了激烈的批评：

> 金朝律赋之弊不可言……张丞旨行简知贡举，惟以格律痛绳之，洗垢求瘢，苛甚。其一时士子趋学，模题画影，至不成语言，以是有甘阙泉水之喻，文风浸衰。故士林相传阙二字题小赋必曰“国欲图治，君当灼知”，隔句贴多用“可得而知”四字。故文人见一举子，必指曰：“又一可得而知。”有人云：闻一老师令席生作《汉高祖斩白蛇赋》，席生小赋破题云：“蛇不难斩，君当灼知。”师改曰：“不然。不若‘国欲图治，君当斩蛇’。”又令作《鸿雁来宾赋》，曰：“秋既云至，雁当灼知。”此可以轩渠也。③

像这样生搬硬套、程式僵化的创作，缺乏艺术个性，怎么可能产生感人的情感？又怎么可能具有恒久的艺术生命力？刘克庄云：“唐世以赋诗设科，然去取予夺一决于赋，故唐人诗工而赋拙，……本朝

---

① （金）魏道明：《孟友之与西堂和尚帖跋》，（清）张金吾编纂《金文最》卷48，中华书局1990年版，第699页。

② （金）元好问：《郝先生墓铭》，姚奠中主编《元好问全集》卷23，山西古籍出版社2004年版，第517页。

③ （金）刘祁：《归潜志》卷9，崔文印点校，中华书局1983年版，第97页。

亦以诗赋设科，然去取予夺一决于诗，故本朝赋工而诗拙。”① 金代也以词赋取士，而去取予夺一决于赋，其结果不也是惊人的相似吗?

金代词赋创作数量非常多，表面上看似繁荣，实际成就却十分有限，留存至今的仅有30余篇。造成这种状况的一个很重要的原因是作品模式雷同，缺少真情实感和艺术个性。而在这一点上，金代科举以词赋取士是难辞其咎的。

二　命题的政治化与金代散文的议论色彩

命题范围长期限定在“五经三史”内，使得金代文人能够深入研读儒家经典；而命题的政治化导向，又使他们极为留意有关治道的言论。不仅汉族文人上疏陈政，就是女真文人也习惯于以文字来表达政治见解，这使金代文人的作品具有议论的色彩。

金朝统治者推尊儒学，重视德治，消解了汉族文人内心的民族隔阂和夷夏观念，他们积极上疏进谏，为金王朝奉献自己的才智。

金章宗、宣宗时期曾多次组织朝臣讨论王朝的德运问题，或主张继唐而为金德，或主张继辽而为木德，或主张继宋而为土德，或主张继太祖圣训而为金德，大体形成四种不同的意见，最后皆形诸文字，今存以《德运议》为题的8篇文章，署名分别为赵秉文、张行信、黄裳、王仲元、田庭芳、完颜乌楚、穆颜乌登、舒穆鲁世勣（即石抹世勣，与吕子羽、李和甫合署名）等②。这些文章皆引经据典，力陈己见。不管是汉人，还是女真人，都积极参与讨论，阐明自己的主张，目的都是为金朝争得正统资格。

再如金宣宗时，由于蒙古犯境，疆域日促，便打算南伐宋朝，以求补偿，朝臣纷纷上疏陈政，反对南伐，力主议和，今存许古《谏伐宋疏》、胥鼎《言伐宋六不可疏》、张行信《请先遣使与宋议和疏》、高汝励《谏先与宋议和疏》、张行简《论与北兵议和疏》等文章。

又如，金朝末期，北方蒙古频繁南侵，金朝无力抵御，宣宗打算

---

① （宋）刘克庄：《李耘子诗卷》，《刘克庄集笺校》第9册卷99，辛更儒笺校，中华书局2011年版，第4163页。

② （清）张金吾编纂：《金文最》卷58，中华书局1990年版，第829—836页。

迁都，朝臣中形成多种不同的意见，或主迁至河南，或主迁至陕西，或主迁至山东，或主坚守中都燕京，皆纷纷撰文，各陈己见。现存有孙大鼎《论迁都疏》、完颜宗鲁《南迁议》、赵秉文《迁都论》等文章，纵论古今，分析形势，慷慨陈词。

其他综论治国的，如赵秉文《献治国十策》、侯挚《言九事疏》、孙规《条陈八事疏》、许古《请择将相、招协从、止搜括、求直言疏》、刘炳《陈便宜十事疏》等；还有专论某事的，如论用人的有赵秉文《论奖进人才疏》，论军事的有张行信《言马政疏》、李英《议兵事疏》，论经济的有高汝砺《谏榨油疏》、张行简《谏括粮疏》，论政治的有刘祁《辩亡》；等等。

上疏进谏，本是为臣者的基本职责，但要引经据典，讲明道理，却并非易事。多年参加科举考试的训练奠定了厚实的经史基础，儒家思想的熏染又使他们秉承着忧国忧民的情怀。以上奏疏文章的写作与科举程文的训练不无关联。

如果说在奏疏中论政议事是这种文体性质所决定的，是题中应有之意，还不能说明金代散文体现出议论色彩；那么，在金代还有大量的论辩文章，则可充分说明这一特点。

蔡珪是蔡松年之子，天德三年（1151）中进士，学问渊博，著作宏富，被元好问称为“国朝文派”的正传之宗。他曾写过《燕王墓辨》，议论博洽，甚为时人所称道，惜今已不传。党怀英是金代中期文坛盟主，他的散文现存近20篇，特点之一是“带有感情色彩的议论”①。王若虚，承安二年（1197）经义进士，是金代学问最渊博的文人，著有《滹南遗老集》四十五卷，集中又以辩论文章为主，笔锋所指，涉及“五经”、《论语》《孟子》《史记》《新唐书》等经史名著，或指摘文词语法有误，或批评议论取舍不当，显示出独立的批评意识和超强的论辩能力。李纯甫与王若虚为同年进士，亦为金末风云人物，他的文章流传较少，其中《司马温公不喜佛辨》《程伊川异端害教论辨》两篇文章，引经据典，议论风生，体现出极高的论辩水

① 王永：《金代散文研究》，中国社会科学出版社2011年版，第52页。

平。数量最多、最具代表性的当数赵秉文。赵秉文为大定二十五年（1185）词赋进士，与李纯甫、王若虚等俱为金末文坛盟主，他有几组论说文非常著名，包括政论、史论和经论三类文章，其中《西汉论》《东汉论》《魏晋正名论》《蜀汉正名论》《唐论》为一组史论文章；《迁都论》《候守论》《知人论》《直论》为一组政论文章；《原教》《中说》《诚说》《庸说》《和说》《性道教说》为一组经论文章。这三组论说文涉及政治、历史、军事、伦理、人性等各个方面。没有深厚的经史功底，是难以写出如此系统的理论文章来的。

正如王永在《金代散文研究》中所言："金代散文以实用性文字为主，虽大多出自汉族文人之手，但以不同功能的文体为载体，女真统治者的意志和性格从不同层面上渗透到整个国家的社会生活中。可以说，金代散文直接参与了金代社会和文化的形成与维护。"① 而这其中，科举之功是不可忽略的。

在科举的诱惑下，不少女真族猛安谋克也纷纷弃武从文。女真进士科的设立始于大定四年（1164），十三年正式开策论进士科。女真进士科主要考校策和论，虽然后来加试诗，但并不重要。据表4－1可知，策论科考试题目主要涉及选贤任能、兴德简刑、忠孝仁义等内容，如世宗大定三年（1163）策论科御试策题："今欲尽得天下之贤而用之，又俾贤者各尽其能，以何道而臻此乎?"大定二十二年（1182）御试策题："县令阙员，取之何道"，大定二十五年（1185）御试论题："今欲兴教化，措刑罚，振纲纪，施之万世，何术可致?"哀宗正大元年（1224）策论科御试策题"何以扶持国政，臻于至理"、诗题"臣事君以忠"。这种命题取士的导向，必然会对女真文人的文学创作产生重要的影响

据薛瑞兆《金代科举》所辑统计，姓名可考的女真族进士有九十余人，他们都曾研经读史，也创作过不少诗文作品。刘祁《归潜志》云："南渡后，诸女真世袭猛安、谋克往往好文学，喜与士大夫游。如完颜斜烈兄弟、移剌廷玉、温甫总领、夹谷德固、术虎（邃）士

① 王永：《金代散文研究》，中国社会科学出版社2011年版，第94页。

玄、乌林答（爽）肃孺辈，作诗多有可称。”① 可惜的是女真文人流传至今的作品极少。笔者遍检《全金诗》《全辽金文》，仅得十余首诗和五十余篇文章②，这些文章基本上是疏书议表等应用性文体，叙事性文章极少留存，仅见完颜没里也的《仰天山记》、完颜（名阙）的《拟江楼记》等二三篇而已。这种状况与女真进士科考试的科目设置和命题导向当有很大的关系。兹举几例，予以说明。

徒单镒，大定十三年（1173）首科策论状元，有《弘道集》，已佚，其文仅存两篇，皆为进谏之疏文。

一是《乞通上下之情疏》③，文章云：

> 臣窃观唐、虞之书，其臣之进言于君曰“戒哉”、“懋哉”，曰“吁”、曰“都”，既陈其戒，复导其美。君子之为治也，必曰“稽于众，舍己从人”。既能听之，又能行之，又从而兴起之。君臣上下之间，相与如此。陛下继兴隆之运，抚太平之基，诚宜稽古崇德，留意于此，无因物以好恶喜怒，无以好恶喜怒轻忽小善，不恤人言。夫上下之情有通塞，天地之运有否泰。唐陆贽尝陈隔塞之九弊，上有其六，下有其三。陛下能慎其六，为臣子者敢不慎其三哉？上下之情既通，则大纲举而群目张矣。

通过征引古老的《尚书》来继承稽古崇德的传统，又标举唐代名臣陆贽的疏文作借鉴，以此来劝谏章宗要从谏如流，坚持不懈，以期长治久安。

二是《论为政之术疏》④，文云：

---

① （金）刘祁：《归潜志》卷6，崔文印点校，中华书局1983年版，第63页。

② 女真帝王和皇族文人的创作以及早期以诸王名义发布的汉族文人代拟之诏令表疏等不计在内，因这些作品没有受到科举考试之影响，不在本书考察范围之内。

③ （金）徒单镒：《乞通上下之情疏》，阎凤梧主编《全辽金文》，山西古籍出版社2002年版，第1644页。

④ 同上书，第1644—1645页。

仁、义、礼、智、信，谓之五常。父义、母兹、兄友、弟敬、子孝，谓之五德。今五常不立，五德不兴，缙绅学古之士弃礼义，亡廉耻，细民违道叛义，迷不知返，背毁天常，骨肉相残，动伤和气，此非一朝一夕之故也。今宜正薄俗，顺人心，父父、子子、夫夫、妇妇，各得其道，然后和气普洽，福禄荐臻矣。为政之术，其急有二。一曰正臣下之心。窃见群下不明礼义，趋利者众，何以责小民之从化哉？其用人也，德器为上，才美为下，兼之者待以不次，才下行美者次之，虽有才能行义无取者，抑而下之，则臣下之趋向正矣。二曰导学者之志。教化之行，兴于学校。今学者失其本真，经史雅奥，委而不习，藻饰虚词，钓取禄利。乞令取士兼问经史故实，使学者皆守经学，不惑于近习之靡，则善矣。凡天下之事，丛来者非一端，形似者非一体，法制不能尽，隐于近似，乃生异论。孔子曰："义者，天下之断也。"《礼》曰："义为断之节。"伏望陛下临制万机，事有异议，少凝圣虑，寻绎其端，则裁断有定，而疑可辨矣。

完颜素兰，为崇庆二年（至宁元年，1213）策论进士状元，其文仅存《请革弊政恤妄费疏》《乞令有司举堪任县令者疏》《请慎选东宫官属疏》《请黜高琪疏》四篇[①]，皆指陈时政，直截了当。如《请慎选东宫官属疏》：

臣闻太子者，天下之本也。欲治天下，先正其本。正本之要无他，在选人辅翼之耳。夫生于齐者能齐言，而不能楚语，未习之故也。人之性，亦在乎习之而已。昔成王在襁褓中，即命周、召以为师保，戒其逸豫之心，告以持守之道，终之功光文武，垂休无穷。钦惟陛下顺天人之心，预建春宫。皇太子仁孝聪明出于天资，总制枢务，固已绰然有余。傥更选贤如周召之俦者，使之夹辅，则成周之治不足侔矣。

① 阎凤梧主编：《全辽金文》，山西古籍出版社 2002 年版，第 2717—2720 页。

疏文首言“太子为天下之本”，直接点出太子地位的重要性；次言“人之性在乎习之而已”，引出太子成才需要良好的教育；再以周公、召公辅弼成王为例，来说明选择东宫官属的重要性和迫切性。文章以国家根本为着眼点，引经据典，以史为鉴，具有很强的说服力和感染力。

完颜仲德，泰和三年（1203）策论进士，史称其“少颖悟不群，读书习策论，有文武才”①。其文仅存《谏修见山亭疏》《谏选室女疏》两篇。②《谏修见山亭疏》先以古往今来国家遭难时帝王们最普遍的做法开头：“自古人君遭难播越于外者，必痛自刻苦，过自贬损，然后可以动天感人，克复旧物。”由此引出劝诫的内容：“昨臣朝退，道逢民夫数百人，荷畚插杖数入宫，问云：‘将修见山亭，及葺治同知衙，以为游息之所。’”然后才委婉地表达劝阻：“此必非陛下意，殆近侍官谕有司为之。臣愚以为不可。”最后阐述不可劳民的原因：“敌人犯河南几二年矣，京师陷没，诸郡皆残圮，所保完者独一蔡耳。蔡之公廨，固不及宫阙万分之一，方之野处露宿，则为有余，况车驾将行之时，已尝劳民治之，今兹不辍，恐人情解弛，不足以济大事。”再如《谏选室女疏》，先引经据典开头：“《礼》重内则，《诗》本后妃，所以承宗祧、广继嗣也。”由此引出议题，并委婉地表达了反对意见：“顷闻遣人求良家子以充后宫，臣知陛下必不为色，为社稷计耳。”再进一步分析形势，说明理由：“然小民无知，更相传讽，以为汴京陷没之后，七庙乏祀，两宫播迁，陛下幸蔡州，志图刷耻。然驻跸以来，不闻远略，而先求处女，以示久居。臣愚以为，民愚而神不可不畏，况征进有日，艰于从行，宜俟退敌，更求配耦。”这两篇疏文皆作于天兴二年（1233），时蒙古大军南伐，金哀宗率随从丢弃汴京，逃至蔡州，准备修葺官舍，选充后宫，显然是极不合时宜之举。完颜仲德即时上疏劝谏，疏文表达委婉，论文得体，使金哀宗幡然醒悟，欣然接受，达到了进谏劝阻的目的。

---

① （元）脱脱等：《金史》卷119《完颜仲德》，中华书局1975年版，第2605页。

② 阎凤梧主编：《全辽金文》，山西古籍出版社2002年版，第2462—2463页。

又如完颜宗鲁《南迁议》云：

> 盘庚迁亳，不可仿袭；平王迁洛，愈见衰微。我国家以雄强战斗，奄有南北。今一旦示弱，远窜梁魏，以此保国，恐其不然。古人有言："我能往，敌亦能往。"今外人徒见画河之议，欲自燕而南迁，谓舍河北以厌其欲，则河南、山东可为国家久计。臣恐不然。不若以宗庙社稷之重，与国家死守，立于百战之间，得胜势，则因机兴复。否则，固守京都，转输于中原，使远近犹知我为雄强之国。臣以为有中京，则有河北、河南；无中京，河北不可保，河南岂能独立乎？①

贞祐二年（1214），在蒙古的大势侵扰之下，金宣宗意欲南迁，以避其锋，诏求言定迁都之议②。完颜宗鲁的《南迁议》即是应此而作，文章开首即引经据典，认为不可效仿古人迁都；再言金以武得国，不可示弱；又引古语，言迁都之无效；最后分析固守京都之利，得出固守京都才是上策的结论。

穆颜乌登的《德运议》云：

> 右乌登等，窃见自古推定德运者多矣，有承其序而称之者，有协其符而取之者。故二帝、三王以五行相因，备载于汉史，此承其德运之叙而称之者也。迄于汉世，不取贾谊、公孙臣之说，卒以旗帜尚赤，此协其断蛇之符而取之者也。由是观之，承德运之序，协天之符瑞，乃明哲所行之令典也。钦惟太祖一戎衣而天下大定，遂乃国号大金，以丑为腊。是时虽未尝究其德运，而圣谋自得其正，其与天之符瑞粲然相合矣。何以言之？盖自李唐王以土德，其后朱梁不能混一天下，不得附于正统，诚为然矣。而后唐本姓朱邪，非李唐之苗裔，而强附于土德。究其失，则后唐

① 阎凤梧主编：《全辽金文》，山西古籍出版社2002年版，第2728页。

② （宋）宇文懋昭：《大金国志》卷24，崔文印校证，中华书局1986年版，第327页。

当为金，石晋为水，刘汉为木，后周为火，亡宋为土。既土生金，而圣朝以丑为腊者，诚可谓默获德运之正矣。况自国初，尝获纯白鸟兽之瑞，兼长白山素系国家福幸之地。且白者既为金色，而太祖国号为金，其与天之符瑞灼然协矣。美哉！得德运之正而协天之符瑞，以致四夷咸怀，六合同风，干戈永息，礼乐兴隆，八十余年寂然无事。逮乎章宗之朝议定德运，而孙人杰等备言当继于宋，可谓得其事之实者也。然而不究亡宋失序为火德之由，乃谓之土生于火，以辰为腊。今若正其宋失，更火为土，则本朝取宋自为金德。若是，则得其德运之正而协于天之符瑞矣。①

文章以“五德终始”之说为据，从“承其序”和“协其符”两个方面论证了国家为金德的合理性，引经据典，出入经史，显示了作者具有丰富的经史知识；有破有立，正反论述，体现出严密的逻辑思维能力。

综上所述，相比于唐、宋时期，金代科举考试的命题更加规范，但命题范围也愈加狭窄，基本上局限于“五经三史”之内，题目多寓含政治内容，极少文学色彩，反映出金国统治者争取正统、推尊儒学、以文治国的政治意图。科举制度的长期实行，消解了汉族文人的民族隔阂和夷夏之辨的意识，积极为金王朝服务。金代科举在实行过程中，对词赋进士科尤为重视，而取士又以词赋为主，极大地刺激了文人创作词赋的热情，但词赋的文体性质与考试题目的政治内涵不相适应，这又导致词赋创作的程式化，缺少艺术个性，不能够长久流传于世。金代各科进士都需考校策和论，而从文体特征来看，策和论适合议政论政。长期的科举考试训练，使得金代文人（包括汉人与女真文人）习惯于以文参政议政，这又导致了金代散文创作富有议论色彩。

① 阎凤梧主编：《全辽金文》，山西古籍出版社2002年版，第2738—2739页。

第五章　金代科场事件及其对奇古文风的影响

“科举是隋唐以来我国封建社会中的统治阶级为了巩固其政权而采取的一种官员选拔制度。”① 金代科举继承辽、宋之制，并有所改进。同唐宋时期一样，在金代科举各个科目中，最为人所看重的还是进士科。金代进士科又主要有词赋、经义和策论三种。“金设科皆因辽宋制，有词赋、经义、策试、律科、经童之制。海陵王天德三年，罢策试科。世宗大定十一年，创设女真进士科，初但试策，后增试论，所谓策论进士也。……其试词赋、经义、策论中选者，谓之进士。律科、经童中选者，曰举人。”② 国家的重要人才几乎都由此途而出，诚如元好问所言：“若仕进之路，则以词赋、明经取士，预此选者，多至公卿达官。捷径所在，人争走之。”③ 这里提到金代进士科中的词赋和经义两科，主要是针对汉人而设的。而策论科是专为女真人而设立的科目。女真人作为统治民族，在国家政权中本来就享有特殊的地位，中其选者自然会立据要路。因此，在金代，士人不论是实现儒家修齐治平的政治理想，还是追求世俗的功名利禄，都必须努力读书作文，以求得进士及第。

第一节　问题的提出

作为一项政治制度，进士科考试的最终目的当然不是选拔文

① 程千帆：《唐代进士行卷与文学》，上海古籍出版社 1980 年版，第 88 页。

② （元）脱脱等：《金史》卷 51《选举志一》，中华书局 1975 年版，第 1130 页。

③ （金）元好问：《寿阳县学记》，姚奠中主编《元好问全集》卷 32，山西古籍出版社 2004 年版，第 674 页。

学家，但其所选拔的人才却又不能不是文人，因为它选拔人才的手段是“考试”，考试的内容是“文章”，录取的标准则是“文词的优劣”。国家设科选士，规定科举考试的内容和录取的标准，广大士人通过写诗作文来应试，以求进士及第。因此，科举考试的内容及其录取标准自然会对文人的写作模式和文学的风格趣味产生一定影响。程千帆先生曾说：“进士科举，则又是唐代科举制度中最重要的组成部分。它主要是以文词优劣来决定举子的去取。这样，就不能不直接对文学发生作用。”① 这充分肯定了唐代科举对文学的重要作用。那么金代科举是否对文学产生影响？元好问曾说：

国初，因辽宋之旧，以词赋、经义取士，预此选者，选曹以为贵科，荣路所在，人争走之。传注则金陵之余波，声律则刘郑之末光，固已占高爵而钓厚禄。至于经为通儒，文为名家，良未暇也。及翰林蔡公正甫，出于大学大丞相之世业，接见宇文济阳、吴深州之风流，唐宋文派，乃得正传。然后诸儒得而和之，盖自宋以后百年，辽以来三百年，若党承旨世杰、王内翰子端、周三司德卿、杨礼部之美、王延州从之、李右司之纯、雷御史希颜，不可不谓之豪杰之士。②

他认为金代科举培养了一大批豪杰文人，使得唐宋文派能够在金代继续发扬光大。金末元初的王恽也说：

金源氏倔起海东，当天会间，方域甫定，即设科取士，急于得贤，故文风振而人才辈出，治具张而纪纲不紊，有国虽余百

① 程千帆：《唐代进士行卷与文学》，上海古籍出版社 1980 年版，第 88 页。

② （金）元好问：《闲闲公墓铭》，姚奠中主编《元好问全集》卷 17，山西古籍出版社 2004 年版，第 400 页。

> 年，典章文物到比隆唐宋之盛。①

认为金代科举造就了大批人才，促进了文学的繁荣兴盛，以至于金代文化在某种程度上可与唐宋相比。《金史·赵秉文传》亦有记载：

> 金自泰和、大安以来，科举之文其弊益甚。盖有司惟守格法，所取之文卑陋陈腐，苟合程度而已，稍涉奇峭，即遭绌落，于是文风大衰。②

指出金末科举取士存在弊端，导致了文风的衰落。

以上记载指出了金代科举对文学的发展产生了积极或消极的影响。那么，金代科举对文学究竟是如何起作用的？又是在哪些方面发生影响的？或者说，金代科举中有哪些事情对文学发生了影响？

傅璇琮先生在谈到唐代科举对文学发展的影响时说："我们似应该把视野放开些，不能只停留在说明考试办法（如试诗赋、策文等）对文学的影响上，单纯以下个积极或消极的结论为满足，可以把科举制对社会风气与文人生活的影响作为研究的课题，进行较为全面的、历史的考察。"③ 受傅璇琮先生的启发，本章不拟简单地论述金代科举对文学是起积极作用还是消极作用，而是就金代科举考试对文学发展所产生的具体影响来作些初步的探讨。

北宋时期，欧阳修于嘉祐二年（1057）知贡举，摈弃险怪奇涩的文章，录取苏轼、苏辙兄弟和曾巩等平实自然的文章，尽管在当时曾引起极大的议论，但这样做的结果是严厉地打击了自景祐以来流行于科场和太学的怪诞文风（"太学体"文风），促进了古文的发展，推

① （元）王恽：《浑源刘氏世德碑铭并序》，李修生主编《全元文》第6册，江苏古籍出版社1999年版，第503页。

② （元）脱脱等：《金史》卷110《赵秉文传》，中华书局1975年版，第2427页。

③ 傅璇琮：《唐代科举与文学》，陕西人民出版社2007年版，第417页。

动了宋代诗文革新运动取得了最终胜利。[①] 欧阳修利用知贡举的权力和机会改革文风[②]，为宋代文学的健康发展做出了巨大的贡献，这一现象已为学界所熟知。那么，金代科举考试中是否也有类似的现象？如果有，它对金代文坛产生了怎样的影响？以下就对这些问题作进一步的探讨。

第二节　金代的科场事件

在金朝末期的科举考试中曾发生过几次影响较大的事件，以下我们按事件发生的先后逐次介绍：

第一件是李经少有异才，曾于泰和六年（1206）和大安元年（1209）两次应举下第[③]，多位社会名流、文坛巨子如周昂、赵秉文、李纯甫、高宪等都写诗为他送行[④]，这在当时可谓是一件轰动性的事件。

第二件是贞祐三年（1215）省试，赵秉文知贡举，分别录取了李

① 事见欧阳发《先公事迹》："嘉祐二年，先公知贡举，时学者为文，以新奇相尚，文体大坏。僻涩如'狼子豹孙，林林逐逐'之语，怪诞如'周公伻图，禹操畚，傅说负版筑，来筑太平之基'之说。公深革其弊，一时以怪僻知名在高等者，黜落几尽。二苏出于西川，人无知者，一旦在高等。榜出，士人纷纷，惊怒怨谤。其后稍稍信服，而五六年间方格遂变而复古，公之力也。"又韩琦《欧阳公墓志铭》（《安阳集》卷50）亦载："嘉祐初，权知贡举。时举者务为险怪之语，号太学体，公一切黜去，取其平淡造理者即预奏名。初虽怨纷纭，而文格终以复故者，公之力也。"《四朝国史》本传亦云："（欧阳修）知嘉祐二年贡举，时士子尚为险怪奇涩之文，号为'太学体'。修痛排抑之，凡如是者辄黜。毕事，向之嚣薄者伺修出，聚噪于马首，街逻不能制。然场屋之习，从是遂变。"（参见《欧阳文忠公集》附录）又《宋史》本传所载略同，苏辙《祭欧阳少师文》中也有相同的记载。

② 刘煇是当时被黜者之一，他立即改变文风，所谒文章得到欧阳修的赞赏，于下一次科考一举高中状元。亦为欧阳修通过科举扭转文风的实例之一。"议者既推欧阳公有力斯文，而又服之道（按：刘煇字之道）能精敏于变也。"参见杨杰《无为集》卷13《刘之道墓志铭》，南宋刻本。

③ 王庆生：《金代文学家年谱》，凤凰出版社2005年版，第450—453页。

④ 四首诗分别见薛瑞兆、郭明志编纂《全金诗》，南开大学出版社1995年版，第2册第227、410页，第3册第158、319页。

献能为词赋魁，麻知几为策论魁，因他俩人的文章不同于当时流行的文体文风，于是在广大应试举子间引起轩然大波，有人向御史台告状，有人作诗讥讽，等等。关于此事，刘祁在《归潜志》中有记载：

> 贞祐初，诏免省试，而赵闲闲为省试，有司得李钦叔赋，大爱之。盖其文虽格律稍疏，然词藻庄严绝俗，因擢为第一人，擢麻知几为策论魁。于是举子辈哗然，诉于台省，投状告赵公坏了文格，又作诗讥之。台官许道真奏其事，将覆考，久之方息。俄钦叔中宏词科，遂入翰林，众始厌服。①

《金史·赵秉文传》也有同样的记载：

> 贞祐初，秉文为省试，得李献能赋，虽格律稍疏，而词藻颇丽，擢为第一。举子遂大喧噪，诉于台省，以为赵公大坏文格，且作诗谤之，久之方息。俄而献能复中宏词，入翰林。②

第三件是兴定末（1220—1221）（按：兴定四年秋府试，五年春省试、御试），麻知几再次应举③，于府试和省试中都得头魁，由此声名鹊起，以至妇人小儿都知其名，可惜在最后的廷试中却以误而下第，引起人们莫大的怜悯和同情。此事在多种文献中皆有记载。《归潜志》卷2记此事云：

> 兴定末，（麻知几）试开封府，词赋乙，经义魁。再试南省，复然。声誉大振，南都妇人小儿皆知名。及廷试，以误（一说策误）绌，士论惜之。已而隐居，不为科举计。正大初，门人王说、王采苓俱中第，上以其年幼，怪而问之，且知知几为师，近臣言其有才学，平章政事侯公挚、翰林学士赵公秉文俱荐之，特

① （金）刘祁：《归潜志》卷10，崔文印点校，中华书局1983年版，第108页。
② （元）脱脱等：《金史》卷110《赵秉文传》，中华书局1975年版，第2427页。
③ 王庆生：《金代文学家年谱》，凤凰出版社2005年版，第520—529页。

召赐进士第。

同卷中又记载：

知几试开封（按：指兴定五年），先子为御史监试，而王翰林从之、李翰林之纯为有司，因相与读举子之文，见其有雄丽者，相谓曰："是必知几。"因擢为魁，已而果然，士林以得人为贺。①

元好问在《中州集》卷六《麻九畴小传》中亦记其事云：

兴定末，府试经义第一，词赋第二，省试亦然，帘试以脱误下第。知几先有才名，又连中甲选，天下想望风采，虽牛童马走，亦能道麻九畴姓名。正大三年，右相侯萧公、赵礼部连章荐知几可试馆职，乃赐卢亚榜第二甲第一人及第。②

又《金史·麻九畴传》亦记其应举之事：

兴定末，（麻知几）试开封府，词赋第二，经义第一。再试南省，复然。声誉大振，虽妇人小儿皆知其名。及廷试，以误（一说策误）绌，士论惜之。已而，隐居不为科举计，正大初，门人王说、王采苓俱中第，上以其年幼，怪而问之，乃知尝师九畴。平章政事侯挚、翰林学士赵秉文连章荐之，特赐卢亚榜进士第。③

---

① （金）刘祁：《归潜志》卷2，崔文印点校，中华书局1983年版，第14页。

② （金）元好问编：《中州集》卷6《麻征君九畴》，中华书局上海编辑所1959年版，第292页。

③ （元）脱脱等：《金史》卷126《文艺下·麻九畴传》，中华书局1975年版，第2739—2740页。

麻知几先后于贞祐三年（1215）和兴定五年（1221）两次应举，都以落第告终，这一不幸遭遇在赵秉文的《复麻知几书》也可得到证实：

> 闻御榜到日，足下与李济之适同榻，一升一沉，不能不怅然也。然此亦何足置怀？前者足下（指麻知几）与李钦叔各魁省贡，群口嗷嗷，争为毁訾。及钦叔连中两科，然后瀌然心服。如使足下一第后，试制策，试宏词，当与钦叔并驰争先，未知鹿死谁手，岂可成败论士哉?①

第四件是正大元年（1224）李献能为省试考官，因见史学的赋作奇特，取为省魁，又引起举子们的争议。《归潜志》中记载此事：

> 正大中，钦叔复为省试，有司得史学优赋，大爱之，亦擢为第一，于是举子辈得复大噪。盖史之赋比李尤疏，第以学问词气见其为大手笔。又赋中多用禽兽对属，众言“何考官取此赋为魁？盖其中口味多也。”又曰：“可号学优为‘百兽家’。”俄学优对廷策中之，议者亦息。②

以上所述四件事中，两件为主司突破常规，逾格取文，引起了举子们的喧哗与讥讽；两件是因为应试举子文名很高却两次失利，引起士人的遗憾与同情。这四件事都因其出乎人们的意料，而引起广泛的关注，成为当时轰动性的事件。不论是因文优而中高第，还是因犯规而遭黜落，都是考试中必须注意的问题，必然会对应考举子产生较大的影响。

---

① （金）赵秉文：《复麻知几书》，（清）张金吾编纂《金文最》卷54，中华书局1990年版，第783页。

② （金）刘祁：《归潜志》卷10，崔文印点校，中华书局1983年版，第109页。

第三节　金朝南渡后的文风转变

金朝南渡以后，文坛发生了明显的变化，刘祁在《归潜志》里多次提到：

南渡后，文风一变，文多学奇古，诗多学风雅。①

南渡以来，士人多为古学，以著文作诗相高。②

南渡后，赵、杨诸公为有司，方于策论中取人，故士风稍变，颇加意策论。又于诗赋中亦辨别读书人才，以是文风稍振。③

刘祁认为金朝南渡后文坛上出现了“文多学奇古”“文风稍振”的现象。下面我们来具体考察一下南渡后文人的创作特色：

李纯甫，“为文法庄周、左氏，故其词雄奇简古”④，“好作险句怪语。”⑤

雷渊，“博学有雄气，为文章专法韩昌黎，尤长于叙事；诗杂坡、谷，喜新奇。”⑥“渡河后，学益博，文益奇，名益重。”⑦

李天英，“为诗刻苦，喜出奇语，不蹈袭前人，妙处人莫能及。”⑧

宋九嘉，“为文有奇气，与雷希颜、李天英相埒也。”⑨

---

① （金）刘祁：《归潜志》卷8，崔文印点校，中华书局1983年版，第85页。

② 同上书，第80页。

③ 同上。

④ 同上书，第85页。

⑤ 同上书，第88页。

⑥ （金）刘祁：《归潜志》卷1，崔文印点校，中华书局1983年版，第910页。

⑦ （金）元好问编：《中州集》卷6《雷御史渊》，中华书局上海编辑所1959年版，第314页。

⑧ （金）刘祁：《归潜志》卷2，崔文印点校，中华书局1983年版，第12页。

⑨ （金）刘祁：《归潜志》卷1，崔文印点校，中华书局1983年版，第11页。

马天采，“多作诗，欲别出卢同、马异之外。”①

张瑴，“酒酣兴发，引纸落笔，往往有天仙语……人以为不减李长吉。”②

高永，“诗豪宕谲怪，不为法度所窘”③，“文辞豪放”。④

王郁，“为文闳肆奇古，动辄数千言。”⑤

麻九畴，“为文精密巧健，诗尤奇峭。”⑥

李夷，“为文尚奇涩，喜唐人，作诗尤劲壮，多奇语。”⑦

李汾，“乐府歌行尤雄峭可喜。”⑧

冯延登，“为文苦思，尚奇涩，诗亦新巧可称。”⑨

乌林答爽，“作奇语”，“其才清丽俊拔似李贺。”⑩

不烦再引，足以说明金末南渡后文坛上的确出现了一股崇尚奇古的风气。刘祁是金末元初著名文人，他的《归潜志》一书所记多为与之交游的金末名士，而且他以史家自任作此书，其言可信，《金史·文艺传》的部分人物传记多有采用。

“文多学奇古，诗多学风雅”，也就是说，金末文坛出现了两种文学思潮——奇古和风雅。“奇古”大概是指风格上表现为怪异奇险，体式上表现出复古倾向。“风雅”大体是指诗文的思想内容要符合儒家的“中和诚正”，情感抒发要限于“温柔敦厚”，风格表现要求平实典雅，等等。在这里，“风雅”与“奇古”是相对的，风雅是正，

---

① （金）元好问编：《中州集》卷7《马编修天来》，中华书局上海编辑所1959年版，第360页。

② （金）刘祁：《归潜志》卷2，崔文印点校，中华书局1983年版，第12页。

③ （金）元好问编：《中州集》卷9《高永》，中华书局上海编辑所1959年版，第449页。

④ （金）刘祁：《归潜志》卷3，崔文印点校，中华书局1983年版，第27页。

⑤ 同上书，第22页。

⑥ 同上书，第14页。

⑦ 同上书，第20页。

⑧ 同上书，第19页。

⑨ 同上书，第26页。

⑩ 同上书，第14页。

奇古为变。相比较而言，奇古诗文比风雅诗文的特色更加鲜明，给人的印象更为深刻。从金末文坛的实际情况来看，无论是诗歌，还是散文，都表现出奇古和风雅两种不同风格。胡传志先生认为：金朝后期，在南渡文坛出现了两大阵营，一是以赵秉文、杨云翼、王若虚、元好问等人为代表的平实派，思想上偏向于儒家，诗歌则偏向于儒家诗教传统，努力守正出新；一是以李纯甫、雷渊、麻知几等人为代表的怪奇派，思想相对驳杂，一意创新，追求奇险豪健。[①] 所言即是金末文坛风尚的这种转变与分化。本书拟考察金末文坛的奇古风尚，对风雅派不作考察。

第四节　金末科场事件对文坛奇古风尚的影响

参加科举以求得高第是文人一生的追求，而科举考试中发生的事件也最为文人所关注，这些事件无疑会给应试的举子某种启示。什么样的文章能得到考官的青睐最终得中进士？那么，金末发生的几次科举事件对南渡文风的转变是否起了一定的作用？又是如何发生作用的呢？以下我们从主文者的文学观念和对士子的态度、应试举子的交游活动和创作风格以及科举事件对士人文学创作的影响等几个方面来进行考察。

一　金朝南渡后主文者的文学观念及其对应举士子的提携接引

在科举考试中，应试举子和主文者往往构成一对矛盾，在这对矛盾中，主文者处于决定地位。他们的文学观念、创作风格以及对文士的态度等，都对应试举子产生重要而直接的影响。

（一）金朝南渡后的主文者及其对奇古文文风的态度

据薛瑞兆《金代科举》的考证，我们可以了解到贞祐南渡后几次

① 赵敏俐、吴思敬主编，张晶分主编《中国诗歌通史·辽金元卷》，人民文学出版社2012年版，第160页。

科举考试中有关主文者的一些情况：贞祐三年（1215），赵秉文知贡举；兴定五年（1221），赵秉文为读卷官之一，李纯甫、冯延登、王若虚为知贡举官，刘从益为监试官；正大元年（1224）李献能为省试考官之一。实际上，金朝南渡之后，赵秉文、李纯甫、王若虚、李献能等人曾多次主文取士，元好问在《中州集》中说赵秉文与杨云翼“代掌文柄”[①]，刘祁在《归潜志》中说李纯甫“连知贡举”[②]。作为科举考试的主文者，同时也是金末文坛盟主，他们的文学观念和创作风格必然会对文坛产生重要的影响。以下我们对这几位主文者的文学观念及其对奇古文风的态度作一些考察。

李纯甫“为文法庄周、左氏，故其词雄奇简古”[③]，是金末奇古文风最典型的代表作家。冯延登“为文苦思，尚奇涩，诗亦新巧可称”[④]。王若虚主张“文以意为主”[⑤]，“文章自得方为贵”[⑥]，对于发乎性情的诗文都持肯定态度，因此他对苏轼文章的恣肆出奇大加赞赏[⑦]。另外，从他的交友也可以看出其为人为文的态度。王若虚和王权、周嗣明、彭子升关系非常密切，四人“各为别号以自寄”，王若虚自称“慵夫”，彭子升自号“澹子”，王权自名为“狂生”，而周嗣明以“放翁”为自号，四人“臭味相似，而气义相投”[⑧]，从他们的狂放性格可以推测出他们为诗作文亦追求怪异。由此可见，王若虚并

---

① （金）元好问编：《中州集》卷4《礼部杨公云翼》，中华书局上海编辑所1959年版，第214页。

② （金）刘祁：《归潜志》卷1，崔文印点校，中华书局1983年版，第6页。

③ 同上书，第6页。

④ （金）刘祁：《归潜志》卷3，崔文印点校，中华书局1983年版，第26页。

⑤ （金）王若虚：《诗话一》，《滹南遗老集校注》卷38，胡传志、李定乾校注，辽海出版社2005年版，第437页。

⑥ （金）王若虚：《戏为四绝句》，《滹南遗老集校注》卷45，胡传志、李定乾校注，辽海出版社2005年版，第551页。

⑦ 尽管王若虚曾与雷渊在修史过程中因文体观念不同而发生过争执，但那是因为他认为“凡人作文字，其它皆得自由，惟史书实录、制诰王言，决不可失体”。即王若虚认为史书与文学在文体书写上的要求不同，史书不可求奇，而文学并不反对求奇。参见胡传志、李定乾校注《滹南遗老集校注》卷37《文辨四》辽海出版社2005年版，第426页。

⑧ （金）王若虚：《林下四友赞》，《滹南遗老集校注》卷45，胡传志、李定乾校注，辽海出版社2005年版，第544页。

不反对奇古文风。关于赵秉文的文学观念，刘祁《归潜志》云："赵闲闲教后进为诗文则曰：'文章不可执一体，有时奇古，有时平淡，何拘？'"① 又说他"议论经学许王从之，散文许李之纯、雷希颜，诗许麻知几、元裕之"②，而李纯甫、雷渊、麻知几的诗文明显倾向于奇古风格，可证明赵秉文对怪奇文风也是赞同的。李献能也赞赏奇古诗风，这从他对李夷和王郁的赏识可以得到证明。李夷"为文尚奇涩，喜唐人，作诗尤劲壮，多奇语"③，有《赋古镜》诗云："盘盘古皇州，梦断繁华歇。一鞭春事忙，耕出陇头月。土蚀背花昏，蹄涔骇龙蹲。须髯怒欲张，缩手不敢扪……寿光阅人多，曾有此客否？"元好问说李献能对这首诗"甚爱之"④。王郁"为文闳肆奇古，动辄数千言，法柳柳州；歌诗飘逸，有太白气象"⑤，得到李献能等人的嘉赏和延誉。由此可见，李献能对奇古诗文是非常欣赏和喜欢的。

（二）主文者通过科举考试有意擢拔"文风雄丽""词藻庄严"的士子

弄清楚主文者的文学观念后，我们再来看看他们在主持科举考试时对待诗文奇古的士子的态度如何？在上述几次科举事件中，李献能因为赋写得"词藻颇丽""庄严绝俗"而得到赵秉文的赏识，最终得中高第；麻知几因其诗文"雄丽"也先后得到赵秉文、李纯甫、冯延登、王若虚、刘从益等人的赞赏而在省试中两度夺冠；史学因其赋作"学问词气"与众不同，而被李献能擢为省魁，等等。可见，这些主文者都有意识地擢拔"文风雄丽""词藻庄严"的士子。下面我们以赵秉文、李纯甫和李献能为例，来作进一步的考察：

先看赵秉文对麻知几和李献能的擢拔。贞祐三年（1215）省试，赵秉文知贡举，突破常规，擢拔李献能和麻知几为省魁，而招致御史

---

① （金）刘祁：《归潜志》卷8，崔文印点校，中华书局1983年版，第87页。

② 同上书，第87页。

③ （金）刘祁：《归潜志》卷2，崔文印点校，中华书局1983年版，第20页。

④ （金）元好问编：《中州集》卷7《李夷》，中华书局上海编辑所1959年版，第376页。

⑤ （金）刘祁：《归潜志》卷3，崔文印点校，中华书局1983年版，第22页。

台的弹劾和众举子的讥议，刘祁甚至发出了这样的感叹和议论：

> 嗟乎！士皆安卑习陋久矣，一旦见其有轩昂峭异者，其怪骇宜哉。夫科举本以取天下英才，格律其大约也。或者舍彼取此，使士有道逸之嗟，而赵公不徇众好，独所取得人，彼议者纷纷何足校也。①

这次考试的最终结果是，李献能进士及第，麻知几名落孙山，而赵秉文却遭到讥讽和议论。兴定五年（1221），赵秉文再次主文，再次擢拔麻知几为省魁，似乎并未因前次的麻烦而有所退却。然而，不幸的是麻知几在御试中由于策误而再次落第。就麻知几的两番遭遇来说，是赵秉文不顾众多举子的喧哗和讥讽，也不怕御史台官的弹劾和打压，两次擢拔麻知几为省试魁，可谓力排众议。在麻知几下第后，赵秉文还给他写信，表达安慰之情和推许之意，而且继续寻找机会，为麻知几的仕途操劳。直到正大四年（1227），当麻知几的两位学生王说、王采苓俱以年幼及第而为金哀宗所惊异时，赵秉文又趁机极力推荐麻知几，麻知几最终得以特赐进士及第。由此可见，赵秉文对麻知几的擢拔可谓是煞费苦心，不遗余力。

再看李纯甫对应试举子的态度。刘祁曾说李纯甫“雅喜推借后进”，“天资喜士，后进有一善，极口称推，一时名士，皆由公显于世。又与之拍肩尔汝，志年齿相欢。教育、抚摩，恩若亲戚。故士大夫归附，号为‘当世龙门’”②。因此，广大士子纷纷跟从李纯甫游学，以求能够高中进士，甚至于“周嗣明、张毂、李经、王权、雷渊、刘从益、宋九嘉等人，皆以兄呼”③。

再如李献能对王郁的提携。王郁曾写过《伤鲁麟赋》《导怀赋》《杨孝童碑》《王梦祥哀词》等诗文，李献能读后非常喜爱，就誊抄

---

① （金）刘祁：《归潜志》卷10，崔文印点校，中华书局1983年版，第109页。

② （金）刘祁：《归潜志》卷1，崔文印点校，中华书局1983年版，第7、6页。

③ 同上书，第7页。

下来，遍传给文坛名流，极力推誉王郁[1]，而且还给王郁写了好几首诗词，如《赠王飞伯杂言》："东风吹客衣，败絮逐风飞。晓雪没寒茅，无物充朝饥。空箪啧啧号饥鼠，饕虱蠕蠕缘破袴。人生岂是犬与鸡，终岁区区守门户。仰天大笑出门去，四海今谁鲁仲连。"又有《题飞伯诗囊》《送王飞伯归阳翟》以及《江梅引·为飞伯赋青梅》[2]。由此可见，李献能对王郁也是大为欣赏，且极力提携，广为延誉。

不仅是主文者极力提携后进士子，就是已中高第的士子也会进一步鼓励其他士人，如雷渊于崇庆二年（1213）中进士后，同李纯甫一样，"颇接引士流"[3]。又如李献能受到赵秉文的赏识擢拔，得以中高第，后来也曾极力提携史学，而且在元好问参加宏词科考试时也曾极力推许。再如史学得到李献能的赏识而高中进士后，亦如同李献能一样，极力提携其他士子，刘祁在《归潜志》中说，王郁"初为御史程公震所知，继为李翰林钦叔、麻征君知几、史卢氏学优嘉赏，且共为延誉藉藉"[4]。正是这些主文者前赴后继、不遗余力地提携奖掖应试举子，以他们的热情，凭借手中的权力，擢拔了一大批与他们文风相似的士子，终于推动了金末文坛上奇古文风的大盛。

二　应举士子的游学及其创作风格

科举考试的录取标准掌握在主考官手中，主考官录取什么样的人才自然会对参加应考的士子产生影响。因此，应举士子就会主动接近主文者，学习他们的文风，期盼在考试中能够脱颖而出，一举得中。赵秉文与李纯甫为金末文坛两大盟主，又曾多次主文取士，应该说他们对应举士子的文学创作会产生重要的影响，而士人在与他们的交往中也自然会成为模仿其创作风格，但事实又如何呢？刘祁《归潜志》

① （金）刘祁：《归潜志》卷3，崔文印点校，中华书局1983年版，第23页。

② （金）元好问编：《中州集》，中华书局上海编辑所1959年版，第322、325、325、561页。

③ （金）刘祁：《归潜志》卷1，崔文印点校，中华书局1983年版，第8页。

④ （金）刘祁：《归潜志》卷3，崔文印点校，中华书局1983年版，第23页。

云："李屏山雅喜奖拔后进，每得一人诗文有可称，必延誉于人。"①而"赵闲闲晚年，诗多法唐人李杜诸公，然未尝语于人。"② 所以刘祁又说"屏山在世，一时才士皆趣向之。至于赵所成立者甚少。惟主贡举得李钦叔献能，后尝以文章荐麻知几九畴入仕，至今士论止归屏山也。③ 由于李纯甫"雅喜推借后进"，有"当世龙门"之誉，因而举子们就纷纷从其游学，向他讨教如何写诗作文，以求能中高第。我们可以列出一长串跟从李纯甫游学的文士名单：

雷渊，"从李屏山游，遂知名，俄中高第。"④ "渡河后，学益博，文益奇，名益重。"⑤

宋九嘉，"从屏山游，读书、为文有奇气……至宁初，擢高第。"⑥

王权，"从屏山游，屏山称之，为人跌宕不羁，喜功名。"⑦

马天采，"颇善李屏山"⑧，"多作诗，欲别出卢同、马异之外。"⑨

张瑴，"从屏山游……引纸落笔，往往有天仙语……人以为不减李长吉。"⑩

高永，"南渡，居嵩州，出入屏山之门，其学遂进"⑪，"文

---

① （金）刘祁：《归潜志》卷8，崔文印点校，中华书局1983年版，第87页。

② 同上书，第80页。

③ 同上书，第87页。

④ （金）刘祁：《归潜志》卷1，崔文印点校，中华书局1983年版，第910页。

⑤ （金）元好问编：《中州集》卷6《宋内翰九嘉》，中华书局上海编辑所1959年版，第313页。

⑥ （金）刘祁：《归潜志》卷1，崔文印点校，中华书局1983年版，第11页。

⑦ （金）刘祁：《归潜志》卷2，崔文印点校，中华书局1983年版，第13页。

⑧ （金）刘祁：《归潜志》卷5，崔文印点校，中华书局1983年版，第46页。

⑨ （金）元好问编：《中州集》卷7《马编修天来》，中华书局上海编辑所1959年版，第360—361页。

⑩ （金）刘祁：《归潜志》卷2，崔文印点校，中华书局1983年版，第12页。

⑪ （金）元好问编：《中州集》卷9《高永》，中华书局上海编辑所1959年版，第449—450页。

> 辞豪放，长于论事，尝从屏山游。”①
>
> 李天英，“少有异才，入太学肄业，屏山见其诗曰：‘真今世太白也。’盛称诸公间，由是名大震。”②

以上记载说明了李纯甫对士人的影响力要胜过赵秉文。这种看法在元好问《闲闲公墓铭》中的相关记载也可以得到进一步的证明：

> 因考公生平，而窃有所叹焉！道之传，可一人而足；所以弘之，则非一人之功也。唐昌黎公、宋欧阳公身为大儒，系道之废兴，亦有皇甫、张、（李）、曾、苏诸人辅翼之，而后挟小辨者无异谈。公至诚乐易，与人（交）不立崖岸，主盟吾道将四十年，未尝以大名自居。仕五朝，官六卿，自奉（养）如寒士，而不知富贵为何物。生河朔鞍马间，不本于教育，不阶于讲习，绍圣学之绝业，行世俗所背驰之域，乃无一人推尊之？此文章字画，在公为余事，自以徒费日力者，人知贵之，而不知贵其道欤？桓谭有言：“凡人贱近贵远。亲见扬子云，故轻其书。若使更阅贤善，为所称道，其传世无疑。”谭之言，今信矣！然则，若公者，其亦有所待也乎？③

元好问是赵秉文的门生，不应对其恩师有微词，在这里他把赵秉文与韩愈、欧阳修相比，旨在突出赵秉文的金代文坛盟主地位，从前后文意可以看出，元好问对赵秉文身边缺少一些“辅翼者”以至无人能够推尊其“绍圣学之绝业”而感到遗憾。换言之，赵秉文没能培养出大批接班人和后继者。通过元好问和刘祁的记载，我们可以这样说，在金末文坛上，李纯甫对金末文人的影响要远远胜过赵秉文的影响。换言之，在金末文风的转变中，李纯甫的影响力要大大超过赵

---

① （金）刘祁：《归潜志》卷3，崔文印点校，中华书局1983年版，第27页。

② （金）刘祁：《归潜志》卷2，崔文印点校，中华书局1983年版，第12页。

③ （金）元好问：《闲闲公墓铭》，姚奠中主编《元好问全集》卷17，山西古籍出版社2004年版，第404页。

秉文的影响力。因此，金末文坛上出现一股奇古文风也就是理所当然的。

三　金末科场事件对奇古文风的影响

有学者云："自宋代科举社会形成之日起，科举与文学即前所未有地紧密结合起来。士人群体对于科场文体的主动学习，对于科场文风的用心揣摩，自然会形成一些共同的文章主题和价值取向。科举制度会影响文学作品的题材、体裁、内容、艺术等各个方面，可以说是文学创作的指挥棒，对文学具有导向作用。"① 这段话道出了科举制度对文学创作的影响，诚如斯言。其实，我们还可以更加具体地说，一些引起轰动的科场事件对文坛风尚会产生更大、更直接的影响。

在上述金末发生的几件科举事件中，李献能和史学最终都以高第得中进士，士人在激愤之余唯有钦羡，自然会转而效仿他们的创作风格，以便能顺利通过科考，实现人生的梦想。而李经和麻知几的不幸遭遇，也同样引人注意，因为他们两人都是才高被黜，且接连遭遇落第的不幸命运。那么究竟是什么原因使他们落第？这必然是广大应试举子所要弄清楚的事情，因为了解录取标准是举子能否应试成功的关键。以下我们就对李经和麻知几两次落第的原因及其对士人的影响进行分析。

麻知几两次落第的原因。麻知几两次落第是因为其文"雄丽"？还是其他原因？笔者以为并非因为其文"雄丽"，理由有五：一是主文者如赵秉文等人对他非常欣赏，写信安慰他，并且一直极力提携；二是与他文风相似的雷渊、冀禹锡、马天采、宋九嘉等名士都于前一科考试及第（崇庆二年，1213）②；三是他培养的两位学生王说、王采苓（即王磐）于正大四年（1227）俱以年幼及第，而王磐"文辞

---

① 姚红、刘婷婷：《两宋科举与文学研究·前言》，浙江人民出版社2008年版，第3页。

② 以上数人皆于至宁元年（1213）中进士，"世以比唐日'龙虎榜'"。参见元好问编《中州集》卷8《康司农锡》，中华书局上海编辑所1959年版，第428—429页。

宏放，浩无涯涘”[①]；四是兴定五年（1221），卢元以重用韵而“滥放及第”，相关人员都受到处分[②]，可见，用韵失误才是考试的大忌，才是举子在考试时要特别注意的；五是他最终得以特赐进士及第。从以上五点可以证明麻知几的两次落第并非因其文“雄丽”，而是另有原因，即以误被黜。

李经曾于泰和六年（1206）和大安元年（1209）两次应举都以失败告终。那么，李经两次下第的原因是什么？他的遭遇又会给举子们带来怎样的影响？我们先对李经两次参加科举考试时的形势作一番考察。泰和六年（1206）的科举考试因金章宗有意为难士人，录取人数较少，只有28人[③]。因此，李经第一次应举落第，情有可原。大安元年（1209），卫绍王新即帝位，为了标榜文治，怀柔文士，大大增加了录取名额，李天英却再试不第，其原因究竟是什么？笔者以为绝非因为他作诗“喜出奇语”，风格奇崛，理由有二：一是与他诗风相类的王权、周嗣明等都于此科中第，雷渊、冀禹锡、马天采、宋九嘉等人也都于下科（崇庆二年，1213）顺利登第；二是当时科举考试所重视的并非诗文内容，而在于是否犯讳落韵等形式上的问题。刘祁在《归潜志》中曾引故老的话说：“泰和间，有司考诗赋已定去留，及读策论，则止用笔点庙讳、御名，且数字数与涂注之多寡。”[④]又据王庆生《金代文学家年谱》的考证，大安元年（1209）为张行

---

① （明）宋濂等：《元史》卷160《王磐传》，中华书局1976年版，第3751页。

② （元）脱脱等：《金史》卷100《李复亨传》，中华书局1975年版，第2218页。

③ 《金史》卷99《贾铉传》中记载：“泰和六年，御试，铉为监试官。上曰：‘丞相宗浩尝言试题颇易，由是进士例不读书，朕今以《日合天统》为赋题。’铉曰：‘题则佳矣，恐非牢笼天下士也。’上曰：‘帝王以难题窘举人，固不可，欲使自今积致学业而已。’遂用之。”又刘祁在《归潜志》卷十中则有不同的说法：“章宗诚好文，奖用士大夫，晚年为人谗间，颇厌怒。如刘左司昂、宗御史端修，先以大中事皆坐谤议朝政，谪外官，其后，路御史铎，周户部昂，王修撰庭筠复以赵闲闲事谪绌。每曰：‘措大辈止好议论人。’故泰和三年御试，上自出题曰：‘日合天统’，以困诸进士，止取二十七人皆积渐所致也。”又按：泰和三年（1203）应为六年，录取27人应为28人，概误记或误刊，可参看杨奂《还山遗稿》卷上《跋赵太常拟试赋稿后》。薛瑞兆对此有辨正，参见薛瑞兆《金代科举》，中国社会科学出版社2004年版，第178页。

④ （金）刘祁：《归潜志》卷8，崔文印点校，中华书局1983年版，第80页。

简知贡举①，而“张行简知贡举，惟以格律痛绳之”②。由此我们可以说，李经落第并非因其诗文风格奇古。退一步讲，即使李经的确是因诗风奇异而遭黜落，那么在他落第后，又有赵秉文、李纯甫、周昂、高宪等多位文坛巨子、社会名流设宴写诗为他送行，对其落第表示惋惜和遗憾，对其才能极力赞赏和称颂③，也可以抵消其负面的影响。我们试举李纯甫的《送李经》诗：

> 髯张元是人中雄，喜如俊鹘盘秋空。怒如怪兽拔枯松，老我不敢婴其锋。更著短周时缓颊，智囊无底眼如月。斫头不屈面如铁，一说未穷复一说。劲敌相扼已铮铮，二豪同军又连衡。屏山直欲把降旌，不意人间有阿经。阿经瑰奇天下士，笔头风雨三千字。醉倒谪仙元不死，时藉奇兵攻二子。纵饮高歌燕市中，相视一笑生春风。人憎鬼妒愁天公，径夺吾弟还辽东。短周醉别默无语，髯张亦作冲冠怒。阿经老泪如秋雨，只有屏山拔剑舞。拔剑舞，击剑歌，人非麋鹿将如何？秋天万里一明月，西风吹梦飞关河。此心耿耿轩辕镜，底用儿女肩相摩。有智无智三十里，眉睫之间见吾弟。诗后有小注云：“张谓伯玉，周谓晦之。”④

诗中共提到四人，髯张指张伯玉，泰和、大安中在太学，时年尚未及第。短周指周嗣明，为周昂之侄，本年及第。阿经即李经。诗是写给李经的，却先从张彀、周嗣明写起，前半段先极度描写张、周二人的狂怪性格与突出辩才，而以诗人自已甘拜下风作陪衬，极力突出张彀、周嗣明的不同凡响，之后再隆重推出李经，极度夸赞李经的杰出文才。中间部分写送别的宴席，无论是短周的沉默无语、髯张的怒

① 王庆生：《金代文学家年谱》，凤凰出版社2005年版，第1110页。

② （金）刘祁：《归潜志》卷9，崔文印点校，中华书局1983年版，第97页。

③ 赵秉文在三年后回复李经的信中对他有所批评，是因为他的诗文写得太过晦涩，难以知晓，有些走火入魔了。参见赵秉文《复李天英书》，（清）张金吾编纂《金文最》卷54，中华书局1990年版，第780—782页。

④ （金）元好问编：《中州集》卷4《屏山李先生纯甫》，中华书局上海编辑所1959年版，第220页。

发冲冠，还是屏山的舞剑高歌，都表达了对李经不幸遭遇的不平和抱怨之情。后半段则表达了他们对李经的安慰、鼓励和期盼。此诗在写法上明显受到杜甫《饮中八仙歌》的影响，风格豪放奇崛，是一篇不可多得的送别佳作。不论是诗中对李经不幸遭遇的同情、鼓励，还是诗歌本身的风格，都会对士人产生相当大的影响。

通过以上分析，我们认为麻知几和李经的两次落第并非因其诗文风格奇古，他们的落第更不会影响士人对奇古文风的追求。

我们再对贞祐南渡前后的科举考试、录取标准及文坛风尚作一些考察。

贞祐南渡前，张行简曾多次主文考试。张行简是大定十九年（1179）词赋状元，为金世宗后期至章宗朝的股肱大臣，元好问说他“知贡举三十年，门生遍天下”①，《金史》本传亦云其“典贡举终身”②，而刘祁《归潜志》又云：“张行简知贡举，惟以格律痛绳之，洗垢求瘢，苛甚，其一时士子趋学，模题画影，至不成语言，以是有‘甘泉’‘甜水’之谕，文风浸衰。”③ 又云：“泰和、大安以来，科举之文弊，盖有司惟守格法，无育才心，故所取之文皆萎弱陈腐，苟合程度而已。”④《金史》中亦有同样的记载⑤。而这时期文坛风尚是“明昌、泰和年间作诗者尚尖新”⑥。

关于南渡后的文坛状况，刘祁又有这样的说法：

> 南渡后文风一变，文多学奇古，诗多学风雅，由赵闲闲、李屏山倡之⑦。
>
> 南渡后，赵、杨诸公为有司，方于策论中取人，故士风稍

---

① （金）元好问编：《中州集》卷9《张太保行简》，中华书局上海编辑所1959年版，第468页。

② （金）脱脱等：《金史》卷106《张行简传》，中华书局1975年版，第2333页。

③ （金）刘祁：《归潜志》卷9，崔文印点校，中华书局1983年版，第97页。

④ （金）刘祁：《归潜志》卷10，崔文印点校，中华书局1983年版，第108页。

⑤ （元）脱脱等：《金史》卷110《赵秉文传》，中华书局1975年版，第2427页。

⑥ （金）刘祁：《归潜志》卷8，崔文印点校，中华书局1983年版，第85页。

⑦ 同上。

变，颇加意策论。又于诗赋中亦辨别读书人才，以是文风稍振。①

可以看出，以贞祐南渡为分水岭，金代文风发生了明显的变化，其原因主要在于前后主文者文学观念的不同，也在于科举考试的指挥棒的导向作用。贞祐三年（1215），张行简去世，赵秉文等人自此登上了科举的舞台，开始掌握广大士子的命运。赵秉文知贡举时突破规范，逾格录取李献能和麻知几为省魁，导致士人的喧哗和骚动，成为当时一个轰动性的事件，引起了很大的震动。《金史·选举志》云："宣宗贞祐三年，以会试赋题已曾出，而有犯格中选者，复以考官多取所亲，上怒其不公，命究治之。"② 这段话的本意是批评赵秉文等人在科举考试中"所取多亲"，选人不公，但却正好说明主文者确实是通过科举考试录取他们喜爱的文章和文士。这样说来，科举考试尤其是引起轰动的科举事件必然会对文风产生直接而重要的影响。不论如何评价这件事情，从此以后，金代科举进入了一个新的时代，而主文者赵秉文、李纯甫等人的文学观念、创作风尚必然会对南渡后应试举子的文风走向产生重要的影响。可以说，贞祐三年（1215）发生的科举事件，不论是在金代科举史上，还是在金代文学史上，都是一个标志性的事件。贞祐南渡既是金朝政治形势转变的分水岭，也是金代科举转变的分水岭，还是金代文风转变的分水岭。

综上所述，金末文坛上出现了一股崇尚奇古的文风，金末发生的几件科场事件对这种奇古诗风起了指挥棒的导向作用，而主文者赵秉文、李纯甫、李献能等人则是其中的关键。尤其是李纯甫作为南渡后的文坛盟主，为诗作文喜怪奇，又好接引推奖年轻的应举士子，还能通过知贡举来擢拔士人，对金末文坛的奇古风尚又起到了推波助澜的作用。诚然，一种文学流派、文学风尚的形成有多种复杂的原因，诸如政治形势、哲学思潮、文学自身发展以及作家的思想、经历、个

① （金）刘祁：《归潜志》卷8，崔文印点校，中华书局1983年版，第80页。

② （元）脱脱等：《金史》卷51《选举志一》，中华书局1975年版，第1145页。

性、审美观念等，都会对一定时期文学创作、文学风格的形成产生一定的影响。金末文坛追求奇古的风尚自然也是上述诸多因素共同作用的结果，但不能否认，金末科举取士、科举事件对这种文学风格的转变也产生了非常重要的影响。

北宋中期，欧阳修知贡举，摒弃太学体的险怪奇涩之文，擢拔苏轼兄弟、曾巩等人的平实自然之文，推动古文复兴，取得了巨大成功。金朝末年，赵秉文、李纯甫、李献能等人相继主文，擢拔奇古健峭之文，抑制平庸萎弱之习，促进了金末豪杰文人的崛起[①]。宋、金两代科举史上发生的这些重要事件，在时间上相隔一个半世纪之久，主文者都是一代文坛盟主，都有意识地通过科举取士来改变文坛风尚，虽然二者推动文学发展的趋向有所不同，但都可以证明，科举事件对推动文学风尚的转变中具有直接而重要的作用。

---

① 胡传志师认为：末代文人豪杰的涌现是金代文学的重要特征之一。参见胡传志《金代文学研究》，安徽大学出版社2000年版，第33页。

第六章　金代状元的文学创作及其影响

金代科举既然是以文取士，就必然会对文学的发展产生重要的影响。而状元作为科举考试的胜利者和进士中的佼佼者，总是会受到时人特别的关注和推崇，他们在文坛上也会产生更大的影响力。本章拟从状元这一个特殊的群体入手，来考察科举制度对金代文学发展的影响。

关于金代状元研究，周腊生的《辽金元状元奇谈·辽金元状元谱》[①] 是较早的一部著作。该书为作者“中国历代状元”系列丛书之一，内容涉及这三朝状元的趣闻逸事、生平简介、夺魁科次、年龄与魁龄、任职情况、地理分布等方面。薛瑞兆的《金代科举》（2004）则是目前为止对金代科举研究得最为全面系统的一部专著，书中对金代 68 位状元的科次进行了考辨，书后还有 12 个附录，其中《金代科举年表》简明扼要地排定了金代状元的夺魁科次，《金代状元传略》共辑录了 27 位状元的原始生平资料。都兴智的《辽金史研究》（2004）一书中也有部分内容涉及金代科举的榜次与状元，并对 62 名金代状元的籍贯、政绩与学术成就进行了考订与梳理。宋德金的《金代科举制度研究》[②] 对金代科举进行了全面的研究，文中附有《金代贡举年表》，共收录了 42 榜 54 位金代状元。李桂枝在《辽金科举研究》（2011）一书中亦对辽金时期的一些状元家族进行了考辨。此外，还有十余篇文章论及个别金代状元（尤其以李俊民的研究成果较

---

① 周腊生：《辽金元状元奇谈·辽金元状元谱》，紫禁城出版社 1999 年版。

② 杨学为主编：《中国考试通史》（卷二），首都师范大学出版社 2004 年版。该文又收入《宋德金集》，中国社会科学出版社 2008 年版。

多），或对其生平进行考辨、补证①，或对其作品进行艺术分析②。从整体上探讨金代状元及其文学创作的仅见李卫锋、张建伟的《金代状元家族与文学》③一文，该文对7个金代状元家族的文学成就进行了一些探讨，认为这些状元总体上文学成就不高，金代科举对文学的发展存在负面影响。以下笔者在借鉴已有研究成果的基础上，对金代状元的著述情况与文学创作、社会地位及其在文坛上的影响作进一步的探讨。

第一节 金代状元的著述与文学成就

一 金代状元大多淹贯经史

金代科举以文取士，而且在相当长的时期内又特重词赋科。因此，金代进士多能诗善文。而状元作为进士中的佼佼者，擅长诗文创作自不用多说，一些金代状元都曾有诗文集行世，如邢天佑的《言志集》、阎长言的《复轩集》、李俊民的《庄靖集》、王鹗的《应物集》等。此外，刘㧑、郑子聃、孟宗献、张行简、杨云翼等人亦曾有诗文

① 主要有禹宏、徐蓓文：《金代黑龙江的女真状元徒单镒》，《黑龙江民族丛刊》1996年第2期；张敏杰：《关于徒单镒"状元"说之我见》，《北方文物》1997年第3期；范宁：《金代状元王纲籍贯考辨》，《孝感职业技术学院学报》2002年第2期；都兴智：《金代辽宁籍两状元事迹略论》，《辽宁师范大学学报》2006年第2期；李润民：《金代状元刘㧑娶转运使雷思之女献疑》，《山西大同大学学报》2011年第1期；于东新、张婧：《金代遗民文人李俊民生平行迹述考》，《重庆师范大学学报》2011年第5期；等等。

② 主要有杜成辉：《金代状元张檝及其作品》，《山西大同大学学报》2010年第5期；王锡九：《论李俊民的七言古诗》，《扬州大学学报》2000年 第5期；张建伟：《论李俊民与陶渊明之归隐》，《湖州师范学院学报》2007年第5期；杨静彦：《论李俊民的儒家思想》，《山西财经大学学报》2008年第2期；郭凤明、李艳春：《金代词家李俊民的遗民情怀》，《内蒙古民族大学学报》2011年第3期；张哲：《金代诗人李俊民题画诗刍论》，《集宁师范学院学报》2012年3期；禤志德：《隐者的情怀 遗民的哀歌——论李俊民词》，硕士学位论文，暨南大学，2005年；曹焕焕：《李俊民诗歌研究》，硕士学位论文，黑龙江大学，2011年；等等。

③ 李卫锋、张建伟：《金代状元家族与文学》，《辽宁工程技术大学学报》2012年第6期。

集行于世。一些状元还有经史著述，如张行简有《礼例纂》，邢天佑有《经史撮要》《大学补》，王鹗有《汝南遗事》，等等。金代状元中，学问最博、著述最丰的首推杨云翼，其著述有《校大金礼仪》《续通鉴》《周礼辨》《积年杂说》《勾股机要》《象数杂说》及文集若干卷等，由此可见他著述之勤奋和学识之广博。元好问评其曰："视千古而无愧，首一代而绝出"①，诚非过誉之词。就是一些女真状元也曾有著述问世，如首科女真状元徒单镒就有《弘道集》六卷，又有《学之急》《道之要》二篇，还曾献《汉光武中兴赋》，使得金世宗龙颜大悦，并发出了"不设此科，安得此人"的感慨②。但是由于种种原因，金代文献散佚极为严重，现存者可谓百不一二。

金代状元中唯有李俊民和王鹗有著作留存至今，可谓是幸运之极。王鹗的《汝南遗事》为金末史事记录，"始于天兴二年六月，迄于三年正月，随日编载"③，元人撰修《金史》多有采用。因其非文学著作，姑置不论。李俊民的《庄靖集》存诗828首，文109篇，词69首，现存作品数量在金代作家中仅次于元好问，位居第二。对于李俊民的文学成就，前人评论较高，如李仲绅《庄靖集序》说他"手不释卷，经传子史、百家之书，无不研究，其学之有本可知矣。故其作为文章，字字有来历，格老而意新，辞经而旨远"。④ 王特升《序》云其诗文"如太羹玄酒，有典则而无浮华，一时文士靡不推让"⑤。刘瀛《序》云："其文章典赡，华实相副，字字有渊源，句句有根柢。格律清新似坡仙，句法奇杰似山谷，集句圆熟、脉落贯穿，半山老人之体也。雄篇巨章，奔腾放逸，昌黎公之亚也。小诗高古涵

---

① （金）元好问：《内相文献杨公神道碑铭》，姚奠中主编《元好问全集》卷18，山西古籍出版社2004年版，第420页。

② （元）脱脱等：《金史》卷99《徒单镒传》，中华书局1975年版，第2185、2191页。

③ （清）永瑢等：《四库全书总目》卷51《汝南遗事提要》，中华书局1965年版，第465页。

④ （金）李俊民：《庄靖集》卷首，山右丛书初编本第15册，山西人民出版社1986年版。

⑤ 同上。

蓄，尤有理致，而极工巧，非得天地之秀，其孰能与于此?”[1] 诸序或有些溢美之词，把李俊民与苏黄韩王相提并论，确实誉之过当；但说他学问渊博，精通经史，则非虚语。四库馆臣对其评价是“文格冲淡和平，具有高致，亦复似其为人。虽博大不及元好问，抑亦其亚矣”[2]。应是公允之论。

金代状元的作品大多湮没无闻，多数人仅存若干零散篇章。就现存作品而言，金代状元的散文多为墓志碑铭、诏令奏疏等应用性文体，主要凭借碑石和史书得以保存下来，有墓志碑铭，如刘仲渊的《吴前鉴墓志铭》[3]、吕造的《东平县君韩氏墓志铭》[4]、赵摅的《吕嗣延墓志铭》[5]；亦有庙学碑记，如王堪的《密州修学碑》和《清河县重修庙学碑》[6]；还有的是宫观碑记，如胡砺的《磁州武安县鼓山常乐寺重修三世佛殿碑》[7]、赵摅的《大金蓟州玉田县永济务大天宫寺记》[8]、郑子聃的《汝州香山观音禅院慈照禅师塔铭》和《中都十方大天长观重修碑》[9]，赵安时的《重修陵川真泽二仙庙碑》和《古贤寺弥勒殿记》[10]，等等。他们的诗歌留存数量虽也不算多，但内容上比散文更加丰富，应酬、写景、咏物、咏史、题画、抒情，各体皆备，亦有佳作。此外，金代状元也有少量词作传世。

---

① （金）李俊民：《庄靖集》卷首，山右丛书初编本第15册，山西人民出版社1986年版。

② （清）永瑢等：《四库全书总目》卷166《庄靖集提要》，中华书局1965年版，第1421页。

③ 北京市文物局编：《北京辽金史迹图志》下册，北京燕山出版社2004年版，第191页。

④ 王新英辑校：《全金石刻文献辑校》，吉林文史出版社2012年版，第453页。

⑤ 同上书，第176页。

⑥ 同上书，第105、141页。

⑦ 同上书，第102页。

⑧ 同上书，第423页。

⑨ 同上书，第184、232页。

⑩ 阎凤梧主编：《全辽金文》，山西古籍出版社2002年版，第1415、1416页。

二　元好问、刘祁等金人对本朝状元诗文成就的评价

由于金代状元存世作品太少，我们难以据此对其文学成就作出评价，但掇拾当时人的评论，也可使我们对他们的文学成就有所了解。刘㧑是金代首科词赋状元，“文辞卓然天成，妙绝当世”[①]，被誉为金源“一代词学宗”[②]，其作品仅存诗1首：“喜逢汉代龙兴日，高谢商山豹隐秋。蟾宫好养青青桂，须占鳌头稳上游。”据其五世孙刘祁所言，此诗乃是梦中所作。梦中所言，又何尝不是心中所想。从诗中可以看出，刘㧑对新兴的金王朝充满了真切的期待，同时也流露出强烈的功名意识。孟宗献为大定三年（1163）词赋状元，乡府省御四试皆得第一，时人称“孟四元”，就连金世宗也对他赞赏有加：“朕新即大宝，诏有司以取天正点士，卿自乡选至于殿陛，四为举首，非材之高、学之博、识之优，何以臻此？[③]”其诗今存6首，《柳塘》云：“摇摇风影漾寒塘，静里亭台日月长。不似隋家堤岸上，乱鸦残照管兴亡。”面对美景，而无赏心悦目之感；身逢盛世，却有家国兴亡之叹，体现了诗人深沉的忧患意识。再如《旧畜一琴，弃置者久之。李君仲通为张弦料理，仍鼓数曲，以诗赠之》：“我家筝奴忧乐同，尘埃满面鬓发蓬。徽弦不具挂墙壁，似惭无以娱衰翁。夫君一见为拔拂，坐使寒谷回春融。中含太古意味足，杂以新态来无穷。繁声流水不可喻，直与造化相冥通。形神久已坐灰槁，一旦抉剔驱盲聋。寂然反听杳难诘，但觉万窍俱玲珑。千金不得和扁力，谁谓起废由枯桐？曲终玄旨竟谁会，非弦非指仍非空。拂衣欲往君且止，为我乘兴弹悲风。”叙事中杂以议论，描写中寓含抒情，可谓是金代描摹音乐的一首佳作。张行简是大定十九年（1179）词赋状元，擅长诏令制册之文，“凡朝廷有大制度、大典册、大号令，至于纪世宗、显宗、章宗

---

① （元）王恽：《浑源刘氏世德碑铭并序》，李修生主编《全元文》第6册，江苏古籍出版社1999年版，第503页。

② （金）刘祁：《归潜志》卷8，崔文印点校，中华书局1983年版，第81页。

③ 按：此诏为蔡珪代拟，参见王恽《玉堂嘉话》卷1，杨晓春点校，中华书局2006年版，第46页。

三朝之宏休伟烈，未尝不经公之手。”① 其文仅存4篇，其中有2篇即为代拟的诏令。另外还有2篇，一是《乌古论元忠墓志铭》②，一是《人伦大统赋》③。后文长达3000字，通篇讲述骨相与命运的关联，骈词丽句，对仗工整，可以看出作者深厚的文学功底。其诗今存3首，《六月二十九日北宫朝回》云：“疏柳衰荷又一时，清波飞叶梦灵芝。年年踏尽溪边路，不觉吴霜点鬓丝。”诗中抒发了一种淡淡的闲愁，“灵芝”“吴霜”用语华艳，流露出一种富贵优游的生活气息。张檝是明昌五年（1194）词赋状元，元好问说他“文赋诗笔，截然有律度”④。其诗仅存6首，《秋兴》云：“飘零千里道，牢落半生愁。残月如新月，今秋似去秋。露浓花气重，风细竹声幽。何日清溪上？烟蓑一钓舟。”《客中》云：“绛唇花不语，青眼柳初眠。尘去寻芳马，香来载酒船。归期仍雁后，野兴已鸥边。惆怅无家客，春风又一年。”两首诗都抒发了旅途困顿、期望归隐之情。以上两首律诗中各有三联对句，皆属对工巧，其他诗句亦多对仗工整，如“骇浪奔生马，荒山卧病驼”（《陕州》），“肤白已搀新藕嫩，心青犹带小荷香。斗余翠鸟零珍羽，飞尽黄蜂露蜜房”（《莲实》），“露浥葛巾晨气润，风随竹簟晚凉生。闲窥黠鼠潜身处，静厌飞蚊绕鬓声”（《初夏》），等等，可证元好问所言不虚。李著是承安二年（1197）经义状元，“高才博学，诗文得前人体。”⑤ 其诗仅存《观音院书阁》：“门巷蓬蒿一尺深，小轩岑寂似山林。鸟声落枕有高下，山色阅人无古今。客里三年侵老境，床头一易浣尘襟。晚凉痴坐忘言里，满地西风白玉簪。”刻画细腻，对仗工整。元好问说他“颇尚玄言”，于此诗亦可证之。

---

① （金）赵秉文：《赠银紫光禄大夫翰林学士承旨张文正公神道碑》，阎凤梧主编《全辽金文》，山西古籍出版社2002年版，第2245页。

② 北京市文物局编：《北京辽金史迹图志》下册，北京燕山出版社2004年版，第212页。

③ （金）张行简：《人伦大统赋》，阎凤梧主编《全辽金文》，山西古籍出版社2002年版，第2153页。

④ （金）元好问编：《中州集》卷9《张内翰檝》，中华书局上海编辑所1959年版，第469页。

⑤ 同上书，第472页。

阎长言为承安五年（1200）词赋状元，“好学，工词赋，间有前人句法”[①]，其诗现存8首，《婆速道中书事》云：“此地先经战，人生苦未聊。泉源疏地脉，田垄上山腰。败石平危径，枯柴补短桥。晓烟明远爨，暮雪暗归樵。履滑心频悸，梯危骨欲销。解鞍空倒卧，无梦讫通宵。”婆速路为金代女真猛安谋克聚居地区，在今辽宁丹东一带。诗歌所表现的是诗人的一段亲身经历，描画生动，感受真切，读后能给人留下极为深刻的印象。《三门集津图》：“津门未为天下险，勿作骇相观兹图。偃月堂中李林甫，有人能写此心无?”由画及人，由实到虚，寓意深刻，当是诗人有感而发。《北齐行》：“天保大人袭世贵，未待齐成已无魏。谶里方传近水羊，梦中先兆攻城猬。六君三世都能几？二十八年翻手里。细思孝静灵运诗，天道好还非妄矣。”借古喻今，抒发兴亡之叹，忧国之情，溢于言表。

同以上几位状元相比，杨云翼是幸运的。他的诗文集虽然没有流传下来，但元好问在《中州集》中收录了他的诗歌24首，这个数量在金代诗人中已经算是较多的。杨云翼是明昌五年（1194）经义状元，词赋亦中乙科，“天资颖悟，博通经传”。[②] 就其现存的24首诗来看，内容上以描写山水寺庙居多，形式上以五七言近体为主，艺术上取法唐人，如《蔡村道中》：“水连深竹竹连沙，村落萧萧已暮鸦。行尽画图三十里，青山影里见人家。”《阳春门堤上》：“薄薄晴云漏日高，雪消土脉润如膏。东风可是多才思，先送轻黄到柳梢。”《烟雨》：“凉气先秋至，重阴接望迷。有无山远近，浓澹树高低。鸟雀枝间露，牛羊舍北泥。支颐正愁绝，风雨过前溪。”三首诗皆写景如画，蕴藉有味，从内容到风格都明显受到王孟韦柳的影响。此外，杨云翼亦有一些赠答应酬之作，写得轻松活泼、幽默风趣，如《闲闲公为上清宫道士写经，并以所养鹅群付之，诸公有诗，某亦同作》：“会稽笔法老无尘，今代闲闲是后身。只有爱鹅缘已尽，举群还付向

---

① （金）元好问编：《中州集》卷9《阎治中长言》，中华书局上海编辑所1959年版，第470页。

② （金）元好问编：《中州集》卷4《礼部杨公云翼》，中华书局上海编辑所1959年版，第214页。

来人。”上联论书，戏说赵秉文是王羲之转生，夸赞其出众的书法艺术；下联写人，突显出豪放可爱的性格。再如《寄赠赵秉文使夏》：“中朝人物谪仙才，金节煌煌使夏台。得句逢人唾珠玉，挥毫落纸散琼瑰。一封书贷扬州牧，半夜雷轰荐福碑。穷达书生略相似，满头风雪却回来。”关于此诗的本事，刘祁《归潜志》记载甚详，“正大初，朝廷以夏国为北兵所废，将立新主，以赵公年德俱高，且中朝名士，遂命入使册之。既行，馆阁诸公以为赵公此行必厚获，盖赵素清贫也。至界上，朝议罢其事，飞驿卒遣追回。当驿卒之行也，杨公在礼部，召至，授以一卷书，封印甚谨，谕以直至学士面前开拆。卒既至赵所，先授以省符，次白有礼部实封。赵公疑讶，不知为何事，启之，乃杨公诗一首也”。[①] 诗歌前四句极力渲染赵秉文出使夏国会受到热烈的追捧，后四句却急转直下，说他发财的美梦瞬间化为泡影，一番劳累只换来一场空欢喜。整首诗全以想象着笔，用典贴切，先扬后抑，幽默风趣，不仅使得赵秉文看后“抚掌大笑”，甚至于“朝野喧传，以为谈笑”。李俊民就依其韵写了一首和诗：“光华异域仗全才，衔命匆匆出吹台。物外英标倾水镜，坐中妙语落琼瑰。节回北阙旋如斗，名振西陲听若雷。若踏贺兰山下石，国风未合入诗来。”（《和杨之美韵》）李俊民是承安五年（1200）的经义状元，这首和诗直叙其事，缺少了原诗的生动幽默。杨云翼的文章与赵秉文齐名，元好问曾说“高文大册，多出其手”[②]，只可惜现存只有 3 篇文章，其中有 2 篇为奏疏，1 篇为《闲闲老人滏水集序》，无法一睹其文采风流。

其他状元亦多有能诗善文的记载，如石琚是天眷二年（1139）词赋状元，“博通经史，工词章”[③]。郑子聃是正隆二年（1157）词赋状元，“英俊有直气，其为文亦然”[④]。孟宗献是大定三年（1163）词赋

---

① （金）刘祁：《归潜志》卷 9，崔文印点校，中华书局 1983 年版，第 97—98 页。

② （金）元好问：《内相文献杨公神道碑铭》，姚奠中主编《元好问全集》卷 18，山西古籍出版社 2004 年版，第 420 页。

③ （元）脱脱等：《金史》卷 88《石琚传》，中华书局 1975 年版，第 1959 页。

④ （元）脱脱等：《金史》卷 125《郑子聃传》，中华书局 1975 年版，第 2725 页。

状元，有《金丹赋》流传甚广，刘迎有诗题其诗集后[①]，可知他曾有诗集流传于世。高斯诚为崇庆二年（1213）经义状元，“读书有学问……为诗文恬淡自得”[②]。张仲安是兴定二年（1218）词赋状元，“为文平畅得体，尤工词赋”[③]。王彪是兴定二年（1218）经义状元，“为文颇驰骋波澜”[④]。王鹗是正大元年（1224）词赋状元，“工词赋”，元初“制诰典章皆所裁定”，“为文章不事雕饰”[⑤]。一些女真状元也有作品留存，比如徒单镒为首科女真状元，其文章今仅存奏疏二篇[⑥]，史称他“明敏方正，学问该贯，一时名士多出其门”[⑦]。又如完颜素兰，为崇庆二年（1213）女真状元，《全辽金文》存录其奏疏四篇[⑧]，引经据典，议论深刻。据常理推测，他也应创作有不少作品，只不过留存较少罢了。不烦多举，金代状元的文学水平由此可见一斑。

当然也有极个别状元不善于作诗。《归潜志》中有这样一段记载：“王状元泽，在翰林，会宋使进枇杷子，上索诗，泽奏：‘小臣不识枇杷子。’惟王庭筠诗成，上喜之。吕状元造，父子魁多士，及在翰林，上索重阳诗，造素不学诗，惶遽献诗云：‘佳节近重阳，微臣喜欲狂。’上大笑，旋令外补。故当时有云‘泽民不识枇杷子，吕造能吟喜欲狂’。”[⑨] 两位状元因为不能即席赋诗，不但仕途受挫，而且成为时人的笑料。如果我们仅据此就认定他们文学水平不高，金代科举没有选拔出文学人才，显然也是不够公允的片面之论。刘祁有云：“金朝取士，止以词赋为重，故士人往往不暇读书为他文。尝闻先进

---

① （金）元好问编：《中州集》卷9《孟内翰宗献》，中华书局上海编辑所1959年版，第465页。

② （金）刘祁：《归潜志》卷5，崔文印点校，中华书局1983年版，第44页。

③ 同上书，第44页。

④ 同上书，第43页。

⑤ （明）宋濂等：《元史》卷160《王鹗传》，中华书局1976年版，第3756、3757页。

⑥ 参见阎凤梧主编《全辽金文》，山西古籍出版社2002年版，第1644页。

⑦ （元）脱脱等：《金史》卷99《徒单镒传》，中华书局1975年版，第2191页。

⑧ 阎凤梧主编：《全辽金文》，山西古籍出版社2002年版，第2717—2720页。

⑨ （金）刘祁：《归潜志》卷7，崔文印点校，中华书局1983年版，第72页。

故老见子弟辈读苏黄诗，辄怒斥，故学者止工于律赋，问之他文则懵然不知。”① 这里明确地说，一些金代文人为了应举，读书范围不广，只工于作律赋而不善于作诗。再者，诗与赋是不同的文体，对作者的要求也不同，作诗要才情，作赋要学问。前者讲的是作者的态度问题，属于主体因素；而后者是不同文体对作家才能的要求，属于客体因素。弄清楚这些问题，我们也就明白两位状元不善作诗的原因所在了。

金代状元不能作诗，仅仅是个别现象。我们不能以偏概全，过分贬低金代状元的文学水平，甚而否定金代科举对文学的作用。

第二节　金代状元的社会地位

一　金代社会尤重进士

《金史·选举志》云：“辽起唐季，颇用唐进士法取人，然仕于其国者，考其致身之所自，进士才十之二三耳！金承辽后，凡事欲轶辽世，故进士科目兼采唐、宋之法而增损之。其及第出身，视前代特重，而法亦密焉。若夫以策论进士取其国人，而用女直文字以为程文，斯盖就其所长以收其用，又欲行其国字，使人通习而不废耳。终金之代，科目得人为盛。诸宫护卫及省台部译史、令史、通事、仕进皆列于正班，斯则唐、宋以来之所无者，岂非因时制宜，而以汉法为依据者乎?”② 元代史臣认为金承辽后，因时制宜，大力推行科举制度，培养了大批人才，许多关键部门皆由进士任职。也就是说，进士在金代得到普遍的重用，金代进士的社会地位也远胜于辽代。

辽朝为契丹族建立的政权，实行南北面官制度，即契丹地以契丹法治之，汉地以汉法治之。所以辽代虽实行科举制度，但主要是针对汉族文人，并不允许本民族人参加。有一个典型的例子可以说明这个

① （金）刘祁：《归潜志》卷8，崔文印点校，中华书局1983年版，第80页。

② （元）脱脱等：《金史》卷51《选举志一》，中华书局1975年版，第1129页。

问题：耶律蒲鲁，为耶律庶箴之子，“重熙中举进士第，主文者以国制无契丹进士之条，闻于上，以庶箴擅令子就科目，鞭之二百。”[①]仅仅因为儿子参加了科举考试，耶律庶箴就被处以二百鞭刑，这对其他契丹人来说自然是一个极大的教训。可以说，这个例子是对辽代严禁契丹人参加进士考试的极好诠释。据现有资料，有辽一代，契丹族进士仅见一人，即耶律大石，为天祚帝天庆五年（1115）进士，而其时已接近辽朝灭亡，耶律大石为契丹宗室，也是西辽王朝的建立者。由此可见，辽代科举制度没有对契丹等少数民族文人产生影响，也没有促进契丹族文化的发展。

而同为游牧民族的女真人建立金朝后，特别重视科举，不但允许本族人参加科举考试，而且特别设立了女真进士科，这就为提高女真族的文化水平奠定了基础。在科举政策的引导下，许多猛安谋克纷纷弃武从文，参加科举考试。现可考知的93名女真进士中，至少有53人出身于猛安谋克，占了绝大多数。如蒙古纲，本名胡里纲，咸平府猛安，承安五年（1200）进士[②]。完颜阿不里孙，字彦成，曷懒路泰申必剌猛安，明昌五年（1194）进士[③]。纳兰胡鲁剌，大名路怕鲁欢猛安，性淳直，寡言笑，好读书，博通今古，承安二年（1197）进士第一[④]。纳坦谋嘉，上京路牙塔懒猛安，习策论进士，承安五年（1200），特赐同进士出身[⑤]。温迪罕达，字子达，本名谋古鲁，盖州按春猛安，明昌五年（1194）登第[⑥]。等等。

更有甚者，一些皇亲国戚亦以进士为荣。如李献可，为太师李石之子，与皇室关系极为密切，其父在金世宗即位时有定策功，累封户部尚书、参知政事、太尉、尚书令。李献可之姑，即李石之姊，为金

---

① （元）脱脱等：《辽史》卷89《耶律庶箴传》，中华书局1974年版，第1351页。

② （元）脱脱等：《金史》卷102《蒙古纲传》，中华书局1975年版，第2256页。

③ （元）脱脱等：《金史》卷103《完颜阿里不孙传》，中华书局1975年版，第2280页。

④ （元）脱脱等：《金史》卷103《纳兰胡鲁剌传》，中华书局1975年版，第2281页。

⑤ （元）脱脱等：《金史》卷104《纳坦嘉谋传》，中华书局1975年版，第2287页。

⑥ （元）脱脱等：《金史》卷104《温迪罕达传》，中华书局1975年版，第2293页。

世宗之生母贞懿皇后；献可之姊，即李石之女，为金世宗元妃，郑王永蹈、卫绍王永济之母。出生在如此显赫的家族，李献可仍要参加科举考试，并于大定十六年（1176）登进士第，金世宗亦为他感到十分高兴，喜曰："太后家有子孙中进士，甚盛事也。"① 还有完颜匡，为金太祖九世孙，曾为太子侍读，伴显宗读书，显宗薨，又为太孙侍读，伴章宗、宣宗读书，身份亦可谓特殊矣，然完颜匡也积极参加科举考试，以求得进士出身。完颜匡先后三次参加策论进士考试，第一次为大定二十一年（1181），府试不中；第二次为大定二十四年（1184），已通过礼部试，却因对策时少答部分内容而落第；第三次为大定二十八年（1188），又因试诗时漏写题下自注而不取，最后还是靠特赐及第，取得了进士头衔②。一个是皇亲国戚，一个为太祖裔孙，他们参加进士考试，显然不是为了解决衣食之忧，亦不是为了仕进之途。他们积极追求进士身份，反映了金代重视进士的社会风尚。

二 金代状元深受世人推崇

一般人只要进士及第，就会受到世人的重视。那么，状元受到世人重视的程度自然是远胜于一般进士的。首先，金代状元的初任官职要高于其他进士，如孟宗献，为大定三年（1163）状元，由于他在乡试、府试、省试和廷试中皆得第一，人称"孟四元"，金世宗对他的任职给予特别的优待："故事，状元官从七品，阶承务郎，世宗以宗献独异等，与从六品，阶授奉直大夫。"③ 其次，状元在仕途上的升迁也比一般人快得多，如郑子聃，先中天德三年（1151）进士第一甲第三人，但他"颇以才望自负，常慊不得为第一甲第一人。正隆二年会试毕，海陵以第一人程文问子聃，子聃少之。海陵问作赋何如，对曰：'甚易。'因自矜，且谓他人莫己若也。海陵不悦，乃使

---

① （元）脱脱等：《金史》卷86《李石传附子李献可传》，中华书局1975年版，第1911、1915页。

② （元）脱脱等：《金史》卷98《完颜匡传》，中华书局1975年版，第2165页。

③ （元）脱脱等：《金史》卷125《文艺传上·孟宗献传》，中华书局1975年版，第2724页。

子聃与翰林修撰綦戬、杨伯仁、宣徽判官张汝霖、应奉翰林文字李希颜同进士杂试。七月癸未，海陵御宝昌门临轩观试……丁亥，御便殿亲览试卷，中第者七十三人，子聃果第一，海陵奇之。有顷，进官三阶，除翰林修撰，改侍御史”①。状元往往受到帝王特别的重用。“正大初年，末帝锐于政，朝议置益政院官，院居宫中，选一时宿望有学者，如杨学士云翼、史修撰公奕、吕待制造数人兼之，轮直。每日朝罢，侍上讲《尚书》、《贞观政要》数篇，间亦及民间事，颇有补益。”② 金末设置益政院，院官有内相之称，在提到的这三名益政院官中，杨云翼和吕造都是状元，吕造还曾因不擅作诗而受到嘲讽，但他仍然受到金哀宗的倚重。这一方面说明，状元确实有过人之处，另一方面也说明金代状元在社会上具有特殊的地位。

由于杰出的文学才能和特殊的社会地位，金代状元常常会奉命或被人邀请为重要人物撰写墓志碑铭，如王彦潜为皇统九年（天德元年，1149）词赋状元，曾奉敕撰写了《完颜希尹神道碑》和《完颜娄室神道碑》③，两位志主人完颜希尹和完颜娄室皆官至左丞相，死后均封赠金源郡王，开府仪同三司，同于大定十六年（1176）图像衍庆宫，他们是协助金太祖建国的社稷重臣，地位非常显赫，而且完颜希尹还是女真大字的创制者。再如张行简为大定十九年（1179）词赋状元，曾撰《乌古论元忠墓志铭》④，志主为乌古论元忠，《金史》卷120有传，本名讹里，官至尚书右丞相，娶金世宗长女豫国公主（章宗时又晋封为鲁国大长公主，其墓志铭为周昂所撰），其父讹论，娶太祖女毕国公主，其子乌古论谊，先娶海陵王之女，后娶显宗长女薛国公主，与金皇室的关系如此密切，其地位的显赫自不用多言。而为这些重要人物撰写墓志碑铭，自非一般人所能胜任，最终选

---

① （元）脱脱等：《金史》卷125《文艺传上·郑子聃传》，中华书局1975年版，第2725页。

② （金）刘祁：《归潜志》卷7，崔文印点校，中华书局1983年版，第73页。

③ 王新英辑校：《全金石刻文献辑校》，吉林文史出版社2012年版，第217、219页。

④ 北京市文物局编：《北京辽金史迹图志》下册，北京燕山出版社2004年版，第212页。

择王彦潜和张行简奉敕撰写，说明他们的状元身份当是考虑的重要因素。再如，赵摅为大定五年（1165）词赋状元，曾撰《吕嗣延墓志铭》[①]，志主吕嗣延官至殿中侍御史、太常少卿，职位虽不算高，但其家族是辽金时期著名的状元家族，累世显贵，一门六世共出现了九位进士，其中有三名状元，其伯祖吕德懋，为辽统和十二年（994）状元，其孙吕忠翰为贞元二年（1154）词赋状元，曾孙吕造亦为承安二年（1197）词赋状元，曾孙女婿赵承元，亦为大定十三年（1173）词赋状元。状元为状元家族撰写墓志碑铭，亦说明金代状元在时人心目中具有特殊的地位。

金代状元在民间社会也受到普遍的推崇。比如大兴吕氏家族在辽、金两朝共出现了九位进士，其中就有三位状元，因此时人有言："状元家世传三叶，天下科名占两魁。"[②] 吕嗣延本人虽没有中状元，但因他出生在这个著名的状元家族，文学才能亦非常突出，当时燕中人亦有语云："吕嗣延不是敕头是状元，吕延嗣不是敕头是第二。"[③] 所谓敕头是辽代对科举考试第一名的称呼，也即状元。李桂枝解释这句话的意思就是："吕延嗣一定可以考中状元。退一步讲，吕嗣延即使如果考不中状元，也一定能得第二名。"[④] 可见时人对这个状元家族的高度认可。杨云翼为明昌五年（1194）经义状元，当地百姓把他少年时读书的地方称为"状元窑"[⑤]。又如泽州陵川在宋金时期出现了七位状元，当地百姓把一座双峰山命名为"状元峰"，并在山下修建了"七状元祠"来纪念他们[⑥]。

由此可见，金代社会，上自帝王将相，下至平民百姓，都对状元

---

① 王新英辑校：《全金石刻文献辑校》，吉林文史出版社2012年版，第423页。

② （金）元好问：《续夷坚志评注》，李正民评注，山西古籍出版社1999年版，第10页。

③ （金）赵摅：《吕嗣延墓志铭》，王新英辑校《全金石刻文献辑校》，吉林文史出版社2012年版，第423页。又北京市文物研究所编著《鲁谷金代吕氏家族墓葬发掘报告》（科学出版社2010年版）中附有《吕嗣延墓志》正文拓片，清晰可见。

④ 李桂枝：《辽金科举研究》，中央民族大学出版社2012年版，第299页。

⑤ 《（雍正）山西通志》卷25《山川》。

⑥ 《（雍正）山西通志》卷25《山川》，卷57《古迹》，卷166《祠庙》。

非常推崇。也正是由于朝廷的重视和民间的推崇，使得金代状元的社会影响广泛而深远。

第三节　金代状元的文学影响

状元们凭借突出的文学才能，博取超常的功名富贵，成为时代的宠儿。他们的文学创作，尤其是场屋之作，必然会引起众多文人的关注和效仿，进而对文坛产生较大的影响。这种影响首先及于状元家族的子孙后代；波澜所及，也影响到本乡文人；其影响深远的几乎贯穿于金代百年文学发展史。

一　金代状元对家族文学的影响

金代百年科举中涌出了许多状元家族，如浑源刘氏家族、大兴吕氏家族、莒州张氏家族、陵川武氏三状元和赵氏二状元，等等。就文学成就和影响来说，尤以浑源刘氏家族更加突出。刘氏一门四世共出现了八名进士，金末文坛盟主赵秉文誉之为“丛桂蟾窟”。刘氏家族的开创者为刘㧑，是天会二年（1124）词赋状元，也是金代开科取士的首位状元，他“文辞卓然天成，妙绝当世，一扫假贷剽窃、牵合补缀之弊”①。刘氏后人受其沾溉，大都能以文传家，光大家声。刘㧑有四子，一子早卒，余三子皆有文名，刘汲、刘渭同登天德三年（1151）进士第。刘汲“颖悟绝人，早传家学……有《西岩集》行于世”；刘渭“少好学，克绍箕裘”；刘濬“博学强记，少有声场屋间”。第三代中，刘偘登大定十年（1170）进士第；刘俨登承安二年（1197）进士第；刘似为恩赐进士，“力学能文，称其家声……遗文雄浑古简，有乃祖风”。第四代中，刘从益登大安元年（1209）进士，有《蓬门集》十卷，“粹而赡，通而不流，类其为人”；刘从禹登正大七年（1230）进士第；刘从恺“自幼卓荦不群，稍长入乡校，

① （元）王恽：《浑源刘氏世德碑铭并序》，李修生主编《全元文》第6册，江苏古籍出版社1999年版，第503页。

擅能赋声”。第五代中，刘祁“弱冠举进士，廷试失意，即闭门读书，务穷远大，涵滀锻淬，一放意于古文间……文章议论，粹然一出于正，士论咸谓‘得斯文命脉之传’”，有诗文集《神川遁士集》22卷、哲学著作《处言》43篇、史料笔记《归潜志》等著作行于世；其弟刘郁，亦为金末名士，“能文辞，工书翰”，著有《西使记》，记载蒙古宪宗时常德觐见旭烈兀所见之风土人情，为研究元代中西方交通史的重要史料。受其家风的熏陶，刘氏家族中的女性也耳濡目染，颇通文史。如魏初的祖母刘氏，是刘从益之妹、刘祁之姑，“赋性贞顺，勤俭孝谨……经史、文献，一目成诵，且能通其大意，而停蓄涵蕴，若无所知者”①。王恽对刘氏家族的评价极高：“首破天荒，魁冠多士，父子昆季，相继擢第，为名士大夫，作良牧守，文行端雅，门第清峻，为金朝第一流者。”② 苏天爵也认为，正是由于刘㧑“倡之于其始，子孙读书立身，承之于其后”，“后之人皆世其学、厉其行”，才使得这个家族“能传序历次于久远”。③ 刘氏家族之所以能赫赫威威，兴盛百年之久，其根本原因在于“笃志力学，挟艺应选”④。换句话说，就是以科举立世，以文学传家。

对于刘氏家族的文学成就和影响，时人和后人都有很多评论，如刘勋《上刘从益》云：“南山有后能传赋，北阙无人继敢言。”《送刘祁赴试》云：“文章四海名父子，孝友一门佳兄弟。”⑤ 说刘从益父子皆能传其家学，富有文才，四海闻名。张邦直《挽刘云卿》云：“桃李双凫舄，风霜一豸冠。才华惊世易，勋业到头难。白日空金马，青天下玉棺。传家有贤子，文或似韩欧。”⑥ 又王恽《追挽归潜刘先生》

---

① （元）魏初：《祖母夫人真赞并序》，《青崖集》卷5，文渊阁四库全书本。

② （元）王恽：《浑源刘氏世德碑铭并序》，李修生主编《全元文》第6册，江苏古籍出版社1999年版，第503页。

③ （元）苏天爵：《浑源刘氏传家集序》，《滋溪文稿》卷5，陈高华、孟繁清点校，中华书局1997年版，第70页。

④ （元）王恽：《浑源刘氏世德碑铭并序》，李修生主编《全元文》第6册，江苏古籍出版社1999年版，第503页。

⑤ （金）刘祁：《归潜志》卷3，崔文印点校，中华书局1983年版，第28页。

⑥ （金）刘祁：《归潜志》卷5，崔文印点校，中华书局1983年版，第43—44页。

云："道从伊洛传心事，文擅韩欧振古风。"① 都把刘从益与韩愈、欧阳修相比。雷渊《云卿父子有宛丘之行，作二诗为饯》："汉庭议论学，倾耳待歆向。君家贤父子，千载蔚相望。"把刘从益、刘祁父子比作汉代的刘歆、刘向。刘勋《送刘祁赴试》："文章四海名父子，孝友一门侍弟兄。"称赞刘氏父子文名天下，德泽后人。清代学者黄宗羲认为刘祁能"传其父学"，"以文与元裕之齐名"。②

莒州张氏家族也是金朝望族，显赫一时。张行简是大定十九年（1179）词赋状元，其祖父张莘卿，是天德三年（1151）进士，"以醇儒硕学显名当世"；其父张暐，为正隆五年（1160）进士，"经明行修"；其弟张行中（又名行信）是大定二十八年（1188）进士，"学问该博，议论笃正"。张莘卿尝诲其子云："富人营业求财利，朝夕遑遑□□□□□有阡陌之得，不还踵而失者有之。而士能力学以致禄仕，衣食自奉，取给公家，仰视俯育，终身优裕，且无农商耕获稗贩之劳，所得孰为多哉?"③ 将经商致富与读书应举作了一番对比，认为读书优于经商，这就为家族指明了发展的方向。张氏后人遵从祖训，以科举兴业，以文学传家。如张行中"虽位宰相，而奉养如寒士，日书经史五百字为课，寒暑不废者四五十年，故于书无所不读，诗殊有古意"④，甚至于致仕后，"惟以抄书教子孙为事"⑤。赵秉文如此评价张氏家族："以德行为世检，以文学登世科，孙则尚书，子惟御史，门闾之懿，近代罕闻。"⑥ "以德行为世检，以文学登世科"，可谓一语道出了张氏家族发达的根本原因。

---

① （金）刘祁：《归潜志》卷14，崔文印点校，中华书局1983年版，第184页。

② （清）黄宗羲：《宋元学案》第4册卷100，全祖望补修，中华书局2009年版，第3330页。

③ （金）黄久约：《朝散大夫镇西军节度使张公神道碑》，（清）张金吾编纂《金文最》卷86，中华书局1990年版，第1255页。

④ （金）元好问编：《中州集》卷9《张左丞行中》，中华书局上海编辑所1959年版，第463页。

⑤ （元）脱脱等：《金史》卷107《张行信传》，中华书局1975年版，第2371页。

⑥ （金）赵秉文：《前御史大夫张暐赠父莘卿诰》，阎凤梧主编《全辽金文》，山西古籍出版社2002年版，第2231页。

此外，刘仲渊是皇统二年（1142）词赋状元，其祖父刘彦升、父刘筈皆为辽代进士，兄刘仲诲、弟刘仲洙亦为金代名进士[①]。张甫是大定二十二年（1182）词赋状元，其兄张庸、弟张冉亦皆中第，元好问云其“兄弟科名如此，近世所未有也”[②]。阎长言是承安五年（1200）词赋状元，其祖父阎俊为天会间进士，父阎时升为正隆五年（1160）进士。“曾、高以来，登科者六世矣。”[③] 杨云翼是明昌五年经义状元，“抚导二甥，卒为名士。其长庭简者，登上第”[④]。其子杨恕亦为正大四年（1227）经义进士。刘汝翼是贞祐三年（1215）经义状元，“诸子皆传家学”，元好问铭其墓曰：“公家嘉树郁以华，会与毛郑俱名家。墓碑有铭岂浮夸？刘宗淄川其未涯。”[⑤] 可见其子孙皆能继承家学，发扬光大。由此可见，金代状元多有一定的家学渊源，反过来，状元又会对整个家族产生重要的影响。

二　金代状元对本乡文人的影响

自唐代进士雁塔题名之后，历代相沿，渐以成俗。金代民间也常把本乡进士刻石题名，既表达了对乡贤的推尊之情，又有借此激励后学之目的。如李谦在《中山前进士题名记》中云：“特录本郡并县金朝累举进士登科人姓名，仍以当时廷试赋题及状元姓名冠之，刻之翠琰，立于庙学，以诏将来，不惟使乡人咸知乡里世有闻人，抑令后人勉而效之。”[⑥]

---

① 参见（元）脱脱等《金史》卷78《刘彦宗传附刘筈、刘仲诲传》、卷97《刘仲洙传》，中华书局1975年版，第1771、1773、2154页。

② （金）元好问编：《中州集》卷4《吊张维翰维中兄弟》，中华书局上海编辑所1959年版，第194页。

③ （金）元好问编：《中州集》卷9《阎治中长言》，中华书局上海编辑所1959年版，第470页。

④ （金）元好问：《内相文献杨公神道碑铭》，姚奠中主编《元好问全集》卷18，山西古籍出版社2004年版，第420页。

⑤ （金）元好问：《大中大夫刘公墓碑》，姚奠中主编《元好问全集》卷22，山西古籍出版社2004年版，第493页。

⑥ （元）李谦：《中山前进士题名记》，李修生主编《全元文》第9册，江苏古籍出版社1999年版，第73页。

刘㧑作为金代首科词赋状元，不仅对本族后人影响深远，对本贯乡人也产生了很大的影响。元人苏天爵曾说："南山翁方以清修文雅著名于时，用则出而应之，否则安其所守，不见喜愠，而词学之懿、操行之洁，传诸其家，以及其乡人者。终金之世，云朔诸郡文献相望，大抵多翁所感发也。"[①] 孙九鼎是天会六年（1128）经义状元，二弟九畴、九亿亦俱有时名，兄弟三人同榜登科。金初著名词人吴激《赠国镇》云："孙郎有重名，谈笑取公卿。清庙瑟三叹，斋房芝九茎。"孙氏兄弟自然会成为乡人的骄傲，他们的文章也为当地文人争相效仿。元好问曾说："中州文派，先生指授之功为多。"[②] 李俊民为承安五年（1200）经义状元，"弃官不仕，以所学教授乡里，从者甚盛，至有不远千里而来者"[③]。李俊民是泽州人，当地人有重视读书和科举的传统，"岁贡士甲天下"，仅在金代就涌现出7位状元，是名副其实的状元之乡[④]。这一现象说明，状元的产生需要深厚的文化土壤；反过来，状元又会对当地文化产生深远的影响。

三　金代状元对后学文人的影响

状元总是令人羡慕的。人们所羡慕的不仅是功名富贵，也包括其文采风流。所以说，状元对后世学子的影响是毋庸置疑的。金代状元对后学文人的影响大体上可分为四种情况：

一是其文可为典范，后学自愿效法。比如刘㧑以词赋夺冠，成为金国首位状元，"其后学者孟宗献、赵枢、张景仁、郑子聃皆取法

---

① （元）苏天爵：《浑源刘氏传家集序》，《滋溪文稿》卷5，陈高华，孟繁清点校，中华书局1997年版，第70页。

② （金）元好问编：《中州集》卷2《孙内翰九鼎》，中华书局上海编辑所1959年版，第75页。

③ （明）宋濂等：《元史》卷158《窦默传附李俊民传》，中华书局1976年版，第3733页。

④ 据（民国）《陵川县志》载：金代陵川出现了武明甫、武天佑、武天和、赵安时、赵安荣、李俊民六名状元，再加上宋代的崔有孚，共有七名状元。当地还因此建有七状元祠，且名其山曰：状元峰。

焉"[①]。他们模仿刘㧑赋作均取得了非常显著的效果：张景仁擢皇统二年（1142）御试别试魁，郑子聃中正隆二年（1157）词赋状元，孟宗献中大定三年（1163）词赋状元，赵枢（同摅）中大定五年（1165）词赋状元。刘祁在《归潜志》中颇为生动地记载了孟宗献研读刘㧑词赋的情形："孟（宗献）晚进，初不识翁，因少年下第，发愤，辟一室，取翁赋，剪其八韵，类之，帖壁间，坐卧讽咏深思，已而尽得其法，下笔造微妙。再试，魁于乡、于府、于省、于御前，天下号'孟四元'，迄今学者以吾祖，孟师也。"[②] 孟宗献等人的成功引起了更广泛的社会效应，他们的律赋也因此而受到后学的效仿。《归潜志》卷8云："金朝以律赋著名者曰孟宗献友之、赵枢子克……律赋至今学者法之。"[③] 再如胡砺，字元化，为天会十年（1132）词赋状元，其程文被称为"元化格"[④]，成为举子们习作司赋的典范。赵承元是大定十三年（1173）的词赋状元，刘汝翼是贞祐三年（1215）经义状元，他们的程文亦有"金字品"之称。元好问说："百年以来，御题魁选以赵内翰承元赋《周德莫若文王》，超出伦等，有司目为'金字品'，及公（按：指刘汝翼）经义第一，'诗传三题'，绝去科举蹊径，以古文取之，亦当在优等，故继有金字之褒。"[⑤] 无论是状元的荣耀，还是主考官的赞赏，必然引发一阵效仿的风潮，对当时文坛风气的影响是不言而喻的。

二是善于品鉴，举子纷纷问学请教。刘祁《归潜志》卷8云："予高祖南山翁，金国初辟进士举词赋状元也，故为一代词学宗，雅好成就后进，见其文辄能断其后中第否，当时名士大夫多出门下，学者至今皆师尊之。"[⑥] 南山翁为刘㧑自号。刘㧑"见其文辄能断其后

① （元）王恽：《浑源刘氏世德碑铭并序》，李修生主编《全元文》第6册，江苏古籍出版社1999年版，第503页。

② （金）刘祁：《归潜志》卷8，崔文印点校，中华书局1983年版，第81页。

③ 同上书，第80—81页。

④ （元）脱脱等：《金史》卷125《胡砺传》，中华书局1975年版，第2721页。

⑤ （金）元好问：《大中大夫刘公墓碑》，姚奠中主编《元好问全集》卷22，山西古籍出版社2004年版，第493页。

⑥ （金）刘祁：《归潜志》卷8，崔文印点校，中华书局1983年版，第81页。

中第否”，所以人们愿意向刘㧑请教，希望能得到他的指点，以提高写作水平，最终攀宫折桂。张景仁便是个典型的例子。《归潜志》云：“张御史景仁时在布衣，以所业诣翁，翁嘉之，俄翁预为有司取士，张赋甚佳，为邻坐者剽之，尽坐同而黜，已而，翁知其然，遽以长姑嫁焉，家人辈皆愠，翁不恤也。后三年，翁复为有司，御试，张擢别试魁，骤历清华，以文章擅当世，位至翰林学。”① 张景仁“以所业诣翁”，当然是为了得到刘㧑的指点。张景仁初试失利，三年后再试，得中御试别试魁。张景仁“以文章擅当世”②，被金世宗称为“真能文之士”③，这与刘㧑的指点是分不开的。

三是主文取士，影响举子文风。一些状元及第后，担任考官，主文取士，他们的文学观念、文学风格必然会对应考举子产生直接的影响。《归潜志》卷 8 云：“金朝以律赋著名者曰孟宗献友之、赵枢子克。其主文有藻鉴多得人者，曰张景仁御史、郑子聃侍读。故一时为之语曰：‘主司非张、郑，秀才非赵、孟。’律赋至今学者法之。”④ 以上四人中，孟宗献、赵枢、郑子聃皆为状元，张景仁是御试别试魁。张景仁和郑子聃皆由状元而任主考官，他们的律赋自然会受到时人的推崇，进而产生广泛的影响。杨云翼是明昌五年（1194）经义状元，乐于“奖藉后进”，“典贡举三十年，门生半天下”⑤。张行简是大定十九年（1179）词赋状元，亦“知贡举三十年，门生遍天下”⑥。他们的文学观念和文学风尚自然会影响到众多应试的举子。如果说刘㧑、张景仁、郑子聃等人主贡举时“有藻鉴多得人”，对文坛起到了积极的促进作用；那么，张行简知贡举时，“惟以格律痛绳之，洗垢求瘢，苛甚，其一时士子趋学，模题画影，至不成语言。以

---

① （金）刘祁：《归潜志》卷 8，崔文印点校，中华书局 1983 年版，第 81 页。

② 同上。

③ （元）脱脱等：《金史》卷 84《张景仁传》，中华书局 1975 年版，第 1892 页。

④ （金）刘祁：《归潜志》卷 8，崔文印点校，中华书局 1983 年版，第 80—81 页。

⑤ （金）元好问：《内相文献杨公神道碑铭》，姚奠中主编《元好问全集》卷 18，山西古籍出版社 2004 年版，第 420 页。

⑥ （金）元好问编：《中州集》卷 9《张太保行简》，中华书局上海编辑所 1959 年版，第 468 页。

是有‘甘泉’、‘甜水’之喻，文风浸衰”[①]。对当时文坛的作用则是消极的。不论是积极作用，还是消极作用，主文者对举子、对文坛的影响都是显而易见的。[②]

四是讲学授徒，传播学术文化。状元们凭借文学才能夺魁天下，博取功名富贵，或许是有感于自己的奋斗经历，特别重视文化教育。有的为官一方，兴办学校，如胡砺是天会十年（1132）词赋状元，曾任定州观察判官，“定之学校为河朔之冠，士子聚居者常以百数，砺督教不倦，经指授者悉为场屋上游”[③]。有的无意仕进，授徒讲学，如李俊民是承安五年（1200）经义状元，晚年“居乡间，终日环书不出。四方学者不远千里而往，随问随答，曾无倦色”[④]。《元史·段直传》亦云：元至元十一年（1274），泽州长官段直“大修孔子庙，割田千亩，置书万卷，迎儒士李俊民为师，以招延四方来学者，不五六年，学之士子以通经被选者百二十有二人”[⑤]。有的潜心文律，递相转述，如刘汝翼是贞祐三年（1215）经义状元，“南渡以来，士子潜心文律，视师弟子之传为重，从公（按：指刘汝翼）讲学者，如罗鼎臣、贾庭扬、李浩辈，往往甲一擢第，其有功后进盖如此”[⑥]。贾庭扬为正大四年（1227）经义状元，李浩等人亦为金末名士，元好问称之为“天民之秀者”。在金朝灭亡后，他们被元好问推荐给蒙古中书令耶律楚材[⑦]，为元代文化建设做出了应有的贡献。

四　女真状元对女真猛安谋克的影响

女真进士科的创立经历了较长时间的酝酿，从学校的设立、教

---

① （金）刘祁：《归潜志》卷9，崔文印点校，中华书局1983年版，第97页。

② 参见裴兴荣《金末科举改革与奇古文风的演变》，《民族文学研究》2013年第4期。

③ （元）脱脱等：《金史》卷125《胡砺传》，中华书局1975年版，第2721页。

④ （元）杨奂：《李状元事略》，《还山遗稿》卷上，民国适园丛书本。

⑤ （明）宋濂等：《元史》卷192《段直传》，中华书局1976年版，第4364页。

⑥ （金）元好问：《大中大夫刘公墓碑》，姚奠中主编《元好问全集》卷22，山西古籍出版社2004年版，第493页。

⑦ （金）元好问：《寄中书耶律公书》，姚奠中主编《元好问全集》卷39，山西古籍出版社2004年版，第804—805页。

材的翻译、科目的设置，到程序的制定，再到步骤的安排等问题，统治者都有过多次讨论，既有顾虑，也有疑问，但最终得以成功实行，成为中国科举史上一件划时代的大事。一些女真状元也对金代科举制度的改革与完善做出了贡献，如明昌四年（1193），徒单镒就对科举考试的内容提出了一些建议："诸生不穷经史，唯事末学，以致志行浮薄。可令进士试策日，自时务策外，更以疑难经旨相参为问，使发圣贤之微旨、古今之事变。"[①] 这个建议是针对时文之弊而提出的，得到了章宗的肯定，"诏为永制"。不仅如此，徒单镒在当时的文坛上也有相当的影响，史称他"明敏方正，学问该贯，一时名士，皆出其门，多至卿相。尝叹文士委顿，虽巧拙不同，要以仁义道德为本，乃著《学之急》《道之要》二篇，太学诸生刻之于石"[②]。正是在这些女真状元的影响下，许多猛安谋克纷纷弃武学文，《归潜志》有云："南渡后，诸女真世袭猛安谋克往往好文学，喜与士大夫游，如完颜斜烈兄弟、移剌廷玉、温甫总领、夹谷德固、术虎遂士玄、乌林答肃孺辈，作诗多有可称。"[③] 其中提到的术虎遂士玄，字温伯，女真纳邻猛安，"虽贵家，刻苦为诗如寒士，喜与士大夫游"[④]；乌林答爽，字肃孺，女真世袭谋克，"性聪颖，作奇语，喜从名士游"，刘祁以为"若使其志不辍，年稍长，则当魁其辈流"[⑤]，等等。在科举风尚的影响下，女真、契丹等少数民族的文学水平有了极大的提高。

综上所述，就现存作品的数量和成就来看，金代状元都不占明显的优势（其他朝代状元的文学成就较高、影响较大的也为数不多，较著名的只有唐代的王维，宋代的陈亮、张孝祥、文天祥等），但他们当时的社会地位是非常高的，对文坛的影响也是非常大的。这种现象自然与以文取士的科举制度有着极大的关系。正是因为金代社会上自

---

① （元）脱脱等：《金史》卷51《选举志一》，中华书局1975年版，第1138页。

② （元）脱脱等：《金史》卷99《徒单镒传》，中华书局1975年版，第2191页。

③ （金）刘祁：《归潜志》卷6，崔文印点校，中华书局1983年版，第63页。

④ （金）刘祁：《归潜志》卷3，崔文印点校，中华书局1983年版，第25页。

⑤ 同上书，第26页。

帝王，下至普通百姓，都重视进士，推崇状元，形成了全社会普遍的重文风尚，进而促进了金代文学的发展，促进了女真民族的汉化，使得金代文化取得了“能自树立唐、宋之间，有非辽世所及”的辉煌成就。

第七章　金代科举题材的诗词创作

“文学可以看作是一种社会活动，而其价值在于作家感触到某些类型的集合能量和活力后，即用文学的语言表达出来。”① 举子的诗文作品就是这方面的典型代表，其中描述了他们的科考经历、感受以及生活场景，能够让我们对其日常生活形成一个大致的认识。因此，举子们的诗文作品就成为了解他们日常生活及思想状况的珍贵资料。

第一节　金代贡院唱和诗

贡院唱和诗，顾名思义，就是指考官在贡院里相互唱和之诗。为了避免考官沟通外界、徇私舞弊，宋代实行锁院制度。所谓的“锁院”，就是考官在接到朝廷的任命后，直接到贡院住宿，避免与外界接触，以保证考试的公正和严密。宋代锁院之制始于淳化三年（992）苏易简知贡举②，“自端拱元年试士罢，进士击鼓诉不公后，次年苏易简知贡举，固请御试，是年（淳化三年，992）又知贡举，既受诏，径赴贡院，以避请求，后遂为例。”③ 可见锁院一开始仅仅是考官个人的避嫌之举，后遂为官方规制。宋代锁院时间长达五十天左右，期间不允许与家人和外界发生接触，再加上贡院里条件较为艰苦，试官生活极为单调乏味，因此，擅长诗文的试官们就忙里偷闲，

① ［美］张春树、骆雪伦：《明清时代之社会经济巨变与新文化——李渔时代的社会与文化及其“现代性”·导言》，王湘云译，上海古籍出版社 2008 年版，第 5 页。

② 祝尚书：《宋代科举与文学考论》，大象出版社 2006 年版，第 45 页。

③（元）马端临：《文献通考》卷 3《选举考三》，“淳化三年”条，中华书局 1986 年版。

吟诗唱和，以排遣苦闷。有学者云，贡院唱和始盛于欧阳修[①]。对于此事，欧阳修亦有自述："嘉祐二年（1057），余与端明韩子华、翰长王禹玉、侍读范景仁、龙图梅公仪同知贡举，辟梅圣俞为小试官，凡锁院五十日。六人者相与唱和，为古律歌诗一百七十余篇，集为三卷……余六人者，欢然相得，群居终日，长篇险韵，众制交作，笔吏疲于写录，僮史奔走往来，间以滑稽嘲谑，形于风刺，更相酬酢，往往烘堂绝倒，自谓一时盛事，前此未之有也。"[②] 自此以后，宋代著名的贡院唱和还有：元祐二年（1087）邓忠臣等人同文馆唱和、黄庭坚等人的武成宫唱和、元祐三年（1088）苏轼等人的礼部唱和。

关于宋代的贡院唱和诗，学界已有不少成果论及。那么，金代是否也实行锁院制度？试官们是否也有贡院唱和之作？以下就作些初步的探讨。

一　金代锁院制度蠡测

宋代实行锁院制度，各种文献多有记载。那么，金代是否也实行锁院制度呢?《金史·选举志》中没有明确的记载，其他文献也鲜有记录。但金代"进士科目兼采唐、宋之法而增损之"[③]，由此推测，金代科举实行锁院制度的可能性极大。另外，还有一些间接的材料似乎也可以支持这一判断。其一是《金史·杨伯仁传》载："进士吕忠翰廷试已在第一，未唱名，海陵以忠翰程文示伯仁，问其优劣，伯仁对曰：'当在优等。'海陵曰：'此今试状元也。'伯仁自以知忠翰姓名在第一，遂宿谏省，俟唱名乃出。海陵嘉其慎密，转翰林修撰。"[④] 杨伯仁因知道状元人选，为避免走漏消息，当晚遂宿于谏省，可见在金代科举考试中是需要避嫌的。其二是赵沨的《贡院闻雨》诗中的一联诗句："病眼花生纸，羁怀棘绕墙"，由"棘绕墙"可知，金代贡院的防范措施也是非常严密的，据此，金代对考官在贡院期间的行

① 祝尚书：《宋代科举与文学》，中华书局2008年版，第177页。

② （宋）欧阳修：《归田录》卷2，林青校注，三秦出版社2003年版，第146页。

③ （元）脱脱等：《金史》卷51《选举志一》，中华书局1975年版，第1130页。

④ （元）脱脱等：《金史》卷125《杨伯仁传》，中华书局1975年版，第2723页。

动应当有相当严格的限制。其三是金代进士考试的监检制度极为严密。“凡监检之制，大兴府则差武卫军，余府则于附近猛安内差摘，平阳府则差顺德军。凡府会试，每四举人则差一人，复以官一人弹压。御试策进士则差弩手及随局承应人，汉进士则差亲军，人各一名，皆用不识字者，以护卫十人、亲军百人长、五十人长各一人巡护。”① 科举考试中不仅动用大量军人监试，更有甚者，以防止夹带入场，对考生的搜检亦是“解发袒衣，索及耳鼻”②。综合以上材料可知，金代科举规制非常严密，相比于宋代，有过之而无不及。由此，我们有充分的理由推测，金代也应实行锁院制度。

二　金代贡院唱和诗的情感内涵

与宋代相比，金代贡院唱和诗留存较少，内容亦略显单薄，有的描写贡院生活的艰苦愁闷之态，有的抒发锁院期间的思亲念友之情。

（一）抒写贡院生活的愁苦之态

贡院对应考的举子来说，充满了希望，虽苦亦不觉得苦；但是对于试官来说，愁苦几乎是普遍的感受。如赵秉文《试院中愁坐，叔献学博，忽送红梅、小桃数枝，坐念春物骀荡，西园开钥，不得一观，作诗破闷，兼简张文学仲山》③：

数日天气殊未佳，文书如山眼生花。忽遣官梅入吾室，政尔东君解留客。蜡梅无韵空有香，红梅亦复清而庄。此花韵胜开较晚，天许风流嫁海棠。海棠春骄睡未足，环儿酒晕红潮玉。不应更有林下风，翠袖天寒倚修竹。银瓶亦有小桃枝，茜裙游女窥荆篱。青枝绿叶不须问，自有月影溪光知。冰花不肯相媚妩，来伴诗人作诗苦。横斜影落水心中，融入诗中作奇语。古来诗人例多穷，把酒对花酒已空。亦知寒食只数日，醉梦不到西园中。天上公子被花恼，一笑回波嘲梼杌。不须区区索酒钱，但可煎茶对

① （元）脱脱等：《金史》卷51《选举志一》，中华书局1975年版，第1147页。

② 同上。

③ 薛瑞兆、郭明志编：《全金诗》第2册，南开大学出版社1994年版，第420页。

花前。

赵秉文，字周臣，号闲闲老人，大定二十五年（1185）进士，历任礼部尚书、翰林直学士等要职，主盟文坛四十年，为金源一代文宗，诗文书法俱工，一生著述甚多，今仅存《滏水集》二十卷。他曾屡知贡举，此诗描写了诗人在锁院期间的艰苦生活。由于在贡院里行动受到限制，再加“数日天气殊未佳”，使试官们越发觉得烦闷，就在此时，忽有人送来红梅、小桃数枝，试官们的精神为之一振，诗情亦被激发出来，烦闷的气氛被打破了，贡院中也由此增添了些许乐趣。“文书如山眼生花”一句，非常形象地写出了试官们阅卷的辛苦。由诗题可知，此诗是赠予张仲山的。张仲山，其人不详，应为试官之一，文学为亲王府属官，从七品，多由进士任职。按常理，张仲山应有唱酬之作回应，只可惜现已无法目睹了。诗题中还提到叔献，是谓冯璧，别字天粹，号松庵，少颖悟，曾师事王磵，与孟宗献、赵沨为同学友，中承安二年进士（1197），时为同知举官。冯氏家族是金代著名的科举家族，元好问云其家族“三世皆仕至四品，职名亦相近”①。其祖冯仲尹，天眷二年（1139）进士，曾任尚书省令史，监察御史，中议大夫，同知山东西路转运使事；父冯子翼，正隆二年（1157）进士，“性刚果，与物多忤，用是仕宦不进，以同知临海军节度使事致仕。居真定，有诗、乐府传于世”②；冯璧“文采风流，言谈洒落，使人爱之不能舍去，诗笔清逸，字画严峻，为一时所称……平生文章工于四六，尺牍为当代之冠，人得一篇皆宝藏之。”③元好问也说他“少日在太学，赋声籍甚，其学长于春秋，诗笔清峻，似其为人；字画楚楚，有魏晋间风气，雅为闲闲公所激赏；制诰典

① （金）元好问编：《中州集》卷2《冯临海子冀》，中华书局上海编辑所1959年版，第89页。

② 同上。

③ （金）刘祁：《归潜志》卷5，崔文印点校，中华书局1983年版，第53页。

丽，当代少见其比；尺牍又其专门之学，风流蕴藉不减前世宋景文"[①]。同时，冯氏家族也是著名的文学世家，皆有文集流传于世，冯璧有《松庵集》，其父冯子翼有《白云集》，其子冯渭有《常山集》，其祖冯仲尹与孙冯崧亦曾有文集，可惜的是大多遗失，不可蒐集[②]。

再如赵思文的《试院中呈同官崔伯善、李顺之》："睡起松阴鸟雀哗，忽惊霜果堕檐牙。简书迫促全疏酒，眼力昣昏只费茶。不学道人餐柏叶，却随举子踏槐花。提衡文字非吾事，崔李风流有故家。"赵思文，初名璜，字庭玉，明昌五年（1194）进士，曾任礼部尚书、户部尚书等职。诗题中的崔伯善即崔禧，承安二年（1197）进士，曾任翰林待制，永州刺史，"长于史学，历代典故无不通"[③]。李顺之，其人不详。诗歌写考官们在试院中忙于阅卷，无暇饮酒，试卷太多，看得头昏眼花，抱怨自己不能像道人一样自由自在，却为举子们辛苦操劳，最后两句赞赏同官崔禧和李顺之，出身世家，文采风流；揶揄自己没有家学渊源，不能胜任阅卷工作。事实上，赵思文曾"屡典贡举，所得多名士，被黜者亦无怨言"[④]，可见诗中所云"提衡文字非吾事"乃是自谦之词。而且，赵思文极富才情，平日即喜为诗文，刘祁说他："公暇以诗酒为乐，好吹笛，多著乐章，为人传诵。"[⑤] 元好问也说他："报政之后，庭宇清闲，日延宾客，论文把酒，与相娱乐，间作诗、乐府，传达京师，群公为之属和，文采风流，照映一时，至有'神仙官府'之目。前世江西道院，盖不足道

① （金）元好问编：《中州集》卷6《冯内翰璧》，中华书局上海编辑所1959年版，第281—282页。

② （元）姚燧：《冯氏三氏遗文序》《牧庵集》卷3，查洪德编校，人民文学出版社2011年版，第47页。

③ （金）刘祁：《归潜志》卷4，崔文印点校，中华书局1983年版，第39页。

④ （金）元好问：《通奉大夫礼部尚书赵公神道碑》，姚奠中主编《元好问全集》卷18，山西古籍出版社2004年版，第435页。

⑤ （金）刘祁：《归潜志》卷4，崔文印点校，中华书局1983年版，第37页。

也。”[①] 赵思文著有《耐辱居士集》二十卷，元好问云其：“为文不事雕饰，诗律精深，而气质温厚，读者谓其宜至大用。”[②] 王恽亦评其诗文曰：“其气浑而厚，其格精而深，不雕饰，不表襮，遇事遣兴，因意达辞，略无幽忧憔悴、尖新艰险之语。”[③] 由此可见赵思文的文采风流。

描写贡院生活最详细的要数赵沨的《贡院闻雨》，诗云：“灯暗风翻幔，蛩吟叶拥墙。人如秋已老，愁与夜俱长。滴尽阶前雨，催成镜里霜。黄花依旧好，多病不能觞。”赵沨，字文孺，号黄山，大定二十二年（1182）进士，曾有《黄山集》行于世，今已不存，他的诗文与王庭筠齐名，尤长于书，各体俱工，郝经评其书曰：“二王没后无草书，颠张醉素空模糊。只除洛阳杨风子，识得黄山赵蹇驴。”[④]“二王”指王羲之和王献之父子，“颠张醉素”指张旭和怀素。可见郝经对其书法水平有着极高的评价。赵沨曾于明昌二年（1191）知贡举[⑤]，此诗当为此次知贡举时所作。“灯暗风翻幔，蛩吟叶拥墙”，描写贡院环境的异常艰苦；“人如秋已老，愁与夜俱长”，抒发诗人在深秋雨夜的愁闷。整首诗体物细致，用语工巧，连文坛盟主赵秉文亦称此诗“信佳作也”[⑥]。党怀英亦有诗次其韵：“病眼花生纸，羁怀棘绕墙。挑灯檐溜急，到枕漏声长。响彻鸡埘曙，寒迎雁背霜。凄凉三径菊，无梦到壶觞。”[⑦] 据此诗可知，其时党怀英亦为试官。党怀英为大定十年（1170）进士，曾任国子祭酒、翰林学士承旨等职，此诗同样抒写了贡院生活的艰辛与烦闷。首联“病眼

① （金）元好问：《通奉大夫礼部尚书赵公神道碑》，姚奠中主编《元好问全集》卷18，山西古籍出版社2004年版，第435页。

② 同上。

③ （元）王恽：《礼部尚书赵公文集序》，《秋涧集》卷42，四部丛刊景明弘治本。

④ （元）郝经：《黄山草圣歌》，《陵川集》卷11，清文渊阁四库全书本。

⑤ 王庆生：《金代文学家年谱》，凤凰出版社2005年版，第317页。王先生又云：“大定二十八年、明昌二年、五年，党、赵皆在翰林，均可知贡举。”

⑥ （金）刘祁：《归潜志》卷8，崔文印点校，中华书局1983年版，第86页。

⑦ 党怀英：《次文孺韵》，元好问编《中州集》卷3，中华书局上海编辑所1959年版，第142—143页。按：此诗后有元好问按语云：“此诗是贡院中唱和，故有‘花生纸，棘绕墙’之句。”

花生纸，羁怀棘绕墙”，生动形象地写出了阅卷的艰苦和生活的孤寂，可谓是贡院生活的绝唱。尾联化用陶渊明之典，表达了对贡院外的自由生活的向往。赵秉文云其“诗似陶谢，奄有魏晋”①，亦于此可见。

（二）抒发贡院中思亲念友之情

金代进士四场考试的时间基本是固定的。一般而言，乡试以三月二十日，府试以八月二十日，会试以次年正月二十日，御试亦以三月二十②。由此可知，金代乡试和御试皆为三月二十日前后，而此时也恰逢清明节前后。长时间的锁院生活很容易引发试官们对家人的思念之情。比如王庭筠《大安寺试院中寒食》：“东风日日涨黄沙，供佛床头始见花。寒食清明好时节，年年憔悴独离家。”王庭筠，字子端，号黄华老人、雪溪翁，盖州熊（今辽宁省盖州市）人，大定十六年（1176）进士，为金代著名的渤海族文人，诗文书画卓绝，赵秉文有诗称赏他：“李白一杯人影月，郑虔三绝画诗书。”王庭筠一生著述宏富，有《黄华集》四十卷、《藁辨》十卷、《丛说》十卷、《雪溪堂贴》十卷、《品第法书名画记》五百五十卷、院本《卷帘记》等，只可惜大都逸失不传，今人金毓黼辑得《黄华集》八卷，载于《辽海丛书》。从《大安寺试院中寒食》诗来看，考试时恰逢寒食清明，应与当时规定的考试时间相符；考试的场所在大安寺，可知这并非御试，而是某地的一场乡试。“寒食清明好时节，年年憔悴独离家”，流露出些许孤独和感伤。

除了《贡院闻雨》之外，赵沨还有一首《贡院中怀山中故居》：“岁晚西溪路，谁过旧草堂。苔纹侵柱础，竹色度邻墙。白首光阴疾，青山意绪长。相思老兄弟，夜夜梦还乡。”山中故居，当指东阿黄山，亦称穀城山，赵沨未第前曾隐居于此，从师于王硐、王去非、王去执

① （金）元好问编：《中州集》卷3《承旨党公》，中华书局上海编辑所1959年版，第130页。

② （元）脱脱等：《金史》卷51《选举志一》，中华书局1975年版，第1146页。

等学者，与党怀英、孟宗献、冯璧等人为同学友①。“相思老兄弟”，或即思念当日的同学好友孟宗献、冯璧等友人。他尝有《黄山道中》诗，“小谷城荒路屈蟠，石根寒碧涨秋湾。千章秀木黄公庙，一点飞云白塔山。好景落谁诗句里，蹇驴驮我画图中。膏肓泉石真吾事，莫厌乘闲数往还。”黄公庙者，即张良受黄石公兵书之地也。因其中的“好景落谁诗句里，蹇驴驮我画图中”之句，时人称他为“赵蹇驴”。赵沨诗才敏捷，曾多次受到章宗的夸奖，《归潜志》有云：“章宗春水放海青，时黄山在翰苑，扈从，既得鹅，索诗，黄山立进之，其诗云：‘驾鹅得暖下陂塘，探骑星驰入建章。黄伞轻阴随凤辇，绿衣小队出鹰坊。抟风玉爪凌霄汉，瞥日风毛堕雪霜。共喜园陵得新荐，侍臣齐捧万年觞。’章宗览之，称其工，且曰：‘此诗非宿构不能至此。’”② 还有一次，章宗皇帝中秋节在瑶光楼赏月，召赵沨对御赋诗，且以“清”字为韵。赵沨即席赋诗曰：“秋气平分月正明，蕊珠宫阙对蓬瀛。已驱急雨消残暑，不遣微云点太清。帘外清风飘桂子，夜深凉露滴金茎。圣朝不奏霓裳曲，四海歌讴即乐声。”据说金章宗“读至落句，大加赏异，手酌金钟以赐，且字之曰：‘文孺，以此钟赐汝作酒值。’士林荣之。高祖言：吾不如子房。君父字呼臣下，不为无故事也”③。顾奎光对这首诗也有较高的评价：“典雅清丽，结句尤为有力，宜蒙道陵叹赏。”④

三 金代贡院唱和诗的特色及成因

要探讨金代贡院唱和诗的特色，我们有必要将其与宋代的贡院唱和诗作一番比较，这样才能突显其独特之处。

（一）唱和规模较小

宋代的贡院唱和往往规模较大，常常是一人发起，数人唱和。如

---

① 参见（金）赵秉文《遗安先生言行碣》，《滏水集》卷11，四部丛刊景明钞本；（元）杨奂《锦峰王先生墓表》，《还山遗稿》卷上，民国适园丛书本。

② （金）刘祁：《归潜志》卷8，崔文印点校，中华书局1983年版，第86页。

③ （金）元好问编：《中州集》卷4《黄山赵先生沨》之《中秋》诗附注，中华书局上海编辑所1959年版，第191页。

④ （清）顾奎光选辑：《金诗选》卷1，（清）陶玉禾评注，清乾隆刻本。

前所述，嘉祐二年（1057），欧阳修知贡举，在锁院的50天时间里，同官共六人相互唱和，共写了古律歌诗173篇，后虽有些散佚，但仍存91首，其中有欧阳修33首、梅尧臣36首、王珪22首[①]。后欧阳修把这些诗汇编成《礼部唱和诗集》三卷，并亲自为之作序[②]。再如元祐二年（1087），邓忠臣等人的同文馆唱和，由邓忠臣首倡其事，参与者有张耒、晁补之、蔡肇、余干、耿南仲、商倚、曹辅、柳子文、李公麟、孔武仲、温益共12人，此次唱和诗歌至少有220首[③]，规模又胜过欧阳修等人的唱和。

相比之下，金代贡院唱和规模要小得多。唱和规模稍大的是刘从益与李纯甫等人的一次试院唱和。据刘祁《归潜志》所载，他们以吕唐卿《海藏斋诗》舟字为韵有十余首，且诸诗皆不存，仅见刘从益的一联而已。[④] 金代贡院唱和之作留存的仅见党怀英的《次文孺韵》，该诗为次韵赵沨《贡院闻雨》的唱和之作。其余只见赵思文的《试院中呈同官崔伯善、李顺之》、赵秉文的《试院中愁坐，叔献学博，忽送红梅、小桃数枝，坐念春物骀荡，西园开钥，不得一观，作诗破闷，兼简张文学仲山》，从诗题来看，应有唱和之作，但因作品不存，无法考论。至于说王庭筠的《大安寺试院中寒食》、赵沨的《贡院中怀山中故居》等诗，皆为自抒怀抱之作。由此，我们可以说金代贡院唱和规模较小。

（二）情绪较为沉重

宋代贡院唱和诗虽有抒写愁苦之态和相思之情的，但却表现得较为轻松幽默，甚至于有些滑稽戏谑之作。如苏辙《戏呈同官》云："只隔墙东便是家，悄悄还似在天涯。客心不耐听松雨，归信犹堪饮菊花。剪烛看书良寂寞，披沙见玉忽喧哗。自惭空馆难留客，试问姮

---

① 陆胤：《北宋科举锁院诗考论》，载张伯伟、蒋寅主编《中国诗学》第13辑，人民文学出版社2008年版。

② （宋）欧阳修：《礼部唱和诗序》，《欧阳修全集》卷41，李逸安点校，中华书局2001年版，第597页。

③ 周兴禄：《宋代科举诗词研究》，齐鲁书社2011年版，第343页。

④ （金）刘祁：《归潜志》卷8，崔文印点校，中华书局1983年版，第90页。

娥稍驻车。”[①] 同样是抒发思亲念家之情，却并不显得沉重，“试问姮娥稍驻车”一句尤显得俏皮幽默。再如苏轼的《催试官考试较戏作》有云：“人生会合古难必，此景此行那两得。愿君闻此添蜡烛，门外白袍如立鹄。”[②] 以立鹄来形容士子探头探脑的神态，不但极为生动传神，以这样戏谑的笔调写来，一定会使众人忍俊不禁。黄庭坚也有《试院中观伯时画马绝句》：“竹头抢地风不举，文书堆案睡自语。看马欲展顿风尘，亦思归家洗袍裤。”[③] 此诗作于元祐三年（1088）三月初，时苏轼知贡举，为了排解试官们长时间阅卷的烦闷，便在休息时间搞了一次唱和活动，请李伯时于厅间画马，众人即席赋诗，苏轼、苏辙、蔡天启、晁无咎、舒尧文、廖明略等人先后皆有诗作，黄庭坚亦写下了这首戏作绝句[④]。用语俚俗，幽默风趣，引得众人哄堂大笑，打破了贡院的沉闷。此外，还有欧阳修的《思白兔杂言答公仪忆鹤之作》《戏答圣俞》，梅尧臣的《和永叔内翰思白兔答忆鹤杂言》《和永叔内翰戏答》等诗，皆为贡院唱和的咏物之作，诸诗多用戏谑笔调，与前文所引欧阳修的记载“余六人者，欢然相得，群居终日，长篇险韵，众制交作，笔吏疲于写录，僮史奔走往来，间以滑稽嘲谑，形于风刺，更相酬酢，往往烘堂绝倒”正相吻合，展示宋人特有的幽默谐趣。

相比之下，金代贡院唱和诗中却多为愁苦之态，比如“简书迫促全疏酒，眼力眵昏只费茶”（赵思文《试院中呈同官崔伯善、李顺之》）；“数日天气殊未佳，文书如山眼生花”（赵秉文《试院中愁坐……作诗破闷，兼简张文学仲山》）；“灯暗风翻幔，蛬吟叶拥墙。人如秋已老，愁与夜俱长”（赵沨《贡院闻雨》）；“病眼花生纸，羁怀棘绕墙。挑灯檐溜急，到枕漏声长”（党怀英《次韵文孺》）；等

① （宋）苏辙：《戏呈同官》，《苏辙集·滦城集》卷 11，陈宏天、高秀芳校点，中华书局 1990 年版，第 208 页。

② （宋）苏轼：《催试官考试较戏作》，《苏轼诗集》卷 8，王文诰辑注、孔凡礼点校，中华书局 1982 年版，第 376 页。

③ （宋）黄庭坚：《试院中观伯时画马绝句》，《黄庭坚诗集注·山谷内集诗注》卷 9，任渊等注、刘尚荣校点，中华书局 2003 年版，第 323 页。

④ （宋）苏轼：《苏轼文集》，孔凡礼点校，中华书局 1988 年版，第 2139—2140 页。

等，给人的感觉非常沉重，诗中缺少了宋人的乐观、幽默和豁达。

（三）成因简论

宋代实行重文抑武的国策，给文人极为优厚的待遇。而且宋太祖曾立下誓言，不杀士大夫。所以终宋之世，文人几乎很少有处以极刑者。所以，在这样的社会氛围中，宋代文人骨子里有一种与生俱来的优越感。即使是身处逆境，也自我调节，泰然处之。苏轼就是这样的典型。因此，在贡院里，尽管时间较长，工作艰苦，但他们苦中作乐，寻求自我解脱，所以，他们的唱和诗往往表现出乐观、幽默，甚至于戏谑的情调。

而金朝建国后，出于政权建设的需要，一度对汉族文人非常倚重，汉族文人在金代也有一定的社会地位，但毕竟是生活在民族统治，文人在内心里始终没有安全感。再加上皇统年间的田珏党祸，造成数十名汉人死于非命，留下巨大的心理阴影，始终笼罩在汉族文人的心头上。有一个例子也许能说明这一问题：“（兴定）五年三月，廷试进士，复亨监试。进士卢元谬误，滥放及第。读卷官礼部尚书赵秉文、翰林待制崔禧、归德治中时戬、应奉翰林文字程嘉善当夺三官降职，复亨当夺两官。赵秉文尝请致仕，宣宗怜其老，降两阶，以礼部尚书致仕。复亨罢为定国军节度使。”① 所谓的谬误，实为重用韵而已②，因为这一疏忽，几位知举官皆受到降职处分。可见在金代科举考试制度苛刻，稍有不慎，即会受到处罚。在这样的环境中，试官即使不是战战兢兢，如履薄冰，也不可能放松，即使偶然唱和一下，以排解愁苦烦闷。却无法像欧阳修等人那样“滑稽嘲谑”“烘堂绝倒”，彻底放松。

第二节　金代贺人登第诗

进士及第是科举时代每个文人的梦想，甚至于被称为是人生的四

① （元）脱脱等：《金史》卷100《李复亨传》，中华书局1975年版，第2218页。

② 同上书，第2427页。

大喜事之一。俗语有云："久旱逢甘雨，他乡见故知。洞房花烛夜，金榜挂名时。"[①] 可见，在世人的心目中，进士及第是人生中非常重要的事情。因此，古代文人一旦进士及第，心情自然是非常激动，往往形之于诗，唐代诗人孟郊的《登科后》堪称绝唱："昔日龌龊不足夸，今朝旷荡思无涯。春风得意马蹄疾，一日看尽长安花。"孟郊曾多次遭遇下第的不幸，直到四十六岁才终于考中进士。这首诗痛快淋漓地抒发了诗人及第后的狂喜和兴奋，以至千百年来，我们读后仍然能感受到他进士及第后无比激动的心情。宋代文人亦写下许多登第诗，抒发内心的激动和兴奋。如胡则的《及第》："金榜名传四海知，太平时合称男儿。五言似剑裁鳞角，七字如刀斫桂枝。御苑得题朝帝日，家乡佩印拜亲时。小花桥畔人人爱，一带清风雨露随。"[②] 诗人想象着金榜题名后四海皆知、佩印省亲时乡人见爱的美妙感觉，浑然陶醉于及第后的喜悦和兴奋之中。再如陈元老的《登科》云："引领群仙上紫微，云间相逐步相随。桃花已透三层浪，桂子高攀第一枝。阆苑更无前去马，杏园惟有后题诗。男儿志气当如此，满袖馨香天下知。"极力渲染进士及第后的种种荣耀，志满意得的感觉表露无遗。细味文意，此诗更像状元的口吻，但史料中并未见有陈元老状元及第的记载。然而，此诗在当时流传很广，南宋戏文《张协状元》中张协的念白里就曾引用过此诗[③]。

以上皆是及第文人自抒胸臆之作，当然，亲朋好友也会作诗道贺，唐宋文人中此类诗作非常多，已有学者进行过专门的研究。金代举子及第后自抒其情之作流传极少，但他人贺诗则有，且迄今尚未有人论及，以下笔者对此作些初步的探讨。

---

① （宋）洪迈：《容斋随笔·四笔》下册卷8《得意失意诗》，孔凡礼点校，中华书局2005年版，第720页。

② （清）陆心源：《宋诗纪事补遗》卷3《胡则》，徐旭、李建国点校，山西古籍出版社1997年版，第43页。

③ （宋）九山书会编撰：《张协状元校释》第27出，胡雪冈校释，上海社会科学院出版社2006年版，第125页。

一　乡党的祝贺

一人进士及第已属不易，如果一个家族中有两人或数人及第，便会成为美谈，为时人津津乐道。唐代诗人白居易与弟白敏中、白行简相继擢第，俱中科名，白居易喜而作诗云："自知群从为儒少，岂料词场中第频。桂折一枝先许我，杨穿三叶尽惊人。"（《喜敏中及第偶示所怀》）①

金代也有不少兄弟同榜登第者，皆为时人称道不已。如孙镇的《许氏双桂堂》："许家二桂联翩秀，孙氏三枝次第春。盛事若将相比并，输君堂上拜双亲。"孙镇，字安世，绛州人，高才博学，曾中省试魁，承安二年（1197），以五赴廷试赐第，其弟孙锜字安世，孙铉字安道，同榜擢第，乡人荣之，号"三桂孙氏"②。这里的许氏双桂可能为芮城人许氏安上、安世兄弟③。诗歌既对许氏兄弟同榜及第表示祝贺，同时也没有忘记提及自家的三桂同堂，尽管因父母的离世感到有些美中不足，但言语之间充满了自豪和骄傲。再如王公一的《题双桂堂》："双飞兄弟古难全，雁塔题名间后先。谁似二公方巨庆，不离一榜在同年。得官虽自文章力，教子都因父母贤。泉下吕公何命薄，不能双桂慰生前。"④ 据《类编长安志》卷四可知，王公一为金末人，曾任长安县令。双桂堂在京兆景风里，主人为张浩然，二子张

① （唐）白居易：《喜敏中及第偶示所怀》，《白居易集》卷19《律诗》，顾学颉校点，中华书局1999年版，第416页。

② （金）元好问编：《中州集》卷7《孙省元镇》，中华书局上海编辑所1959年版，第347页。

③ 按：许氏兄弟为解州芮城人，承安中进士及第。孙氏兄弟为绛州人，亦为承安中进士。解州与绛州同属河东南路，相距亦不远。王庆生认为许氏双桂为许安仁、许古父子，但许氏父子为献州乐寿人，属河北东路，又许安仁为大定七年（1167）进士，许古为明昌五年（1194）进士。无论是乡贯还是及第时间都与诗歌所咏不合。参见王庆生《金代文学家年谱》，凤凰出版社2005年版，第412、656页。

④ 陈衍辑撰：《金诗纪事》卷9，王庆生增订，上海古籍出版社2003年版，第292页。

琚、张珪于正大甲申（即正大元年，1224）同榜及第。吕公指吕鉴[①]，为吕贞幹之子，曾任集贤院咨议官，兴定元年（1217）十月，因支持许古，主张与宋议和，遭到尚书右丞相术虎高琪的训斥，并被排挤出汴京，到陕西行省备任使。[②]张氏兄弟受学于吕鉴，当在他到陕西做官之时。吕氏家族，在金朝共有六人进士及第，因有“六桂堂”之称[③]。“双飞”谓兄弟同榜及第。“雁塔题名”，乃唐代进士及第后的一种活动，后来渐成风俗。《学林新编》引《西京记》云：“唐故事，进士及第，列名于慈恩寺塔，因此谓之雁塔题名。”[④]又王定保《唐摭言》卷三有云：“神龙已来，杏园宴后，皆于慈恩寺塔下题名，同年中推一善书者纪之。他时有将相，则朱书之。及第后知闻，或遇未及第时题名处，则为添前字，或诗曰：‘曾题名处添前字，送出城人乞旧诗。’”[⑤]《国史补》云：“韦肇初及第，偶于慈恩塔下题名，后进慕效之，遂成故事。”这首诗即是祝贺张氏兄弟金榜题名，称赞其父张浩然教子有方，同时也为其师吕鉴未能亲见这一喜事而感到遗憾。

正大四年（1227），麻知几特赐及第，杨宏道作《喜闻特赐麻知几及第》：“麻子明经术，诗名亦远扬。连年不中第，扫迹欲深藏。广誉开宸极，新恩照敕黄。少时以病罢，归路益生光。”[⑥]关于麻知几特赐及第之事，见于《金史·麻九畴传》：“平章政事侯挚、翰林

---

① 王庆生以为吕公为吕造，承安二年（1197）词赋状元，误。吕造并没有任此职，亦没有在陕西仕宦的经历。参见陈衍辑撰《金诗纪事》卷9，王庆生增订，上海古籍出版社2003年版，第292页。

② （元）脱脱等：《金史》卷106《术虎高琪传》，中华书局1975年版，第2344—2345页。

③ （金）元好问编：《中州集》卷8《吕陈州子羽》，中华书局上海编辑所1959年版，第415页。

④ （宋）胡仔纂集：《苕溪渔隐丛话后集》卷21《王禹玉》，廖德明校点，人民文学出版社1962年版，第150页。

⑤ （五代）王定保：《唐摭言》卷3《兹恩寺题名游赏赋咏杂记》，阳羡生校点，上海古籍出版社2012年版，第28页。

⑥ 薛瑞兆、郭明志编纂：《全金诗》第3册，南开大学出版社1994年版，第485页。

学士赵秉文连章荐之，特赐卢亚榜进士第。"[①]《中州集》亦有记载："正大三年（1226），右相侯萧公、赵礼部连章荐知几可试馆职，乃赐卢亚榜第二甲每一人及第，授太祝。"[②] 卢亚为正大四年（1227）状元，知此处云正大三年（1226）有误。首联说麻知几长于经学，诗名亦著。《金史·麻九畴传》云其"博通五经，于《易》、《春秋》为尤长"，"为文精密奇健，诗尤工致"[③]。《中州集》云其"博通五经，于《易》、《春秋》为尤长""作诗工于赋物"，又云其"三岁识字，七岁能草书，作大字有及数尺者，故所至有'神童'之目""弱冠住太学，有声场屋间"[④]。《归潜志》亦云其"幼颖悟，善草书，能诗，号神童，既长入太学，刻苦自厉，为赵闲闲、李屏山所知"[⑤]。次联说他屡举不第，隐居山野。《归潜志》云其"兴定末，试开封府，词赋乙，经义魁，再试南省复然，声誉大振，南都妇人小儿皆知名，及廷试，以误绌，士论惜之，已而居，不为科举计"[⑥]。颈联说皇帝开恩，特赐麻知几及第。《归潜志》云："正大初，门人王说、王采苓俱中第，上以其年幼，怪而问之，且知知几为师，近臣言其有才学，平章政事侯公挚、翰林学士赵公秉文，俱荐之，特召赐进士第。"[⑦]《金史·麻九畴传》所载也与此完全相同[⑧]。尾联云他少时曾因病辍举，现在特赐及第后，辞官归隐亦为人所称颂。

二　老师的自豪

弟子登科，擢取高第，授业之师亦会感到非常自豪，尤其是当学

---

① （元）脱脱等：《金史》卷126《麻九畴传》，中华书局1975年版，第2740页。

② （金）元好问编：《中州集》卷6《麻征君九畴》，中华书局上海编辑所1959年版，第292—293页。

③ （元）脱脱等：《金史》卷126《麻九畴传》，中华书局1975年版，第2740页。

④ （金）元好问编：《中州集》卷6《麻征君九畴》，中华书局上海编辑所1959年版，第292—293页。

⑤ （金）刘祁：《归潜志》卷2，崔文印点校，中华书局1983年版，第14页。

⑥ 同上。

⑦ 同上。

⑧ （元）脱脱等：《金史》卷126《麻九畴传》，中华书局1975年版，第2740页。

生高中状元时，这种自豪的感觉更为明显。请看张大节《同新进士吕子成辈宴集状元楼》："鹦鹉新班宴杏园，不妨老鹤也乘轩。龙津桥上黄金榜，三见门生是状元。"[①] 张大节，字信之，五台人，天眷中进士，历任横海军节度使、咸平尹、大兴尹、吏部尚书、河东北路兵马都总管等职，深得金章宗的倚重[②]。诗题点明宴集的地点与人物。"状元楼"在汴京城内新桥东北[③]。兴定四年（1220），元好问赴秋试之际，亦曾在状元楼与同乡举子聚会宴集，并写有《兴定庚辰太原贡士南京状元楼宴集题名引》一文[④]。吕子成即吕造，为承安二年（1197）词赋状元。诗歌前两句交代宴会的性质与赴宴之人。"杏园宴"即"探花宴"。《秦中记》有云："进士杏园初会，谓之探花宴，以年少二人为探花使，遍游名园，若他人先折得名花，则二人被罚。"[⑤]"鹦鹉新班"指新及第进士，"老鹤"为张大节自称。唐代进士及第后要脱去白袍，换上绿袍，因称新进士为"绿衣郎"。又因新进士身着绿袍与鹦鹉的颜色相同，故诗中以"鹦鹉新班"称之。后两句直抒胸臆，"龙津桥上黄金榜，三见门生是状元"。自豪之情溢于言表。所谓的"三见门生是状元"，指徐韪、王泽与吕造三人。[⑥]此三人皆高中状元，徐韪为大定二十五年（1185）词赋状元，王泽为明昌二年（1191）词赋状元，吕造为承安二年（1197）词赋状元。元好问《中州集》有云："信之好奖进士类，沧州徐韪、太原王泽、大兴吕造，经其指授，卒成大名，士论以风鉴归之。"[⑦] 可证诗中所

① （金）元好问编：《中州集》卷8《张代州大节》，中华书局上海编辑所1959年版，第406页。

② 同上。

③ 参见（明）李濂《汴京遗迹志》卷8，清文渊阁四库全书本；（清）周城《宋东京考》卷11，清乾隆刻本。

④ 狄宝心：《元好问年谱新编》，中国文联出版社2000年版，第69页。

⑤ （明）彭大翼编纂：《山堂肆考》卷84《科第》，文渊阁四库全书本。

⑥ 王庆生以为三名状元分别是王泽、张檝与吕造。参见王庆生《金代文学编年史》，中华书局2013年版，第505页。然而这种说法不完全准确，张檝虽是状元，但并未有受教于张大节的记载。

⑦ （金）元好问编：《中州集》卷8《张代州大节》，中华书局上海编辑所1959年版，第406页。

言不虚。的确，十余年之间竟然有三名学生高中状元，作为授业之师，还有比这更令人感到自豪与骄傲的事情吗？清人介野园“尝四主会试，四主乡试，其它杂试殆不可缕数”，其《恩荣宴》诗云：“鹓鹓新班宴御园，摧颓老鹤也乘轩。龙津桥上黄金榜，四见门生作状元。”① 可以看出，除个别字稍有不同外，此诗基本上是照抄张大节之诗。介野园曾是纪晓岚的老师，但博学多识的纪晓岚竟然没有发现老师的抄袭。

三　亲人的关爱

儿子进士及第，父母自然是激动万分。如蔡松年《一剪梅》（送珪登第后还镇阳）云：“白璧雄文冠玉京，桂月名香，能继家声，看看社燕与秋鸿。明日燕南有远行，老子初无游宦情。三径苍烟归未成，幅巾扶我醉谈玄。竹瘦溪寒，深寄余龄。”② 蔡松年，字伯坚，自号萧闲老人，北宋末年随父降金，曾任行台尚书省令史，官至尚书右丞相，“文词清丽，尤工乐府，与吴激齐名，时号‘吴蔡体’”③，有《明秀集》六卷行于世，今仅存三卷，乃金人魏道明注本。蔡珪，字正甫，号无可居士，为蔡松年长子，天德三年（1151），进士擢第。词题云“送珪登第后还镇阳”，《中州集》云蔡珪“进士擢第后，不赴选调”，与此相合。词的首句赞美其父蔡靖的文采风流。蔡靖，字安世，宋元符三年（1100）进士，“以雄文茂德，为世主所重”④。魏道明注云：“白璧雄文，宋制语。”次句云蔡珪进士及第，能继其家声。《中州集》云蔡珪“七岁赋《菊》诗，语意惊人，日授数千言”“辨博为天下第一”，并称其为“国朝文宗”。又云：“自太学（蔡靖）至正甫（蔡珪），皆有书名，其笔法如出一手，前辈之贵家

---

① （清）纪昀：《阅微草堂笔记》卷 22《滦阳续录四》，上海古籍出版社 2005 年版，第 392 页。

② 唐圭璋编：《全金元词》，中华书局 1979 年版，第 15 页。

③ （元）脱脱等：《金史》卷 125《蔡松年传》，中华书局 1975 年版，第 2717 页。

④ （金）蔡松年：《一剪梅·送珪登第后还镇阳》注文，《明秀集》卷 2《广雅下》，魏道明注，金刻本。

学，盖如此。”[①] 可见，蔡松年为其子而感到骄傲和自豪。

李俊民对其子侄辈应举之事非常关心，以至于梦中皆为及第之事。其《癸酉榜后寄侄谨甫》：“万轴牙签未是多，十年辛苦短檠歌。敢忘奕世箕裘业，忽玷清朝甲乙科。我已梦君三举后，君如输我一筹何！二疏此去人方识，名字先应报大罗。”[②] 李俊民，字用章，号鹤鸣，谥庄靖，泽州晋城人，为承安五年（1200）经义状元，有《庄靖集》传世。其侄李谨甫名㧑，为其长兄李植之子。诗歌首联云其侄十年寒窗辛苦，遍读家中丰富的藏书。“万轴牙签”，形容藏书丰富，典出韩愈的《送诸葛觉往随州读书》诗：“邺侯家书多，插架三万轴。一一悬牙签，新若手未触。”[③] “短檠歌”即韩愈的《短灯檠歌》：“长檠八尺空自长，短檠二尺便且光。黄帘绿幕朱户闭，风露气入秋堂凉。裁衣寄远泪眼暗，搔头频挑移近床。太学儒生东鲁客，二十辞家来射策。夜书细字缀语言，两目眵昏头雪白。此时提携当案前，看书到晓那能眠。一朝富贵还自恣，长檠高张照珠翠。吁嗟世事无不然，墙角君看短檠弃。”[④] “短檠”即低柱的灯架。古时长檠灯只有富贵人家才能使用，短檠灯为寻常百姓家使用。韩愈这首诗本是借咏灯檠讽刺那些富贵后忘本的人，但客观上也写了古代士子寒窗苦读的经历。因此，后人常借用此诗来勉励年轻人刻苦攻读，以应科考。如苏轼《侄安节远来夜坐三首》云：“嗟予潦倒无归日，今汝蹉跎已半生。免使韩公悲世事，白头还对短灯檠。”[⑤] 告诫其侄安节要刻苦读书，不要放弃。颔联勉励其侄要继承祖业，应举登科。“奕世”即累世、世代。《国语·周语上》云：“守以敦笃，奉以忠信，奕世载德，

---

① （金）元好问：《中州集》卷1《蔡丞相松年》，中华书局上海编辑所1959年版，第22页。

② 薛瑞兆、郭明志编纂：《全金诗》第3册，南开大学出版社1994年版，第223页。

③ （唐）韩愈：《韩昌黎诗集编年笺注》卷12，方世举笺注，郝润华、丁俊丽整理，中华书局2012年版，第670页。

④ （唐）韩愈：《韩昌黎诗集编年笺注》卷4，方世举笺注，郝润华、丁俊丽整理，中华书局2012年版，第244页。

⑤ （宋）苏轼：《苏轼诗集》卷21，王文诰辑注，孔凡礼点校，中华书局1982年版，第1094页。

不忝前人。”[①]《后汉书·杨震传》：“臣奕世受恩，得备纳言。”[②]《宋书·孔琳之传》有云：“而传国之玺，历代迭用；袭封之印，奕世相传。”[③]“箕裘”指祖上的事业，典出《礼记·学记》：“良冶之子，必学为裘；良弓之子，必学为箕。”[④]意谓子弟由于耳濡目染，往往继承父兄之业。后因以“箕裘”为父子世代相传的事业。颈联云自己连做梦都是侄子高中甲科。原诗后有自注云“尘忝后梦一人云：‘王道衡、李抟更三举，二人亦高第。’”意思是说自己及第为官后曾梦到侄子三举方及第。“尘忝”为谦词，犹言忝列，多谓自己的才能有辱于所任的职位。此处指作者及第做官。唐代刘禹锡的《让同平章事表》云：“初受恩荣，若登霄汉；退思尘忝，如履春冰。”[⑤]“一隅三举”，谓在一个边远的山城里竟然有二人进士及第。“君如输我一筹何”，典出欧阳修《六一诗话》：“吕文穆公未第时，薄游一县，胡大监旦方随其父宰是邑，遇吕甚薄。客有誉吕曰：‘吕君工于诗，宜少加礼。’胡问诗之警句，客举一篇，其卒章云：‘挑尽寒灯梦不成。’胡笑曰：‘乃是一渴睡汉耳。’吕闻之，甚恨而去。明年，首中甲科，使人寄声语胡曰：‘渴睡汉状元及第矣。’胡答曰：‘待我明年第二人及第，输君一筹。’既而次榜亦中首选。”[⑥]这里的吕穆公即吕蒙正，为太平兴国二年（977）状元，胡旦为太平兴国三年（978）状元。此句的意思是希望其侄亦能像自己一样状元及第。尾联想象叔侄二人进士及第后，蒙受皇恩，受到世人的羡慕。“二疏”指汉代疏广及其侄疏受。疏广曾任太子太傅，疏受任太子少傅，深受皇帝倚重，然二疏却于皇恩隆盛之际选择了抽身早退，隐居乡里，由此而深

---

① 徐元诰：《国语集解》，王树民、沈长云点校，中华书局2002年版，第5页。

② （南朝宋）范晔：《后汉书》卷54《杨震列传（附子杨秉传）》，中华书局1965年版，第1770页。

③ （南朝）沈约：《宋书》卷56《孔琳之传》，中华书局1974年版，第1562页。

④ 杨天宇：《礼记译注·学记第十八》，上海古籍出版社2004年版，第464页。

⑤ （唐）刘禹锡：《让同平章事表》，《刘禹锡集笺证》卷12，瞿蜕园笺证，上海古籍出版社1989年版，第282页。

⑥ （宋）欧阳修：《六一诗话》，载何文焕《历代诗话》，中华书局1981年版，第268页。

受世人称赏。但此处显然是取其深得皇家恩宠之意，《汉书·疏广传》云："太子每朝，因进见，太傅在前，少傅在后。父子并为师傅，朝廷以为荣。"① 陶渊明有《咏二疏》诗②，张协的《咏史诗》亦咏二疏事。"大罗"即大罗金仙，为学道者的最高追求，亦有云赤脚大仙者，主治人间穷、祸、福事宜。《云笈七签》云："四种民天上有三清境，三清之上即是大罗天，元始天尊居其中，施化敷教。"③"最上一天名曰大罗，在玄都玉京之上。紫微金阙、七宝骞树、麒麟狮子化生其中，三世天尊治在其内。"④ 唐人翁承赞有诗云："霓旌引上大罗天，别领新衔意自怜。蝴蝶流莺莫先去，满城春色属群仙。"（《擢进士》）据诗意及诗题后所注"第一科"，则知此诗当作于首科开考后，张榜公示之前。因诗中有对其侄状元及第之期望，而事实上，李抟并没有高中状元。又据诗题及诗后自注可知，此诗乃考试结束后寄给其侄的。诗后自注云："癸酉省试，王道衡第二，御试抟第二，道衡第十，一隅三举也。"癸酉为至宁元年（即崇庆二年，1213），诗后原注云："本壬申举场，为兵事移至次年。"壬申为崇庆元年（1212），为科举之年，上一科为大安元年（1209），相距正好三年。"兵事"谓蒙古侵犯。据《金史·卫绍王纪》可知：大安三年（1211）四月蒙古成吉思汗大举侵犯，金军败绩于会河堡，居庸关失守，中都戒严，西京等多地为蒙古军所占领。崇庆元年（1212）三月，夏人又侵犯葭州。可知其时金朝两面受敌，形势非常严峻。再加上崇庆元年（1212）三月河东、陕西等地大旱，饥荒严重，斗米钱数千，流莩满野。可见，崇庆二年（1213）根本不具备举行科试的条件。诗题所记与史实相合。

四　同年的戏谑

同年进士若年龄相仿，有时会以诗相谑。如元好问的《探花词》：

---

① （汉）班固：《汉书》卷71《疏广传》，中华书局1962年版，第3039页。

② 袁行霈：《陶渊明集笺注》卷4，中华书局2011年版，第262页。

③ （宋）张君房：《云笈七签·学三·道教所起》卷3，四部丛刊景明正统道藏本。

④ （宋）张君房：《云笈七签·学三·道教三洞宗元》卷3，四部丛刊景明正统道藏本。

“六十人中数少年，风流谁占探花筵？阿钦正使才情尽，犹欠张郎白玉鞭。”前两句云在本科60名新及第进士中，谁将会幸运地成为探花郎呢？“探花筵”即“探花宴”，乃新进士及第后的系列活动之一。赵彦卫《云麓漫钞》引《秦中岁时记》云：“期集谢恩了，从此使着披袋、篌子、骡从等，仍于曲江点检，从物无得有缺，缺即罚钱，便于亭子小宴，召小科头同乐，至暮而散，次即杏园初宴，谓之‘探花宴’，便差定先辈二人少俊者为两街探花使，若他人折得花卉先开牡丹、芍药来者，即各有罚。”[①] 宋魏泰的《东轩笔录》有云：“进士及第后，例期集一月，其醵罚钱奏宴局，什物皆请同年分掌，又选最年少者二人为探花使，赋诗，世谓之‘探花郎’。”[②] 首句化用宋太宗诗句，阮阅《诗话总龟》有云：“故事，进士期集，常择榜中最年少者为探花郎。熙宁中始罢之。太平兴国三年，胡秘监旦榜冯文懿拯为探花，是岁登第七十四人，太宗以诗赐之曰：‘二三千客里成事，七十四人中少年。’”[③] 后两句云李献甫尽管才情出众，但还是无缘成为探花使赋诗，因为张梦祥比他还要年少。“白玉鞭”谓马鞭，出自李白的《玉壶吟》：“朝天数换飞龙马，敕赐珊瑚白玉鞭。”原诗有自注云：“李钦用二十七，张梦祥少一岁，又未婚云。”阿钦谓李献甫，字钦用，为元好问“三知己”之一。李献甫与献诚、献卿、献能兄弟四人皆进士及第，被时人称为“李氏四桂堂”。

再如承安二年（1197），王若虚进士及第后生活放荡，同年李纯甫作诗戏之：“今日始服君，似君良独难。惜花不惜金，爱睡不爱官。”（《送王从之南归》）[④] 讽刺王若虚游荡狎妓。进士狎妓之风在唐时已盛行，《开元天宝遗事》中载：“长安有平康坊，妓女所居之地。京都侠少萃集于此，兼每年新进士以红笺名纸游谒其中，时人谓此坊

---

① （宋）赵彦卫：《云麓漫钞》卷7，古典文学出版社1957年版，第108页。

② （宋）魏泰：《东轩笔录》卷6，中华书局1985年版，第43页。

③ （宋）阮阅编：《诗话总龟（后集）·巳集·御制门》卷1，周本淳校点，人民文学出版社2006年版，第2页。

④ （金）刘祁：《归潜志》卷9，崔文印点校，中华书局1983年版，第100页。

为风流薮泽。"[1] 可知此种风俗由来已久。

五　长辈的告诫

崇庆二年（1213），雷渊及第赴官，赵秉文以诗送之云："严霜枯百草，摇荡鸿鹄心。翩翩万里翼，随云落西南。泾水东流不到燕，送君落日孤云边。声名一日天下白，还作南楼坐中客。西州自古多豪英，作者凛凛气犹生。太尉清风万万古，不劳折棰笞此虏。男儿生不功名死无益，莫言簿领卑凡职。君不见当时髯张一尉耳，至今双庙令人起。"（《送雷希颜赴泾州录事》）雷渊，字希颜，《中州集》云其"崇庆二年，黄裳榜进士甲科，释褐泾州录事"[2]，与此相合。泾州属庆原路，录事为正八品官，掌同警巡使。诗歌首句写景，点明季节，次句表达了对雷渊的期望。三四句说他将要远赴西南任职。因泾州在中都之西南方，故云。五六句写送其远行。七八句说雷渊及第，名声大振。九十句说泾州一带历来多英雄豪杰。"太尉"句用唐代名臣段秀实之典。安史之乱中，段秀实任泾州刺史，为官清正仁爱，一地治化，后为叛臣朱泚所杀，死后追封为太尉[3]。"不劳"句用汉代名将邓禹之典。邓禹曾与赤眉军战而失利，"帝乃征禹还，敕曰：'赤眉无谷，自当来东，吾折捶笞之，非诸将忧也。无得复妄进兵。'"[4] 此二句鼓励雷渊为官清廉，报效国家。"男儿"句劝告他不要嫌官卑职低，人生重在立功显名。"髯张"谓唐代名将张巡，平定安史之乱有功，后为贼所杀。《新唐书·张巡传》云："巡长七尺，须髯每怒尽张。读书不过三复，终身不忘。为文章不立稿。"[5]"双庙"即奉祀唐

---

① （五代）王仁裕：《开元天宝遗事》卷上《风流薮泽》，曾贻芬点校，中华书局2006年版，第25页。

② （金）元好问编：《中州集》卷6《雷御史渊》，中华书局上海编辑所1959年版，第313页。

③ （后晋）刘昫等：《旧唐书》卷128《段秀实传》，中华书局1975年版，第3583—3588页。

④ （南朝宋）范晔：《后汉书》卷16《邓禹传》，中华书局1965年版，第604页。

⑤ （宋）欧阳修、宋祁：《新唐书》卷192《张巡传》，中华书局1975年版，第5540页。

代名将张巡、许远两位功臣的庙。《新唐书·张巡传》有云："大中时，图巡、远、霁云像于凌烟阁。睢阳至今祠享，号'双庙'云。"①雷渊亦"为人躯干雄伟，髯张口哆，颜渥丹，眼如望洋，遇不平则疾恶之气见于颜间，或嚼齿大骂不休，虽痛自摧抑，卒亦不能变也"。雷渊与张巡皆多须髯，因此，诗歌末尾以唐代名将张巡来激励雷渊，希望他能成就一番大业。

第三节　金代下第诗

隋唐以来，科举制度普遍实行，应试赴举不仅仅是文士人生当中的一件大事，也牵动着全社会的神经。由于录取名额有限，必然是及第者寡而下第者众。进士及第者，荣华富贵在望，成为时代的宠儿，成为全社会关注的焦点；不幸下第者，依然深陷贫困，成为社会的弃儿，处于被人遗忘的角落。及第，固然是可喜可贺；下第，亦需要世人理解。洪迈《容斋随笔》中记载了当时社会上广为流传的四喜四悲诗："旧传有诗四句诵世人得意者云：'久旱逢甘雨，他乡见故知。洞房花烛夜，金榜挂名时。'好事者续以失意四句曰：'寡妇携儿泣，将军被敌擒。失恩宫女面，下第举人心。'此二诗，可喜可悲之状极矣。"② 仅40个字，就高度概括了人生的种种悲喜苦乐，而且用语又是如此的通俗易懂，表达更是生动传神。值得注意的是，无论是四大得意，还是四大失意，都可见到科举制下参试者的身影。可见科举制的影响之广，人们对及第抑或下第的感受又是多么的深刻！及第者自有荣华富贵相伴，下第者亦有感人诗篇相随。不论是及第还是下第者，都有自抒胸臆之诗，亦有他人赠送之作。相较而言，及第诗写得

---

① （宋）欧阳修、宋祁：《新唐书》卷192《张巡传》，中华书局1975年版，第5541页。

② （宋）洪迈：《容斋随笔·四笔》下册卷8《得意失意诗》，孔凡礼点校，中华书局2005年版，第720页。

不如下第诗那么感人。唐代韩愈曾说“欢愉之辞难工，穷苦之音易好”[1]，欧阳修亦云：“予闻世谓诗人少达而多穷，夫岂然哉？盖世所传诗者，多出于古穷人之辞也……内有忧思感愤之郁积，其兴于怨刺，以道羁臣、寡妇之所叹，而写人情之难言，盖愈穷愈工，然则非诗之能穷人，殆穷者而后工也。”[2]

现今有关科举诗的研究成果非常多，而又以唐宋时期为主[3]，对金代科举诗的研究则少人问津。当然，这在很大程度上归因于金代文献散佚严重，有关科举的诗词留存极少。笔者就此试作些初步的分析：

一　百感交集——下第者的自抒胸臆

金榜题名，是每个文人最大的梦想，然而现实往往是残酷的，只有极少数的幸运者才享有这样的机会，绝大多数的文人不得不面对下第的厄运。举子下第后，心情也各不相同，或悲伤，或痛苦，或失落，或惆怅，或激愤，或报怨，或平和，或超脱，等等，无论哪种心情，都是可以理解的。

（一）书写应举的艰辛劳顿

读书人一旦进士及第，便可做官，即使不能过上锦衣玉食的生活，但衣食无忧是不会错的。如果一个人多年来屡举不第，不但会耗费许多精力，也会花费大量金钱，必然会给他的家庭带来巨大的生活压力。一些举子在其下第后所写诗中就反映了这些情况。如步元举的《下第过榆次》：“栖迟零落未归人，已坐无成更坐贫。意气敢论题柱客，晨昏多负倚门亲。囊空渐觉钱余贯，衣敝翻饶虱满身。遥望秦关

---

① （唐）韩愈：《荆潭唱和诗序》，《韩昌黎文集校注》卷4，马通伯校注，古典文学出版社1957年版，第153页。

② （宋）欧阳修：《梅圣俞诗集序》，《欧阳修全集》卷43，李逸安点校，中华书局2001年版，第612页。

③ 相关著作主要有：郑晓霞《唐代科举诗研究》，复旦大学出版社2006年版；周兴禄《宋代科举诗词研究》，齐鲁书社2011年版。此二著皆为作者的博士学位论文。其余有关科举落第诗的硕士论文及各种期刊所载论文的数量更多，不烦俱录。

独惆怅，一天风雨落花春。”[①] 金代的榆次为河东北路太原府属县，即今山西省晋中市榆次区。步元举本是关中人，此诗为诗人御试下第后，返回家乡，路过榆次时所作。栖迟零落，写出旅途的劳顿和囊空衣敝的拮据；“意气敢论题柱客”，表明诗人原本对考试充满了自信；“晨昏多负倚门亲”，写自己辜负了家人的期盼。整首诗叙写诗人一路应考的艰辛，抒发了下第后的种种失意、惆怅、愧疚的复杂心情。诗中所写虽是一己之亲历亲感，实际上道出了无数下第举子共同的处境。整首诗给我们描绘了一个落魄举子的典型形象。再如冯文叔的《客舍》：“秃襟袖褐破书囊，十五年来客异乡。生事井中摇虎尾，穷途天上转羊肠。三朝不遇冯唐老，半夜悲歌宁戚狂。独倚牛车望辽海，西风尘土鬓苍苍。”[②] 首联叙写诗人长期漂泊在外的应举生涯，“秃襟袖褐破书囊”，写尽了多年来生活的艰辛和困苦。颔联进一步以比喻来形容其生活处境的艰难。虎落井中，亦只能摇尾乞怜；穷途末路，似转羊肠而上天，两句皆形容诗人身陷困顿、无法自拔的处境。尾联用一个特写镜头，勾画出一个两鬓苍苍、满身尘土、有家难归、孤独无望、贫困潦倒的文士形象。冯文叔是辽东人，故末尾有“独倚牛车望辽海”之句。

（二）表露失意烦闷之情

举子下第后，内心难免有些痛苦，对周围的一切都感觉异常烦闷，而写诗有助于缓解这种痛苦和烦恼。如祝简的《下第鱼台东寺》：“病眼逢花亦倦开，流莺飞去误相猜。多情却爱僧堂燕，才得春风却再来。”[③] 此诗当为诗人下第后借宿于鱼台寺中所作。前两句抒写诗人下第后的失落心绪。眼前的花儿开得无比艳丽，但此刻的诗人却无心去观赏；平日里黄莺鸟的歌声是那么的动听，现在听来却觉得惹人烦恼。后二句写诗人经过短暂的失落后，心情有所好转。堂前

---

① （金）元好问编：《中州集》卷9《步元举》，中华书局上海编辑所1959年版，第442页。

② 陈衍：《金诗纪事》卷9，王庆生增订，上海古籍出版社2003年版，第293页。

③ （金）元好问编：《中州集》卷2《祝太常简》，中华书局上海编辑所1959年版，第57页。

飞来一双燕子，是那么的善解人意，安慰他不必伤心难过，明年定会有好运气。整首诗使用移情的手法，一方面，以人观物，诗人把自己的情感投射到周围的花儿、鸟儿身上；另一方面，又以物感人，认为燕子善解人意，懂得诗人的心理。整首诗通过对外界事物的书写来表现诗人的心理活动，情感表达虽较为含蓄，但艺术手法却极为高明。

（三）抒发怀才不遇之感

李汾《下第》："学剑攻书漫自奇，回头三十六年非[①]。春风万里衡门下，依旧并州一布衣。"[②] 李汾，字长源，先名让，字敬之，太原人，"工于诗，专学唐人，其妙处不减太白、崔颢"，"乐府歌行尤雄峭可喜"，"能诗声一日动京师"[③]。此诗首句说自己文武兼备，身负奇才。"漫自奇"，充分表现了诗人的极度自负，而这并非夸夸其谈，时人对他都有如此的印象，比如元好问就说他"旷达不羁，好以奇节自许"[④]，刘祁亦云其"少游秦中，喜读史书，览古今成败治乱，慨然有功名心"[⑤]，可见这确非诗人自夸之词。次句感叹过去的日子不堪回首。元好问亦说他有"关中往来诗"十数首，皆"道其流离世故、妻子凋丧、道涂万里、奔走狼狈之意"[⑥]，这些应该就是诗人不堪回首的原因吧。末二句说自己奋斗多年，生活陷于困顿，依然是一介布衣。"衡门"，本意是横木为门，指简陋的屋舍，语出《诗

① 按：《归潜志》作"回头三十四年非"，《中州集》作"三十六年"。李汾曾作有《感遇述史杂诗五十首》，《中州集》仅收其五首，诗前有引云："正大庚寅，予行年三十有九，献赋明廷，为有司所病，遂有不遇时之叹。皂衣斗食，从事史馆，以素非所好，愈郁郁不得志。云云。"正大庚寅即正大七年（1230），为科举之年，李汾时年三十九岁，应试不第，遂入史馆，前推三年为正大四年（1227），其时李汾正好三十六岁，亦为科举之年。如果作"三十四年"，即李汾三十四岁，为正大二年（1225），而当年并非科举之年，可知《归潜志》所云有误，应从《中州集》之"回头三十六年非"。

② 薛瑞兆、郭明志编纂：《全金诗》第4册，南开大学出版社1995年版，第244页。

③ （金）刘祁：《归潜志》卷2，崔文印点校，中华书局1983年版，第19页。

④ （金）元好问编：《中州集》卷10《李讲议汾》，中华书局上海编辑所1959年版，第490页。

⑤ （金）刘祁：《归潜志》卷2，崔文印点校，中华书局1983年版，第18—19页。

⑥ （金）元好问编：《中州集》卷10《李讲议汾》，中华书局上海编辑所1959年版，第491页。

经·陈风·衡门》："衡门之下，可以栖迟。"整首诗抒发了诗人怀才不遇、生不逢时的慨叹，但情感表达较为含蓄，并没有表现出多少抱怨或愤激之情，可谓怨而不怒，深得《诗经》之旨。再如前文所引冯文叔《客舍》，其颈联云："三朝不遇冯唐老，半夜悲歌宁戚狂。"两句皆用典故，抒发了诗人怀才不遇、生不逢时的慨叹。前句用"冯唐易老"之典，出自《史记·张释之冯唐列传》，讲汉代冯唐以孝称，有才智，历汉文帝、汉景帝两朝皆不得重用，至汉武帝时，才举为贤良，然其时他已九十余岁，不能再做官了①。此典常常用来表达志士生不逢时。后句用"宁戚悲歌"之典，出自《吕氏春秋·举难》，"宁戚欲干齐桓公，穷困无以自进，于是为商旅，将任车以至齐，暮宿于郭门之外。桓公郊迎客，夜开门，辟任车，爝火甚盛，从者甚众。宁戚饭牛居于车下，望桓公而悲，击牛角疾歌。桓公闻之，抚其仆之手曰：'异哉！之歌者，非常人也！'命后车载之。"② 后世遂借作怀才不遇之典。

（四）表达抱怨愤激之情

也有一些举子下第后，总是怨天尤人，报怨上天对自己不公，命运不好。尤其是对那些文才出众、自视甚高的举子来说，这种感觉更加突出。比如张仲宣的《下第》云："主司头脑旧冬烘，更着书郎骨相穷。晓赋得官何足道？直须遮马困吴融。"③ 张仲宣，字利夫，相州人，元好问说他曾"举进士有声"，但从此诗来看，他也有下第的遭遇。此诗首句径直抱怨主司头脑太过冬烘，不能辨识人才。这句诗典出王定保《唐摭言》，有一次郑薰主持考试，其中有一个举子叫颜标，他以为是颜鲁公（颜真卿）的后代，便将他取为状元。后来，郑薰终于了解到，这个颜标与颜真卿家族没有任何关系，但榜已下，

① （汉）司马迁：《史记》卷102《张释之冯唐列传》，中华书局1959年版，第2757—2761页。

② 许维遹撰：《吕氏春秋集释》卷19《离俗览·举难》，梁运华整理，中华书局2010年版，第543—544页。

③ （金）元好问编：《中州集》卷8《张仲宣》，中华书局上海编辑所1959年版，第436页。

无法更改。于是，有人就作诗嘲讽道："主司头脑太冬烘，错认颜标作鲁公。"[①] 次句又抱怨自己长了一副穷酸相，认为这一切或许都是命中注定的。末二句却又话头一转说，即使进士及第得官，又有什么值得称道的呢？还要像王图那样赖着吴融举荐吗？"直须"意为"竟至于，还要"。末句亦典出《唐摭言》："吴融，广明、中和之际，久负屈声。虽未擢科第，同人率多执贽谒之如先达。有王图者，工词赋，投卷凡旬月。融既见之，殊不言图之臧否，但问图曰：'向曾得卢休信否？何坚卧不起？惜哉！融所得，不如也。'休，图之中表，长于八韵，向与子华同砚席，晚年抛废，归镜中别墅。"[②] 从诗意来看，张仲宣有可能在考试前曾向达官干谒，最终却是无果而还，因而才会发出这样的愤激之词。再如田紫芝的《冥鸿亭下第后作》："眼底功名一物无，飞扬跋扈竟何如？青云岐路多辛苦，赖得皇家结网疏。"首句云诗人一心一意应举，以为功名当唾手可得。元好问说他"资性颖悟，一览万言，年二十，读经传子史几遍"，十三岁时曾赋《丽华引》，"语意警绝，人谓李长吉复生。"[③] 由此可见，他如此自负，是有资本的。次句说没想到结果却不尽如人意。一个颖悟早慧、勤奋博学、自视甚高的举子，竟然遭遇下第的结局，对其打击不可谓不大，然而诗歌后两句却来了一个大的转折：做官之路充满了太多的艰辛，幸好皇家的录取名额有限，使我免于走上仕途。愤激而以反语出之，内心的不平之气难以压抑。元好问说他"为人疏俊，而以蕴藉见称"，于此诗可见一斑。

（五）抒发豪迈悲壮之情

有的举子胸怀远大，下第后并不像普通人一样灰心丧气，而是表现得非常坚强，甚至有些豪迈悲壮。如杨宏道的《出京》："女弟数

---

① （五代）王定保：《唐摭言》卷8《误放》，阳羡生校点，上海古籍出版社2012年版，第58页。

② （五代）王定保：《唐摭言》卷5《切磋》，阳羡生校点，上海古籍出版社2012年版，第37页。

③ （金）元好问编：《中州集》卷7《田紫芝》，中华书局上海编辑所1959年版，第369页。

行伤别泪，翰林两首送行诗。辛勤徒步关西去，回首觚棱日出时。”杨宏道，字叔能，号素庵，又号默翁、坚白子，淄川（今山东淄博）人，人称淄川先生，曾有《小亨集》十五卷行于世，今存四库馆臣所辑的六卷本。诗人于兴定五年（1221）赴进士举，曾以诗拜谒文坛盟主赵秉文和杨云翼，二人见其《幽怀久不写》及《甘罗庙诗》等诗，啧啧称叹，以为今世少见其比。然而，杨宏道还是不幸落第了。此诗当为本年诗人应举下第后所作。据元好问所记，就在杨宏道下第后，准备返回关中时，张行信、李纯甫、冯延登等名流皆以长诗赠别，赵秉文为作引，极力称赏其诗，“至比之金膏水碧，物外自然奇宝；景星丹凤，承平不时见之嘉瑞。”① 杨宏道虽然应举不利，但却因此而名重天下。此诗即写于下第西归之时，首联云亲朋好友为他赋诗送行，末联写自己孤身离去，颇有些“壮士一去兮不复还”的悲壮感。诗歌自述出京西去，亲朋送别，只是突出了离别时主客之间虽没有说什么道别的话，然而浓浓的情意，感人至深。这种间接描写的艺术手法极为高明。

（六）显露清醒超脱之态

面对下第的不幸遭遇，张仲宣虽能自我宽解，但仍然流露出抱怨之情；而王特起则表现得较为理智，心态也较为平和，体现了看透人世的超凡脱俗的思想境界。王特起《下第》云：“人间万事等摴蒱，敢谓何人不得卢？胜负到头俱偶尔，狂夫安用绕床呼！”“摴蒱”，是古代的一种博戏，像后世的掷色子或飞行棋。由于博戏中用于掷采的骰子最初是用樗木制成，故称“樗蒲”或“摴蒱”。又由于这种木制掷具系五枚一组，所以又叫“五木之戏”，或简称“五木”。掷具的形状是两头圆锐，中间平广，像压扁的杏仁。每一枚掷具都有正反两面，一面涂黑，一面涂白，黑面上画有牛犊，白面上画有野鸡。五木之戏可以组成六种不同的排列组合，也就是六种彩。其中全黑的称为“卢”，是最高彩，四黑一白的称为“雉”，次于“卢”，其余四种称

① （金）元好问：《杨叔能小亨集引》，姚奠中主编《元好问全集》卷36，山西古籍出版社2004年版，第762页。

为"枭"或"犊"，为杂彩。掷到贵彩的，可以连掷，或打马，或过关，杂彩则不能。整首诗的意思是，人间万事就如同博戏一样，谁都有赢的机会。输赢都是偶然的，赢了不要太激动，输了也不必太悲伤。宋人诗中亦有以博戏来比喻考试的，如赵鼎臣《育下第用前韵示之》有云："人生当读五车书，一第区区汝岂无？但可三冬长足史，何须一掷便成卢？"① 赵鼎臣在诗中以博戏为喻，告诫其子不要一第不成，就灰心丧气，只要多读书，便一定能够及第。还有吴龙翰《甲子举中补滥忝前名，考官刘簿云已在解选……》诗中亦云："百万博卢空得雉，八千兵溃岂因骓？功名付我银凿落，世事从渠铁蒺藜。"② 可见以博戏喻科考，是由于二者都有成有败，体现了某种偶然性。王特起，字正之，代州崞县人，元好问说他"智识精深，好学，善论议，音乐技艺，无所不能，长于辞赋，出入经史，摘其英华，以为句读，如天造神出，至得意处，不减郭翻"③，可谓是博学多才。当时著名文人亦与他有诗文交往，如一代文宗赵秉文有《和王正之寄远二首》，其二曰："钟鼎功名自有时，如公才力不嫌迟。且寻彭泽篱边菊，莫赋玄都观里诗。昼寝执经童子问，春游斋印吏人随。悬知山县无公事，好续琴高第二碑。"④ 杨慥亦有《过司竹监有怀王监正之》云："不见崧丘跨鹤仙，才名留得万人传。春郊渍酒伤今日，夜雨论文记昔年。宰树谩悬公子剑，高山已绝伯牙弦。故居修竹青青在，寂寞终南落照边。"⑤ 二人皆对王特起的文才能力赞赏有加。然而王特起的应举之路却并不顺利，刘祁云其"少工词赋有声，年四十余方擢第"⑥，可知他曾多次应举，亦多次下第。或许正是因为经历了太多的失败，才会有如此超脱平和的心态。

---

①（宋）赵鼎臣：《竹隐畸士集》卷6，清文渊阁四库全书本。

②（宋）吴龙翰：《古梅遗稿》卷5，清文渊阁四库全书本。

③（金）元好问编：《中州集》卷5《王监使特起》，中华书局上海编辑所1959年版，第262页。

④（金）赵秉文：《闲闲老人滏水文集》卷7，四部丛刊景明钞本。

⑤（金）元好问编：《中州集》卷9《杨户部慥》，中华书局上海编辑所1959年版，第464页。

⑥（金）刘祁：《归潜志》卷4，崔文印点校，中华书局1983年版，第31页。

一般来说，只有局外的旁观者才会以这样的口吻来劝慰下第举子，而作为当事人，王特起能以如此平和的心态看待下第，自我宽慰，实属不易。的确，经历得太多后，结局的幸与不幸，似乎都不会再给人带来情绪上太大的波动。

二　五味杂陈——旁观者的复杂心态

下第，对举子来说是一大不幸，对于旁观者（比如家人、师友）来说，也是感慨多多，五味杂陈。这自然与他们的身份地位有一定的关系，也与他们与举子的关系亲疏有很大关系。以下我们试对金代慰人下第诗作些解读。

（一）打抱不平，感慨万端

一些举子在社会上较有名气，当他们不幸下第时，就会有人为他们鸣不平。如李经，字天英，锦州人，少有异才，但却科场失利，屡举不第，决意东归。临别前，诸多名流赋诗为他送行。李纯甫有《送李经》："髯张元是人中雄，喜如俊鹘盘秋空，怒如怪兽拔枯松，老我不敢婴其锋。更著短周时缓颊，智囊无底眼如月，斫头不屈面如铁，一说未穷复一说。劲敌相扼已铮铮，二豪同军又连衡。屏山直欲把降旌，不意人间有阿经。阿经瑰奇天下士，笔头风雨三千字。醉倒谪仙元不死，时藉奇兵攻二子。纵饮高歌燕市中，相视一笑生春风。人憎鬼妒愁天公，径夺吾弟还辽东。短周醉别默无语，髯张亦作冲冠怒。阿经老泪如秋雨，只有屏山拔剑舞。拔剑舞，击剑歌，人非麋鹿将如何？秋天万里一明月，西风吹梦飞关河。此心耿耿轩辕镜，底用儿女肩相摩。有智无智三十里，眉睫之间见吾弟。"李纯甫，字子纯，屏山居士，承安二年（1197）经义进士及第，泰和七年（1207）入为尚书省掾，后曾为翰林应奉。他曾称赞李经为"今世太白"，李经由此而名声大振。然而，李经却屡试不第。李纯甫自然为他感到愤愤不平。此诗中共提到四人。"髯张"指张伯玉，泰和、大安中在太学，时年尚未及第。"短周"指周嗣明，为周昂之侄，本年及第。"阿经"即李经。诗中以张瑴（字伯玉）、周嗣明和诗人自己的雄辩英杰来反衬李经的不同凡响，醉无语，冲冠怒，拔剑舞，击剑歌，狂怪的举动掩饰不住内心的郁勃不平之情。另一文坛盟主赵秉文也为李经的下第鸣不平，其《送李天英下第》云："天鸡拂沧溟，万里起古色。南风摇苦雨，归兴生羽翼。二年客京华，一第为亲屈。文字天地仇，风云因霹雳。鸾皇望霄汉，骐骥绊荆棘。蹭蹬升天行，白云系胸臆。遥怜弟妹长，摩顶今过膝。人生在家乐，绝胜长为客。老夫怀抱恶，数日卧向壁。胸中略云梦，眼底无敌国。云归北海后，鸟没青山夕。目断东北尘，茫茫如有失。"诗中既为李经抱屈，"鸾皇望霄汉，骐骥绊荆棘"，写李经虽然高才博学，却遭遇落第的不幸。又有对他的安慰，"人生在家乐，绝胜长为客"，回家可以享受天伦之乐，不似常年漂泊在外，要饱受饥寒之苦。

王郁也是才高而下第的一个典型。刘祁云其"少居钧台，闭门读书，不接人事数载"，"为文闳肆奇古、动辄数千百言，法柳柳州；歌诗飘逸，有太白气象"。由此，王郁作为一介"布衣少年"，即已"名动京师"，甚至于"诸公倒屣争识其面"①。然而，王郁还是不幸落第了。在他即将西归时，亦有不少人赋诗以宠其行。如密国公完颜璹有《送王生西游》："紫陉仙人今渊云，骑风御气七尺身。丈夫耻与哙等伍，故作野鹤昂鸡群。往年书剑游梁日，咳唾中间满珠璧。温子徒劳手八叉，苏老犹迷日五色。慨然拂袖游嵩阳，西南陌上书传香。仲宣堂堂舍我去，举杯却愁愁更长。去程相近黄花节，三十六峰如玉列。龙门枫叶堕红绡，洛浦芦花舞晴雪。勋名细事犹秋毫，政可痛饮读离骚。天津月照紫绮裘，缑岭风吹青玉箫。我无羽翼随君起，浩歌相送秋光里。凭高西望青茫茫，落日无情下寒水。"完颜璹，字子瑜，号樗轩居士，为世宗之孙，越王永功之子，封密国公。少日曾师从朱澜学诗，从任询学书法，有出蓝之誉，是金代文学成就最高的女真人，有诗集名《如庵小稿》。诗题下原有小字注曰"飞伯"，乃王郁之字，知此诗为王郁而作。诗歌首联极力称赏王郁文才出众，把他比作汉代辞赋家王褒和扬雄。"紫陉仙人"即指王郁。他原名青雄，曾自撰《王子小传》，其中记载了他出生时的一段奇事："先生

---

① （金）刘祁：《归潜志》卷3，崔文印点校，中华书局1983年版，第22页。

（按：指王郁）始生之月，父梦神人自天而下，开所负紫丝囊，赐一大雕，且云‘吾后必来取。’其雕在地振羽一鸣，惊而寤。访诸日者，繇曰：‘凛凛霜鹗，赐自上穹。既文于外，又刚于中。法生贵子，其应在公。他日必作，青云之雄。’”[①]“渊云”即汉代辞赋家王褒和扬雄的并称。王褒，字子渊；扬雄，字子云，皆以赋著称。二人并称，古已有之，如班固《西都赋》有云：“秦汉之所极观，渊云之所颂叹。”潘岳《西征赋》有云：“长卿、渊云之文，子长、政骏之史。”次联说他性格清高孤傲，不与世俗苟同。《归潜志》云其“为人虽聪颖绝人，然涉世日浅，颇骄骜岸不通彻”，“举止言谈无顾忌，旁为愯然”，与此相合。第三联说他交接名流，诗名日重。《归潜志》记载王郁在汴京时，赵秉文、完颜璹等文坛大家、社会名流纷纷“延誉籍籍”，李献能甚至还将其作品“誊书，遍荐于诸公”。第四联两句皆用典故，说古往今来的文人皆有不幸的遭遇，以此劝慰王郁不必因落第而伤怀。“温子徒劳手八叉”，用温庭筠之典。孙光宪《北梦琐言》说温庭筠“才思艳丽，工于小赋，每入试，押官韵作赋，凡八叉手而八韵成”，所以时人称之为“温八叉”。[②]温庭筠虽然诗才敏捷，终因性傲名污，终生不遇。“苏老犹迷日五色”，更是典中用典。其一是苏轼之典。苏轼有《余与李廌方叔相知久矣，领贡举事，而李不得第，愧甚，作诗送之》诗：“与君相从非一日，笔势翩翩疑可识。平生谩说古战场，过眼终迷日五色。我惭不出君大笑，行止皆天子何责。青袍白纻五千人，知子无怨亦无德。买羊酤酒谢玉川，为我醉倒春风前。归家但草凌云赋，我相夫子非臞仙。”诗中的李方叔，文采出众，深受苏轼的赏识，但一直未能进士及第。适逢苏轼做主考官，于是想趁机助李方叔一臂之力。他在阅卷时读到一份卷子，极像是李方叔的文字，便很高兴地给予极高的评语。哪知拆卷后，却不是李方叔。于是李方叔再次名落孙山。苏轼为此感到非常内疚，在李方

① （金）刘祁：《归潜志》卷3，崔文印点校，中华书局1983年版，第22页。

② （宋）孙光宪：《北梦琐言》卷4《温李齐名》，贾二强点校，中华书局2002年版，第89页。

叔回家时，写下这首诗为他送行①。其二是“日五色”之典，乃唐代诗人李程夺魁之事。王定保《唐摭言》有云：“贞元中，李缪公（按：指李程）先榜落矣。先是出试。杨员外于陵省宿归第，遇程于省司，询之所试。程探靴中得赋稿示之，其破题曰：‘德动天鉴，祥开日华。’于陵览之，谓程曰：‘公今年须作状元。’翌日，杂文无名。于陵深不平，乃于故策子末缮写，而斥其名氏，携之以诣主文，从容绐之曰：‘侍郎今者所试赋，奈何用旧题？’主文辞以非也。于陵曰：‘不止题目，向有人赋，次韵脚亦同。’主文大惊。于陵乃出程赋示之。主文叹赏不已。于陵曰：‘当今场中若有此赋，侍郎何以待之？’主文曰：‘无则已，有则非状元不可也。’于陵曰：‘苟如此，侍郎已遗贤矣！乃李程所作。’亟命取程所纳面对，不差一字。主文因而致谢，于陵于是请擢为状元。前榜不复收矣，或曰：‘出榜重收。’”② 尽管李程自幼喜读经史，早通文章，以善作诗赋闻名于世，但若不是遇到“伯乐”杨于陵，早已名落孙山，根本不可能高中状元。显然这两句诗含有为王郁的遭遇鸣不平之意。

再如萧贡的《族兄才卿下第后，赴宜禄酒官，以诗寄之》：“久期老距擅文场，命压人头可得忙。两脚尘泥官业晚，十年灯火夜窗凉。霜添老叶山梨紫，雨浥寒花野菊香。南北相望无百里，几时樽酒浣离肠。”萧贡，字真卿，咸阳人，大定二十二年（1182）进士，博学能文，著述宏富，有《注史记》百卷、《公论》二十卷、《五声姓谱》五卷、《文集》十卷等传于世。此外，他还主修泰和律令，极得金世宗的赏识：“汉有萧相国，我有萧贡。刑狱，吾不忧矣。”③ 族兄萧才卿应试不第，诗人作此诗寄之。首联说对方久负文名，多年应举，但运气不佳，始终未能博得一第。颔联写其旅途跋涉的劳碌和经

① （宋）叶梦得：《石林诗话》卷中，载何文焕《历代诗话》上册，中华书局2004年版，第417页。

② （五代）王定保：《唐摭言》卷8《已落重收》，阳羡生校点，上海古籍出版社2012年版，第59页。

③ （金）元好问编：《中州集》卷5《萧尚书贡》，中华书局上海编辑所1959年版，第235页。

年读书的艰苦。颈联写景，既点明当时的季节，又营造出一种凄凉的氛围。尾联抒发感慨，希望兄弟之间能常相往来，樽酒相伴，共诉离肠。由于作诗时已距对方下第相隔了较长的时间，所以诗中虽有为兄长打抱不平之意，但情绪要平和得多，字里行间充满了诸多的无奈。

马定国的《怀高图南》："刘叉一狂士，尚得韩愈知。君才百刘叉，知者果是谁。三随计吏贡，蹑履游京师。文章善变化，不以一律持。碧海涵万类，青天行四时。去年高唐别，河柳摇风枝。今年清明饮，高花见辛夷。兹来又几日，军檄忽四驰。尺书无处寄，相见果何期？白日开龙蛇，黄尘笳鼓悲。春风独无忧。吹花发江湄。一杯送归雁，万里寄相思。"① 马定国，字子卿，号荠堂先生，少日志趣不凡，北宋宣政末年，曾因题诗酒家壁，讽刺权贵，用是得罪，亦用是得名。诗云："苏黄不作文章伯，童蔡翻为社稷臣。三十年来无定论，到头奸党是何人？"后仕于伪齐和金，官至翰林学士，曾有《荠堂集》传于世。此诗为怀想友人高图南而作，诗中对他屡遭下第的不幸深感不平。高图南，其人不详，据诗意可知，他曾多次应举下第。也即所谓的"三随计吏贡，蹑履游京师"。刘叉为人狂傲不羁，曾以《冰柱》《雪车》等诗，得到韩愈的赏识。高图南文才出众，"文章善变化，不以一律持"，但无人赏识。诗歌通过对比，表达了作者对友人的深切同情，也流露出对现实不公的强烈愤慨。

（二）勉慰激励，重整旗鼓

举子下第后，亲朋好友往往会安慰他们不必为眼前的失利而灰心丧志，同时也鼓励他们应当努力准备，来年再试。如周昂《送李天英下第》："不须寂寞恨东归，洗眼三年看一飞。试卷波澜入毫颖，莫教欧九识刘几。"② 周昂字德卿，真定人，二十一岁中进士，"学术醇正，文笔高雅，以杜子美、韩退之为法，诸儒皆师尊之"③。曾有

---

① （金）元好问编：《中州集》卷1《马御史定国》，中华书局上海编辑所1959年版，第48页。

② 薛瑞兆、郭明志编纂：《全金诗》第2册，南开大学出版社1994年版，第227页。

③ （金）元好问编：《中州集》卷4《常山周先生昂》，中华书局上海编辑所1959年版，第167页。

《常山集》流传于世，《中州集》录其诗100首，数量为全书之冠。诗歌首句安慰李经不必为此感到遗憾，次句又鼓励他要振作精神，准备来年再试。后二句委婉地建议他，只要改变怪异文风，就一定能够及第。“莫教欧九识刘几”，是说北宋时太学生刘几作诗好为怪险之语，累次考试皆为国子学第一名。由于他名声很大，当时学者皆纷纷仿效，遂成一时风尚。欧阳修对这种文风非常不满，正好这一年主持科举，决意趁此机会，抑制这种不良倾向，凡为新文怪险者，一律黜落不取。他在阅卷时恰好发现一举子的文章中有“天地轧，万物茁，圣人发”之语，便怀疑这是刘几的试卷，于是以朱书批曰：“秀才刺，试官刷。”拆卷后一看，黜落者果真是刘几。数年后，欧阳修又一次主贡举，发现一份试卷文风怪异，极似刘几，于是断然黜之。但拆卷后，却发现是此人并非刘几，而是吴人萧稷。原来刘几早已改变了文风，变易了姓名，最终以第一名及第①。

如果赠诗者亦为下第举子，那么由于共同的经历和遭遇，他们往往会相互劝勉鼓励，以期来年再试。如杨宏道《酬刘京叔祁》：“瘦鹤巢西彩凤东，差池云路有时同。翛然放意尘嚣外，久矣识君文字中。洧水絮飞倾盖后，梁园冰释赠诗工。情知不得临丹穴，又整霜毛向晓风。”② 刘祁，字京叔，号神川遁士，浑源（今山西浑源）人，金末著名文人，著有《归潜志》，是研究金代文史极为重要的史料。正大元年（1224），杨宏道与刘祁皆参加了科举考试，但结果是两人皆科场失利，之后各奔东西③。此诗当作于二人分别之际。首联说二人文采虽高，结果却都是不幸下第。“瘦鹤”乃诗人自喻，因有家在陕西，故落第后西归；“彩凤”喻刘祁，下第后归陈州，故曰“瘦鹤巢西彩凤东”。“云路”，即科举及第做官。颔联说二人皆志趣高尚，相互钦佩已久。颈联写二人在汴京应举时的交游唱和。尾联安慰友人

① （宋）沈括：《梦溪笔谈》卷9《人事一·欧阳修黜新文》，上海书店出版社2003年版，第78页。

② 薛瑞兆、郭明志编纂：《全金诗》第3册，南开大学出版社1994年版，第503页。

③ 王庆生：《金代文学家年谱》卷10、卷22，凤凰出版社2005年版，第550、1372页。

不要灰心丧气，努力备考，来年再战。杨宏道还有《飞凤曲》诗："丹穴尝闻有凤凰，粲然五色备文章。暂时得见却飞去，怅望碧霄空断肠。"亦为刘祁而作。诗歌首二句仍把刘祁比作凤凰，称赞他文采出众。末二句说与友人短暂相聚后，不得不面临长久的分离，诗人由此而感到怅然若失。

（三）自我反省，抛却虚名

房皞的《寄段诚之》："咫尺春风三十三，不如归卧旧烟岚。浮云富贵吾何慕？陋巷箪瓢分所甘。多语数穷深可戒，虚名无用不宜贪。寥寥孔学今千载，赖有斯人可共谈。"房皞，字希白，号白云子，平阳（今山西临汾）人，曾有《白云子集》，已佚，其诗今存34首。段成己，字诚之，号菊轩，别号遁斋。其兄段克己，字复之，号遁庵，别号菊庄。段氏兄弟为绛州稷山（今山西稷山）人，为金末著名文人，有合集《二妙集》留存。兄弟二人"同游场屋，并驱争先，振华发藻，难兄难弟，都人呼'稷山二段'"①。房皞与段氏兄弟皆为河汾诸老成员。此诗为房皞下第后所写的赠友之作。"咫尺春风三十三"，谓其时诗人年已三十三岁。房皞与段成己同出生于承安四年（1199），正大七年（1230），二人又同赴举场，段成己于是科及第，而房皞却不幸落第。此诗即作于下第后的次年，即正大八年（1231）。"不如归卧旧烟岚"，可以看出诗人下第后极为失落，由此而生出想要归隐山林之意，当然，这只是一时的愤激之语。颔联又说自己要像颜回一样，不羡慕荣华富贵，甘愿做一名固穷守志的君子。颈联再次强调，不要一味地抱怨命运不公，进士头衔只是一种虚名而已，不必太在意。尾联又说生活中能有像段成己这样的友人，可以谈诗论艺，推举儒学，就很满足了。

再如高宪的《寄李天英》："稻秸苍苍陂已枯，西风剪剪弄楸梧。蒹葭水落鱼梁回，蟋蟀声高山驿孤。社瓮新成元亮酒，并刀细落季鹰鲈。作诗远寄霜前雁，人在海东天一隅。"诗歌首联写景，画面疏淡

---

① （金）张万公：《武威郡侯段铎墓表》，阎凤梧主编《全辽金文》，山西古籍出版社2002年版，第1494页。

清远。颔联点明时节，蕴含悲凉之意。颈联用陶渊明和张翰之典，表达了隐居不仕、安居田园的生活意愿。季鹰即张翰之字，《世说新语》中记载："张季鹰辟齐王东曹掾，在洛见秋风起，因思吴中菰菜羹、鲈鱼脍，曰：'人生贵得适意尔，何能羁宦数千里以要名爵！'遂命驾便归。俄而齐王败，时人皆谓为见机。"①《晋书·张翰传》中亦有相同的记载："齐王冏辟为大司马东曹掾。冏时执权，翰谓同郡顾荣曰：'天下纷纷，祸难未已。夫有四海之名者，求退良难。吾本山林间人，无望于时。子善以明防前，以智虑后。'荣执其手，怆然曰：'吾亦与子采南山蕨，饮三江水耳。'翰因见秋风起，乃思吴中菰菜、莼羹、鲈鱼脍，曰：'人生贵得适志，何能羁宦数千里以要名爵乎！'遂命驾而归。"② 尾联怀念友人，回应诗题。高宪，字仲常，亦为辽东人，泰和三年（1203）进士，"自言于世味澹无所好，惟生死文字间而已。使世有东坡，虽相去万里，亦当往拜之"③。可见他喜爱苏东坡，性情较为超脱，对功名利禄看得很淡。因此，他既没有为李经的下第表示同情或惋惜，也没有为他喊冤叫屈，打抱不平，反而劝他及早抽身，归隐田园。

又如杨宏道的《送王飞伯》："吟诗何所得，白发早生头。始觉虚名误，应为达士羞。梁园遇飞伯，俊气挟清秋。嵩洛引归思，因余故少留。"④ 此诗作于正大六年（1229），杨宏道与王郁皆不幸下第。诗歌前四句说自己整日闭门苦吟，头发已经花白了，然而事业一无所成，终于明白科举及第也只不过是虚名而已，人生本应有更多的追求，不应仅仅局限于科举一途。后四句回想二人在汴京应举时的短暂交往。这首诗的独特之处在于，诗人对应举做官的道路表示了怀疑。这应是杨宏道多次应举失意后，对人生进行反思的结果。

---

① （南朝宋）刘义庆：《世说新语笺疏》中卷上《识鉴第七》，余嘉锡笺疏，周祖谟、余淑宜、周士琦整理，中华书局1983年版，第393页。

② （唐）房玄龄等：《晋书》卷92《文苑列传·张翰》，中华书局1974年版，第2384页。

③ （金）元好问编：《中州集》卷5《高博州宪》，中华书局上海编辑所1959年版，第260页。

④ 薛瑞兆、郭明志编纂：《全金诗》第3册，南开大学出版社1994年版，第487页。

第四节　金代科举诗词的史料价值

金承辽宋之后，实行科举取士的制度。《金史·选举志》中对此有着较为详细的记载，但也仅仅涉及制度层面，没有提供更多的细节。一些金代文人在其诗文作品中对考试的过程、科举习俗等有所描述，这有助于丰富我们对金代科举活动的了解。以下就相关方面作些梳理和探索。

一　元好问《探花词》五首——金代的探花宴

唐代进士及第后有一系列的活动，仅就宴集聚会而言，就有大相识、次相识、小相识、闻喜宴、樱桃宴、月灯、打球、牡丹、看佛牙、关宴等许多名目[①]。但最著名的还是曲江宴和杏园探花宴。唐李淖《秦中岁时记》有云："进士杏园宴，谓之探花宴，差少俊二人为探花使，遍游名园。若他人先折得名花，则探花使被罚也。"[②] 宋魏泰《东轩笔录》有云："进士及第后，例期集一月，其醵罚钱奏宴局，什物皆请同年分掌，又选最年少者二人为探花使，赋诗，世谓之'探花郎'。"[③] 又赵彦卫《云麓漫钞》亦云："世目状元第二人为榜眼，第三人为探花郎。"《秦中岁时记》云："期集谢恩了，从此使着披袋、篋子、骡从等，仍于曲江点检，从物无得有缺，缺即罚钱，便于亭子小宴，召小科头同乐，至暮而散，次即杏园初宴，谓之'探花宴'，便差定先辈二人少俊者为两街探花使，若他人折得花卉先开牡丹、芍药来者，即各有罚。"[④] 唐人有不少描写探花宴的诗，如刘沧的《及第后宴曲江》："及第新春选胜游，杏园初宴曲江头。紫毫粉壁题仙籍，柳色箫声拂御楼。霁景露光明远岸，晚空山翠坠芳洲。归

---

① （五代）王定保：《唐摭言》卷3《宴名》，阳羡生校点，上海古籍出版社2012年版，第18页。

② （宋）朱胜非辑：《绀珠集》卷10，文渊阁四库全书本。

③ （宋）魏泰：《东轩笔录》卷6，李裕民点校，中华书局1983年版，第72页。

④ （宋）赵彦卫：《云麓漫钞》卷7，古典文学出版社1957年版，第108页。

时不省花间醉，绮陌香车似水流。”[①] 写新科进士及第后游园、题名、饮酒、听乐等种种活动，真可谓车如流水马如织，呈现出一派节日般的狂欢场面。皮日休的《登科后寒食杏园有宴因寄录事宋垂文同年》：“雨洗清明万象鲜，满城车马簇红筵。恩荣虽得陪高会，科禁惟忧犯列仙。当醉不知开火日，正贫那似看花年。纵来恐被青娥笑，未纳春风一宴钱。”[②] 好一派风和日丽、车马填咽的热闹景象。翁承赞有幸被选为探花使，写下了《探花使三首》：“洪崖差遣探花来，检点芳丛饮数杯。深紫浓香三百朵，明朝为我一时开。”“九重烟暖折槐芽，自是升平好物华。今日始知春气味，长安虚过四年花。”“探花时节日偏长，恬淡春风称意忙。每到黄昏醉归去，纻衣惹得牡丹香。”[③] 志满意得、激动兴奋之情溢于言表，完全沉浸在欢乐中。

宋初仍沿袭唐代的风俗，进士及第后例有探花宴，但至北宋中期逐渐废止。《蔡宽夫诗话》有云：“故事，进士朝集，尝择榜中最年少者为探花郎。熙宁中始罢之。太平兴国三年，胡秘监旦榜冯文懿拯为探花。是岁登第七十四人，太宗以诗赐之曰：‘二三千客里成事，七十四人中少年。’始唐于礼部发榜，故座主门生之礼特盛，主司因得窃市私恩。本朝稍欲革其弊，即更廷试。前一岁吕文穆蒙正为状头，始赐以诗，盖示以优宠之意。至是复赐文懿，然状头诗迄今时有，探花郎后无继者，惟文懿一人而已，此科举之盛事也。”[④] 宋魏泰《东轩笔录》亦云：“进士及第后，例期集一月，其醵罚钱奏宴局，什物皆请同年分掌，又选最年少者二人为探花使赋诗，世谓之探花郎。自唐已来榜榜有之。熙宁中，吴人余中为状元，首乞罢期集，

① （清）彭定求等编：《全唐诗》第9册卷586，陈尚君补辑，中华书局编辑部点校，中华书局1999年版，第6847页。

② （清）彭定求等编：《全唐诗》第9册卷613，陈尚君补辑，中华书局编辑部点校，中华书局1999年版，第7118页。

③ （清）彭定求等编：《全唐诗》第11册卷703，陈尚君补辑，中华书局编辑部点校，中华书局1999年版，第8167页。

④ （宋）胡仔纂集：《苕溪渔隐丛话后集》卷19《本朝》，廖德明校点，人民文学出版社1962年版，第132页。

废宴席探花，以厚风俗。执政从之。”[①] 由此可知，禁止的理由是禁奢华、厚风俗。因此，宋诗中描写探花宴的作品较少。

金代文献中有关探花宴的记载亦极少。现存有元好问的五首《探花词》。这组诗为元好问在兴定五年（1221）进士及第后所作[②]，诗歌描写了朝廷为新进士举办的探花宴，有助于了解金代的科举活动情形，因而，此组探花宴诗具有重要的史料价值。

其一云：“禁里苍龙启九关，殿前鹦鹉唤新班。沉沉绿树鞭声远，袅袅熏风扇影闲。”首联云宫门全部敞开，新科进士于殿前聚集，等待参加探花宴。“苍龙”乃汉代宫阙名。“鹦鹉新班”指新科进士。唐制，进士及第后即脱去白袍，换上绿袍，因与鹦鹉毛色相同，故名。后二句描写节日的祥和景致，象征着皇恩浩荡。鞭声，谓骑马。王建《宫词》云：“新调白马怕鞭声，供奉骑来绕殿行。为报诸王侵早入，隔门催进打球名。”“熏风”喻皇家恩典，出自《南风歌》：“南风之熏兮，可以解吾民之愠兮。”

其二云：“浩荡春风入绣鞍，可怜东野一生寒。皇州花好无人管，不用新郎走马看。”东野即孟郊。孟郊及第后，激动地写下一首《登科后》：“昔日龌龊不足夸，今朝放荡思无涯。春风得意马蹄疾，一日看尽长安花。”诗歌用夸张的笔法，把进士及第后的情感释放写得淋漓尽致，可谓探花诗的千古绝唱。此诗从孟郊诗化出，但反用其意，表现金王朝对新科进士的宽容和放纵。

其三云：“六十人中数少年，风流谁占探花筵？阿钦正使才情尽，犹欠张郎白玉鞭。”首句看似平淡，实质上有双重含义，一是交代了本科词赋进士及第者共有六十人，二是巧妙地化用了宋太宗的诗句，阮阅的《诗话总龟》有云：“故事，进士期集，常择榜中最年少者为探花郎。熙宁中始罢之。太平兴国三年，胡秘监旦榜冯文懿拯为探花，是岁登第七十四人，太宗以诗赐之曰：‘二三千客里成事，七十

---

① （宋）魏泰：《东轩笔录》卷6，李裕民点校，中华书局1983年版，第72页。

② （金）元好问：《元好问诗编年校注》，狄宝心校注，中华书局2011年版，第174页。

四人中少年。'”① 次句反问究竟谁会幸运地成为探花使呢？由此显出，探花使是一个令人羡慕的光荣差使。末二句为李献甫未被选为探花使感到惋惜。据原诗自注可知，“阿钦”谓李献甫，字钦用，时年二十七岁。“张郎”谓张梦祥，年二十六岁，其时还未成婚。李献甫为元好问“三知己”之一，故诗中为他感到惋惜。“白玉鞭”出自李白《玉壶吟》：“烈士击玉壶，壮心惜暮年。三杯拂剑舞秋月，忽然高咏涕泗涟。凤凰初下紫泥诏，谒帝称觞登御筵。揄扬九重万乘主，谑浪赤墀青琐贤。朝天数换飞龙马，敕赐珊瑚白玉鞭。”

其四云：“美酒清歌结胜游，红衣先为渚莲愁。曲江共说樱桃宴，不见西园风露秋。”首句描写新科进士歌酒宴游的热闹景象。次句化用唐代诗人赵嘏《长安晚秋》中诗句：“紫艳半开篱菊静，红衣落尽渚莲愁。”“红衣”谓荷花瓣。后两句怀念唐代进士的曲江宴游盛会。“樱桃宴”为唐代新科进士宴会之一，多在曲江杏园举行。王保定《唐摭言》云：“新进士尤重樱桃宴。乾符四年，永宁刘公第二子覃及第，时公以故相镇淮南，敕邸吏日以银一铤资覃醵罚，而覃所费往往数倍。邸吏以闻，公命取足而已。会时及荐新状元，方议醵率，覃潜遣人厚以金帛预购数十石矣。于是独置是宴，大会公卿。时京国樱桃初出，虽贵达未适口，而覃山积铺席，复和以糖酪者，人享蛮榼一小盎，亦不啻数升，以至参御辈靡不沾足。”② 整首诗起于描写眼前之景，结于对历史的怀念，欢乐之中流露出些许遗憾。

其五云：“人物风流见蔼然，逼人佳笔已翩翩。龙津春色年年在，莫着新衔恼必先。”前两句称颂新科进士文采飞扬、风流倜傥。后两句亦不忘安慰下第举子，一方面鼓励他们来年再试，另一方面又提醒及第进士不必炫耀，以免落第的举子伤心难过。“龙津桥”在汴京城南外城南薰门与里城丹凤门之间的蔡河上。后两句化用唐代诗人韩仪的《记知闻近过关试》诗：“短行轴了付三铨，休把新衔恼必先。今

① （宋）阮阅编：《诗话总龟（后集）》卷之一已集《御制门》，周本淳校点，人民文学出版社2006年版，第2页。

② （五代）王定保：《唐摭言》卷3《慈恩寺题名游赏赋咏杂记》，阳羡生校点，上海古籍出版社2012年版，第25页。

日便称前进士，好留春色与明年。”[①] 韩仪此诗流传很广，为多种笔记所采录，如五代王定保的《唐摭言》引李肇《国史补》云：“得第谓之前进士，互相推敬谓之先辈，俱捷谓之同年，近年及第未过关试，皆称新及第进士。所以韩中丞仪尝有《知闻近过关试》。仪以一篇纪之曰：‘短行纳了付三铨，休把新衔恼必先。今日便称前进士，好留春色与明年。’”[②]《蔡宽夫诗话》：“关试后始称前进士。故当时诗云：‘短行书可属三铨，休把新衔恼必先。从此便称前进士，好将春色待明年。’”[③] “必先”，此处谓下第举子。胡震亨《唐音癸签》云：“《乾巽子》载：阎济美与卢景庄同应举，阎称卢云‘必先声价振京洛’。《云溪友议》：刘禹锡纳牛僧孺卷曰：‘必先期至矣。’《太平广记》：郑光业入试，有一人突入铺，欲其相容，呼必先，必先不置。必先似云名第必居先。与先辈同一推敬意。韩仪《与关试后新人》诗有‘休把新衔恼必先’句。此必先又谓下第同人也。”[④]

王寂亦有一首诗描写进士及第后的宴饮聚会：“忆昔登科正妙年，鞭笞龙凤散神仙。金钗贳酒春无价，银烛呼卢夜不眠。往事悲凉真梦耳，故人零落独潸然。临街父老应相识，笑指潘郎雪满颠。”（《天德辛未，家君守官白霫，仆是岁登上第。交游饮博，皆一时豪俊。于今二十六年矣，适以审刑复来，留数日，故人高晦之以旧见访，问当时所与游者，往往鬼録。高本富家，今贫甚，仆向最年少，今老矣。感叹久之，为赋诗以自遣》）此诗乃作者回忆往事之作。据诗题可知，王寂于天德三年（1151）进士及第，二十六年后，故地重游，感慨万端，因作此诗。

首联回忆二十六年前，自己进士及第时，正当年少，每天的生活

---

① （清）彭定求等编：《全唐诗》第10册卷667，陈尚君补辑，中华书局编辑部点校，中华书局1999年版，第7704页。

② （五代）王定保：《唐摭言》卷1《述进士下篇》，阳羡生校点，上海古籍出版社2012年版，第2页。

③ （宋）胡仔纂集：《苕溪渔隐丛话后集》卷21《王禹玉》，廖德明校点，人民文学出版社1962年版，第151页。

④ （明）胡震亨：《唐音癸签》卷18《诂笺三》，古典文学出版社1957年版，第162—163页。

如同神仙般逍遥自在。“鞭笞龙凤散神仙”出自韩愈的《奉酬卢给事云夫四兄曲江荷花行见寄并呈上钱七兄阁老张十八助教》：“我时相思不觉一回首，天门九扇相当开。上界真人足官府，岂如散仙鞭笞鸾凤终日相追陪?”① 颔联写新科进士整天宴饮博戏，生活放荡不堪。“呼卢”即“摴蒱”，乃古时的一种博戏。李白《少年行》有云：“君不见淮南少年游侠客，白日球猎夜拥掷，呼卢百万终不惜，报仇千里如咫尺。”② 李贺《示弟》：“何须问牛马，抛掷任枭卢。”③ 颈联想到昔日的友人皆已故去，不禁潸然泪下。尾联写当年的父老认出自己后的惊喜与感慨。整首诗感叹往事如烟，抒发了人生坎坷的悲凉和感慨。

二　杨奂《试万宁宫》诗——金代的御试场景

杨奂曾于泰和六年（1206）参加过御试。考试结束后，他写下《试万宁宫》诗：“月淡长杨晓色清，天题飞下寂无声。南山雾豹文章在，北海云鹏羽翼成。玉槛玲珑红露重，金炉缥缈翠烟轻。谁言夜半曾前席，白日君王问贾生。”④ 记录了这次御试的经历。首联写景，既点明了考试的时间，又突出了考场的寂静。颔联用典，比喻举子一旦通过御试，便可实现身份的转变。“南山雾豹”典出刘向《列女传》：“答子治陶三年，名誉不兴，家富三倍，其妻数谏不用。居五年，从车百乘归休，宗人击牛而贺之，其妻独抱儿而泣。姑怒曰：‘何其不祥也?’妇曰：‘夫子能薄而官大，是谓婴害；无功而家昌，是谓积殃。昔楚令尹子文之治国也，家贫国富，君敬民戴，故福结于

---

① （唐）韩愈：《韩昌黎诗集编年笺注》卷9，方世举笺注，郝润华、丁俊丽整理，中华书局2012年版，第503页。

② （清）彭定求等编：《全唐诗》第10册卷680，陈尚君补辑，中华书局编辑部点校，中华书局1999年版，第7863页。

③ （清）彭定求等编：《全唐诗》第6册卷390，陈尚君补辑，中华书局编辑部点校，中华书局1999年版，第4406页。

④ 陈焯《宋元诗会》卷66（文渊阁四库全书本）选录此诗后注云：“稗史谓：金章宗试贡士于万宁宫，杨紫阳年方弱冠，席屋稍近殿檐，金主出御幄顾之，问其名氏里贯而去，故有君王问贾生之句。然考其本传，紫阳在金末实未有此遇也，或即元太宗乎?”误。

子孙，名传于后世。今夫子不然，贪富务大，不顾后害。妾闻南山有玄豹，雾雨七日而不下食者何也？欲以泽其毛而成文章也，故藏而远害。犬彘不择食，以肥其身，坐而须死耳。今夫子治陶，家富国贫，君不敬，民不戴，败亡之征见矣。'"[①] 后因以"雾豹"指隐居伏处、退藏避害的人。此处谓举子经年埋头苦读，以期能够成就功名。"北海云鹏"典出《庄子·逍遥游》："北冥有鱼，其名为鲲。鲲之大不知其几千里也，化而为鸟，其名为鹏。鹏之背不知其几千里也，怒而飞，其翼若垂天之云。"[②] 此句说举子们只要通过御试，便可拾取功名，实现身份的转变。另外，诗中的"北海"也暗指万宁宫，即今之北海公园。"万宁宫"在中都京城北面，金世宗大定十九年（1179）建成，原名太宁宫，后更为寿宁宫、寿安宫，明昌二年（1191）更名为万宁宫，周围有着丰富的水源，当时还可以种稻田。世宗时，大臣张仅言"护作太宁宫，引宫左流泉溉田，岁获稻万斛"。[③] 颈联又写景，渲染皇宫设施的豪华奢侈。尾联反用典故，称颂章宗。典出《史记·贾谊传》："文帝思谊，征之，入见。上方受厘，坐宣室。上因感鬼神事而问鬼神之本，谊因具道所以然之故，至夜半，文帝前席。既罢曰：'吾久不见贾生，自以为过之，今不及也。'"[④] 李商隐有《贾生》："宣室求贤访逐臣，贾生才调更无伦。可怜夜半虚前席，不问苍生问鬼神。"讽刺汉文帝虽求贤，但并没有能真正重用贾谊。本诗用此典，显然并非讥讽，而是反用其意，称颂金章宗贤明仁智。

此诗原附于作者《跋赵太常拟试赋稿后》一文中："金大定中，君臣上下以淳德相尚，学校自京师达于郡国，专事经术教养，故士大夫之学，少华而多实；明昌以后，朝野无事，侈靡成风，喜歌诗，故

---

① （汉）刘向：《古列女传》卷2《贤明传·陶答子妻》，四部丛刊景明本。

② 王先谦集解：《庄子集解》卷1《逍遥游》，中华书局1999年版，第1页。

③ （元）脱脱等：《金史》卷133《张觉传附张仅言传》，中华书局1975年版，第2846页。

④ （汉）司马迁：《史记》卷84《屈原贾生列传》，中华书局1959年版，第2502—2503页。

士大夫之学，多华而少实。上病其然也。当泰和丙寅春三月二十五日，万宁宫试贡士，总两科无虑千二百辈。上躬命赋题曰：'日合天统'。侍臣初甚难之，而太常卿北京赵公适充御前读卷官，独以谓不难，即日奏赋，议乃定。既而中选者才二十有八人。仆时甫冠，获试廷下，而席屋偶居前列，朝隙闻异香出，殿棂间一紫衣人，顾予起，问题之难易及氏名、里贯、年齿而去，少顷复相庆曰：'适驾至耳。'薄暮出宫，传以为希遇。尝退而志之。后四十五年，仆以河南漕长，告老于燕，过太常之孙承祖家，得所拟赋，感念存歿，不能不惘然，为叙其末，并以旧诗归之，所谓'月淡长杨晓色清，天题飞下寂无声。南山雾豹文章在，北海云鹏羽翼成。玉槛玲珑红露重，金炉缥缈翠烟轻。谁言夜半曾前席，白日君王问贾生'者，是诗少作也，无可取，以其纪一时之事，庶附《赵氏家传》，或见于后世云。"① 这里的赵太常谓赵之杰，字伯英，北京大定府人，大定十六年（1176）进士，历仕为西京提刑副使、棣州防御使、太常卿②。据此段文字，我们还可以了解以下信息：

一是御试时间为三月二十五日③。《金史·选举志一》有云："凡乡试之期，以三月二十日。府试之期……会试……御试，则以三月二十日策论进士试策，二十三日试诗论，二十五日词赋进士试赋诗论，而经义进士亦以是日试经义，二十七日乃试策论。若试日遇雨雪，则候晴日。"④ 与此文相合。

二是御试地点在万宁宫。《金安平进士题名碑》云："泰和三年岁次癸亥三月二十五日，万宁宫承明殿试。四月十九日放词赋进士一

---

① （元）杨奂：《还山遗稿》卷上，民国适园丛书本。

② （金）元好问编：《中州集》卷8《赵太常之杰》，中华书局上海编辑所1959年版，第408页。

③ （元）苏天爵：《国朝文类》卷38《跋赵太常拟试赋稿后》，四部丛刊景元至正本；（清）郭元釪：《御定全金诗增补中州集》卷37《赵太常之杰》（文渊阁四库全书本）所附引文皆作"泰和丙寅二月二十五日"，误。

④ （金）脱脱等：《金史》卷51《选举志一》，中华书局1975年版，第1146—1147页。

百八十六人。"① 据此可知，泰和三年（1203）御试亦在万宁宫举行。"万宁宫"在中都京城的北面，世宗大定十九年（1179）建成，原名太宁宫，后更名为寿宁宫、寿安宫，明昌二年（1191）又更名为万宁宫。金代文人多有诗咏及之，如赵秉文的《扈跸万宁宫》："一声清跸九天开，白日雷霆引杖来。花萼夹城通禁御，曲江两岸尽楼台。柳荫罅日迎雕辇，荷气分香入酒杯。遥想熏风临水殿，五弦声里阜民财。"又如张翰的《万宁宫朝回》："宿雨初收变晓凉，宫槐恰得几花黄。鹊传喜语留鞘尾，泉打空山辊鞠场。已觉云林非俗境，更从衣袖得天香。太平朝野欢娱在，不到莲塘有底忙。"两首诗都描绘了万宁宫的宜人美景。金代进士御试的地点并不固定，有时在文明殿举行御试，《金安平进士题名碑》载："明昌五年岁次甲寅，文明殿三月二十五日试，放词赋进士二百二十一人。"② 有时则是在集英殿举行御试，"大定二十二年三月二十日，集英殿放进士七十六人"③。贞祐南渡后，御试进士多在明俊殿举行。《金史·地理志中》有云："东则寿圣宫，两宫太后位也，本明俊殿，试进士之所。"④ 明俊殿在汴京城内。《金安平进士题名碑》载："兴定二年岁次戊寅三月二十五日，行宫明俊殿试。四月十二日丹凤门唱等，放词赋进士六十二人。"⑤ 女真进士亦在此举行御试，《女真进士题名碑》有云："皇帝于明俊殿前，四月十五日试策，十七日试论及诗。"⑥

三是御试赋题为《日合天统赋》。《金史·贾铉传》记载："泰和六年御试，（贾）铉为监试官。上曰：'丞相宗浩尝言试题颇易，由

---

① 《石刻史料新编》第3辑第25册《深州金石记》，（台北）新文丰出版公司1986年影印本。

② 同上。

③ （元）苏天爵：《金进士盖公墓记》，《滋溪文稿》卷4，陈高华、孟繁清点校，中华书局1997年版，第54页。

④ （元）脱脱等：《金史》卷25《地理志中》，中华书局1983年版，第588页。

⑤ 《石刻史料新编》第3辑第25册《深州金石记》，（台北）新文丰出版公司1986年景印本。

⑥ 金光平、金启孮：《女真语言文字研究·女真进士题名碑译释》，《内蒙古大学学报》1964年第1期。

是进士例不读书。朕今以《日合天统》为赋题。’铉曰：‘题则佳矣，恐非所以牢笼天下士也。’上曰：‘帝王以难题窘举人，固不可，欲使自今积致学业而已。’遂用之。”[①] 由杨奂此文可知，当时试官多以为此赋题甚难，后经御前读卷官赵之杰力争，最终仍用此赋题试士。

四是参加御试的举子多达千二百人[②]。《金史·选举志一》有云：“凡会试之数，大定二十五年，词赋进士不得过五百人。二十八年，以不限人数，遂至五百八十六人。章宗令合格则取，故承安二年至九百二十五人。”[③] 又云：“（承安五年）宰臣奏：‘自大定二十五年以前，词赋进士不过五百人，二十八年以不限人数，取至五百八十六人。先承圣训合格则取，故承安二年取九百二十五人。兼今有四举终场恩例，若会试取人数过多，则涉泛滥。’遂定策论、词赋、经义人数，虽多不过六百人，少则听其阙。”[④] 会试之人数，即参加御试之人数。杨奂所说的“千二百人”乃是包括了词赋和经义两科选人。而《金史》所载的数字仅是应词赋科举的人数，两相比较，大体相合。

五是本科共录取人数为二十八人。前一科也即泰和三年（1203）科试，共录取词赋进士一百八十六人[⑤]。相比之下，本科录取人数大大减少，录取比例仅 2.3%。刘祁《归潜志》有云：“章宗诚好文，奖用士大夫，晚年为人谗间，颇厌怒，如刘左司之昂、宗御史端修，先以大中时坐谤议朝政，谪外官，其后路侍御铎、周户部昂、王修撰庭筠，复以赵闲闲事谪绌，每曰：‘措大辈止好议论人。’故泰和三年御试，上自出题曰：‘日合天统’，以困诸进士，止取二十七人，

---

① （元）脱脱等：《金史》卷 99《贾铉传》，中华书局 1975 年版，第 2192—2193 页。

② （清）郭元釪编：《御定全金诗增补中州集》卷 37《赵太常之杰》（文渊阁四库全书本）所附引文皆作“部两科无虑千三百辈”，误。

③ （元）脱脱等：《金史》卷 51《选举志一》，中华书局 1975 年版，第 1164 页。

④ 同上书，第 1138 页。

⑤ 《金安平进士题名碑》，载《石刻史料新编》第 3 辑第 25 册《深州金石记》，（台北）新文丰出版公司 1986 年景印本。

皆积渐之所致也。”[①] 揭示了本科进士取人极少的原因。

除此之外，赵可还有一首小词云：“赵可可，肚里文章可可。三场捱了两场过，只有这番解火。恰如合眼跳黄河，知他是过也不过。试官道王业艰难，好交你知我。”（《戏书席屋》）据说这首小词是赵可在参加完御试后，顺手题在场屋上的。语言通俗，全用口语写出，不加任何修饰，但却把考试结束后那种放松痛快之心情，表现得淋漓尽致。刘祁《归潜志》对此事有较为详细的记载：

> 赵翰林可献之，少时赴举，及御帘试王业艰难赋，程文毕，于席屋上戏书小词云：“赵可可，肚里文章可可。三场捱了两场过，只有这番解火。恰如合眼跳黄河，知他是过也不过。试官道王业艰难，好交你知我。”时海陵庶人亲御文明殿，望见之，使左右趣录以来，有旨谕考官：“此人中否当奏之。”已而中选，不然亦有异恩矣。[②]

这首小词的确写得很特别，也很有意思，也许正是由于表达了那种真实的感受，因此才会引起海陵王的特别关注。

三　翟升《群贤登第诗》——金代平阴进士登科记

金代文献损毁严重，有关金代进士登科的材料极为少见，现存金人记录的进士题名碑记仅有李俊民的《题登科记后》、孔叔利的《改建题名碑》以及《女真进士题名碑》数种而已。而翟升的《群贤登第诗》中称颂了13位金代平阴籍进士，相当于一份平阴进士登科录。诗云：

> 陶山先生主文盟（甲公绰号陶山），郭令好学加劝惩（郭好学平阴令）。

---

① （金）刘祁：《归潜志》卷10，崔文印点校，中华书局1983年版，第111页。按：此段引文中的御试时间与录取人数皆有误。

② 同上书，第116—117页。

平阴儒学日复振，不让五虎专前名。
靳侯才名驰冀北（靳子昭邑主簿），初官佐治肥子国。
下车首询沂上人，供室劝学增润色。
文章圆熟推许公，典而丽兮词更工。
山城天荒从此破，白袍换绿荣乡中（许佑）。
苏仙久藉家学力，内抱英华外谦抑。
十年作赋气凌云，唾手功名不劳得（苏得胜）。
古学众许芝亭刘，下笔万字何能休。
俯就绳墨入赋室，一战而胜酬焚舟（刘格）。
贤哉鄗河子董子，八举终场人罕比。
广阳就试欲投名，尚以老成为所耻（董哲）。
孝感里中重王兄，德与才称非过情。
耽经玩史日无辍，蔼然素有场屋声（王瓒）。
升也文学宗董氏，陶山竹溪亦席侍。
靳老余绪复稔闻，驽马十驾希騄耳（翟升）。
明昌天子试飞龙，董子王升（一作兄字）文并雄。
金门献赋仆亦与，北宫唱第三人同。
至今地脉何曾断？吾乡士风天下冠。
学者体法旧纯朴，岂止为文思过半？
甲氏名族世共知，后之苗裔振复奇。
潜遗祖德借余论，又向蟾宫折桂枝（甲振）。
溪上先生号醇德（王广道），动为仪表言为则。
发明圣道得其传，恩不及身后蕃息。
乃孙经学有渊源，乙科优中光儒门。
靳侯名乡能远虑，居贤因此石硖村（王知进）。
李君力学人难企，弱冠声华蔼乡里。
早承鹗荐上天廷，一举明经取青紫（李可用）。
翠华警跸幸南都，圣心愿治求硕儒。
日边诏下免秋试，三英笑指龙门趋。
锜氏兼经勤博古，苏子天才中规矩。

李生伯仲三豪间，鼎甲科名俱力取（锜申、苏霖、李唐英）。
明年较艺入明光，王氏文词复擅场。
圣代人材罔遗弃，特恩赐第名亦彰（王天一）。
芸窗昼寂闲屈指，仕者十有三人矣。
不才鲁钝甘隐居，但庆诸公膺器使。
为报后来为学人，前进已达教犹存。
勉旃勉旃学而仕，食禄无忘先辈恩。

作者翟升，字利夫，平阴人，明昌二年（1191）进士。诗歌前八句概括介绍了平阴一带的文化传统与氛围，为全诗的铺陈奠定了基础。首句指出平阴一带主文盟者为甲公绰，原诗注云："甲公绰号陶山。"次句称赞平阴县令郭好学重视文化，原有注云："郭好学平阴令。"三四句说正是由于甲公绰和郭好学的重视和引导，平阴一带出现了崇文重学、儒学复振的局面。"五虎"，刘备封关羽、张飞、黄忠、赵云和马超为"五虎将"。这里当指此前及第的五位平阴籍进士。以下四句说平阴县主簿靳子昭才名远扬，重视学校教育，鼓励士人向学。（前八句称颂知名文士甲公绰、地方官员郭好学和靳子昭三人对平阴地区文化和教育事业的重视和劝导之功，为全诗奠定了基础。）接下来的 24 句诗，分别叙述了六位平阴进士，每人用四句诗进行描写。许佑文采出众，首破天荒；苏得胜内胜外谦，能继家声；刘格下笔万言，一战即胜；董哲连举八场，世罕其比；王瓒德才兼备，声振场屋；翟升转益多师，力取科第。"破天荒"典出《唐摭言》："荆南解比号天荒，大中四年，刘蜕舍人以是府解及第，时崔魏公作镇，以破天荒钱七十万资蜕，蜕谢书略曰：'五十年来自是人废，一千里外岂曰天荒。'"① 诗中意指首位进士及第者。"白袍换绿"意谓进士及第。唐时举子及第前多穿白衣，及第后则换为绿袍。文人一旦考取进士，仕途升迁较快，因此，举子还未及第时即被人称为"白衣

① （五代）王定保：《唐摭言》卷 2《海述解送》，阳羡生校点，上海古籍出版社 2012 年版，第 11 页。

卿相”①。王安石《临津》诗云：“临津滟滟花千树，夹径斜斜柳数行。却忆金明池上路，红裙争看绿衣郎。”“十年作赋”，左思曾用十年时间创作《三都赋》，为时人所称，致有洛阳纸贵之传说。“唾手功名”意谓毫不费力即可取得功名，典出《后汉书·公孙瓒传》，李贤注引《九州春秋》曰：“始天下兵起，我谓唾掌而决。”《新唐书·褚遂良传》亦云：“但遣一二慎将，付锐兵十万，翔会云棚，唾手可取。”“驽马十驾”出自《荀子·劝学》：“骐骥一跃，不能十步；驽马十驾，功在不舍。”“騄耳”，宝马名，为周穆王“八骏”之一，亦作“騄駬”“绿耳”。②“焚舟”典出《左传·文公三年》：“秦伯伐晋，济河焚舟。”杜预注云：“示必死也。”《晋书·蔡谟传》：“夫以白起、韩信、项籍之勇，犹发梁焚舟，背水而阵。”③后用以比喻做事下定决心，不顾一切干到底。唐李端《送潘述宏词下第归江外》诗：“弈棋知胜偶，射策请焚舟。”④唐雍陶《离家后作》诗：“出门便作焚舟计，生不成名死不归。”“⑤明昌天子试飞龙”四句说翟升与董哲、王瓒三位平阴举子同榜及第。“飞龙”即新天子即位，明昌天子即金章宗。本科御试时间为明昌二年（1191），为金章宗即位后的首次科举，各科登第者多达八百余人，王泽为词赋状元，陈载为经义状元，完颜伯嘉为策论状元⑥。“金门献赋”乃是用司马相如献《子虚赋》《上林赋》而得汉武帝的赏识之典。唐宋以来，诗人多以此典来比喻参加科举考试。如唐卢纶《与从弟瑾同下第出关言别三首》之一亦云：“同作金门献赋人，二年悲见故园春。到阙不沾新雨露，

---

① （五代）王定保：《唐摭言》卷1《散序进士》，阳羡生校点，上海古籍出版社2012年版，第3页。

② （春秋）列子：《周穆王》，杨伯峻集释《列子集释》卷3，中华书局1979年版，第93页。

③ （唐）房玄龄等：《晋书》卷77《蔡谟传》，中华书局1974年版，第2038页。

④ （清）彭定求等编：《全唐诗》第5册卷285，陈尚君补辑，中华书局编辑部点校，中华书局1999年版，第3253页。

⑤ （清）彭定求等编：《全唐诗》第8册卷518，陈尚君补辑，中华书局编辑部点校，中华书局1999年版，第5962页。

⑥ 薛瑞兆：《金代科举》，中国社会科学出版社2004年版，第149—151页。

还家空带旧风尘。”[1] 宋人张耒《新秋》云：“赋就金门期再献，夜深搔首叹飞蓬。”[2] 宋人苏颂《送王秀才出京》云：“忆昔我年未弱冠，西来观艺游神皋。金门献赋嗟失路，因循四载何所遭。”[3] 元人宋无《春病起即事》云：“壮怀玉具剑空摧，老去金门献赋迟。”[4] “北宫”即前文所提到的“万宁宫”，由于坐落在中都城外的北部，因而又被称为北宫。金人诗中亦有涉及，如曹之谦的《北宫》：“光泰门边避暑宫，翠华南去几年中。干戈浩荡人情变，池岛荒芜树影空。鱼藻有基埋宿草，广寒无殿贮凉风。登临欲问前朝事，红日西沉碧水东。”又如赵摅的《早赴北宫》：“苍龙双阙郁层云，湖水鳞鳞柳色新。绝似江行看清晓，不知身是趁朝人。”还有张行简的《六月二十九日北宫朝回》：“疏柳衰荷又一时，清波飞叶梦灵芝。年年踏尽溪边路，不觉吴霜点鬓丝。”所云“北宫”亦即“万宁宫”。“至今地脉何曾断”四句云平阴一带人杰地灵，人才辈出。“地脉”本指风水，这里借喻为文脉。本句云平阴的文脉未曾中断。“体法”指诗文书画的格局法式。宋代诗人徐玑《书翁卷诗集后》云：“五字极难精，知君合有名。磨砻双鬓改，收拾一编成。泉落秋岩洁，花开野径清。渐多来学者，体法似元英。”[5] 本句谓平阴学者为文崇尚纯朴。“思过半”意即已领悟大半。典出《周易·系辞下》：“知者观其彖辞，则思过半矣。”孔颖达疏云：“思虑有益，以过半矣。”[6] 又苏辙曾自云：“辙生好为文，思之至深。以为文者气之所形，然文不可以学而能，气可以养而至。”[7] 本句谓平阴有良好的文学传统，再加上地方官员重视教

---

① （清）彭定求等编：《全唐诗》第5册卷276，陈尚君补辑，中华书局编辑部点校，中华书局1999年版，第3125页。

② （明）李蓘编：《宋艺圃集》卷5《张耒诗》，清文渊阁四库全书补配清文津阁四库全书本。

③ （宋）苏颂：《苏魏公集》卷2，清文渊阁四库全书补配清文津阁四库全书本。

④ （清）顾嗣立编：《元诗选》初集之《戊集》，中华书局1987年版，第1290页。

⑤ （宋）徐玑：《二薇亭诗集》，汲古阁景宋钞本。

⑥ （三国魏）王弼注，（唐）孔颖达疏：《周易正义》卷8《系辞下》，北京大学出版社1999年版，第317页。

⑦ （宋）苏辙：《上枢密韩太尉书》，《苏辙集·栾城集》卷22，陈宏天、高秀芳校点，中华书局1990年版，第381页。

育，因而平阴文人已经取得了很大的成功。“甲氏”四句写甲振能继承祖业，一擢科第。甲振为陶山先生甲公绰裔孙。“蟾宫折桂枝”典出《晋书·郤诜传》：“武帝于东堂会送，问诜曰：‘卿自以为如何?’诜对曰：‘臣鉴贤良对策，为天下第一，犹桂林之一枝，昆山之片玉。’”[①] 汉晋以后，又有月中桂树的传说盛行，《太平御览》引《淮南子》云：“月中有桂树。”桂树通常在农历八九月开花，次年三月果熟，而科举考试的时间是，府试在八月举行，御试则于次年三月举行。故唐以来文人遂牵合两事，以“蟾宫折桂”谓科举应试及第。“溪上先生”四句云王知进承继家学，乙科及第。其祖为醇德先生王广道，名去非，为金朝著名的处士。应试不得志，在家耕读，立馆教授，去世后党怀英私谥其号曰“醇德先生”，并为其撰写墓表。其弟王去执，字明道，人称榆山先生。王氏兄弟与元代翰林、侍讲学士李之绍被誉为“平阴三贤”。元至正元年（1341），在其故里南石硖建有三贤祠。“李君”四句云李可用弱冠有声，明经及第。“鹗荐”，比喻推举有才能的人，亦作“荐鹗”，典出孔融《荐祢衡表》：“鸷鸟累百，不如一鹗。使衡立明，必有可观。”[②] 意为一百只猛禽枭鸟，也比不上一只鱼鹰。“鹗”即鱼鹰，比喻实有其才的人。苏轼《次韵王定国谢韩子华过饮》有云：“亲嫌妨鹗荐，相对发微泚。”“翠华警跸”八句云贞祐三年（1215）科试，锜申、苏霖和李唐英三位平阴举子同榜及第。“青紫”指公卿的服饰。《文选·扬雄〈解嘲〉》：“纡青拖紫。”李善注引《东观汉记》：“印绶，汉制公侯紫绶，九卿青绶。”又刘良注：“青紫，并贵者服饰也。”后因以称高级官员。“翠华”本意为天子仪仗中以翠羽为饰的旗帜或车盖，常常作为御车或帝王的代称。“翠华警跸幸南都”指贞祐二年（1214），北方蒙古频频侵犯，金哀宗将国都从中都迁到汴京，史称“贞祐南渡”。“日边诏下免秋试”指贞祐二年（1214）诏免府试。原因即是蒙古的侵犯，多地陷落，无法举行科举考试，且士人往来亦极不便利。《金

① （唐）房玄龄等：《晋书》卷52《郤诜传》，中华书局1974年版，第1443页。

② （汉）孔融：《荐祢衡表》，俞绍初辑校《建安七子集·孔融集》卷1，中华书局1989年版，第8页。

史·选举志一》云："向者贞祐初，诏免府试，赴会试者几九千人，而取八百有奇，则是十之一而已。"[①] 刘祁《归潜志》亦云："及宣宗南渡，贞祐初，诏免府试。"[②] 所云即指本科考试。本年经义状元为刘汝翼，李献能、白华、魏璠等人亦于本年及第[③]。"明年较艺"四句写王天一特恩赐第，《金史·选举志》云："凡诸进士举人，由乡至府，由府至省，及殿廷，凡四试皆中选，则官之。至廷试五被黜，则赐之第，谓之恩例。又有特命及第者，谓之特恩。"[④] 又云："泰和二年，上命定会试诸科取人之数，司空（完颜）襄言：'……恩榜本以优老于场屋者。四举受恩则太优，限以年则碍异材。可五举则授恩。'……遂定制……五举终场年四十五以上、四举终场年五十以上者受恩。"[⑤] "芸窗"四句说自己进士及第后，无意于功名，欲归隐田园，希望其他平阴进士尽心报国。"芸窗"即书斋。最后四句告诫平阴后学，要以前辈为榜样，努力进取。"勉旃"意谓努力。"旃"是"之焉"的合音。杨恽《报孙会宗书》有云："愿勉旃，毋多谈"。"先辈"意谓已得第进士。唐李肇《唐国史补》卷下："得第谓之前进士，互相推敬谓之先辈。"清阮葵生《茶馀客话》卷二："唐时举人，呼已第者为先辈。"余嘉锡《读已见书斋随笔》："唐人称进士为先辈者，言其登第必在同辈之先也，故又称必先，与后人称先及第为前辈之意不同。"

整首诗长达76句，简明扼要地叙述了13名平阴籍进士的基本情况，相当于一篇金代平阴登科记，具有很高的史料价值[⑥]。此诗在写法上明显受杜甫《饮中八仙歌》的影响，用追叙的方式、洗练的语言、人物速写的笔法，构成一幅栩栩如生的群像图，取得了较高的艺术成就。因此，该诗在科举诗中可谓是独树一帜，在某种程度上亦可称之为"史诗"。

---

① （元）脱脱等：《金史》卷51《选举志一》，中华书局1975年版，第1139—1140页。

② （金）刘祁：《归潜志》卷10，崔文印点校，中华书局1983年版，第108页。

③ 薛瑞兆：《金代科举》，中国社会科学出版社2004年版，第190页。

④ （元）脱脱等：《金史》卷51《选举志一》，中华书局1975年版，第1134页。

⑤ 同上书，第1144页。

⑥ 薛瑞兆《金代科举》即据此诗收录这13名平阴进士。

结　　语

将“科举”与“文学”进行交叉研究，最早的是程千帆的《唐代进士行卷与文学》，无论是在研究视角，还是研究方法上，都给后来的古代文学研究颇多启示。嗣后，又推出了傅璇琮的《唐代科举与文学》、王勋成的《唐代铨选与文学》、祝尚书的《宋代科举与文学》等几部力作，给当下的古代文学研究开辟了一个新的领域。这几年来，有更多的学者选择从科举的视角来研究文学，时间上从唐代到清代，体裁上从诗歌、辞赋到小说、戏曲，一时间出现了大量的研究成果。但从实际情况来看，有不少成果把研究的重心放在了科举制度的研究上，而于科举对文学之影响，或者言之甚少，或者论之较泛，并没有进行较为深入的探讨。显而易见，这样的研究多少有些“跑题”，或者说有些“名不副实”。

本书受前贤的启发，对“金代科举与文学”这一课题做了一些研究。原本的设想是力图较为全面地考察金代科举对文学的作用和影响，探讨金代文学发生、发展的深层文化原因。但事实上，金代科举对文学的作用非常复杂，有显性的，也有隐性的；有直接的，也有间接的。要想把这些问题都弄清楚，实在是太难了。所以说，本书最终呈现出来的内容也并不全面系统，研究的结论也还谈不上深刻。

尽管如此，本书还是取得了一些的突破：比如第五章“金代科举事件及其对奇古文风的影响”。金末文坛上存在着两股截然不同的文学风气。对此，学者多从文学思潮、社会形势等方面诠释其形成原因，却很少有人从科举的角度去关注。本书从科举的视角入手，进行了一番翔实的考察，认为金末的这几场科举事件，表面上看来是一场闹剧，但实质上是一场有着明确目的的科举改革，对之后的文坛风气的转变起到非常重要的作用。再如，第六章“金代状元的文学创作及其影响”。以往有学者认为金代状元大多不能文，其所依据的材料是刘祁《归潜志》中所载一段话，“泽民不识琵琶子，吕造能吟喜欲狂。”这两位状元真实的水平究竟如何？我们暂且不必去讨论。但仅凭刘祁的一句话，就认定金代几十位状元都不能文，显然有些过于武断。本书详细考察了金代状元的著述情况，并梳理了相关的史料，在全面占有材料的基础上得出如下结论，即大多数金代状元都淹贯经史、著述丰富，有较高的文学成就，而且在当时的文坛上产生了巨大的影响。

其他如第二章“金代进士的地理分布特征及其形成原因”、第四章中的部分内容“金代科举考试题目内涵考释”等内容，也是前人没有涉及的议题。尽管这部分研究内容没有能够提出新的观点，但至少通过这番研究，对这些问题有了较为清楚的认识。这勉强可以算是一种创新吧。

在具体的研究过程中，本人还有一些真切的感受：不论是学科交叉研究，还是综合研究，都需要具有非常广博的学识和深厚的理论功底。对于研究者来说，找到一个好的视角，一个好的选题，当然是幸运的。但有了一个好的选题，要想完成得好，也并非是件容易的事。

附录一　金代科举史事编年

金太祖天辅三年　己亥（1119）

八月，颁布女真字。

（天辅三年）八月己丑，颁女直字[①]。

金太宗天会元年　癸卯（1123）

十一月，始设科举。

凡词赋进士，试赋、诗、策、论各一道。经义进士，试所治一经义、策、论各一道。其设也，始于太宗天会元年十一月[②]。

金源氏倔起海东，当天会间，方域甫定，即设科取士，急于得贤，故文风振而人才辈出，治具张而纪纲不紊，有国虽余百年，典章文物至比隆唐宋之盛。[③]

金太宗天会二年　甲辰（1124）

二月、三月两次开科取士。

凡词赋进士，试赋、诗、策、论各一道。经义进士，试所治一经

---

① （元）脱脱等：《金史》卷2《太祖纪》，中华书局1975年版，第33页。

② （元）脱脱等：《金史》卷51《选举志一》中华书局1975年版，第1134页，。

③ （元）王恽：《浑源刘氏世德碑铭并序》，李修生主编《全元文》第6册，江苏古籍出版社1999年版，第503页。

义、策、论各一道。其设也，始于太宗天会元年十一月，时以急欲得汉士以抚辑新附，初无定数，亦无定期，故二年二月、八月凡再行焉。①

金太宗天会三年　乙巳(1125)

始议设选举之事。

天会三年，获辽主于应州西余睹谷。始议礼制度，正官名，定服色，兴庠序，设选举，治历明时，皆自宗幹启之。②

十月，召耶鲁赴京师教授女真人本族文字。

天会三年十月甲辰，诏建太祖庙于西京。召耶鲁赴京帅教授女直字。③

金太宗天会四年　丙午(1126)

下诏正式实行选举制度。

(天会三年)始议礼制度，正官名，定服色，兴庠序，设选举……四年，官制行，诏中外。④

褚承亮，字茂先，真定人。宋苏轼自定武谪官过真定，承亮以文谒之，大为称赏。宣和五年秋，应乡试，同试者八百人，承亮为第一。明年，登第。调易州户曹，未赴，会金兵南下。天会六年(1128)，斡离不既破真定，拘籍境内进士试安国寺，承亮名亦在籍中，匿而不出。军中知其才，严令押赴，与诸生对策。策问："上皇无道、少帝失信。"举人承风旨，极口诋毁。承亮诣主文刘侍中曰："君父之罪，岂臣子所得言耶?"长揖而出。刘为之动容。余悉放第，凡七十二人，遂号七十二贤榜。状元许必仕为郎官，一日出左掖门，

① (元)脱脱等:《金史》卷51《选举志一》，中华书局1975年版，第1134页。

② (元)脱脱等:《金史》卷76《宗幹传》，中华书局1975年版，第1742页。

③ (元)脱脱等:《金史》卷3《太宗纪》，中华书局1975年版，第53页。

④ (元)脱脱等:《金史》卷76《宗幹传》，中华书局1975年版，第1742页。

堕马，首中阘石死，余皆无显者。①

金太宗天会五年　丁未（1127）

八月下诏，在新归附的辽、宋旧地举行科举，南北分选。

天会五年，以河北、河东初降，职员多阙，以辽、宋之制不同，诏南北各因其素所习之业取士，号为南北选。②

（天会五年）八月戊寅，以宋捷，遣耶律居谨等充宣庆使使高丽。丙戌，以宗辅为右副元帅。诏曰：河北、河东郡县职员多阙，宜开贡举取士，以安新民。其南北进士，各以所业试之。③

金太宗天会八年　庚戌（1130）

金太宗闻说神童刘天骥之事，命教养之。

天会八年时，太宗以东平童子刘天骥，七岁能诵《诗》《书》《易》《礼》《春秋左氏传》及《论语》《孟子》，上命教养之，然未有选举之制也。④

金太宗天会十年　壬子（1132）

粘罕试举人于白水泊，磁州胡砺为魁。粘罕密诫试官，不取中原人。

（天会十年夏四月），粘罕试举人于白水泊，磁州胡砺为魁。是举也，粘罕密诫试官，不取中原人，故是岁止试辞赋，不试经义。砺系

① （元）脱脱等：《金史》卷127《隐逸·褚承亮传》，中华书局1975年版，第2748页。按：文中“天会六年”应为“天会四年”之误，参见薛瑞兆《金代科举》，中国社会科学出版社2004年版，第2页。

② （元）脱脱等：《金史》卷51《选举志一》，中华书局1975年版，第1134页。

③ （元）脱脱等：《金史》卷3《太宗纪》，中华书局1975年版，第57页。

④ （元）脱脱等：《金史》卷51《选举志一》，中华书局1975年版，第1149页。

被掳，以知制诰韩昉燕人也，用昉乡贯，故误取之。初开试日，粘罕立马场中，呼举人年老者，意谓免试，争走马前跪之。粘罕以鞭指挥，令译者报："尔无力老奴，何来应试？尔等若有文章，何不及第少年？尔等今苟得官，自知年老死近，向去不远，必取赃以为身后计，行乐以少酬晚景，安有补于国？又闻尔等之来，往往非为己计，多有图财假手后进者，如此，则我所取老者、少者皆非其人也！我欲杀尔等，又以罪未着白，复欲逐尔等，亦念尔等远来，故权令尔等终场，当小心以报国，不然苟有所犯，必杀无赦！"于是诸生伏地叩头，愧恐而去。是岁，胡砺之余，中原人一例黜之，故少年有作赋讥者，其略云："草地就试，举场不公，比榜既出于外，南人不预其中。"由是士子之心失矣。①

胡砺，字元化，磁州武安人。少嗜学。天会间，大军下河北，砺为军士所掠，行至燕，亡匿香山寺，与佣保杂处。韩昉见而异之，使赋诗以见志，砺操笔立成，思致清婉，昉喜甚，因馆置门下，使与其子处，同教育之，自是学业日进。昉尝谓人曰："胡生才器一日千里，他日必将名世。"十年，举进士第一，授右拾遗，权翰林修撰。久之，改定州观察判官。定之学校为河朔冠，士子聚居者常以百数，砺督教不倦，经指授者悉为场屋上游，称其程文为"元化格"。②

金熙宗天会十四年　丙辰(1136)

正式下诏开科，始设经童科。

熙宗即位之二年，诏辟贡举，始设经童科，取至百二十二人。③

---

① （宋）宇文懋昭：《大金国志校证》卷7《太宗文烈皇帝五》，崔文印校证，中华书局1986年版，第115—116页。

② （元）脱脱等：《金史》卷125《文艺上·胡砺传》，中华书局1975年版，第2721页。

③ （元）脱脱等：《金史》卷51《选举志一》，中华书局1975年版，第1149页。

金熙宗天眷元年 戊午（1138）

五月，诏南北选各以经义、词赋两科取士。

熙宗天眷元年五月，诏南北选各以经义、词赋两科取士。①

（天眷元年）五月己亥，诏以经义、词赋两科取士。②

颁布女真小字。

天眷元年正月戊子朔，上朝明德宫。高丽、夏遣使来贺。颁女直小字。③

（天眷元年九月）乙未，诏百官诰命，女直、契丹、汉人各用本字，渤海同汉人。④

金熙宗皇统六年 丙寅（1146）

改定经义、词赋进士初授官职。

皇统六年，（经义第一）与词赋第一人皆拟县令，第二人当除察判，以无阙遂拟军判。第二、第三甲随各人住贯拟为军判、丞、簿。旧制，五经及第未及十年与关内差使，已十年者与关外差使，四十年除下令。⑤

金熙宗皇统八年 戊辰（1148）

制定进士升迁格。

皇统八年，经义进士就燕京拟注。⑥

---

① （元）脱脱等：《金史》卷51《选举志一》，中华书局1975年版，第1134页。

② （元）脱脱等：《金史》卷4《熙宗纪》，中华书局1975年版，第72页。

③ 同上。

④ 同上书，第73页。

⑤ （元）脱脱等：《金史》卷52《选举志二》，中华书局1975年版，第1163页。

⑥ 同上。

文资者，旧惟听左司官举用，至熙宗皇统八年，省臣谓："若止循旧例举勾，久则善恶不分而多侥幸。"遂奏定制，自天眷二年(1139)及第榜次姓名，从上次第勾年至五十已上、官资自承直郎(从六品)至奉德大夫(从五品)、无公私过者，一阙勾二人试验，可则收补，若皆可即籍名令还职待补。官至承直郎以上，一考得除正七品以上、从六品以下职事，两考者除从六品以上、从五品以下。奉直大夫(从六品)以上，一考者除从六品以上、从五品以下，两考者除从五品以上、正五品以下，节运同。①

海陵王天德二年　庚午(1150)

始增设殿试之制，并更定考试时间。

海陵庶人天德二年，始增殿试之制，而更定试期。②

海陵王天德三年　辛未(1151)

并南北选为一，罢经义和策试两科，只设词赋科。

海陵庶人天德二年，始增殿试之制，而更定试期。三年，并南北选为一，罢经义、策试两科，专以词赋取士。③

海陵天德三年，罢策试科。④

始设国子监。

天德三年，始置国子监。后定制，词赋、经义生百人，小学生百人，以宗室及外戚皇后大功以上亲、诸功臣及三品以上官兄弟子孙，年十五以上者入学，不及十五者入小学。⑤

---

① (元)脱脱等：《金史》卷52《选举志二》，中华书局1975年版，第1168页。

② (元)脱脱等：《金史》卷51《选举志一》，中华书局1975年版，第1134页。

③ 同上书，第1135页。

④ 同上书，第1130页。

⑤ 同上书，第1131页。

海陵王天德四年　壬申(1152)

命选人并赴中京授官。

天德四年，始以河南、北选人并赴中京，吏部各置局铨注。①

海陵王贞元元年　癸酉(1153)

制定贡举程试条理格法。

贞元元年，定贡举程试条理格法。②

凡进士所历之阶，及所循注之职。贞元元年，制南选，初除军判、丞、簿（从八品），次除防判、录事（正八品），三除下令（从七品），四中令、推官、节察判（正七品），五六皆上令（从六品）。北选，初军判、簿、尉，二下令，三中令，四上令，已后并上令，通注节察判、推官。③

海陵王贞元二年 甲戌(1154)

翟永固、张景仁主贡举，出尊祖配天赋，受到海陵王的猜忌。

翟永固，字仲坚，中都良乡人……考试贞元二年进士，出《尊祖配天赋》题，海陵以为猜度己意，召永固问曰："赋题不称朕意。我祖在位时祭天拜乎？"对曰："拜。"海陵曰："岂有生则致拜，死而同体配食者乎？"对曰："古有之，载在典礼。"海陵曰："若桀、纣曾行，亦欲我行之乎？"于是永固、张景仁皆杖二十。而进士张汝霖赋第八韵有曰："方今将行郊祀。"海陵诘之曰："汝安知我郊祀乎？"亦杖之三十。④

---

① （元）脱脱等：《金史》卷54《选举志四》，中华书局1975年版，第1193页。

② （元）脱脱等：《金史》卷51《选举志一》，中华书局1975年版，第1135页。

③ （元）脱脱等：《金史》卷52《选举志二》，中华书局1975年版，第1160页。

④ （元）脱脱等：《金史》卷89《翟永固传》，中华书局1975年版，第1975页。

张景仁，字寿甫，辽西人。累官翰林待制。贞元二年，与翟永固俱试礼部进士，以“尊祖配天”为赋题，忤海陵旨，语在永固传。①

赵可御试毕，戏题小诗于场屋，引起海陵王关注。

赵翰林可献之，少时赴举，及御帘试《王业艰难赋》，程文毕，于席屋上戏书小词云：“赵可可，肚里文章可可。三场捱了两场过，只有这番解火。恰如合眼跳黄河，知他是过也不过。试官道王业艰难，好交你知我。”时海陵庶人亲御文明殿，望见之，使左右趣录以来，有旨谕考官：“此人中否当奏之。”已而中选，不然亦有异恩矣。②

赵可，字献之，高平人。贞元二年进士，仕至翰林直学士，风流有文采，诗、乐府皆传于世，号《玉峰散人集》。③

海陵王正隆元年　丙子（1156）

确定命题范围和科试时间。

正隆元年，命以《五经》《三史》正文内出题，始定为三年一辟。④

始设定律科之制。

律科进士，又称为诸科，其法以律令内出题，府试十五题，每五人取一人。大定二十二年（1182）定制，会试每场十五题，三场共通三十六条以上，文理优、拟断当、用字切者，为中选。临时约取之，初无定数。其制始见于海陵庶人正隆元年。⑤

颁布进士授官格。

正隆元年格，上甲者初上簿军判、丞、簿、尉，中甲者初中簿军

---

① （元）脱脱等：《金史》卷85《张景仁传》，中华书局1975年版，第1892页。

② （金）刘祁：《归潜志》卷10，崔文印点校，中华书局1983年版，第116—117页。

③ （金）元好问编：《中州集》卷2《赵内翰可》，中华书局上海编辑所1959年版，第76页。

④ （元）脱脱等：《金史》卷51《选举志一》，中华书局1975年版，第1135页。

⑤ 同上书，第1148页。

判、丞、簿、尉，下甲者初下簿军判、丞、簿、尉。第二任皆中簿军判、丞、簿、尉。三、四、五、六、七任皆县令，回呈省。[①]

正隆元年格，凡特赐同进士[②]，初授下簿，二中簿，三县丞、四军判，五、六防判。七、八下令，九中令，十上令。寻复更初注下等军判、丞、簿、尉，次注中等军判、丞、簿、尉，第三注上等军判、丞、簿、尉，四下令，五中令，六上令。[③]

正隆元年格，律科、经童，初授将仕郎，皆任司候，十年以上并一除一差，十年外则初任主簿，第二任司候，第三主簿，四主簿，五警判，六市丞，七诸县丞，八次赤丞，九赤县丞，十下县令。十一中县令，五任上县令，呈省。[④]

海陵王正隆二年　丁丑（1157）

改定恩例授官格。

正隆二年格，凡恩例补荫同进士[⑤]，初下簿，二中簿，三上簿，四下令，五中令，六、七上令，回呈省。[⑥]

郑子聃先于天德三年（1151）登第，本年再参加御试，终于夺魁。海陵王大奇之。

郑子聃，字景纯，大定府人。父宏，辽金源令，二子子京、子聃。杨丘行尝谓人曰："金源二子，凤毛也。小者尤特达，后必名世。"子聃及冠，有能赋声。天德三年（1151），丘行为太子左卫率府率，廷试明日，海陵以子聃程文示丘行，对曰："可入甲乙。"及拆卷，果中第一甲第三人。调翼城丞，迁赞皇令，召为书画直长。子聃颇以才望自负，常慊不得为第一甲第一人。正隆二年会试毕，海陵

---

① （元）脱脱等：《金史》卷52《选举志二》，中华书局1975年版，第1161页。

② 凡特赐同进士者，谓进粟、出使回、殁于王事之类，皆同杂班，补荫亦以杂班。

③ （元）脱脱等：《金史》卷52《选举志二》，中华书局1975年版，第1164页。

④ 同上。

⑤ 凡恩例补荫同进士者，谓大礼补致仕、遗表、阵亡等恩泽，补承袭录用，并与国王并宗室女为婚者。

⑥ （元）脱脱等：《金史》卷52《选举志二》，中华书局1975年版，第1164页。

以第一人程文问子聃，子聃少之。海陵问作赋何如，对曰："甚易。"因自矜，且谓他人莫己若也。海陵不悦，乃使子聃与翰林修撰綦戬、杨伯仁、宣徽判官张汝霖、应奉翰林文字李希颜同进士杂试。七月癸未，海陵御宝昌门临轩观试，以"不贵异物民乃足"为赋题，"忠臣犹孝子"为诗题，"忧国如饥渴"为论题。上谓读卷官翟永固曰："朕出赋题，能言之或能行之，未可知也。诗、论题，庶戒臣下。"丁亥，御便殿亲览试卷，中第者七十三人，子聃果第一，海陵奇之。有顷，进官三阶，除翰林修撰。改侍御史。①

海陵王正隆三年　戊寅（1158）

改定律科与经义进士授官格。

正隆三年制，律科及第及七年者与关内差使，七年外者与关外差。诸经及第人未十年者关内差，已十年关外差。律科四十年除下令。经童及第人视余人复展十年，然后理算月日。②

正隆三年，经义进士不授差使，至三十年则除县令。③

海陵王正隆五年　庚辰（1160）

任熊祥知贡举，所出会试、御试赋题，为海陵王所激赏。

任熊祥，字子仁……是时，诏徐文、张弘信讨东海县，弘信逗遛，称疾不进，决杖二百。熊祥被诏为会试主文，以"事不避难臣之职"为赋题。及御试，熊祥复以"赏罚之令信如四时"为赋题，海陵大喜，以为翰林侍读学士。④

（正隆五年）三月辛巳，东海县民张旺、徐元等反，遣都水监徐

---

① （元）脱脱等：《金史》卷125《文艺上·郑子聃传》，中华书局1975年版，第2725—2726页。

② （元）脱脱等：《金史》卷52《选举志二》，中华书局1975年版，第1164页。

③ 同上书，第1163页。

④ （元）脱脱等：《金史》卷105《任熊祥传》，中华书局1975年版，第2310页。

文、步军指挥使张弘信、同知大兴尹事李惟忠、宿直将军萧阿窊率舟师九百，浮海讨之……六月，徐文等破贼张旺、徐元，东海平。[①]

金世宗大定元年　辛巳（1161）

恢复皇统官制，选进士授外官。

大定元年，世宗以胥吏既贪墨，委之外路干事又不知大体，徒多扰动，至二年，罢吏人而复皇统选进士之制。承直郎以上者，一考正七品，除运判、节察判、军刺同知。两考者从六品，除京运判、总府判、防御同知。奉直大夫已上，一考者从六品，除同前。[②]

金世宗大定三年　癸未（1163）

本年，孟宗献于乡试、府试、省试、廷试皆得第一，号“孟四元”。

孟宗献，字友之，开封人。大定三年，乡、府、省、御四试皆第一，供奉翰林，曹王府文学，兼记室参军，以疾寻医，久之，授同知单州军州事。丁母忧，哀毁致卒。[③]

杨伯仁，字安道，伯雄之弟也。天性孝友，读书一过成诵。登皇统九年进士第，事亲不求调。天德二年，除应奉翰林文字。初名伯英，避太子光英讳，改今名。海陵尝夜召赋诗，传趣甚亟，未二鼓奏十咏，海陵喜，解衣赐之。海陵射乌，伯仁献《获乌诗》以讽。丁父忧，起复，赐金带袭衣，及赐白金以奉母。改左拾遗。进士吕忠翰廷试已在第一，未唱名，海陵以忠翰程文示伯仁，问其优劣，伯仁对曰：“当在优等。”海陵曰：“此今试状元也。”伯仁自以知忠翰姓名在第一，遂宿谏省，俟唱名乃出，海陵嘉其慎密。转翰林修撰。孟宗

① （元）脱脱等：《金史》卷5《海陵纪》，中华书局1975年版，第111页。

② （元）脱脱等：《金史》卷52《选举志二》，中华书局1975年版，第1168页。

③ （金）元好问编：《中州集》卷9《孟内翰宗献》，中华书局上海编辑所1959年版，第465页。

献发解第一，伯仁读其程文，称之“此人当成大名”。是岁，宗献府试、省试、廷试皆第一，号“孟四元”，时论以为知文。故事，状元官从七品，阶承务郎，世宗以宗献独异等，与从六品，阶授奉直大夫。①

金世宗大定四年　甲申（1164）

诏令以女真字译经书，并选猛安谋克内良家子弟入女真学校。

女真学。自大定四年，以女直大、小字译经书颁行之。后择猛安谋克内良家子弟为学生，诸路至三千人。②

策论进士，选女真人之科也。始大定四年，世宗命颁行女直大、小字所译经书。每谋克选二人习之。寻欲兴女直字学校，猛安谋克内多择良家子为生，诸路至三千人。③

敕令增加进士录取名额。

大定四年，敕宰臣：进士文优则取，勿限人数。④

金世宗大定六年　丙戌（1166）

始置太学。

大定六年，始置太学。初养士百六十人，后定五品以上官兄弟子孙百五十人，曾得府荐及终场人二百五十人，凡四百人。⑤

金世宗大定九年　己丑（1169）

选百余名优秀女真学生至京师复试。

---

① （元）脱脱等：《金史》卷125《文艺上·杨伯仁传》，中华书局1975年版，第2723—2724页。

② （元）脱脱等：《金史》卷51《选举志一》，中华书局1975年版，第1133页。

③ 同上书，第1140页。

④ 同上书，第1135页。

⑤ 同上书，第1131页。

（大定）九年，取女真学生尤俊秀者百人至京师，以编修官温迪罕缔达教之。[①]

策论进士，选女真人之科也。始大定四年，世宗命颁行女直大、小字所译经书。每谋克选二人习之。……九年，选异等者百人，荐于京师，廪给之。命温迪罕缔达教以古书，作诗、策，后复试，得徒单镒以下三十余人。[②]

金世宗大定十一年　辛卯（1171）

始议行女真进士策选之制。

策论进士，选女真人之科也。始大定四年，世宗命颁行女直大、小字所译经书。每谋克选二人习之。……十一年，始议行策选之制。[③]

世宗大定十一年，创设女直进士科，初但试策，后增试论，所谓策论进士也。[④]

大定十一年，以进士官至承直者众，遂不论官资但以榜次勾补。[⑤]

大定初，朝廷无事，世宗锐意经籍，诏以小字译《唐史》，成，则别以女直字传之，以便观览。公（按：指耶律履）在选中，独主其事。书上，大蒙赏异，擢国史院编修官、兼笔砚直长。改置经书所，径以女直字译汉文，选贵胄之秀异，就学焉。一日世宗召问公："朕比读《贞观政要》，见魏征忠谏，恨不与之同时。近世如征者独未之见，何也？"公乃感奋为上言："征辈不难得，特太宗不常有耳。"世宗曰："卿谓我不纳谏耶？卿识刘用晦、张汝霖否？二人者皆不应得三品，朕以其屡有忠言，故越次用之。朕岂不纳谏耶？"公曰："臣自幼未尝去朝廷，彼二人者，诚未见其谏也。且海陵杜塞言路，天下缄口，习以成风。愿陛下惩艾前弊，开忠谏之路，以通下

① （元）脱脱等：《金史》卷51《选举志一》，中华书局1975年版，第1133页。

② 同上书，第1140页。

③ 同上书，第1140页。

④ 同上书，第1130页。

⑤ （元）脱脱等：《金史》卷52《选举志二》，中华书局1975年版，第1169页。

情，则天下幸甚。”初议以时务策，设女直进士科，礼部以所学不同，未可概称进士。诏公定其事。乃上议曰：“进士之科起于隋大业中，始试以策，唐初因之。至高宗时杂以箴铭赋颂，文宗始专用赋。且进士之初，本专策试，今女直诸生以试策称进士，又何疑焉？”世宗说，事遂施行。①

金世宗大定十二年　壬辰（1172）

诏择优秀女真学生量才任用。

温迪罕缔达，该习经史，以女直字出身，累官国史院编修官。初，丞相希尹制女直字，设学校，使讹离剌等教之。其后学者渐盛，转习经史，故纳合椿年、纥石烈良弼皆由此致位宰相。缔达最号精深。大定十二年，诏缔达所教生员习作诗、策，若有文采，量才任使，其自愿从学者听。②

以终场举人试三国奉使接送礼仪，并往复书表。

典客署书表，十八人，大定十二年，以班内祗、并终场举人慎行止者，试三国奉使接送礼仪、并往复书表，格同国史院书写。③

金世宗大定十三年　癸巳（1173）

女真进士科正式举行考试，徒单镒等二十七人登第。

温迪罕缔达，该习经史，以女直字出身，累官国史院编修官……大定十二年，诏缔达所教生员习作诗、策，若有文采，量才任使，其

---

①（金）元好问：《尚书右丞耶律公神道碑》，姚奠中主编《元好问全集》卷27，山西古籍出版社2004年版，第584—585页。

②（元）脱脱等：《金史》卷105《温迪罕缔达传》，中华书局1975年版，第2321页。

③（元）脱脱等：《金史》卷53《选举志三》，中华书局1975年版，第1186—1187页。

自愿从学者听。十三年，设女直进士科。是岁，徒单镒等二十七人登第。①

大定十一年，始议行策选之制，至十三年始定每场策一道，以五百字以上成，免乡试府试，止赴会试御试。且诏京师女直国子学，诸路设女直府学，拟以新进士充教授，以教士民子弟之愿学者。俟行之久学者众，则同汉进士三年一试之制。乃就悯忠寺试徒单镒等，其策曰："贤生于世，世资于贤，世未尝不生贤，贤未尝不辅世。盖世非无贤，惟用与否。若伊尹之佐成汤，傅说之辅高宗，吕望之遇文王，皆起耕筑渔钓之间，而其功业卓然，后世不能企及者，盖殷、周之君能用其人，尽其才也。本朝以神武定天下，圣上以文德绥海内，文武并用，言小善而必从，事小便而不弃，盖取人之道尽矣！而尚忧贤能遗于草泽者，今欲尽得天下之贤用之，又俾贤者各尽其能，以何道而臻此乎？"悯忠寺旧有双塔，进士入院之夜半，闻东塔上有声如音乐，西入宫。考试官侍御史完颜蒲涅等曰："文路始开而有此，得贤之祥也。"中选者得徒单镒以下二十七人。②

始设女真国子学和女真府学，选择女真新科进士担任教授。

大定十三年，以策、诗取士，始设女直国子学，诸路设女直府学，以新进士为教授。国子学策论生百人，小学生百人。府州学二十二，中都、上京、胡里改、恤频、合懒、蒲与、婆速、咸平、泰州、临潢、北京、冀州、开州、丰州、西京、东京、盖州、隆州、东平、益都、河南、陕西置之。凡取国子学生、府学生之制，皆与词赋、经义生同。又定制，每谋克取二人，若宗室每二十户内无愿学者，则取有物力家子弟年十三以上、二十以下者充。凡会课，三日作策论一道，季月私试如汉生制。③

女直进士。大定十三年，皆除教授。④

① （元）脱脱等：《金史》卷105《温迪罕缔达传》，中华书局1975年版，第2321页。

② （元）脱脱等：《金史》卷51《选举志一》，中华书局1975年版，第1140页。

③ 同上书，第1133页。

④ （元）脱脱等：《金史》卷52《选举志二》，中华书局1975年版，第1163页。

金世宗大定十四年　甲午（1174）

更定进士授官格。

旧制，状元授承德郎，以十四年官制，文武官皆从下添两重，命状元更授承务郎，次旧授儒林郎，更为承事郎。第二甲以下旧授从仕郎，更为将仕郎。[①]

大定十四年，以从下新增官阶，遂定制，律科及第者授将仕佐郎。[②]

金世宗大定十五年　乙未（1175）

更定状元授官格。

大定十五年，敕状元除应奉，两考依例授六品。[③]

金世宗大定十六年　丙申（1176）

始设府学和州学。

府学亦大定十六年置，凡十七处，共千人。初以尝与廷试及宗室皇家袒免以上亲、并得解举人为之。后增州学，遂加以五品以上官、曾任随朝六品官之兄弟子孙，余官之兄弟子孙经府荐者，同境内举人试补三之一，阙里庙宅子孙年十三以上不限数，经府荐及终场免试者不得过二十人。凡试补学生，太学则礼部主之，州府则以提举学校学官主之，曾得府荐及终场举人，皆免试。[④]

定皇家及宰执子弟参加科试格。

---

① （元）脱脱等：《金史》卷52《选举志二》，中华书局1975年版，第1161页。

② 同上书，第1165页。

③ 同上书，第1161页。

④ 同上书，第1131页。

（大定）十六年，命皇家两从以上亲及宰相子，直赴御试。皇家祖免以上亲及执政官之子，直赴会试。

金世宗大定十八年　戊戌（1178）

重定状元授官格。

（大定）十八年，谓宰臣："文士有偶中魁选，不问操履，而辄授翰苑之职。如赵承元，朕闻其无士行，果败露。自今榜首，先访察其乡行，可取则授以应奉，否则从常调。"①

（大定）十五年，敕状元除应奉，两考依例授六品。十八年，敕状元行不顾名者与外除。②

金世宗大定十九年　己亥（1179）

再申考察状元行止问题。

（大定）十八年，敕状元行不顾名者与外除。十九年，命本贯察行止美恶。③

金世宗亲自出御试题目。

大定十九年，谓宰臣曰："自来御试赋题，皆士人尝拟作者。前朕自选一题，出人所不料，故中选者多名士，而庸才不及焉。是知题难则名儒亦擅场，题易则庸流易侥幸也。"平章政事唐括安礼奏曰："臣前日言，士人不以策论为意者，正为此尔。宜各场通考，选文理俱优者。"上曰："并答时务策，观其议论，材自可见，卿等其议之。"④

---

① （元）脱脱等：《金史》卷51《选举志一》，中华书局1975年版，第1135页。

② （元）脱脱等：《金史》卷52《选举志二》，中华书局1975年版，第1161页。

③ 同上。

④ （元）脱脱等：《金史》卷51《选举志一》，中华书局1975年版，第1135页。

金世宗大定二十年　庚子(1180)

确定策论进士府试之处。

大定二十年，上以往岁多以远地官考试不便，遂命差近者。[①]

凡府试策论进士，大定二十年定以中都、上京、咸平、东平四处。[②]

更定女真进士考试格。

至二十年，以徒单镒等教授中外，其学大振。遂定制，今后以策、诗试三场，策用女直大字，诗用小字，程试之期皆依汉进士例。省臣奏："汉人进士来年三月二十日乡试，八月二十日府试，次年正月二十日会试，三月十二日御试。"敕以来年八月二十五日于中都、上京、咸平、东平府等路四处府试，余从前例。

上曰："契丹文字年远，观其所撰诗，义理深微，当时何不立契丹进士科举，今虽立女直字科，虑女直字创制日近，义理未如汉字深奥，恐为后人议论。"丞相守道曰："汉文字恐初亦未必能如此。由历代圣贤渐加修举也。圣主天姿明哲，令译经教天下，行之久亦可同汉人文章矣！"上曰："其同汉人进士例。译作程文，俾汉官览之。"[③]

世宗与宰臣谈论科举取士。

（大定）二十年，谓宰臣曰："朕尝谕进士不当限数，则对以所取之外无合格文，故中选者少，岂非题难致然耶？若果多合格，而有司妄黜之，甚非理也。"又曰："古者乡举有行者，授以官。今其考满，察乡曲实行出伦者擢之。"又曰："旧不选策，今兼选矣。然自今府会两试不须试策，已中策后，则试以制策，试学士院官。"[④]

---

① （元）脱脱等：《金史》卷51《选举志一》，中华书局1975年版，第1145页。

② 同上书，第1146页。

③ 同上书，第1141页。

④ 同上书，第1135页。

金世宗大定二十二年　壬寅（1182）

再申状元授官先察名行。

（大定）二十二年，谓宰臣曰："汉进士魁，例授应奉，若行不副名，不习制诰之文者，即与外除。"①

再次举行女真进士科考试。设定女真进士授官格。

（大定）二十二年三月，策试女直进士。至四月癸丑，上谓宰臣曰："女直进士试已久矣，何尚未考定？"参知政事斡特剌对曰："以其译付看故也。"上令速之。②

大定二十二年，女直进士，上甲第二第三人初除上簿，中甲则除中簿，下甲则除下簿。（大定二十五年，上甲甲首迁四重，余各迁两重。第二第三甲授随路教授，三十月为一任，第二任注九品，第三、第四任注录事、军防判，第五任下令。寻复令第四任注县令。）③

定律科考试程式。

律科进士，又称为诸科，其法以律令内出题，府试十五题，每五人取一人。大定二十二年定制，会试每场十五题，三场共通三十六条以上，文理优、拟断当、用字切者，为中选。临时约取之，初无定数。④

敕进士及第后，再试时务策，优者升任之。

（大定）二十二年，敕进士授章服后，再试时务策一道，所谓策试者也。内才识可取者籍其名，历任后察其政，若言行相副则升擢任使。是年九月，复诏今后及第人，策试中者初任即升之。⑤

---

① （元）脱脱等：《金史》卷 51《选举志一》，中华书局 1975 年版，第 1135—1136 页。

② （元）脱脱等：《金史》卷 51《选举志一》，中华书局 1975 年版，第 1142 页。

③ （元）脱脱等：《金史》卷 52《选举志二》，中华书局 1975 年版，第 1163 页。

④ （元）脱脱等：《金史》卷 51《选举志一》，中华书局 1975 年版，第 1148 页。

⑤ （元）脱脱等：《金史》卷 52《选举志二》，中华书局 1975 年版，第 1161 页。

金世宗大定二十三年　癸卯(1183)

世宗与宰臣议论进士人才难得。

（大定）二十三年，谓宰臣曰："汉进士，皇统间人材殆不复见，今应奉以授状元，盖循资尔。制诰文字，各以职事铺叙，皆有定式，故易。至撰赦诏，则鲜有能者。"参知政事粘哥斡特剌对曰："旧人已登第尚为学不辍，今人一及第辄废而不学，故尔。"①

（大定）二十三年，上曰："女直进士设科未久，若令积习精通，则能否自见矣。"②

诏颁行所译女真字经史典籍。

（大定二十三年九月），译经所进所译《易》《书》《论语》《孟子》《老子》《杨子》《文中子》《刘子》及《新唐书》。上谓宰臣曰："朕所以令译《五经》者，正欲女直人知仁义道德所在耳！"命颁行之。③

再定进士授官格。

大定二十三年格，进士，上甲，初录事、防判，二下令，三中令。中甲，初中簿，二上簿，三下令。下甲，初下簿，二中簿，三下令。试中策者，上甲，初录事、防判，二中令，三上令。中甲，初上簿，二下令，三中令。下甲，初中簿，二录事、防判、三中令。又诏今后状元授应奉，一年后所撰文字无过人者与外除。④

金世宗大定二十四年　甲辰(1184)

定终场举人出职授官格。

① （元）脱脱等：《金史》卷51《选举志一》，中华书局1975年版，第1136页。

② 同上书，第1142页。

③ （元）脱脱等：《金史》卷8《世宗纪下》，中华书局1975年版，第184—185页。

④ （元）脱脱等：《金史》卷52《选举志二》，中华书局1975年版，第1161页。

大定二十四年，终场举人出职八品注上簿，次下簿，三任依本门户。[①]

金世宗大定二十五年　乙巳(1185)

敕定会试之数。

大定二十五年，敕会试之数，词赋进士不得过五百人。[②]

上于听政之隙，召参知政事张汝霖、翰林直学士李晏读新进士所对策，至县令阙员取之何道？上曰："朕夙夜思此，未知所出。"晏对曰："臣窃念久矣！国朝设科，始分南北两选，北选词赋进士擢第一百五十人，经义五十人，南选百五十人，计三百五十人。嗣场，北选词赋进士七十人，经义三十人，南选百五十人，计二百五十人。以入仕者多，故员不阙。其后南北通选，止设词赋科，不过取六七十人，以入仕者少，故县令员阙也。"上曰："自今文理可采者取之，毋限以数。"[③]

金世宗大定二十六年　丙午(1186)

再定进士授官格。

(大定二十六年格)，策试进士，初录事、防判，二、三、四、五上令。其次，初上簿，二中令，三、四、五上令。又次，初中簿，二下令，三中令，四、五上令。下甲，初下簿，二下令，三中令，四、五上令。[④]

(大定) 二十六年，省拟，以相次当为县令者减一资历选注。敕命诸科人累任之余月日至四十二月，准一除一差。又敕，旧格六任县

---

① (元) 脱脱等:《金史》卷53《选举志三》，中华书局1975年版，第1187页。

② (元) 脱脱等:《金史》卷51《选举志一》，中华书局1975年版，第1144页。

③ 同上书，第1136页。

④ (元) 脱脱等:《金史》卷52《选举志二》，中华书局1975年版，第1162页。

令呈省，遂减为五任。二十八年，减赤县丞一任。[①]

女直进士。大定十三年，皆除授教授。二十二年，上甲第二第三人初除上簿，中甲则除中簿，下甲则除下簿。大定二十五年，上甲甲首迁四重，余各迁两重。第二第三甲授随路教授，三十月为一任，第二任注九品，第三、第四任注录事、军防判，第五任下令。寻复令第四任注县令。二十六年，减一资历注县令。[②]

金世宗大定二十七年　丁未(1187)

更定进士注官格。

（大定）二十七年，制进士阶至中大夫呈省。[③]

女直进士令史，二十七年格，一考注正七品，两考注正六品。[④]

金世宗大定二十八年　戊申(1188)

复经义进士科。

（大定）二十八年，复经义科。[⑤]

经义进士……正隆三年，不授差使，至三十年则除县令。大定二十八年始复设是科，每举专主一经。[⑥]

讨论女真进士试策、授官、任用之事。建女真大学。

（大定）二十八年，谕宰臣曰："女直进士惟试以策，行之既久，人能预备，今若试以经义可乎？"宰臣对曰："《五经》中《书》、《易》、《春秋》已译之矣，俟译《诗》、《礼》毕，试之可也。"上曰："大经义理深奥，不加岁月不能贯通。今宜于经内姑试以论题，

① （元）脱脱等：《金史》卷52《选举志二》，中华书局1975年版，第1165页。

② 同上书，第1163页。

③ 同上书，第1162页。

④ 同上书，第1170页。

⑤ （元）脱脱等：《金史》卷51《选举志一》，中华书局1975年版，第1136页。

⑥ （元）脱脱等：《金史》卷52《选举志二》，中华书局1975年版，第1163页。

后当徐试经义也。”[1]

女真进士令史……二十八年，敕枢密院等处转省者，并用进士。[2]

女直进士。大定十三年，皆除授教授……二十八年，添试论。后皆依汉人格。[3]

（大定二十八年四月）癸未，命建女直大学。[4]

本年会试不限人数，录取五百八十六人。

凡会试之数，大定二十五年，词赋进士不得过五百人。二十八年，以不限人数，遂至五百八十六人。[5]

定进士补学士院官制。

大定二十八年，敕设科取士为学士院官。礼部下太常，按唐典，初入学士院例先试，今若于进士已仕者，以随朝六品，外路五品职事官荐，试制诏诰等文字三道，取文理优者充应奉。由是翰苑之选为精。[6]

（大定二十八年三月）戊申，命随朝六品、外路五品以上职事官，举进士已在仕、才可居翰苑者，试制诏等文字三道，取文理优赡者补充学士院职任。应赴部求仕人，老病昏昧者，勒令致仕，止给半俸，更不迁官。[7]

金章宗大定二十九年　己酉（1189）

敕五次参加御试者，可特恩及第，不予黜落。

恩榜，章宗大定二十九年，敕今后凡五次御帘进士，可一试而不黜落，止以文之高下定其次，谓之恩榜。[8]

---

① （元）脱脱等：《金史》卷51《选举志一》，中华书局1975年版，第1142页。

② （元）脱脱等：《金史》卷52《选举志二》，中华书局1975年版，第1170页。

③ 同上书，第1163页。

④ （元）脱脱等：《金史》卷8《世宗纪下》，中华书局1975年版，第200页。

⑤ （元）脱脱等：《金史》卷51《选举志一》，中华书局1975年版，第1144页。

⑥ 同上书，第1152页。

⑦ （元）脱脱等：《金史》卷8《世宗纪下》，中华书局1975年版，第200页。

⑧ （元）脱脱等：《金史》卷52《选举志二》，中华书局1975年版，第1163页。

敕律科加试经义题。

大定二十九年六月己丑朔，有司言："律科举人止知读律，不知教化之原，必使通治《论语》《孟子》，涵养器度。遇府、会试，委经义试官出题别试，与本科通定去留为宜。"从之。①

章宗大定二十九年，有司言：律科止知读律，不知教化之源，可使通治《论语》《孟子》，以涵养其气度。遂令自今举后，复于《论语》《孟子》内试小义一道，府会试别作一日引试，命经义试官出题，与本科通考定之。②

复设经义科。更定御试程式。

章宗大定二十九年，诏许诸人试策论进士举。七月，省奏："如诗、策、论俱作一日程试，恐力有不逮。诗、策作一日，论作一日，以诗、策合格为中选，而以论定其名次。"上曰："论乃新添，至第三举时当通定去留。"③

御试，则以三月二十日策论进士试策，二十三日试诗论，二十五日词赋进士试赋诗论，而经义进士亦以是日试经义，二十七日乃试策论。若试日遇雨雪，则候晴日。御试唱名后，试策则禀奏，宏词则作二日程试。旧制，试女直进士在再试汉进士后。大定二十九年以复设经义科，更定是制。④

设置经童科。

大定二十九年，上谓宰臣曰："经童岂遽无人，其议复置。"⑤

（大定二十九年七月）辛巳，诏京、府、节镇、防御州设学养士。初设经童科。⑥

议兴学校。敕进士提控学校事宜。设制举宏词科。

大定二十九年，上封事者乞兴学校，推行三舍法，及乡以八行贡

---

① （元）脱脱等：《金史》卷9《章宗纪一》，中华书局1975年版，第210页。

② （元）脱脱等：《金史》卷51《选举志一》，中华书局1975年版，第1148页。

③ 同上书，第1142页。

④ 同上书，第1147页。

⑤ 同上书，第1149页。

⑥ （元）脱脱等：《金史》卷9《章宗纪一》，中华书局1975年版，第211页。

春官，以设制举宏词。事下尚书省集百官议，户部尚书邓俨等谓："三舍之法起于宋熙宁间，王安石罢诗赋，专尚经术。太学生初补外舍，无定员。由外升内舍，限二百人。由内升上舍，限百人。各治一经，每月考试，或特免解，或保举补官。其法虽行，而多席势力、尚趋走之弊，故苏轼有'三舍既兴，货赂公行'之语，是以元祐间罢之，后虽复，而宣和三年竟废。臣等谓立法贵乎可久，彼三舍之法委之学官选试，启侥幸之门，不可为法。唐文皇养士至八千人，亡宋两学五千人，今策论、词赋、经义三科取士，而太学所养止百六十人，外京府或至十人，天下仅及千人。今若每州设学，专除教授，月加考试，每举所取数多者赏其学官。月试定为三等籍之，一岁中频在上等者优复之，不率教、行恶者黜之，庶几得人之道也。又成周乡举里选法卒不可复，设科取士各随其时。八行者乃亡宋取《周礼》之六行孝、友、睦、姻、任、恤，加之中、和为八也。凡人之行莫大于孝廉，今已有举孝廉之法，及民有才能德行者令县官荐之。今制，犯十恶奸盗者不得应试，亦六德六行之遗意也。夫制举宏词，盖天子待非常之士，若设此科，不限进士，并选人试之，中选擢之台阁，则人自勉矣。"上从其议。遂计州府户口。增养士之数，于大定旧制京府十七处千人之外，置节镇、防御州学六十处，增养千人。①

大定二十九年七月辛巳，诏京、府、节镇、防御州设学养士。②

大定二十九年八月戊子朔，奉皇太后幸寿安宫。辛卯，敕有司，京、府、州、镇设学校处，其长贰幕职内各以进士官提控其事，仍具入衔。③

大定二十九年，敕凡京府镇州诸学，各以女直、汉人进士长贰官提控其事，具入官衔。④

议选举十事。

① （元）脱脱等：《金史》卷51《选举志一》，中华书局1975年版，第1132页。

② （元）脱脱等：《金史》卷9《章宗纪一》，中华书局1975年版，第211页。

③ 同上书，第211页。

④ （元）脱脱等：《金史》卷51《选举志一》，中华书局1975年版，第1134页。

大定二十九年，上以选举十事，命奉御合鲁谕尚书省定拟。①

议女真猛安谋克应举事宜。

大定二十九年，尚书省奏猛安谋克愿试进士者听之，上曰："其应袭猛安谋克者学于太学可乎?"克宁曰："承平日久，今之猛安谋克其材武已不及前辈，万一有警，使谁御之? 习辞艺，忘武备，于国弗便。"上曰："太傅言是也。"章宗初即位，颇好辞章，而疆场方有事，故克宁言及之。②

更定监检之制。

凡监检之制，大兴府则差武卫军。余府则于附近猛安内差摘，平阳府则差顺德军。凡府会试，每四举人则差一人，复以官一人弹压。御试策进士则差弩手及随局承应人，汉进士则差亲军，人各一名，皆用不识字者，以护卫十人。亲军百人长、五十人长各一人巡护。泰和元年，省臣奏："搜检之际虽当严切，然至于解发袒衣，索及耳鼻，则过甚矣，岂待士之礼哉！故大定二十九年已尝依前故事，使就沐浴，官置衣为之更之，既可防滥，且不亏礼。"上从其说，命行之。③

金章宗明昌元年　庚戌(1190)

诏免乡试。议定府试、会试取人之数。增设府试之处。群经内出题，题下注本传。

明昌元年正月，言事者谓："举人四试而乡试似为虚设，固当罢去。其府会试乞十人取一人，可以群经出题，而注示本传。"上是其言，诏免乡试，府试以五人取一人，仍令有司议外路添考试院及群经出题之制。有司言："会试所取之数，旧止五百人，比以世宗敕中格者取，乞依此制行之。府试旧六处，中有地远者，命特添三处，上京、咸平府路则试于辽阳，河东南北路则试于平阳，山东东路则试于益都。以《六经》、《十七史》、《孝经》、《论语》、《孟子》、及

① （元）脱脱等：《金史》卷54《选举志四》，中华书局1975年版，第1206页。

② （元）脱脱等：《金史》卷92《徒单克宁传》，中华书局1975年版，第2052页。

③ （元）脱脱等：《金史》卷51《选举志一》，中华书局1975年版，第1147页。

《荀》、《扬》、《老子》内出题，皆命于题下注其本传。”又谕有司曰：“举人程文所用故事，恐考试官或遽不能忆，误失人材，可自注出处，注字之误，不在涂注乙之数。”①

凡府试策论进士，大定二十年定以中都、上京、咸平、东平四处。至明昌元年，添北京、西京、益都为七处，兼试女直经童。②

设制举、宏词科。

明昌元年三月乙亥，初设应制及宏词科……辛巳，诏修曲阜孔子庙学。③

明昌初，又设制举、宏词科，以待非常之士。④

制举有贤良方正、能直言极谏、博学宏材、达于从政等科，试无常期。上意欲行，即告天下。听内外文武六品以下职官无公私过者，从内外五品以上官荐于所属，诏试之。若草泽士，德行为乡里所服者，则从府州荐之。凡试，则先投所业策论三十道于学士院，视其词理优者，委官以群经子史内出题，一日试论三道，如可，则庭试策一道，不拘常务，取其无不通贯者，优等迁擢之。宏词科试诏、诰、章、表、露布、檄书，则皆用四六；诫、谕、颂、箴、铭、序、记，则或依古今体，或参用四六。于每举赐第后进士及在官六品以下无公私罪者，在外官荐之，令试策官出题就考，通试四题，分二等迁擢之。二科皆章宗明昌元年所创者也。⑤

定省元、会元及四举终场人该恩之制。

明昌元年，敕四举终场，亦同五举恩例，直赴御试。⑥

明昌元年五月甲子，制省元及四举终场人许该恩。⑦

明昌元年，定制，省元直就御试，不中者许缀榜末。解元但免府

---

① （元）脱脱等：《金史》卷51《选举志一》，中华书局1975年版，第1136页。

② 同上书，第1146页。

③ （元）脱脱等：《金史》卷9《章宗纪一》，中华书局1975年版，第214页。

④ （元）脱脱等：《金史》卷51《选举志一》，中华书局1975年版，第1130—1131页。

⑤ 同上书，第1150页。

⑥ （元）脱脱等：《金史》卷52《选举志二》，中华书局1975年版，第1163页。

⑦ （元）脱脱等：《金史》卷9《章宗纪一》，中华书局1975年版，第214页。

试，四举终场依五举恩例，所试文卷惟犯御名庙讳、不成文理者则黜之，余并以文之优劣为次。仍一日试三题，其五举者止试赋诗，女直进士亦同此例。①

定直赴御试之制。

明昌元年，猛安谋克愿试进士者拟依余人例，不可令直赴御试。上曰："是止许女直进士，毋令试汉进士也。"又定制，余官第五品散阶，令直赴会试，官职俱至五品，令直赴御试。②

赐神童刘住儿本科出身。

明昌元年，益都府申："童子刘住儿年十一岁，能诗赋，诵大小六经，所书行草颇有法，孝行夙成，乞依宋童子李淑赐出身，且加以恩诏。"召至内殿，试《凤凰来仪》赋、《鱼在藻》诗，又令赋《旱》诗，上嘉之，赐本科出身，给钱粟官舍，令肄业太学。③

定女真进士升迁格。

女直进士令史……明昌元年，敕至三考者与汉人两考者同除。④

敕举德行才能之士，特赐及第。

明昌元年，敕齐民之中有德行才能者，司县举之，特赐同四举五举人下。明昌元年，制如所举碌碌无过人迹者，元举官依例治罪。⑤

金章宗明昌二年　辛亥（1191）

罢会元、状元磨勘之制。增加进士录取名额。诏各地修建宣圣庙。

明昌二年，罢勘会状元行止之制。⑥

明昌二年二月，谕有司："进士程文但合格者即取之，毋限

① （元）脱脱等：《金史》卷51《选举志一》，中华书局1975年版，第1147页。

② 同上书，第1142页。

③ 同上书，第1149页。

④ 同上书，第1170页。

⑤ （元）脱脱等：《金史》卷54《选举志四》，中华书局1975年版，第1209页。

⑥ （元）脱脱等：《金史》卷52《选举志二》，中华书局1975年版，第1162页。

人数。”①

明昌二年，敕官或职至五品者，直赴御试。②

明昌二年五月戊辰，诏诸郡邑文宣王庙、风雨师、社稷神坛隳废者，复之。诏御史台令史并以终场举人充。③

金章宗明昌三年　壬子(1192)

章宗与完颜守贞、胥持国议论经童之制。

明昌三年，平章政事完颜守贞言：“经童之科非古也，自唐诸道表荐，或取五人至十人。近代宋仁宗以为无补，罢之。本朝皇统间取五十人，因以为常，天德时复废。圣主复置，取以百数，恐久积多，不胜铨拟，乞谕旨约省取之。”上曰：“若所诵皆及格，何如?”守贞曰：“视最幼而诵不讹者精选之，则人数亦不至多也。”复问参知政事胥持国，对曰：“所诵通否易见，岂容有滥。”上曰：“限以三十或四十人，若百人皆通，亦可复取其精者。”持国曰：“是科盖资教之术耳。夫幼习其文，长玩其义，使之莅政，人格出焉。如中选者，加之修习进士举业，则所记皆得为用。臣谓可勿令遽登仕途，必习举业，而后官使之可也。若能擢进士第，自同进士任用。如中府荐或会试，视其次数，优其等级。几举不得荐者，从本出身，似可以激劝而得人矣!”诏议行之。④

州郡举孝友德行之士，特赐刘器博、张安行、胡光谦等人同进士出身。

(明昌三年四月)，尚书省奏：提刑司察与涿州进士刘器博、博州进士张安行、河中府胡光谦，光谦年虽八十三，尚可任用。敕刘器博、张安行特赐同进士出身，胡光谦召赴阙。⑤

---

① (元)脱脱等:《金史》卷9《章宗纪一》，中华书局1975年版，第217页。

② (元)脱脱等:《金史》卷51《选举志一》，中华书局1975年版，第1137页。

③ (元)脱脱等:《金史》卷9《章宗纪一》，中华书局1975年版，第218页。

④ (元)脱脱等:《金史》卷51《选举志一》，中华书局1975年版，第1149页。

⑤ (元)脱脱等:《金史》卷9《章宗纪一》，中华书局1975年版，第221页。

（明昌三年七月）丁亥，胡光谦至阙，命学士院以杂文试之，称旨。①

（明昌三年八月）丁未，以有司奏宁海州文登县王震孝行，以尝业进士，并试其文，特赐同进士出身，仍注教授一等职任。辛亥，至自万宁宫。特赐胡光谦明昌二年进士第三甲及第，授将仕郎、太常寺奏礼郎。官制旧设是职，未尝除人，以光谦德行才能，故特授之。②

（明昌三年冬十月）壬子，有司奏增修曲阜宣圣庙毕，敕"党怀英撰碑文，朕将亲行释奠之礼，其检讨典故以闻。"……赐河南路提刑司所举逸民游总同进士出身，以年老不乐仕进，授登仕郎，给正八品半俸终身。戊午，谕尚书省访求博物多知之士。③

（明昌三年）十一月庚午朔，尚书省奏："翰林侍讲学士党怀英举孔子四十八代孙端甫，年德俱高，该通古学。济南府举魏汝翼有文章德谊，苦学三十余年，已四举终场。蔚州举刘震亨学行俱优，尝充举首。益都府举王枢博学善书，事亲至孝。"敕魏汝翼特赐进士及第，刘震亨等同进士出身，并附王泽榜。孔端甫俟春暖召之。④

金章宗明昌四年 癸丑（1193）

诏会试不限人数。

明昌四年，平章政事守贞言："国家官人之路，惟女直、汉人进士得人居多。诸司局承应，旧无出身，自大定后始叙使，至今鲜有可用者。近来放进士第数稍多，此举更宜增取，若会试止以五百人为限，则廷试虽欲多取，不可得也。"上乃诏有司，会试毋限人数，文合格则取。⑤

明昌四年十二月庚戌，尚书省以科目近多得人，乞是举增取进

---

① （元）脱脱等：《金史》卷9《章宗纪一》，中华书局1975年版，第222页。

② 同上书，第223页。

③ 同上书，第224页。

④ 同上书，第224页。

⑤ （元）脱脱等：《金史》卷51《选举志一》，中华书局1975年版，第1137页。

士。上然之，诏有司："会试毋限人数。"①

诏女真进士加试骑射。

明昌四年四月丁巳，敕女直进士及第后，仍试以骑射，中选者升擢之②。

特赐孔端甫、崔秉仁、翟驹、齐文乙、孙可久等德行才能之士并同进士出身。

明昌四年三月丙子，特赐有司孔端甫及第，授小学教授，寻以年老，命食主簿半俸致仕。③

明昌四年六月癸丑，赐有司所举德行才能之士安州崔秉仁、衮州翟驹、锦州齐文乙、大名孙可久、陈信仁、应州董戣并同进士出身。④

章宗释奠孔子庙。

明昌四年八月丁未，释奠孔子庙，北面再拜。⑤

金章宗明昌五年　甲寅(1194)

特赐李天祺、康晋侯、时琦、刘挚、李升、傅砺等德行才能之士同进士出身。

明昌五年正月乙亥，以叶鲁、谷神始制女直字，诏加封赠，依仓颉立庙盩厔例，祠于上京纳里浑庄。岁时致祭，令其子孙拜奠，本路官一人及本千户春秋二祭。辛巳，前中都路都转运使王寂荐三举终场人蔡州文商经明行修，足备顾问。前河北西路转连使李扬言庆阳府进士李奖纯德博学，乡曲誉之。绛州李天祺、应州康晋侯屡赴廷试，皆有才德。上曰："文商可令召之。李奖给主簿半俸终身，余赐同进士出身。"⑥

① （元）脱脱等：《金史》卷10《章宗纪二》，中华书局1975年版，第231页。

② 同上书，第229页。

③ 同上书，第228页。

④ 同上书，第229页。

⑤ 同上书，第230页。

⑥ 同上书，第231页。

明昌五年夏四月庚子，诏各路所举德行才能之士，涿州时琦、云中刘挚、郑州李升、恩州傅砺、济南赵挚、兴中田扈方六人，并特赐同进士出身。以文商为国子教授，特迁登仕郎。①

改定神童及第迁转格。

明昌五年，敕神童三次终场，同进士恩榜迁转。两次终场，全免差使。第六任与县令，依本格迁官，如一次终场，初入仕则一除一差。其余并依本门户，仍使应二举，然后入仕。每举放四十人。②

金章宗明昌六年　乙卯（1195）

命择才识学优者任学官、考试官。词赋进士试题需注本传。经义科加试策。

（明昌）六年，言事者谓："学者率恃有司全注本传以示之，故不勉读书，乞减子史注本传之制。又经义中选之文多肤浅，乞择学官，及本科人充试官。"省臣谓："若不与本传，恐硕学者有偶忘之失，可令但知题意而已。"遂命择前经义进士为众所推者、才识优长者为学官，遇差考试官之际，则验所治经参用。词赋进士，题注本传，不得过五十字。经义进士，御试第二场，试论日添试策一道。③

特赐翟介然、李贞固等才行之士以进士及第或出身。

明昌六年四月庚子，以郡举才行之士翟介然以下三人特赐进士及第，李贞固以下十五人同进士出身。④

敕增修曲阜孔子庙。

明昌六年夏四月癸亥，敕有司："以增修曲阜宣圣庙工毕，赐衍圣公以下三献法服及登歌乐一部，仍遣太常旧工往教孔氏子弟，以备祭礼。"⑤

---

① （元）脱脱等：《金史》卷10《章宗纪二》，中华书局1975年版，第232页。

② （元）脱脱等：《金史》卷52《选举志二》，中华书局1975年版，第1164页。

③ （元）脱脱等：《金史》卷51《选举志一》，中华书局1975年版，第1137页。

④ （元）脱脱等：《金史》卷10《章宗纪二》，中华书局1975年版，第235页。

⑤ 同上书，第235页。

明昌六年八月己未，命衮州长官以曲阜新修庙告成于宣圣。癸亥，至自万宁宫。己巳，以温敦伯英言，命礼部令学官讲经。[①]

金章宗承安二年　丁巳（1197）

罢河南、陕西女真学校。

承安二年，罢河南、陕西女直学，余如旧。[②]

敕定女真人限丁学习之制。

承安二年，敕策论进士限丁习学。遂定制，内外官员、诸局分承应人、武卫军、若猛安谋克女直及诸色人，户止一丁者不许应试，两丁者许一人，四丁二人，六丁以上止许三人。三次终场，不在验丁之限。[③]

限定会试取士人数。

章宗令合格则取，故承安二年至九百二十五人。时以复加四举终场者，数太滥，遂命取不得过六百人。[④]

金章宗承安三年　戊午（1198）

再定女真进士试射之制。

承安三年，定制，女直人以年四十五以下，试进士举，于府试十日前，委佐贰官善射者试射。其制，以六十步立垛，去射者十五步对立两竿，相去二十步，去地二丈，以绳横约之。弓不限强弱，不计中否，以张弓巧便、发箭迅正者为熟闲。射十箭中两箭，出绳下至垛者为中选。余路委提刑司，在都委监察体究。如赴会试御试者，大兴府佐贰官试验，三举终场者免之。[⑤]

---

① （元）脱脱等：《金史》卷10《章宗纪二》，中华书局1975年版，第236页。

② （元）脱脱等：《金史》卷51《选举志一》，中华书局1975年版，第1132页。

③ 同上书，第1142页。

④ 同上书，第1144页。

⑤ 同上书，第1143页。

金章宗承安四年　己未(1199)

敕定经义第一不再称状元。

承安四年，上谕宰臣曰："一场放二状元，非是。后场廷试，令词赋、经义通试时务策，止选一状元，余虽有明经、法律等科，止同诸科而已。"至宋王安石为相，作新经，始以经义取人。且词赋、经义、人素所习之本业，策论则兼习者也。今舍本取兼习，恐不副陛下公选之意。"遂定御试同日各试本业，词赋依旧，分立甲次，第一名为状元，经义魁次之。恩例与词赋第二人同，余分为两甲中下人，并在词赋之下。①

议女真进士试射及免试之制。

承安四年，礼部尚书贾铉言："策论进士程试弓箭，其两举终场及年十六以下未成丁者，若以弓箭退落，有失贤路。乞于及第后试之，中者别加任使，或升迁，否者降之。"省臣谓："旧制三举终场免试，今两举亦免之，未可。若以未成丁免试，必有妄匿年者，如果幼，使徐习未晚也。至于及第后试验升降，则已有定格矣。"诏从旧制。在泰和格，复有以时务策参以故事，及疑难经旨为问之制。②

增太原为府试之处。

承安四年，增太原为府试之处，共有十处。③

议减学校教授定额。

承安四年三月乙卯，尚书省奏减亲军武卫军额及太学女直、汉儿生员，罢小学官及外路教授。诏学校仍旧，武卫军额再议，余报可。④

更定科举法。

（承安四年十二月）癸未，更定科举法。⑤

① （元）脱脱等：《金史》卷51《选举志一》，中华书局1975年版，第1137页。

② 同上书，第1143页。

③ 同上书，第1144页。

④ （元）脱脱等：《金史》卷11《章宗纪三》，中华书局1975年版，第250页。

⑤ 同上书，第252页。

金章宗承安五年　庚申(1200)

限定会试取人数。禁举人兼试词赋、经义两科。罢考试官、读卷官拟作程文之制。

承安五年春正月乙未，以尚书省言："会试取策论、词赋、经义不得过六百人，合格者不及其数，则阙之。"①

承安五年，诏考试词赋官各作程文一道，示为举人之式，试后赴省藏之。时宰臣奏："自大定二十五年以前，词赋进士不过五百人，二十八年以不限人数，取至五百八十六人。先承圣训合格则取，故承安二年取九百二十五人。兼今有四举终场恩例，若会试取人数过多，则涉泛滥。"遂定策论、词赋、经义人数，虽多不过六百人，少则听其阙。时太常丞郭人杰转对言，词赋举人，不得作别名兼试经义，及入学生精加试选，无至滥补。上敕宰臣曰："近已奏定，后场词赋、经义同日试之。若府、会试更不令兼试，恐试经义者少，是虚设此科也。别名之弊，则当禁之。补试入学生员，已有旧条，恐行之灭裂尔，宜严防闲。"张行简转对言："拟作程文，本欲为考试之式，今会试考试官、御试读卷官皆居显职，擢第后离笔砚久，不复常习，今临试拟作之文，稍有不工，徒起谤议。"诏罢之。②

更定特恩之制。

承安五年，敕进士四举该恩，词赋、经义当以各科为场数，不得通数。又恩榜人应授官者，监试官于试时具数以奏，特恩者授之。③

定女真进士试射格。

承安五年五月丁巳，定策论进士及承阴人试弓箭格。④

---

① （元）脱脱等：《金史》卷11《章宗纪三》，中华书局1975年版，第252页。

② （元）脱脱等：《金史》卷51《选举志一》，中华书局1975年版，第1138页。

③ 同上书，第1148页。

④ （元）脱脱等：《金史》卷11《章宗纪三》，中华书局1975年版，第253页。

金章宗泰和元年　辛酉（1201）

议定进士加试经义之制。诏定乐人、奴隶等放良人应举之制。

泰和元年，平章政事徒单镒病时文之弊，言："诸生不穷经史，唯事末学，以致志行浮薄。可令进士试策日，自时务策外，更以疑难经旨相参为问，使发圣贤之微旨、古今之事变。"诏为永制。先尝敕乐人不得举进士，而奴免不良者则许之。尚书省奏："旧称工乐，谓配隶之色及倡优之家。今少府监工匠，太常大乐署乐工，皆民也，而不得与试。前代令诸选人身及祖、父曾经免为良者，虽在官不得居清贯及临民，今反许试，诚玷清论。"诏遂定制，放良人不得应诸科举，其子孙则许之。上又谓："德行才能非进士科所能尽，可通行保举之制。"省臣奏："在《周礼》，'大司徒以乡三物教万民而宾兴之。'所谓万民，农工商贾皆是也。前代立贤无方，如版筑之士、鼓刀之叟，垂光简策者不可胜举。今草泽隐逸才行兼备者，令谋克及司县举，按察司具闻，以旌用之，既有已降令文矣。"上命复宣旨以申之。①

泰和元年七月辛酉，禁放良人不得应诸科举，子孙不在禁限。②

更改监试之制。

泰和元年，省臣奏："搜检之际虽当严切，然至于解发袒衣，索及耳鼻，则过甚矣，岂待士之礼哉！故大定二十九年已尝依前故事，使就沐浴，官置衣为之更之，既可防滥，且不亏礼。"上从其说，命行之。③

更定武举等第之制。

泰和元年，定制，武举不分旧等，但从所愿，试中则以三等为次。④

更定赡学养士法。

---

① （元）脱脱等：《金史》卷51《选举志一》，中华书局1975年版，第1138页。

② （元）脱脱等：《金史》卷11《章宗纪三》，中华书局1975年版，第256页。

③ （元）脱脱等：《金史》卷51《选举志一》，中华书局1975年版，第1147页。

④ 同上书，第1151页。

泰和元年九月，更定赡学养士法：生员，给民佃官田人六十亩，岁支粟三十石；国子生，人百八亩，岁给以所入，官为掌其数。①

金章宗泰和二年　壬戌（1202）

定会试取人之数。

泰和二年，上命定会试诸科取人之数，司空襄言："试词赋、经义者多，可五取一。策论绝少，可四取一。恩榜本以优老于场屋者。四举受恩则太优，限以年则碍异材。可五举则授恩。"平章徒单镒等言："大定二十五年至明昌初，率三四人取一。"平章张汝霖亦言："五人取一，府试百人中才得五耳。"遂定制，策论三人取一，词赋、经义五人取一，五举终场年四十五以上、四举终场年五十以上者受恩。②

定武举考试程式。

泰和二年，省奏："武举程式当与进士同时，今年八月府试，欲随路设考试所，临期差官，恐以创立未见应试人数，遂权令各处就考之。"③

金章宗泰和三年　癸亥（1203）

更定弥封官用人之制。

泰和三年，上以弥封官泄语于举人，敕自今女直司则用右选汉人封，汉人司则以女直司封。④

更定经义会元、解元该恩之制。

泰和三年，以经义会元与策论、词赋进士不同，若御试被黜则附榜末，为太优，若同恩例，又与四举者不同。遂定制，依曾经府试解

① （元）脱脱等：《金史》卷11《章宗纪三》，中华书局1975年版，第257页。
② （元）脱脱等：《金史》卷51《选举志一》，中华书局1975年版，第1144页。
③ 同上书，第1151页。
④ 同上书，第1145页。

元免府试之例。会试下第，再举直赴御试。[①]

定进士盐使司官制。

泰和三年十一月，定进士授盐使司官，以榜次及入仕先后拟注。[②]

定武举及第授官格。

泰和三年格，武举，上甲第一名迁忠勇校尉，第二、第三名迁忠翊校尉。中等迁修武校尉，收充亲军，不拘有无荫，视旧格减一百月出职。下等迁敦武校尉，亦收充亲军，减五十月出职。[③]

金章宗泰和四年　甲子（1204）

诏令州郡修建宣圣庙。

泰和四年二月癸丑，诏刺史，州郡无宣圣庙学者并增修之。[④]

诏定进士、律科、经童为盐使管勾之制。

泰和四年六月，诏以山东、沧州盐司自增新课之后，所亏岁积，盖官既不为经画，而管勾、监同与合干人互为奸弊，以致然也。即选才干者代两司使副，以进士及部令史、译人、书史、译史、律科、经童、诸局分出身之廉慎者为管勾，而罢其旧官。[⑤]

罢减诸路学校教授定额。

泰和四年八月癸卯，命诸路学校生徒少者罢教授，止以本州、府文资官提控之。[⑥]

金章宗泰和五年　乙丑（1205）

敕进士避孔子名讳之制。初定武举格。

① （元）脱脱等：《金史》卷51《选举志一》，中华书局1975年版，第1148页。
② （元）脱脱等：《金史》卷49《食货志四》，中华书局1975年版，第1102页。
③ （元）脱脱等：《金史》卷52《选举志二》，中华书局1975年版，第1165页。
④ （元）脱脱等：《金史》卷12《章宗纪四》，中华书局1975年版，第267页。
⑤ （元）脱脱等：《金史》卷49《食货志四》，中华书局1975年版，第1102页。
⑥ （元）脱脱等：《金史》卷12《章宗纪四》，中华书局1975年版，第269页。

泰和五年三月甲戌，谕有司，进士名有犯孔子讳者避之，仍著为令。①

泰和五年十一月乙未，初定武举格。②

金章宗泰和七年　丁卯(1207)

诏定学校削去《旧五代史》，改用《新五代史》。

泰和七年十一月癸酉，诏新定学令内削去薛居正《五代史》，止用欧阳修所撰。③

诏定女真进士免试弓箭、击球。

泰和七年十二月壬寅朔……戊午，诏策论进士免试弓箭、击球。④

更定读卷官用人之制。

泰和七年，礼部尚书张行简言："旧例，读卷官不避亲，至有亲人，或有不敢定其去留，或力加营护，而为同列所疑。若读卷官不用与进士有亲者，则读卷之际得平心商确。"上遂命临期多拟，其有亲者汰之。⑤

金章宗泰和八年　戊辰(1208)

更定进士授官铨选之制。

泰和格，诸进士及第合授资任须历遍乃呈省。虽未尽历，官已至中大夫亦呈省。又诸词赋、经义进士及第后，策试中选，合授资任历遍呈省，仍每任升本等首铨选。⑥

---

① (元) 脱脱等:《金史》卷12《章宗纪四》，中华书局1975年版，第271页。

② 同上书，第272页。

③ 同上书，第282页。

④ 同上书，第282页。

⑤ (元) 脱脱等:《金史》卷51《选举志一》，中华书局1975年版，第1145页。

⑥ (元) 脱脱等:《金史》卷52《选举志二》，中华书局1975年版，第1162页。

卫绍王大安元年　己巳（1209）

试宏词科。

大安元年五月，试宏词科。①

金宣宗贞祐二年　甲戌（1214）

诏定明年的省试于中都、南京两处举行。

贞祐二年，御史台言："明年省试以中都、辽东、西北京等路道阻，宜于中都、南京两处试之。"②

许诸色人试武举。

贞祐二年十一月丙子，许诸色人试武举。③

金宣宗贞祐三年　乙亥（1215）

涉嫌取人不公，引发科场事件。

金自泰和、大安以来，科举之文其弊益甚。盖有司惟守格法，所取之文卑陋陈腐，苟合程度而已，稍涉奇峭，即遭绌落，于是文风大衰。贞祐初，秉文为省试，得李献能赋，虽格律稍疏而词藻颇丽，擢为第一。举人遂大喧噪，诉于台省，以为赵公大坏文格，且作诗谤之，久之方息。俄而献能复中宏词，入翰林，而秉文竟以是得罪。④

贞祐三年，谕宰臣曰："国初设科，素号严密，今闻会试至于杂坐喧哗，何以防弊？"命治考官及监察罪。⑤

贞祐三年，以会试赋题已曾出，而有犯格中选者，复以考官多取

---

① （元）脱脱等：《金史》卷13《卫绍王纪》，中华书局1975年版，第291页。

② （元）脱脱等：《金史》卷51《选举志一》，中华书局1975年版，第1139页。

③ （元）脱脱等：《金史》卷14《宣宗纪上》，中华书局1975年版，第305页。

④ （元）脱脱等：《金史》卷110《赵秉文传》，中华书局1975年版，第2427页。

⑤ （元）脱脱等：《金史》卷51《选举志一》，中华书局1975年版，第1139页。

所亲，不怒其不公，命究治之。[①]

贞祐初，诏免省试，而赵闲闲为省试，有司得李钦叔赋，大爱之。盖其文虽格律稍疏，然词藻庄严绝俗，因擢为第一人，擢麻知几为策论魁。于是举子辈哗然，诉于台省，投状告赵公坏了文格，又作诗讥之。台官许道真奏其事，将覆考，久之方息。俄钦叔中宏词科，遂入翰林，众始厌服。[②]

更定进士、武举授官格。

（贞祐三年四月），诏自今策论、词赋进士，第一甲第一人特迁奉直大夫，第二人以下，经义第一人并儒林郎，第二甲以下征事郎，同进士从仕郎，经童将仕郎。[③]

贞祐三年，状元授奉直大夫，上甲儒林郎，中甲以下授征事郎。[④]

宣宗贞祐三年，同进士例，赐敕命章服。时以随处武举人试者，自非见居职任及已用于军前者，令郡县尽遣诣京师，别为一军，以备缓急。其被荐而未授官者，亦量材任之。[⑤]

金宣宗贞祐四年　丙子（1216）

诏许进士可由入粟该恩。

（贞祐）四年，河东行省胥鼎言：“河东兵多民少，仓空岁饥。窃见潞州元帅府虽设鬻爵恩例，然条目至少，未尽劝率之术。今拟凡补买正班，依格止阴一名。若愿输许增阴一名。僧道已具师号者，许补买本司官。职官愿纳粟或不愿给俸及券粮者，宜量数迁加。三举终场人年五十以上，四举年四十五以上，并许入粟，该恩大小官及承应人。”[⑥]

---

① （元）脱脱等：《金史》卷51《选举志一》，中华书局1975年版，第1145页。

② （金）刘祁：《归潜志》卷10，崔文印点校，中华书局1983年版，第108页。

③ （元）脱脱等：《金史》卷14《宣宗纪上》，中华书局1975年版，第309页。

④ （元）脱脱等：《金史》卷52《选举志二》，中华书局1975年版，第1162页。

⑤ （元）脱脱等：《金史》卷51《选举志一》，中华书局1975年版，第1152页。

⑥ （元）脱脱等：《金史》卷50《食货志五》，中华书局1975年版，第1125页。

制考试举人关防不严者处以杖刑。

（贞祐四年十月，术虎高琪）进拜尚书右丞相，奏曰："凡监察有失纠弹者从本法。若人使入国，私通言语，说知本国事情，宿卫、近侍官、承应人出入亲王、公主、宰执之家，灾伤阙食，体究不实，致伤人命，转运军储，而有私载，及考试举人关防不严者，并的杖。"制可。①

金宣宗兴定元年（贞祐五年）　丁丑（1217）

因北方战事紧张，诏应试策论、武举人权于南京、东平等四处参加府试。

兴定元年春正月乙未，诏中都、西京、北京等路策论进士及武举人权试于南京、东平、婆速、上京等四路。②

兴定元年，制中都、西京等路，策论进士及武举人权于南京、东平、婆速、上京四处府试。③

议罢减州府学生廪给。

兴定元年二月壬戌，尚书省以军储不继，请罢州府学生廪给。上曰：自古文武并用，向在中都，设学养士犹未尝发，况今日乎？其令仍旧给之。④

更定进士授官之制。

贞祐五年，进士未历任者，亦得充补，一考者除上县令，再任上县令升正七品，如已历一任丞簿者，旧制除六品，乃更为正七品，一任回降从七品，再任正七品升六品，如历两任丞簿者，一考旧除六品，乃更为正七品，一任回免降，复免正七品一任，即升六品。曾历

① （元）脱脱等：《金史》卷106《术虎高琪传》，中华书局1975年版，第2343—2344页。

② （元）脱脱等：《金史》卷15《宣宗纪中》，中华书局1975年版，第327页。

③ （元）脱脱等：《金史》卷51《选举志一》，中华书局1975年版，第1143页。

④ （元）脱脱等：《金史》卷15《宣宗纪中》，中华书局1975年版，第328页。

令一任者，依旧格六品，再任降除七品，还升从五品。①

金宣宗兴定二年 戊寅（1218）

群臣集议取进士之制，终定依泰和格之例。

兴定二年三月庚辰，尚书集文资官杂议进士之选，诏依泰和例行之。②

兴定二年，御史中丞把胡鲁言："国家数路取人，惟进士之选最为崇重，不求备数，惟务得贤。今场会试，策论进士不及二人取一人，词赋、经义二人取一，前虽有圣训，当依大定之制，中选即收，无问多寡，然大定间赴试者或至三千，取不过五百。泰和中，策论进士三人取一，词赋、经义四人取一，向者贞祐初，诏免府试，赴会试者几九千人。而取八百有奇，则是十之一而已。时已有依大定之制，亦何尝二人取一哉！今考官泛滥如此，非所以为求贤也。宜于会试之前，奏请所取之数，使恩出于上可也。"诏集文资官议，卒从泰和之例。又谓宰臣曰："从来廷试进士，日晡后即遣出宫，恐文思迟者不得尽其才，令待至暮时。"③

兴定二年三月，御史中丞把胡鲁上言："国家取人，惟进士之选为重，不求备数，务在得贤。窃见今场会试，考官取人泛滥，非求贤之道也。宜革其弊，依大定旧制。"诏付尚书省集文资官杂议，卒依泰和例行之。④

本年科试，经义进士王彪、武举温迪罕缴住等人及第。

特赐经义进士王彪等十三人及第，上览其程文，爱其辞藻，咨叹久之。因怪学者益少，谓监试官左丞高汝砺曰："养士学粮，岁稍丰熟即以本色给之，不然此科且废矣！"

---

① （元）脱脱等：《金史》卷52《选举志二》，中华书局1975年版，第1169页。

② （元）脱脱等：《金史》卷15《宣宗纪中》，中华书局1975年版，第335页。

③ （元）脱脱等：《金史》卷51《选举志一》，中华书局1975年版，第1139页。

④ （元）脱脱等：《金史》卷108《把胡鲁传》，中华书局1975年版，第2390页。

兴定二年四月乙卯，特赐武举温迪罕缴住以下一百四十人及第。[①]

兴定二年五月辛巳，策论、词赋、经义进士及武举入见，赐告命章服。[②]

金宣宗兴定五年　辛巳（1221）

因战事延误试期，诏东平府举人免省试。

兴定五年二月，东平解围，宣宗曲赦境内。凡东平府试诸科中选人，尝被任使，已逾省试期日，特免省试。惟经童律科即为及第，似涉太优，别日试之。皆从（蒙古）纲所请也。[③]

本年科试，经义进士乔松、女真进士斡勒业德等人及第。增加府学生员定额。

兴定五年，省试经义进士，考官于常格外多取十余人，上命以特恩赐第。又命河北举人今府试中选而为兵所阻者，免后举府试。[④]

兴定五年三月，省试经义进士，考官于常额外多放乔松等十余人。有司奏请驳放，上已允，寻复遣谕松等曰："汝等中选而复黜，不能无动于心。方今久旱，恐伤和气，今特恩放汝矣。"庚子，赐林州行元帅府经历官康琚进士及第。琚以武阶乞赴廷试，故有是命。[⑤]

兴定五年，上赐进士斡勒业德等二十八人及第。上览程文，怪其数少，以问宰臣，对曰："大定制随处设学，诸谋克贡三人或二人为生员，赡以钱米。至泰和中，人例授地六十亩。所给既优，故学者多。今京师虽存府学，而月给通宝五十贯而已。若于诸路总管府、及有军户处置学养之，庶可加益。京师府学已设六十人，乞更增四十人。中京、亳州、京兆府并置学官于总府，以谋克内不隶军籍者为学

---

① （元）脱脱等：《金史》卷15《宣宗纪中》，中华书局1975年版，第336页。

② 同上。

③ （元）脱脱等：《金史》卷102《蒙古纲传》，中华书局1975年版，第2258页。

④ （元）脱脱等：《金史》卷51《选举志一》，中华书局1975年版，第1140页。

⑤ （元）脱脱等：《金史》卷16《宣宗纪下》，中华书局1975年版，第356页。

生，人界地四十亩。汉学生在京者亦乞同此，余州府仍旧制。”上从之。①

赵秉文、李复亨等人因滥取进士而受到降职处分。

（兴定五年），赵秉文知贡举，坐取进士卢亚重用韵，削两阶。②

兴定五年三月，廷试进士，李复亨监试。进士卢元谬误，滥放及第。读卷官礼部尚书赵秉文、翰林待制崔禧、归德治中时戬、应奉翰林文字程嘉善当夺三官降职，复亨当夺两官。赵秉文尝请致仕，宣宗怜其老，降两阶，以礼部尚书致仕。复亨罢为定国军节度使。③

金代第二起影响较大的科场事件。

麻九畴知几，初名文纯，易州人。幼颖悟，善草书，能诗，号神童。既长，入太学，刻苦自励，为赵闲闲、李屏山所知。南渡后，居郾蔡间，入遂平西山读书。为经义学，精甚。兴定末，试开封府，词赋乙，经义魁。再试南省，复然。声誉大振，南都妇人小儿皆知名。及廷试，以误（一说策误）绌，士论惜之。已而隐居，不为科举计。正大初，门人王说、王采苓俱中第，上以其年幼，怪而问之，且知知几为师，近臣言其有才学，平章政事侯公挚、翰林学士赵公秉文俱荐之，特召赐进士第。④

麻知几与张伯玉、宋飞卿、雷希颜、李钦叔及余先子善。先子初摄令郾城，日与唱酬为友。后知几试开封，先子为御史监试，而王翰林从之、李翰林之纯为有司，因相与读举子之文，见其有雄丽者，相谓曰：“是必知几。”因擢为魁，已而果然，士林以得人为贺。⑤

更定进士授官升迁之制。

兴定五年，定进士令史与右职令史同格，考满未应得从七者与正七品，回降从七一任。所勾诸府令史不及三考出职者除从七品，回降

---

① （元）脱脱等：《金史》卷51《选举志一》，中华书局1975年版，第1143页。

② （元）脱脱等：《金史》卷110《赵秉文传》，中华书局1975年版，第2427页。

③ （元）脱脱等：《金史》卷100《李复亨传》，中华书局1975年版，第2217—2218页。

④ （金）刘祁：《归潜志》卷2，崔文印点校，中华书局1983年版，第14页。

⑤ 同上书，第15页。

除八品。若一任应得从七品者除六品，回降正七品，若一任应得正七品者免降。①

兴定五年，制辟举县令考平者，元举者不得复举，他人举之者听。又旧制，保举县令秩满之后，以六事论升降，三事以下减一资历，四事减两资历，六事皆备则升职一等。既而御史张升卿言："进士中下甲及第人、及监官至明威当入县丞主簿，而三事以下减一资历注下令，四事减注中令，令皆七品也，若复八品矣。轻重相戾，宜更定之。"遂定制，自今四事以下如前条，六事完者，进士中下甲及第、监官当入县丞主簿人，减三资历，注上令。余出身者亦同此。②

金哀宗正大元年　甲申（1224）

本年为科试年，策论进士孛术论长河、经义进士张介、词赋进士王鹗等人及第。

正大元年五月甲辰，赐策论进士孛术论长河以下十余人及第，经义进士张介以下五人及第。戊申，赐词赋进士王鹗以下五十人及第。③

金哀宗正大四年　丁亥（1227）

本年为科试年，经义进士卢亚、词赋进士贾庭扬等人及第。

正大四年六月，赐词赋经义卢亚以下进士第。④

金哀宗正大七年　庚寅（1230）

本年为科试年，李瑭等人及第。

① （元）脱脱等：《金史》卷52《选举志二》，中华书局1975年版，第1170页。

② （元）脱脱等：《金史》卷54《选举志四》，中华书局1975年版，第1209页。

③ （元）脱脱等：《金史》卷17《哀宗纪上》，中华书局1975年版，第375页。

④ 同上书，第379页。

正大七年夏五月，赐经义、词赋李瑭以下进士第。[1]

金哀宗天兴元年（开兴元年）　壬辰（1232）

因战事紧张，诏免府试。许买进士第。

（天兴元年八月）丁巳，释奠孔子……戊辰，免府试……乙亥，卖官，及许买进士第。[2]

金哀宗天兴二年　癸巳（1233）

赐终场举人王辅等人进士出身。

天兴二年正月辛酉，司农大卿蒲察世达、元帅完颜忽土出归德西门，奉迎上入归德。赦在府囚。军民普覃一官，赐进士终场王辅以下十六人出身。[3]

---

① （元）脱脱等：《金史》卷17《哀宗纪上》，中华书局1975年版，第382页。

② 同上书，第389页。

③ （元）脱脱等：《金史》卷18《哀宗纪下》，中华书局1975年版，第396页。

附录二　金代进士地理分布表①

序号	姓　名	路	州/府	县	今　地	登第时间	家族关系	备注
1	王贡	北京路	大定府	大定	内蒙古宁城	时间失考	叔王维翰	
2	郑子聃	北京路	大定府	大定	内蒙古宁城	正隆二年		词赋状元
3	赵之杰	北京路	大定府	大定	内蒙古宁城	大定十六年	子赵绘	
4	李秉钧	北京路	大定府	大定	内蒙古宁城	大定二十五年		
5	张仲和	北京路	大定府	大定	内蒙古宁城	崇庆二年		
6	赵天瑞	北京路	大定府	大定	内蒙古宁城	崇庆二年		
7	高怀正	北京路	大定府	大定	内蒙古宁城	海陵朝	兄高怀忠	特赐进士
8	高怀忠	北京路	大定府	大定	内蒙古宁城	海陵朝	弟高怀正	特赐进士
9	赵绘	北京路	大定府	大定	内蒙古宁城	时间失考	父赵之杰	

① 本表在制作时参考了薛瑞兆《金代科举》、李桂枝《辽金科举研究》、沈仁国的相关论文等研究成果，特此说明，并致以诚挚的感谢。

续表

序号	姓　名	路	州/府	县	今　地	登第时间	家族关系	备注
10	刘子裕	北京路	大定府	松山	内蒙古赤峰	皇统二年		
11	李适	北京路	大定府	长兴	内蒙古宁城	承安五年		
12	刘仲山	北京路	大定府	中京	内蒙古宁城	海陵朝		特赐进士
13	杨幡	北京路	大定府	中京	内蒙古宁城	天德三年		
14	梁球	北京路	广宁府	广宁	辽宁锦州北镇	天眷二年		
15	田瑴	北京路	广宁府	广宁	辽宁锦州北镇	天眷二年		
16	马柔德	北京路	广宁府	广宁	辽宁锦州北镇	皇统二年		
17	张恭愈	北京路	广宁府	广宁	辽宁锦州北镇	皇统五年		
18	梁肃	北京路	广宁府	广宁	辽宁锦州北镇	明昌二年		
19	綦戬	北京路	广宁府	山东	辽宁北宁？			特赐进士
20	王仲通	北京路	广宁府	长庆	辽宁锦州？	天会六年		
21	齐文乙	北京路	锦州	锦州	辽宁锦州	明昌四年		特赐进士
22	冀禹锡	北京路	利州	龙山	辽宁建昌	崇庆二年		
23	邢具瞻	北京路	利州	龙山	辽宁朝阳市喀喇沁左翼蒙古族自治县	天会二年		
24	王维翰	北京路	利州	龙山	辽宁朝阳市喀喇沁左翼蒙古族自治县	大定二十八年	侄王贡	
25	郭元徽	北京路	临潢府	临潢	内蒙古巴林左旗	时间失考	父郭愿诚，侄郭岐	
26	张用直	北京路	临潢府	临潢	内蒙古巴林左旗	天眷二年		特赐进士
27	王公玉	北京路	临潢府	临潢	内蒙古巴林左旗	时间失考		

续表

序号	姓　名	路	州/府	县	今　地	登第时间	家族关系	备注
28	裴满亨	北京路	临潢府	临潢	内蒙古巴林左旗	大定二十八年		
29	赤盏师直	北京路	瑞州	来州	辽宁绥中	时间失考	父赤盏晖	
30	蒲察娄室	北京路	泰州	按出虎割里罕猛安	河北保定	泰和三年		
31	会兰木吉答	北京路	泰州	扎合吉猛安	河北保定	正大元年		
32	□□厄忽土	北京路	泰州	扎合吉屯猛安	河北保定	正大元年		特赐进士
33	张景仁	北京路	兴中府	辽西	辽宁义县	皇统二年	岳父刘扮	
34	孙德渊	北京路	兴中府	兴中	辽宁朝阳	大定十六年		
35	田扈方	北京路	兴中府	兴中	辽宁朝阳	明昌五年		特赐进士
36	邓俨	北京路	兴中府	宜民	辽宁北票	天德三年		
37	张子贞	北京路	兴中府	宜民	辽宁北票	天会中	父张雄	
38	刘昂	北京路	兴州	兴州	河北滦平	大定十九年		
39	刘海	北京路	兴州	兴州	河北滦平	明昌中		状元
40	耶律履	北京路	义州	弘正	辽宁义县	大定二十九年		特赐进士
41	奥屯忠孝	北京路	懿州	胡土虎猛安	辽宁	大定二十二年	子奥屯阿虎	女真状元
42	奥屯阿虎	北京路	懿州	胡土虎猛安	辽宁	大定二十八年	父奥屯忠孝	
43	□儿□阿	北京路		出团猛安		正大元年		特赐进士

续表

序号	姓　名	路	州/府	县	今　地	登第时间	家族关系	备注
44	完颜伯嘉	北京路		讹鲁必剌猛安		明昌二年		
45	梁仲新	大名府路	大名府	朝城	山东莘县	明昌五年		
46	史公奕	大名府路	大名府	大名	河北大名	大定二十八年	父史良臣，婿庞铸	
47	陈信仁	大名府路	大名府	大名	河北大名	明昌四年		特赐进士
48	孙可久	大名府路	大名府	大名	河北大名	明昌四年		特赐进士
49	张善	大名府路	大名府	大名	河北大名	正大中		
50	李山	大名府路	大名府	大名	河北大名	时间失考		
51	沈侃	大名府路	大名府	大名	河北大名			律科及第
52	王汝梅	大名府路	大名府	大名	河北大名			律科及第
53	乌林答乞住	大名府路	大名府	大名路猛安	河北大名	大定二十八年		
54	纳合蒲剌都	大名府路	大名府	大名路猛安	河北大名	承安二年		
55	和速嘉安礼	大名府路	大名府	大名路猛安	河北大名	大定二十八年		
56	郝钧	大名府路	大名府	馆陶	河北馆陶	承安五年		
57	兀撒惹朱勒	大名府路	大名府	和卓吉猛安	河北大名	正大元年		
58	和速嘉忽屯剌	大名府路	大名府	口欢猛安	河北大名	正大元年		特赐进士
59	李栋	大名府路	大名府	南乐	河南南乐	明昌中		
60	纳兰胡鲁剌	大名府路	大名府	怕鲁欢猛安	河北大名	承安二年		女真状元

续表

序号	姓　名	路	州/府	县	今　地	登第时间	家族关系	备注
61	程森	大名府路	大名府	清平	山东临清	时间失考		
62	刘操	大名府路	大名府	清平	山东临清	时间失考		
63	孟铸	大名府路	大名府	莘县	山东莘县	大定中		
64	聂谦	大名府路	大名府	莘县	山东莘县	时间失考	兄聂许	
65	聂许	大名府路	大名府	莘县	山东莘县	时间失考	弟聂谦	
66	刘涛	大名府路	大名府	夏津	山东夏津	明昌二年		
67	孙玙	大名府路	大名府	夏津	山东夏津	承安五年		
68	宋九嘉	大名府路	大名府	夏津	山东夏津	崇庆二年		
69	齐椿	大名府路	大名府	夏津	山东夏津	时间失考		
70	高廷玉	大名府路	恩州	恩州	山东武城	大定二十八年		
71	傅砺	大名府路	恩州	恩州	山东武城	明昌五年		特赐进士
72	孙铎	大名府路	恩州	历亭	山东武城	大定十三年		
73	毛评	大名府路	恩州	临清	山东临清	天会二年	兄毛询	
74	毛询	大名府路	恩州	临清	山东临清	天会二年	弟毛评	
75	皇安止	大名府路	恩州	清河	河北清河	大定三年		
76	张伯达	大名府路	恩州	清河	河北清河	大定三年		
77	王元忠	大名府路	恩州	清河	河北清河	时间失考		
78	李山	大名府路	开州	清丰	河南清丰	大安元年		

续表

序号	姓　名	路	州/府	县	今　地	登第时间	家族关系	备注
79	乌古论仲温	东京路	盖州	按春猛安	辽宁盖州	大定二十五年		
80	温迪罕达	东京路	盖州	按春猛安	辽宁盖州	明昌五年		
81	完颜闾山	东京路	盖州	盖州猛安	辽宁盖州	明昌二年		
82	徒单公履	东京路	盖州	辽海	辽宁海城	正大中		
83	王遵古	东京路	盖州	熊岳	辽宁盖州	正隆五年	子王庭筠，外孙高宪	
84	王庭筠	东京路	盖州	熊岳	辽宁盖州	大定十六年	父王遵古，甥高宪	
85	高衎	东京路	辽阳府	渤海	辽宁辽阳	天会二年	子高守义，孙高宪	
86	高德基	东京路	辽阳府	渤海	辽宁辽阳	皇统二年		
87	张汝霖	东京路	辽阳府	渤海	辽宁辽阳	贞元二年	父张浩	特赐进士
88	张汝弼	东京路	辽阳府	渤海	辽宁辽阳	正隆二年	族兄弟汝为、汝霖	
89	高宪	东京路	辽阳府	渤海	辽宁辽阳	泰和三年	祖高衎，舅王庭筠	
90	张汝翼	东京路	辽阳府	渤海	辽宁辽阳	皇统中	父张浩	
91	张浩	东京路	辽阳府	渤海	辽宁辽阳			特赐进士
92	高德裔	东京路	辽阳府	鹤野	辽宁辽阳	大定三年		
93	高国钧	东京路	辽阳府	鹤野	辽宁辽阳	承安二年		
94	庞铸	东京路	辽阳府	辽东	辽宁辽阳	明昌五年	岳父史公奕	
95	张汝为	东京路	辽阳府	辽阳	辽宁辽阳	天眷二年	父张浩，弟汝霖	
96	李献可	东京路	辽阳府	辽阳	辽宁辽阳	大定十年		

续表

序号	姓　名	路	州/府	县	今　地	登第时间	家族关系	备注
97	高守义	东京路	辽阳府	辽阳	辽宁辽阳	大定十六年	父高衎，侄高宪	
98	孟奎	东京路	辽阳府	辽阳	辽宁辽阳	大定二十二年		
99	王德彰	东京路	辽阳府	辽阳	辽宁辽阳	大定二十二年		
100	张甫	东京路	辽阳府	辽阳	辽宁辽阳	大定二十二年	弟张庸、张冉	词赋状元
101	张庸	东京路	辽阳府	辽阳	辽宁辽阳	大定二十二年	兄张甫，弟张冉	
102	大晦	东京路	辽阳府	辽阳	辽宁辽阳	大定二十八年		
103	高守约	东京路	辽阳府	辽阳	辽宁辽阳	大定二十八年		
104	李蹊	东京路	辽阳府	辽阳	辽宁辽阳	明昌五年		
105	大溥	东京路	辽阳府	辽阳	辽宁辽阳	泰和三年		
106	康瑭	东京路	辽阳府	辽阳	辽宁辽阳	兴定五年	祖康斌	
107	赵端卿	东京路	辽阳府	辽阳	辽宁辽阳	兴定五年		
108	高鑑	东京路	辽阳府	辽阳	辽宁辽阳	正大元年		
109	康斌	东京路	辽阳府	辽阳	辽宁辽阳	天会中	孙康瑭	
110	王之美	东京路	辽阳府	辽阳	辽宁辽阳	贞元二年前		
111	张冉	东京路	辽阳府	辽阳	辽宁辽阳	大定中	兄张甫、张庸	
112	支邦荣	东京路	辽阳府	辽阳	辽宁辽阳	时间失考		
113	张阿海	东京路	辽阳府	辽阳	辽宁辽阳	正大元年		
114	交鲁忽通吉	东京路	婆速路	□□山猛安	辽宁丹东	正大元年		特赐进士

续表

序号	姓名	路	州/府	县	今地	登第时间	家族关系	备注
115	裴满古	东京路	婆速路	宋割鲁山猛安	辽宁丹东	正大元年		
116	毕逢吉	东京路	沈州	沈州	辽宁沈阳	天眷二年		
117	刘光谦	东京路	沈州	沈州	辽宁沈阳	泰和三年		
118	蒲察郑留	东京路		斡底必剌猛安		大定二十二年		
119	仇庭用	凤翔路	凤翔府	扶风	陕西扶风	崇庆二年		
120	王元举	凤翔路	凤翔府	扶风	陕西扶风	贞祐三年		
121	王檝	凤翔路	凤翔府	虢县	陕西宝鸡			特赐进士
122	耿安世	凤翔路	凤翔府	麟游	陕西麟游	皇统二年		
123	耿介	凤翔路	凤翔府	麟游	陕西麟游	皇统二年		
124	郝光祖	凤翔路	凤翔府	麟游	陕西麟游	皇统二年		
125	蔺世一	凤翔路	凤翔府	麟游	陕西麟游	皇统二年		
126	王宗儒	凤翔路	凤翔府	麟游	陕西麟游	皇统二年		
127	康节	凤翔路	凤翔府	陇东	陕西眉县	兴定五年		
128	张待举	凤翔路	凤翔府	雨金	陕西眉县	兴定五年		
129	张邦宪	凤翔路	秦州	秦州	甘肃天水	正大元年		
130	李天常	凤翔路	秦州	清水	甘肃清水	时间失考		
131	郑居安	凤翔路	秦州	清水	甘肃清水	时间失考		

续表

序号	姓　名	路	州/府	县	今　地	登第时间	家族关系	备注
132	雷秀实	鄜延路	坊州	坊州	陕西黄陵	时间失考		
133	史学	鄜延路	延安府	延安	陕西延安	正大元年		省元及第
134	张俊民	鄜延路	延安府	延安	陕西延安	时间失考		
135	徐韪	河北东路	沧州	沧州	河北沧州	大定二十五年		词赋状元
136	邢希载	河北东路	沧州	沧州	河北沧州	阜昌中		
137	时戬	河北东路	沧州	沧州	河北沧州	时间失考		
138	陈岢	河北东路	沧州	沧州	河北沧州	大安元年		
139	赵承元	河北东路	河间府	河间	河北河间	大定十三年		词赋状元
140	乌古论荣祖	河北东路	河间府	河间	河北河间	明昌二年		
141	王彦潜	河北东路	河间府	河间	河北河间	皇统九年		状元
142	张本	河北东路	冀州	观津	河北武邑	贞祐三年		
143	赵璧	河北东路	冀州	冀州	河北冀州	兴定五年		
144	严毅	河北东路	冀州	冀州	河北冀州	时间失考		
145	路钧	河北东路	冀州	冀州	河北冀州	大定二十五年	父路伯达，兄路铎	
146	路铎	河北东路	冀州	冀州	河北冀州	大定二十五年	父路伯达，弟路钧	
147	路伯达	河北东路	冀州	冀州	河北冀州	正隆五年	子路铎、路钧	
148	康邦直	河北东路	冀州	南宫	河北南宫	时间失考		
149	靳子昭	河北东路	冀州	信都	河北冀州	大定中		

续表

序号	姓　名	路	州/府	县	今　地	登第时间	家族关系	备注
150	刁白	河北东路	冀州	信都	河北冀州	承安二年		
151	刘铎	河北东路	冀州	枣强	河北枣强	承安五年		
152	师安石	河北东路	清州	清州	河北青县	承安五年		
153	王济	河北东路	深州	安平	河北安平	明昌五年		
154	马次周	河北东路	深州	安平	河北安平	大定七年		
155	刘汝舟	河北东路	深州	安平	河北安平	兴定二年		
156	国沟	河北东路	深州	安平	河北安平	泰和三年		
157	赵宾	河北东路	深州	饶阳	河北饶阳	皇统二年		
158	许古	河北东路	献州	交河	河北交河	明昌五年	父许安仁	
159	许安仁	河北东路	献州	交河	河北交河	大定七年	子许古	
160	刘绘	河北东路	献州	献陵	河北献县	正大元年		
161	李希颜	河北东路	献州	献州	河北献县	熙宗时		特赐进士
162	会兰合打	河北东路		讹都厄猛安		正大元年		
163	会兰完出	河北东路		讹特厄猛安		正大元年		特赐进士
164	李术论长河	河北东路		内吉河猛安		正大元年		女真状元
165	爱申失卜阿	河北东路		舍厄猛安		正大元年		
166	呼延履祥	河北西路	磁州	滏阳	河北磁县	时间失考		
167	刘宠	河北西路	磁州	滏阳	河北磁县	时间失考		

续表

序号	姓　名	路	州/府	县	今　地	登第时间	家族关系	备注
168	刘汝霖	河北西路	磁州	滏阳	河北磁县	时间失考		
169	刘汝为	河北西路	磁州	滏阳	河北磁县	时间失考		
170	张国纪	河北西路	磁州	滏阳	河北磁县	时间失考		
171	赵秉文	河北西路	磁州	滏阳	河北磁县	大定二十五年	婿石玠、张履、高可久	
172	范天保	河北西路	磁州	滏阳	河北磁县	贞祐三年		
173	刘轨	河北西路	磁州	观台	河北磁县	承安中		
174	刘蕃	河北西路	磁州	观台	河北磁县	时间失考		
175	高应	河北西路	磁州	邯郸	河北邯郸	承安五年		
176	糜元振	河北西路	磁州	司候司	河北磁县	承安五年		
177	潘希孟	河北西路	磁州	司候司	河北磁县	承安五年		
178	胡砺	河北西路	磁州	武安	河北武安	天会十年		
179	胡景崧	河北西路	磁州	武安	河北武安	大定二十五年	从弟胡义，子胡琏	
180	胡琏	河北西路	磁州	武安	河北武安	正大四年	父胡景崧，叔胡义	
181	胡义	河北西路	磁州	武安	河北武安	时间失考	从兄胡景崧，侄胡琏	
182	王无咎	河北西路	磁州	武安	河北武安			特赐进士
183	王天衢	河北西路	洺州	肥乡	河北肥乡	泰和三年		
184	陈德新	河北西路	洺州	肥乡	河北肥乡	时间失考		
185	焦侯	河北西路	洺州	肥乡	河北肥乡	时间失考		

续表

序号	姓　名	路	州/府	县	今　地	登第时间	家族关系	备注
186	陆翩	河北西路	洺州	肥乡	河北肥乡	时间失考		
187	陆翼	河北西路	洺州	肥乡	河北肥乡	时间失考		
188	毛冲霄	河北西路	洺州	肥乡	河北肥乡	时间失考		
189	尚从	河北西路	洺州	肥乡	河北肥乡	时间失考		
190	尚铸	河北西路	洺州	肥乡	河北肥乡	时间失考		
191	王锡	河北西路	洺州	肥乡	河北肥乡	时间失考		
192	游希颜	河北西路	洺州	肥乡	河北肥乡	时间失考		
193	赵兰	河北西路	洺州	肥乡	河北肥乡	时间失考		
194	周世臣	河北西路	洺州	肥乡	河北肥乡	时间失考		
195	李师孟	河北西路	洺州	广平	河北清河	明昌中		
196	高冲	河北西路	洺州	鸡泽	河北鸡泽	承安五年		
197	焦坦	河北西路	洺州	鸡泽	河北鸡泽	承安五年		
198	高可久	河北西路	洺州	鸡泽	河北鸡泽	大安元年	岳父赵秉文	
199	魏大钧	河北西路	洺州	鸡泽	河北鸡泽	崇庆二年		
200	姚德璋	河北西路	洺州	鸡泽	河北鸡泽	崇庆二年		
201	张瑰	河北西路	洺州	鸡泽	河北鸡泽	崇庆二年		
202	刘肃	河北西路	洺州	洺水	河北井陉	兴定二年		
203	董师俭	河北西路	洺州	洺中	河北永年	时间失考	兄董师中	

续表

序号	姓　名	路	州/府	县	今　地	登第时间	家族关系	备注
204	董师中	河北西路	洺州	洺州	河北永年	皇统九年	弟董师俭	
205	王彧	河北西路	洺州	洺州	河北永年	承安中		
206	王奴失	河北西路	洺州	曲周	河北曲周	正大元年		
207	王磐	河北西路	洺州	永年	河北永年	正大四年	兄王文勉	
208	王文勉	河北西路	洺州	永年	河北永年	时间失考	弟王磐	
209	张炜	河北西路	洺州	永年	河北永年	大定二十五年		
210	李蒙	河北西路	洺州	永年	河北永年	时间失考		
211	宋寿之	河北西路	祁州	鼓县	河北安国	时间失考		
212	杨果	河北西路	祁州	蒲阴	河北安国	正大元年		
213	魏选	河北西路	威州	威县	河北威县	贞元中		
214	赵扬	河北西路	卫州	辉县	河南辉县	天眷二年		
215	林正国	河北西路	卫州	苏门	河南辉县	大定十六年		
216	崔禧	河北西路	卫州	卫州	河南卫辉	承安二年		
217	焦旭	河北西路	沃州	柏乡	河北柏乡	大定三年		
218	韩汝弼	河北西路	沃州	临城	河北临城	正大中		
219	李大荣	河北西路	沃州	临城	河北临城	正大中		
220	李好谦	河北西路	沃州	临城	河北临城	正大中		
221	李嗣庆	河北西路	沃州	临城	河北临城	正大中		

续表

序号	姓　名	路	州/府	县	今　地	登第时间	家族关系	备注
222	李嗣祖	河北西路	沃州	临城	河北临城	正大中		
223	李廷珪	河北西路	沃州	临城	河北临城	正大中		
224	马师周	河北西路	沃州	临城	河北临城	正大中		
225	宋履亨	河北西路	沃州	临城	河北临城	正大中		
226	王天泽	河北西路	沃州	临城	河北临城	正大中		
227	王俨	河北西路	沃州	临城	河北临城	正大中		
228	郑赞道	河北西路	沃州	隆平	河北隆尧	大定中		
229	陈思忠	河北西路	沃州	隆平	河北隆尧	泰和中		
230	郝邦宪	河北西路	沃州	隆平	河北隆尧	泰和中		
231	李柔平	河北西路	沃州	隆平	河北隆尧	泰和中		
232	李仪	河北西路	沃州	隆平	河北隆尧	泰和中		
233	李元凯	河北西路	沃州	隆平	河北隆尧	泰和中		
234	宋俭	河北西路	沃州	隆平	河北隆尧	泰和中		
235	张国雍	河北西路	沃州	隆平	河北隆尧	泰和中		
236	张亨	河北西路	沃州	隆平	河北隆尧	泰和中		
237	郑珏	河北西路	沃州	隆平	河北隆尧	泰和中		
238	康锡	河北西路	沃州	宁晋	河北宁晋	崇庆二年		
239	张天翼	河北西路	沃州	宁晋	河北宁晋	贞祐三年		

续表

序号	姓　名	路	州/府	县	今　地	登第时间	家族关系	备注
240	孙铉	河北西路	沃州	宁晋	河北宁晋	正大中		
241	刘仲尹	河北西路	沃州	沃州	河北赵县	正隆二年	外孙李献甫	
242	张彀英	河北西路	沃州	赵州	河北赵县	大安元年		
243	王好古	河北西路	沃州	赵州	河北赵县	时间失考		
244	赵卞	河北西路	邢州	南和	河北南和	承安五年		
245	李裕	河北西路	邢州	唐山	河北唐山	兴定二年		
246	高天锡	河北西路	邢州	唐山	河北隆尧	时间失考		
247	孙权	河北西路	邢州	邢州	河北邢台	天兴二年		特赐进士
248	张翊	河北西路	邢州	邢州	河北邢台	天兴二年		特赐进士
249	王德元	河北西路	邢州	邢州	河北邢台			经童及第
250	刘彧	河北西路	彰德府	安阳	河南安阳	天眷二年		状元
251	山邦直	河北西路	彰德府	安阳	河南安阳	大定二十五年		
252	蔺简	河北西路	彰德府	安阳	河南安阳	时间失考		
253	常琥	河北西路	彰德府	安阳	河南安阳	时间失考		
254	董膺元	河北西路	彰德府	安阳	河南安阳	时间失考		
255	董元	河北西路	彰德府	安阳	河南安阳	时间失考		
256	范毅	河北西路	彰德府	安阳	河南安阳	时间失考		
257	房椿	河北西路	彰德府	安阳	河南安阳	时间失考		

续表

序号	姓　名	路	州/府	县	今　地	登第时间	家族关系	备注
258	高天禄	河北西路	彰德府	安阳	河南安阳	时间失考		
259	高天祐	河北西路	彰德府	安阳	河南安阳	时间失考		
260	郭辑	河北西路	彰德府	安阳	河南安阳	时间失考		
261	李松年	河北西路	彰德府	安阳	河南安阳	时间失考		
262	李正隆	河北西路	彰德府	安阳	河南安阳	时间失考		
263	李宗尹	河北西路	彰德府	安阳	河南安阳	时间失考		
264	梁之栋	河北西路	彰德府	安阳	河南安阳	时间失考		
265	蔺元章	河北西路	彰德府	安阳	河南安阳	时间失考		
266	刘汉宝	河北西路	彰德府	安阳	河南安阳	时间失考		
267	刘可与	河北西路	彰德府	安阳	河南安阳	时间失考		
268	刘延赏	河北西路	彰德府	安阳	河南安阳	时间失考		
269	马可臣	河北西路	彰德府	安阳	河南安阳	时间失考		
270	秦铸	河北西路	彰德府	安阳	河南安阳	时间失考		
271	邵崇	河北西路	彰德府	安阳	河南安阳	时间失考		
272	王辟	河北西路	彰德府	安阳	河南安阳	时间失考		
273	王润	河北西路	彰德府	安阳	河南安阳	时间失考		
274	王天章	河北西路	彰德府	安阳	河南安阳	时间失考		
275	王子初	河北西路	彰德府	安阳	河南安阳	时间失考		

续表

序号	姓　名	路	州/府	县	今　地	登第时间	家族关系	备注
276	温琰	河北西路	彰德府	安阳	河南安阳	时间失考		
277	尹崇敏	河北西路	彰德府	安阳	河南安阳	时间失考		
278	张安中	河北西路	彰德府	安阳	河南安阳	时间失考		
279	张观	河北西路	彰德府	安阳	河南安阳	时间失考		
280	张彤	河北西路	彰德府	安阳	河南安阳	时间失考		
281	张仲思	河北西路	彰德府	安阳	河南安阳	时间失考		
282	郑饰	河北西路	彰德府	安阳	河南安阳	时间失考		
283	郑元	河北西路	彰德府	安阳	河南安阳	时间失考		
284	卢天锡	河北西路	彰德府	林虑	河南林州	承安五年		
285	张敏修	河北西路	彰德府	林虑	河南林州	大安元年		
286	张玠	河北西路	彰德府	林虑	河南林州	兴定五年		
287	朱方	河北西路	彰德府	林虑	河南林州	时间失考		
288	尚质	河北西路	彰德府	林县	河南林州	大安元年		
289	王鼎	河北西路	彰德府	林州	河南林州	大定二十二年		
290	郾权	河北西路	彰德府	临漳	河北临漳	大定十年	父郾琼，子郾掖	
291	薛居中	河北西路	彰德府	临漳	河北临漳	泰和三年		
292	郾掖	河北西路	彰德府	临漳	河北临漳	泰和六年	父郾权	
293	张仲周	河北西路	彰德府	临漳	河北临漳	时间失考		

续表

序号	姓　名	路	州/府	县	今　地	登第时间	家族关系	备注
294	张子权	河北西路	彰德府	临漳	河北临漳	时间失考		
295	论道宁	河北西路	彰德府	汤阴	河南汤阴	明昌二年	子论从义	
296	张正伦	河北西路	彰德府	汤阴	河南汤阴	泰和三年		
297	岳熙载	河北西路	彰德府	汤阴	河南汤阴	正大中		
298	论从义	河北西路	彰德府	汤阴	河南汤阴	时间失考	父论道宁	
299	张都	河北西路	彰德府	汤阴	河南汤阴	时间失考		
300	乐著	河北西路	彰德府	永和	河南安阳	大安元年		
301	赫㮚	河北西路	彰德府	永和	河南安阳	时间失考	子赫晔	
302	赫晔	河北西路	彰德府	永和	河南安阳	时间失考	父赫㮚	
303	靳师扬	河北西路	彰德府	永和	河南安阳			特赐进士
304	王万钧	河北西路	彰德府	永和	河南安阳	时间失考	弟王万石	
305	王万石	河北西路	彰德府	永和	河南安阳	时间失考	兄王万钧	
306	元起	河北西路	彰德府	永和	河南安阳	时间失考		
307	张天翼	河北西路	彰德府	永和	河南安阳	时间失考		
308	鲁秉礼	河北西路	真定府	东垣	河北正定	明昌二年		
309	刘遇	河北西路	真定府	东垣	河北正定	兴定五年		词赋状元
310	杨伯渊	河北西路	真定府	藁城	河北藁城	天会十四年	父杨丘文	特赐进士
311	杨伯雄	河北西路	真定府	藁城	河北藁城	皇统二年	父杨丘行，子杨瀛	

续表

序号	姓　名	路	州/府	县	今　地	登第时间	家族关系	备注
312	杨伯仁	河北西路	真定府	藁城	河北藁城	皇统九年	父杨丘行	初名伯英
313	杨瀛	河北西路	真定府	藁城	河北藁城	明昌二年	祖杨丘行，父杨伯雄	
314	王若虚	河北西路	真定府	藁城	河北藁城	承安二年	舅周昂	
315	赵元英	河北西路	真定府	藁城	河北藁城	承安二年		
316	杨伯杰	河北西路	真定府	藁城	河北藁城	大安三年前	父杨丘行	
317	杨伯元	河北西路	真定府	藁城	河北藁城	大安三年前	父杨丘行	
318	王玠	河北西路	真定府	获鹿	河北鹿泉	承安中		
319	贾益谦	河北西路	真定府	获鹿	河北鹿泉	大定十年	从侄贾炤，从孙贾起	
320	彭悦	河北西路	真定府	录事司	河北正定	承安五年		
321	赵鼎	河北西路	真定府	栾城	河北栾城	大定十六年	子赵中立	
322	李遹	河北西路	真定府	栾城	河北栾城	明昌二年	子李冶	
323	李冶	河北西路	真定府	栾城	河北栾城	正大七年	父李遹	
324	赵中立	河北西路	真定府	栾城	河北栾城	时间失考	父赵鼎	
325	纥石烈德	河北西路	真定府	山春猛安		明昌二年		
326	女奚烈守愚	河北西路	真定府	吾直克猛安		明昌二年		
327	赵时中	河北西路	真定府	元氏	河北元氏	明昌二年		
328	刘夔	河北西路	真定府	元氏	河北元氏	承安五年		
329	岳礼	河北西路	真定府	元氏	河北元氏	时间失考		

续表

序号	姓　名	路	州/府	县	今　地	登第时间	家族关系	备注
330	冯子翼	河北西路	真定府	真定	河北正定	正隆二年	父冯仲尹，子冯璧	
331	许必	河北西路	真定府	真定	河北正定	天会四年		状元
332	苏仲文	河北西路	真定府	真定	河北正定	天会十年		
333	冯仲尹	河北西路	真定府	真定	河北正定	天眷二年	子冯子翼，孙冯璧	
334	蔡珪	河北西路	真定府	真定	河北正定	天德三年	父蔡松年，弟蔡璋	
335	蔡璋	河北西路	真定府	真定	河北正定	天德三年	父蔡松年，兄蔡珪	特赐进士
336	褚席珍	河北西路	真定府	真定	河北正定	正隆二年	父褚承亮	
337	周伯禄	河北西路	真定府	真定	河北正定	大定五年	子周昂，孙周嗣明	
338	盖佚	河北西路	真定府	真定	河北正定	大定二十二年		
339	孙榛年	河北西路	真定府	真定	河北正定	大定二十二年		
340	周昂	河北西路	真定府	真定	河北正定	大定二十二年	父周伯禄，侄周嗣明	
341	冯璧	河北西路	真定府	真定	河北正定	承安二年	祖父冯仲尹，父冯子翼	
342	李著	河北西路	真定府	真定	河北正定	承安二年		经义状元
343	王权	河北西路	真定府	真定	河北正定	大安元年		
344	周嗣明	河北西路	真定府	真定	河北正定	大安元年	祖父周伯禄，伯父周昂	
345	张武卿	河北西路	真定府	真定	河北正定	大定中		
346	宋雄飞	河北西路	真定府	真定	河北正定			律科及第
347	蒲察元衡	河北西路	真定府	真定	河北正定	泰和三年		经童及第

续表

序号	姓　名	路	州/府	县	今　地	登第时间	家族关系	备注
348	李范	河北西路	中山府	安喜	河北定县	天会六年		
349	李偲	河北西路	中山府	安喜	河北定县	天眷二年		
350	李好复	河北西路	中山府	安喜	河北定县	明昌二年	从兄李好履，侄李居道	
351	李好履	河北西路	中山府	安喜	河北定县	时间失考	从弟李好复，子李居道	
352	李居道	河北西路	中山府	安喜	河北定县	时间失考	父李好履，伯父李好复	
353	曹溥	河北西路	中山府	定武	河北定县	天会二年	婿王珣	
354	李聪	河北西路	中山府	定州	河北定县	天会六年		
355	石琚	河北西路	中山府	定州	河北定县	天眷二年		状元
356	傅浃	河北西路	中山府	定州	河北定县	大定十六年		
357	吕宗国	河北西路	中山府	唐县	河北唐县	天会十三年		
358	张修本	河北西路	中山府	唐县	河北唐县	天会十三年		
359	郑汝励	河北西路	中山府	唐县	河北唐县	天会十三年	兄郑汝楫	
360	王可	河北西路	中山府	唐县	河北唐县	天会十五年		
361	郑达卿	河北西路	中山府	唐县	河北唐县	天会十五年		
362	郭某	河北西路	中山府	唐县	河北唐县	泰和三年		经童及第
363	谭铎	河北西路	中山府	唐县	河北唐县	泰和三年		
364	魏辛	河北西路	中山府	唐县	河北唐县	泰和三年		
365	左坦	河北西路	中山府	唐县	河北唐县	泰和三年		经童及第

续表

序号	姓　名	路	州/府	县	今　地	登第时间	家族关系	备注
366	高伯玉	河北西路	中山府	唐县	河北唐县	时间失考		
367	郝廷秀	河北西路	中山府	唐县	河北唐县	时间失考		
368	贾赍	河北西路	中山府	唐县	河北唐县	时间失考		
369	马利贞	河北西路	中山府	唐县	河北唐县	时间失考		
370	苏时中	河北西路	中山府	唐县	河北唐县	时间失考		
371	谭邦杰	河北西路	中山府	唐县	河北唐县	时间失考		
372	张邦基	河北西路	中山府	唐县	河北唐县	时间失考	兄张邦荣	
373	张邦荣	河北西路	中山府	唐县	河北唐县	时间失考	弟张邦基	
374	张愈	河北西路	中山府	唐县	河北唐县	时间失考		
375	郑汝楫	河北西路	中山府	唐县	河北唐县	时间失考	弟郑汝砺	
376	赵孝选	河北西路	中山府	无极	河北无极	兴定二年		
377	高夔	河北西路	中山府	永平	河北完县	明昌五年		
378	赵庭秀	河北西路	中山府	永平	河北完县	时间失考	堂兄赵思文，伯父赵蕃	
379	赵庭直	河北西路	中山府	永平	河北完县	时间失考	堂兄赵思文，伯父赵蕃	
380	王扩	河北西路	中山府	永平	河北完县	明昌五年	父王邦用，婿张泰亨	
381	赵珩	河北西路	中山府	永平	河北完县	明昌五年	父赵蕃，兄赵思文	
382	赵思文	河北西路	中山府	永平	河北完县	明昌五年	父赵蕃，弟赵珩	
383	李特立	河北西路	中山府	永平	河北完县	时间失考		

续表

序号	姓　名	路	州/府	县	今　地	登第时间	家族关系	备注
384	赵蕃	河北西路	中山府	永平	河北完县		子赵思文、赵珩	律科及第
385	陈谲	河北西路	中山府	永平	河北完县	天眷二年		
386	冯天隐	河北西路	中山府	永平	河北完县	皇统五年		
387	陈瑭	河北西路	中山府	永平	河北完县	天德三年		
388	王邦用	河北西路	中山府	永平	河北完县	天德三年	弟邦基、邦宪，子王扩	
389	王邦基	河北西路	中山府	永平	河北完县	正隆五年	兄邦用，弟邦宪，侄王扩	
390	霍德玉	河北西路	中山府	永平	河北完县	大定十年		
391	史绍鱼	河北西路	中山府	永平	河北完县	大定十年		词赋状元
392	郭郛	河北西路	中山府	永平	河北完县	大定二十五年		
393	霍德珪	河北西路	中山府	永平	河北完县	大定二十五年		
394	张充	河北西路	中山府	永平	河北完县	大定二十五年		
395	张即大	河北西路	中山府	永平	河北完县	大定二十五年		
396	霍德基	河北西路	中山府	永平	河北完县	大定二十八年		
397	王邦宪	河北西路	中山府	永平	河北完县	明昌二年	兄邦用、邦基，侄王扩	
398	何逵	河北西路	中山府	永平	河北完县	承安二年		
399	陈伋	河北西路	中山府	永平	河北完县	泰和六年		
400	宋枢	河北西路	中山府	永平	河北完县	泰和六年		
401	刘守和	河北西路	中山府	永平	河北完县	大安元年		

续表

序号	姓　名	路	州/府	县	今　地	登第时间	家族关系	备注
402	王说	河北西路	中山府	永平	河北完县	正大四年		
403	赵汉臣	河北西路	中山府	永平	河北完县	正大四年		
404	葛蔓荣	河北西路	中山府	永平	河北完县	皇统中		
405	齐溥	河北西路	中山府	永平	河北完县	皇统中		
406	刘愈	河北西路	中山府	永平	河北完县	大定中		
407	刘焕	河北西路	中山府	中山	河北定县	皇统九年		
408	冯巽亨	河北西路	中山府	中山	河北定县	时间失考		
409	完颜奴忽	河北西路		都特甲猛安		正大元年		特赐进士
410	奥屯兀鲁	河北西路		忽口猛安		正大元年		
411	纥石烈鹤寿	河北西路		山春猛安		泰和三年		武举及第
412	纥石烈□兰	河北西路		山春猛安		正大元年		
413	程祖禹	河东北路	保德州	保德	山西保德	时间失考		
414	王宗古	河东北路	保德州	保德	山西保德	时间失考		
415	张天吉	河东北路	保德州	保德	山西保德	时间失考		
416	李铎	河东北路	代州	代州	山西代县	天会六年	从弟李楫、侄婿罗邦彦 侄婿高楫、侄婿高跻	
417	李楫	河东北路	代州	代州	山西代县	天会六年	从兄李铎、侄婿罗邦彦 侄婿高楫、侄婿高跻	
418	郝简	河东北路	代州	代州	山西代县	贞祐三年		
419	罗邦彦	河东北路	代州	代州	山西代县	天眷二年前	妻伯父李楫、李铎	

续表

序号	姓　名	路	州/府	县	今　地	登第时间	家族关系	备注
420	胥鼎	河东北路	代州	繁畤	山西繁峙	大定二十八年	父胥持国	
421	高楫	河东北路	代州	繁畤	山西繁峙	天眷二年前	妻伯父李楫、李铎	
422	胥持国	河东北路	代州	繁畤	山西繁峙		子胥鼎	特赐进士
423	王特起	河东北路	代州	崞县	山西原平	泰和三年		
424	乐仲容	河东北路	代州	崞县	山西原平	时间失考		
425	刘子安	河东北路	代州	崞县	山西原平	时间失考		
426	武伯英	河东北路	代州	崞县	山西原平	时间失考		
427	高跻	河东北路	代州	崞邑	山西原平	天眷二年前	妻伯父李楫、李铎	
428	张大节	河东北路	代州	五台	山西五台	天德三年	子张岩叟	
429	张岩叟	河东北路	代州	五台	山西五台	大定十九年	父张大节	
430	杨慥	河东北路	代州	五台	山西五台	承安五年		
431	聂天骥	河东北路	代州	五台	山西五台	崇庆二年		
432	张大爵	河东北路	代州	五台	山西五台	天眷中		
433	高选	河东北路	代州	五台	山西五台	泰和中		
434	李铎	河东北路	代州	五台	山西五台	时间失考		
435	张伯亳	河东北路	代州	五台	山西五台	时间失考	岳父聂天骥	
436	赵泰	河东北路	代州	雁门	山西代县	时间失考		
437	任才珍	河东北路	汾州	汾阳	山西汾阳	天会六年	曾孙任喜言	

续表

序号	姓　名	路	州/府	县	今　地	登第时间	家族关系	备注
438	任嘉言	河东北路	汾州	汾阳	山西汾阳	正大七年	曾祖任才珍	
439	马天采	河东北路	汾州	介休	山西介休	崇庆二年		
440	冯天杰	河东北路	汾州	平遥	山西平遥	泰和六年		
441	刘滋	河东北路	岚州	合河	山西兴县			经童及第
442	杨云翼	河东北路	平定州	乐平	山西昔阳	明昌五年	子杨恕	经义状元
443	杨恕	河东北路	平定州	乐平	山西昔阳	正大四年	父杨云翼	
444	李庭简	河东北路	平定州	乐平	山西昔阳	时间失考	舅杨云翼	
445	宋宏	河东北路	平定州	乐平	山西昔阳	时间失考		
446	贾庭扬	河东北路	平定州	平定	山西平定	正大四年		经义状元
447	吕崇礼	河东北路	平定州	平定	山西平定	天会中	弟吕宗智，侄吕仲堪	
448	吕宗智	河东北路	平定州	平定	山西平定	大定中	兄吕崇礼，子吕仲堪	
449	吕时敏	河东北路	平定州	平定	山西平定	明昌中	父吕仲堪	
450	吕仲堪	河东北路	平定州	平定	山西平定	时间失考	子吕时敏	
451	潘得度	河东北路	平定州	平定	山西平定	时间失考		
452	潘真	河东北路	平定州	平定	山西平定	时间失考		
453	王晋儒	河东北路	平定州	平定	山西平定	时间失考		
454	王盘	河东北路	平定州	平定	山西平定	时间失考		
455	杨旭	河东北路	平定州	平定	山西平定	时间失考		

续表

序号	姓　名	路	州/府	县	今　地	登第时间	家族关系	备注
456	安滔	河东北路	石州	离石	山西离石			经童及第
457	吴章	河东北路	石州	石州	山西离石	承安二年	祖父吴永，父吴希尹	
458	吴希尹	河东北路	石州	石州	山西离石	大定中	父吴永，子吴章	
459	吴永	河东北路	石州	石州	山西离石	时间失考	子吴希尹，孙吴章	
460	王泽	河东北路	太原府	并州	山西太原	明昌二年		词赋状元
461	庞汉	河东北路	太原府	平晋	山西太原	正大七年		
462	李铣	河东北路	太原府	平晋	山西太原	时间失考		
463	侯尚	河东北路	太原府	平晋	山西太原	承安五年		
464	宿观	河东北路	太原府	太谷	山西太谷	大定中		
465	李洵真	河东北路	太原府	太谷	山西太谷	明昌五年		
466	李敏修	河东北路	太原府	太谷	山西太谷	明昌五年	父李逵	
467	李逵	河东北路	太原府	太谷	山西太谷	正隆二年	子李敏修	
468	冀贞吉	河东北路	太原府	太谷	山西太谷	皇统中		
469	董邵	河东北路	太原府	太谷	山西太谷	皇统中		
470	陈将	河东北路	太原府	太谷	山西太谷	大定中		
471	张翔	河东北路	太原府	太原	山西太原	时间失考		
472	王珣	河东北路	太原府	太原	山西太原	皇统九年	兄王璹、王珙	
473	王渥	河东北路	太原府	太原	山西太原	兴定二年		

续表

序号	姓　名	路	州/府	县	今　地	登第时间	家族关系	备注
474	王璹	河东北路	太原府	太原	山西太原	天眷二年	弟王珙、王珦	
475	王珙	河东北路	太原府	太原	山西太原	皇统九年	兄王璹，弟王珦	
476	任宇	河东北路	太原府	太原	山西太原	正隆五年		
477	刘冲	河东北路	太原府	太原	山西太原	时间失考		
478	郝俣	河东北路	太原府	太原	山西太原	正隆二年	子郝居简	
479	郝居简	河东北路	太原府	太原	山西太原	时间失考	父郝俣	
480	郭文振	河东北路	太原府	太原	山西太原	承安二年		
481	常添寿	河东北路	太原府	太原	山西太原			经童及第
482	曹居易	河东北路	太原府	太原	山西太原	正大七年		
483	孙德秀	河东北路	太原府	文水	山西文水	正大元年		
484	智深	河东北路	太原府	阳曲	山西太原	正隆五年		
485	张纬	河东北路	太原府	阳曲	山西太原	时间失考	伯父张公著，兄张经	
486	张经	河东北路	太原府	阳曲	山西太原	时间失考	伯父张公著，弟张纬	
487	张公著	河东北路	太原府	阳曲	山西太原	明昌二年	侄张经、张纬	
488	乔玮	河东北路	太原府	阳曲	山西太原	正隆五年		
489	刘巨川	河东北路	太原府	阳曲	山西太原	正隆五年		
490	张仲德	河东北路	太原府	盂县	山西盂县	时间失考		
491	张昭礼	河东北路	太原府	盂县	山西盂县	时间失考		

续表

序号	姓　名	路	州/府	县	今　地	登第时间	家族关系	备注
492	张国祯	河东北路	太原府	盂县	山西盂县	天会二年		
493	张道	河东北路	太原府	盂县	山西盂县	明昌五年		
494	王润甫	河东北路	太原府	盂县	山西盂县	时间失考		
495	王普臣	河东北路	太原府	盂县	山西盂县	时间失考		
496	刘仲尊	河东北路	太原府	盂县	山西盂县	时间失考		
497	刘贞	河东北路	太原府	盂县	山西盂县	明昌中	子刘辅、刘允	
498	刘允	河东北路	太原府	盂县	山西盂县	明昌中	父刘贞，兄刘辅	
499	刘辅	河东北路	太原府	盂县	山西盂县	明昌中	父刘贞，弟刘允	
500	李信孝	河东北路	太原府	盂县	山西盂县	时间失考		
501	李孝信	河东北路	太原府	盂县	山西盂县	明昌中		
502	郭彦谦	河东北路	太原府	盂县	山西盂县	时间失考		
503	白云腾	河东北路	太原府	盂县	山西盂县	时间失考		
504	侯陟	河东北路	太原府	榆次	山西榆次	大定中		
505	周文宗	河东北路	忻州	定襄	山西定襄	时间失考		
506	周鼎	河东北路	忻州	定襄	山西定襄	贞祐三年		
507	赵元	河东北路	忻州	定襄	山西定襄			经童及第
508	赵儒	河东北路	忻州	定襄	山西定襄	时间失考		
509	赵会	河东北路	忻州	定襄	山西定襄	天会六年		

续表

序号	姓　名	路	州/府	县	今　地	登第时间	家族关系	备注
510	张惟善	河东北路	忻州	定襄	山西定襄			经童及第
511	魏仲仪	河东北路	忻州	定襄	山西定襄			经童及第
512	孙九亿	河东北路	忻州	定襄	山西定襄	天会六年	兄九鼎、九畴	
513	孙九鼎	河东北路	忻州	定襄	山西定襄	天会六年	弟九畴、九亿	状元
514	孙九畴	河东北路	忻州	定襄	山西定襄	天会六年	兄九鼎，弟九亿	
515	刘公献	河东北路	忻州	定襄	山西定襄			律科及第
516	郭郛	河东北路	忻州	定襄	山西定襄	皇统五年		
517	薄松年	河东北路	忻州	定襄	山西定襄			经童及第
518	折元礼	河东北路	忻州	忻州	山西忻州	明昌五年		两科进士
519	张修	河东北路	忻州	忻州	山西忻州	时间失考		
520	杨天滋	河东北路	忻州	忻州	山西忻州	时间失考		
521	阎伯玉	河东北路	忻州	忻州	山西忻州	时间失考		
522	镡实	河东北路	忻州	忻州	山西忻州	时间失考		
523	贺端中	河东北路	忻州	忻州	山西忻州	大定中		
524	冯永年	河东北路	忻州	忻州	山西忻州	时间失考		
525	段无疆	河东北路	忻州	忻州	山西忻州	皇统二年		
526	陈熙	河东北路	忻州	忻州	山西忻州	时间失考		
527	陈天佑	河东北路	忻州	忻州	山西忻州	时间失考		

续表

序号	姓　名	路	州/府	县	今　地	登第时间	家族关系	备注
528	张翛	河东北路	忻州	秀容	山西忻州	承安五年	兄张翰，子张天彝	特赐进士
529	张天彝	河东北路	忻州	秀容	山西忻州	崇庆二年	伯父张翰，父张翛	
530	张翰	河东北路	忻州	秀容	山西忻州	大定二十八年	弟张翛，侄张天彝，婿元好问	
531	元滋善	河东北路	忻州	秀容	山西忻州	时间失考	孙元好问	
532	元好问	河东北路	忻州	秀容	山西忻州	兴定五年	祖元滋善，岳父张翰、毛端卿	
533	白贲	河东北路	隩州	隩州	山西河曲	泰和三年	弟白华，妹夫贾铎，侄白朴	
534	白华	河东北路	隩州	隩州	山西河曲	贞祐三年	兄白贲，妹夫贾铎，子白朴	
535	贾铎	河东北路	隩州	隩州	山西河曲	时间失考	妻舅白贲、白华，内侄白朴	
536	李复亨	河东南路	河中府	河津	山西河津	明昌五年	叔李革，兄李恒亨	
537	李革	河东南路	河中府	河津	山西河津	大定二十五年	侄李复亨	
538	李华	河东南路	河中府	河津	山西河津	大定二十五年		
539	李恒亨	河东南路	河中府	河津	山西河津	兴定五年	弟李复亨	
540	李景道	河东南路	河中府	河中	山西永济	承安二年		
541	李献卿	河东南路	河中府	河中	山西永济	泰和三年	从兄弟李献能、献甫、献诚	

续表

序号	姓　名	路	州/府	县	今　地	登第时间	家族关系	备注
542	李献能	河东南路	河中府	河中	山西永济	贞祐三年	从兄弟李献卿、献甫、献诚	
543	田世英	河东南路	河中府	河中	山西永济	兴定二年		
544	李献诚	河东南路	河中府	河中	山西永济	兴定五年	兄李献甫，弟献能、献卿	
545	李献甫	河东南路	河中府	河中	山西永济	兴定五年	兄李献诚，弟献能、献卿	
546	牛炳	河东南路	河中府	河中	山西永济	正大元年		
547	张铉	河东南路	河中府	河中	山西永济	大定中	子张琚	
548	麻思诚	河东南路	河中府	临晋	山西临猗	天会六年	子麻秉彝	
549	麻秉彝	河东南路	河中府	临晋	山西临猗	皇统九年	父麻思诚	
550	陈克基	河东南路	河中府	临晋	山西临猗	天德三年		
551	苏遵	河东南路	河中府	临晋	山西临猗	兴定五年		
552	郭士元	河东南路	河中府	临晋	山西临猗	正大七年		
553	张继祖	河东南路	河中府	临晋	山西临猗	时间失考		
554	宋克俊	河东南路	河中府	录事司	山西永济	承安五年		
555	李鉴	河东南路	河中府	蒲中	山西永济	泰和三年		
556	赵鹏	河东南路	河中府	蒲州	山西永济	贞祐三年		
557	胡光谦	河东南路	河中府	蒲州	山西永济	明昌三年		特赐进士
558	张振铎	河东南路	河中府	蒲州	山西永济	承安二年		

续表

序号	姓　名	路	州/府	县	今　地	登第时间	家族关系	备注
559	周从善	河东南路	河中府	荣河	山西万荣	时间失考		
560	丁暘	河东南路	河中府	万泉	山西万荣	泰和三年		
561	张琚	河东南路	河中府	万泉	山西万荣	泰和三年	父张铉	
562	石玠	河东南路	河中府	猗氏	山西临猗	崇庆二年	岳父赵秉文	
563	王定国	河东南路	怀州	河内	河南沁阳	天会十二年		
564	张齐古	河东南路	怀州	河内	河南沁阳	天会十二年		
565	李谕	河东南路	怀州	河内	河南沁阳	大定五年		
566	张汝翼	河东南路	怀州	河内	河南沁阳	泰和三年		
567	张邦直	河东南路	怀州	河内	河南沁阳	崇庆二年		
568	史元	河东南路	怀州	河内	河南沁阳	兴定五年		
569	许国	河东南路	怀州	怀州	河南沁阳	时间失考		
570	朱带	河东南路	怀州	山阳	河南修武	兴定五年		
571	郭黻	河东南路	怀州	修武	河南修武	大定二十八年		
572	邢铣	河东南路	怀州	修武	河南修武	承安二年		
573	张兖	河东南路	怀州	修武	河南修武	崇庆二年		
574	祁秉文	河东南路	怀州	修武	河南修武	时间失考		
575	王绍祖	河东南路	怀州	修武	河南修武	时间失考		
576	张梦弼	河东南路	怀州	修武	河南修武	时间失考		

续表

序号	姓　名	路	州/府	县	今　地	登第时间	家族关系	备注
577	赵尚宾	河东南路	怀州	修武	河南修武	时间失考		
578	冯延登	河东南路	吉州	吉乡	山西吉县	承安二年		
579	杨贞	河东南路	吉州	吉州	山西吉县	明昌五年		
580	张慥	河东南路	吉州	吉州	山西吉县	兴定五年		
581	杨祯	河东南路	吉州	吉州	山西吉县	时间失考		
582	段铎	河东南路	绛州	稷山	山西稷山	正隆二年	兄段钧，侄重孙段成己	
583	段钧	河东南路	绛州	稷山	山西稷山	正隆二年	弟段铎，重孙段成己	
584	张涛	河东南路	绛州	稷山	山西稷山	正隆二年		
585	陈规	河东南路	绛州	稷山	山西稷山	明昌五年	侄女婿段成己	
586	段成己	河东南路	绛州	稷山	山西稷山	正大七年	曾祖段钧、段铎，妻伯父陈规	
587	郝衡	河东南路	绛州	稷山	山西稷山	时间失考		
588	宗经	河东南路	绛州	稷山	山西稷山	时间失考		
589	王藻	河东南路	绛州	绛县	山西绛县	泰和中		
590	王天祥	河东南路	绛州	绛县	山西绛县	时间失考		
591	梁襄	河东南路	绛州	绛州	山西新绛	大定三年	子梁持胜	
592	李天祺	河东南路	绛州	绛州	山西新绛	明昌五年		特赐进士
593	孙锜	河东南路	绛州	绛州	山西新绛	承安二年	兄孙镇、弟孙铉	

续表

序号	姓　名	路	州/府	县	今　地	登第时间	家族关系	备注
594	孙铉	河东南路	绛州	绛州	山西新绛	承安二年	兄孙镇、孙锜	
595	孙镇	河东南路	绛州	绛州	山西新绛	承安二年	弟孙锜、孙铉	
596	梁持胜	河东南路	绛州	绛州	山西新绛	泰和六年	父梁襄	
597	张谔	河东南路	绛州	绛州	山西新绛	明昌中		
598	程大中	河东南路	绛州	曲沃	山西曲沃	皇统中		
599	史惠和	河东南路	绛州	曲沃	山西曲沃	皇统中		
600	许琇	河东南路	绛州	曲沃	山西曲沃	大定中		
601	李献民	河东南路	绛州	曲沃	山西曲沃	泰和中		
602	李源	河东南路	绛州	曲沃	山西曲沃	泰和中		
603	荀植	河东南路	绛州	曲沃	山西曲沃	泰和中		
604	杨普	河东南路	绛州	曲沃	山西曲沃	泰和中		
605	丁利用	河东南路	绛州	翼城	山西翼城	大定中		
606	屈让章	河东南路	绛州	翼城	山西翼城	泰和中		
607	李元弼	河东南路	绛州	翼城	山西翼城	时间失考		
608	李愈	河东南路	绛州	正平	山西新绛	正隆五年		
609	刘祖谦	河东南路	解州	安邑	山西运城	承安五年		
610	刘茂	河东南路	解州	安邑	山西运城	时间失考	岳父商衡	
611	韩琪	河东南路	解州	解县	山西运城	大定二十八年		

续表

序号	姓　名	路	州/府	县	今　地	登第时间	家族关系	备注
612	刘德昌	河东南路	解州	解州	山西运城	大定中		
613	苏友谅	河东南路	解州	解州	山西运城	大定中		
614	张开	河东南路	解州	解州	山西运城			律科及第
615	段元亨	河东南路	解州	芮城	山西芮城	正大四年		
616	许安上	河东南路	解州	芮城	山西芮城	承安中	兄许安世	
617	许安世	河东南路	解州	芮城	山西芮城	承安中	弟许安上	
618	史天骥	河东南路	解州	芮城	山西芮城	时间失考		
619	杨溥	河东南路	解州	芮城	山西芮城	时间失考		
620	王元	河东南路	解州	司候司	山西芮城	承安五年		
621	祁午	河东南路	解州	闻喜	山西闻喜	承安五年		
622	李士谦	河东南路	解州	闻喜	山西闻喜	泰和三年		
623	裴处仁	河东南路	解州	闻喜	山西闻喜	天会十一年		
624	裴端仁	河东南路	解州	闻喜	山西闻喜	天会十四年		
625	裴敦仁	河东南路	解州	闻喜	山西闻喜	天会十四年		
626	解彦升	河东南路	解州	闻喜	山西闻喜	时间失考		
627	晋康侯	河东南路	解州	闻喜	山西闻喜	时间失考		
628	王昭	河东南路	解州	夏县	山西夏县	皇统九年		
629	严坦	河东南路	辽州	和顺	山西和顺	大定中		

续表

序号	姓　名	路	州/府	县	今　地	登第时间	家族关系	备注
630	张德	河东南路	辽州	辽州	山西左权	贞祐三年		
631	马天衢	河东南路	辽州	辽州	山西左权	大定中		
632	王大用	河东南路	潞州	黎城	山西黎城	大定二十二年		
633	王著	河东南路	潞州	潞城	山西潞城	正隆五年		
634	杨植	河东南路	潞州	潞城	山西潞城	大定十六年		
635	赵愿	河东南路	潞州	潞城	山西潞城	大定十六年		
636	王陛臣	河东南路	潞州	潞城	山西潞城	承安五年		
637	杜汝楫	河东南路	潞州	潞城	山西潞城	时间失考		
638	高不器	河东南路	潞州	潞城	山西潞城	时间失考		
639	秦大隐	河东南路	潞州	潞城	山西潞城	时间失考		
640	王励翼	河东南路	潞州	潞城	山西潞城	时间失考		
641	王良臣	河东南路	潞州	潞州	山西长治	承安五年		
642	范炜	河东南路	潞州	潞州	山西长治	时间失考		
643	郝长卿	河东南路	潞州	潞州	山西长治	时间失考		
644	蘧大中	河东南路	潞州	潞州	山西长治	时间失考		
645	郭伯英	河东南路	潞州	上党	山西长治	承安五年		
646	张温	河东南路	潞州	上党	山西长治	泰和六年		
647	李执	河东南路	潞州	上党	山西长治	正大七年		

续表

序号	姓　名	路	州/府	县	今　地	登第时间	家族关系	备注
648	董文甫	河东南路	潞州	上党	山西长治	承安中		
649	王邦彦	河东南路	潞州	涉县	河北涉县	时间失考		
650	张颐正	河东南路	潞州	涉县	河北涉县	时间失考		
651	杜飞卿	河东南路	潞州	屯留	山西屯留	兴定二年		
652	李安	河东南路	潞州	襄垣	山西襄垣	时间失考		
653	郑景真	河东南路	潞州	襄垣	山西襄垣	时间失考		
654	宋楫	河东南路	潞州	长子	山西长子	天德三年	子宋元吉、元圭，族孙宋景萧	
655	贾容	河东南路	潞州	长子	山西长子	大定十九年		
656	宋元吉	河东南路	潞州	长子	山西长子	明昌二年	父宋楫，弟宋元圭，族侄宋景萧	
657	南山	河东南路	潞州	长子	山西长子	承安二年		
658	鲍元	河东南路	潞州	长子	山西长子	承安五年		
659	宋元圭	河东南路	潞州	长子	山西长子	泰和三年	父宋楫，兄宋元吉，族侄宋景萧	
660	宋景萧	河东南路	潞州	长子	山西长子	正大七年	叔祖宋楫，族叔宋元吉、元圭	
661	史激	河东南路	孟州	济源	河南济源	天眷二年		
662	冯长吉	河东南路	孟州	济源	河南济源	正隆五年		
663	王藏器	河东南路	孟州	济源	河南济源	大定十九年		

续表

序号	姓　名	路	州/府	县	今　地	登第时间	家族关系	备注
664	李彬	河东南路	平阳府	浮山	山西浮山	承安五年		
665	刘著	河东南路	平阳府	浮山	山西浮山	承安五年		
666	邢天佑	河东南路	平阳府	浮山	山西浮山	大安元年		经义状元
667	邢德贞	河东南路	平阳府	浮山	山西浮山	时间失考		
668	乔扆	河东南路	平阳府	洪洞	山西洪洞	天德三年	子乔宇	
669	郭通	河东南路	平阳府	洪洞	山西洪洞	大定三年		
670	乔宇	河东南路	平阳府	洪洞	山西洪洞	大定十六年	父乔扆	
671	郑才	河东南路	平阳府	洪洞	山西洪洞	明昌二年	郑专知后人	
672	郑椿	河东南路	平阳府	洪洞	山西洪洞	明昌二年	郑专知后人	
673	郑当时	河东南路	平阳府	洪洞	山西洪洞	明昌二年	郑专知后人	
674	郑璘	河东南路	平阳府	洪洞	山西洪洞	明昌二年	郑专知后人	
675	郑松	河东南路	平阳府	洪洞	山西洪洞	明昌二年	郑专知后人	
676	郑询	河东南路	平阳府	洪洞	山西洪洞	明昌二年	郑专知后人	
677	董威	河东南路	平阳府	洪洞	山西洪洞	大安元年		
678	郑时昌	河东南路	平阳府	洪洞	山西洪洞	大定中		
679	杨口政	河东南路	平阳府	洪洞	山西洪洞	时间失考		
680	贾邦献	河东南路	平阳府	霍州	山西霍州	兴定二年		
681	张国维	河东南路	平阳府	霍州	山西霍州	时间失考		

续表

序号	姓　名	路	州/府	县	今　地	登第时间	家族关系	备注
682	邓浩	河东南路	平阳府	录事司	山西临汾	承安五年		
683	郭用中	河东南路	平阳府	平阳	山西临汾	大定七年		
684	毛麾	河东南路	平阳府	平阳	山西临汾	大定十六年		特赐进士
685	张迪禄	河东南路	平阳府	平阳	山西临汾	明昌二年	叔张邦彦，子张德直	
686	赵文昌	河东南路	平阳府	平阳	山西临汾	明昌二年		
687	张邦彦	河东南路	平阳府	平阳	山西临汾	明昌五年	侄张迪禄，侄孙张德直	
688	吉鼎	河东南路	平阳府	平阳	山西临汾	泰和三年		
689	孙当时	河东南路	平阳府	平阳	山西临汾	大安元年		省元及第
690	王纲	河东南路	平阳府	平阳	山西临汾	大安元年		词赋状元
691	张德直	河东南路	平阳府	平阳	山西临汾	贞祐三年	叔祖张邦彦	
692	孔叔利	河东南路	平阳府	平阳	山西临汾	正大四年		
693	孔之固	河东南路	平阳府	襄陵	山西临汾	明昌二年		
694	王佐	河东南路	平阳府	襄陵	山西临汾	正大中		
695	王宝英	河东南路	平阳府	赵城	山西洪洞	正大中		
696	徐闰	河东南路	平阳府	赵城	山西洪洞	时间失考		
697	常思初	河东南路	沁州	沁州	山西沁县	时间失考		
698	贾绰	河东南路	沁州	铜鞮	山西沁县	正隆五年		
699	王师正	河东南路	沁州	武乡	山西武乡	明昌二年		

续表

序号	姓　名	路	州/府	县	今　地	登第时间	家族关系	备注
700	李俨	河东南路	沁州	武乡	山西武乡	时间失考		
701	郝郛	河东南路	隰州	大宁	山西大宁	时间失考		
702	贺时行	河东南路	隰州	大宁	山西大宁	时间失考		
703	卫唐	河东南路	隰州	大宁	山西大宁	时间失考		
704	王翰	河东南路	泽州	端氏	山西沁县	天德三年		
705	苏瓘	河东南路	泽州	端氏	山西晋城	时间失考		
706	晁会	河东南路	泽州	高平	山西高平	天眷二年		
707	李晏	河东南路	泽州	高平	山西高平	皇统六年	弟李曼，子李仲略	
708	赵可	河东南路	泽州	高平	山西高平	贞元二年	子赵述	
709	李仲略	河东南路	泽州	高平	山西高平	大定十九年	父李晏，叔李曼	
710	陈载	河东南路	泽州	高平	山西高平	明昌二年		经义状元
711	李仲立	河东南路	泽州	高平	山西高平	明昌二年	父李曼，伯父李晏	
712	王晦	河东南路	泽州	高平	山西高平	明昌二年		
713	卢洵	河东南路	泽州	高平	山西高平	承安二年		
714	赵述	河东南路	泽州	高平	山西高平	承安二年	父赵可	
715	赵楠	河东南路	泽州	高平	山西高平	承安五年		
716	申万全	河东南路	泽州	高平	山西高平	贞祐三年	兄申无夷	
717	申无夷	河东南路	泽州	高平	山西高平	崇庆二年	弟申万全	

续表

序号	姓　名	路	州/府	县	今　地	登第时间	家族关系	备注
718	杨公恕	河东南路	泽州	高平	山西高平	时间失考		
719	张国纲	河东南路	泽州	高平	山西高平	时间失考		
720	张师颖	河东南路	泽州	高平	山西高平	时间失考		
721	李曼	河东南路	泽州	高平	山西高平	天德三年	兄李晏，子李仲立	
722	李俊民	河东南路	泽州	晋城	山西晋城	承安五年	侄李抃	经义状元
723	贺彰	河东南路	泽州	晋城	山西晋城	正大四年		
724	卜世昌	河东南路	泽州	晋城	山西晋城	明昌中		
725	张天祐	河东南路	泽州	晋城	山西晋城	明昌中		
726	张宗	河东南路	泽州	晋城	山西晋城	明昌中		
727	赵安时	河东南路	泽州	陵川	山西陵川	天德元年	弟赵安荣	经义状元
728	赵安荣	河东南路	泽州	陵川	山西陵川	天德三年	兄赵安时	经义状元
729	武明甫	河东南路	泽州	陵川	山西陵川	贞元元年	侄武天佑、武天和	经义状元
730	邢天祐	河东南路	泽州	陵川	山西陵川	正隆二年		
731	邢天秩	河东南路	泽州	陵川	山西陵川	正隆二年		
732	冯延年	河东南路	泽州	陵川	山西陵川	正隆五年		
733	武俊臣	河东南路	泽州	陵川	山西陵川	正隆五年	武明甫族人	
734	赵稷	河东南路	泽州	陵川	山西陵川	大定三年		
735	赵文昌	河东南路	泽州	陵川	山西陵川	大定二十二年		

续表

序号	姓　名	路	州/府	县	今　地	登第时间	家族关系	备注
736	刘俞	河东南路	泽州	陵川	山西陵川	明昌二年		
737	赵宇	河东南路	泽州	陵川	山西陵川	承安五年	妻兄李献卿	经义省元
738	武天佑	河东南路	泽州	陵川	山西陵川	泰和三年	叔父武明甫，弟武天和	经义状元
739	武天和	河东南路	泽州	陵川	山西陵川	泰和六年	叔父武明甫，兄武天佑	经义状元
740	都瑾	河东南路	泽州	陵川	山西陵川	皇统中		
741	王珪	河东南路	泽州	陵川	山西陵川	皇统中		
742	张化源	河东南路	泽州	陵川	山西陵川	皇统中		
743	李东	河东南路	泽州	陵川	山西陵川	天德中		
744	冯澍	河东南路	泽州	陵川	山西陵川	贞元中		
745	冯运	河东南路	泽州	陵川	山西陵川	贞元中		
746	秦知常	河东南路	泽州	陵川	山西陵川	大定中		
747	马柔立	河东南路	泽州	陵川	山西陵川	承安中		
748	牛之翰	河东南路	泽州	陵川	山西陵川	承安中		
749	王谓	河东南路	泽州	陵川	山西陵川	承安中		
750	韩奕	河东南路	泽州	陵川	山西陵川	泰和中		
751	李鼎	河东南路	泽州	陵川	山西陵川	泰和中		
752	袁庶	河东南路	泽州	陵川	山西陵川	泰和中		
753	张宇	河东南路	泽州	陵川	山西陵川	泰和中		

续表

序号	姓　名	路	州/府	县	今　地	登第时间	家族关系	备注
754	陈华	河东南路	泽州	陵川	山西陵川	时间失考		
755	张镕	河东南路	泽州	陵川	山西陵川	时间失考		
756	王良翰	河东南路	泽州	沁水	山西沁水	天眷二年		
757	张野	河东南路	泽州	沁水	山西沁水	天眷二年		
758	程子寿	河东南路	泽州	沁水	山西沁水	皇统五年	族侄程震、程鼎	
759	张琚	河东南路	泽州	沁水	山西沁水	皇统五年		
760	张云叟	河东南路	泽州	沁水	山西沁水	正隆二年		
761	韩士清	河东南路	泽州	沁水	山西沁水	大定十九年		
762	王东輓	河东南路	泽州	沁水	山西沁水	大安元年		
763	常文宪	河东南路	泽州	沁水	山西沁水	崇庆二年		
764	阴孝思	河东南路	泽州	沁水	山西沁水	泰和中		
765	阴孝彰	河东南路	泽州	沁水	山西沁水	泰和中		
766	刘居简	河东南路	泽州	阳城	山西阳城	时间失考		
767	申鉴	河东南路	泽州	阳城	山西阳城	时间失考		
768	杨行周	河东南路	泽州	阳城	山西阳城	时间失考		
769	杨天衢	河东南路	泽州	阳城	山西阳城	时间失考		
770	郭俣	河东南路	泽州	泽州	山西晋城	大定二十二年		
771	路元	河东南路	泽州	泽州	山西晋城	大定二十二年		

续表

序号	姓　名	路	州/府	县	今　地	登第时间	家族关系	备注
772	李抟	河东南路	泽州	泽州	山西晋城	崇庆二年	叔父李俊民	
773	吴芝	河东南路	泽州	泽州	山西晋城	正大元年		
774	吴听	河东南路	泽州	泽州	山西晋城	正大四年		
775	卢璪	河东南路	泽州	泽州	山西晋城	天会□		
776	吕大车	河东南路	泽州	泽州	山西晋城	天会中		
777	王处广	河东南路	泽州	泽州	山西晋城	天会中		
778	张鑑	河东南路	泽州	泽州	山西晋城	天会中		
779	薛居贞	河东南路	泽州	泽州	山西晋城	皇统中		
780	韩说	河东南路	泽州	泽州	山西晋城	贞元中		
781	司徒祖契	河东南路	泽州	泽州	山西晋城	大定中		
782	陈子范	河东南路	泽州	泽州	山西晋城	明昌中		
783	段坦之	河东南路	泽州	泽州	山西晋城	明昌中		
784	李师尹	河东南路	泽州	泽州	山西晋城	明昌中		
785	孙锡	河东南路	泽州	长平	山西高平	时间失考		
786	杨邦基	京兆府路	华州	华阴	陕西华县	天眷二年	孙杨勗	
787	王元礼	京兆府路	华州	华阴	陕西华县	兴定五年		
788	杨庭秀	京兆府路	华州	华州	陕西华县	大定二十二年		
789	侯廷翰	京兆府路	华州	华州	陕西华县	时间失考		

续表

序号	姓　名	路	州/府	县	今　地	登第时间	家族关系	备注
790	王邦彦	京兆府路	华州	华州	陕西华县	时间失考		
791	江文德	京兆府路	华州	蒲城	陕西蒲城	大定中		
792	段师愈	京兆府路	华州	蒲城	陕西蒲城	时间失考		
793	郭冕	京兆府路	华州	蒲城	陕西蒲城	时间失考		
794	王天祺	京兆府路	华州	蒲城	陕西蒲城	时间失考		
795	魏纶	京兆府路	京兆府	高陵	陕西高陵	时间失考		
796	孙扆	京兆府路	京兆府	高陵	陕西高陵	时间失考		
797	申甲	京兆府路	京兆府	高陵	陕西高陵	时间失考		
798	路秉钧	京兆府路	京兆府	高陵	陕西高陵	承安二年		
799	李文本	京兆府路	京兆府	高陵	陕西高陵	兴定二年		
800	李暐	京兆府路	京兆府	高陵	陕西高陵	承安五年		
801	郭邦彦	京兆府路	京兆府	鄠县	陕西户县	兴定五年		
802	张琚	京兆府路	京兆府	京兆	陕西西安	正大元年	父张浩然，弟张珪	
803	张珩	京兆府路	京兆府	京兆	陕西西安	正大四年		
804	张珪	京兆府路	京兆府	京兆	陕西西安	正大元年	父张浩然，兄张琚	
805	王公一	京兆府路	京兆府	京兆	陕西西安	大安元年		
806	孙通祥	京兆府路	京兆府	京兆	陕西西安	大定二十八年		
807	史肃	京兆府路	京兆府	京兆	陕西西安	明昌二年		

续表

序号	姓　名	路	州/府	县	今　地	登第时间	家族关系	备注
808	师希甫	京兆府路	京兆府	京兆	陕西西安	贞祐三年		
809	李㮚	京兆府路	京兆府	京兆	陕西西安	正隆二年前		
810	李谓	京兆府路	京兆府	京兆	陕西西安	兴定二年		
811	来献臣	京兆府路	京兆府	京兆	陕西西安	兴定五年		
812	侯庆长	京兆府路	京兆府	京兆	陕西西安	时间失考		
813	杜甲	京兆府路	京兆府	京兆	陕西西安	贞祐三年		
814	窦章	京兆府路	京兆府	京兆	陕西西安	明昌二年		
815	卢元	京兆府路	京兆府	泾渭	陕西泾阳	兴定五年		
816	赵震	京兆府路	京兆府	泾阳	陕西泾阳	时间失考		
817	武师古	京兆府路	京兆府	泾阳	陕西泾阳	时间失考		
818	武儒林	京兆府路	京兆府	泾阳	陕西泾阳	时间失考		
819	王时宪	京兆府路	京兆府	栎阳	陕西西安	承安二年		
820	王格	京兆府路	京兆府	栎阳	陕西西安	贞祐三年		
821	王宾	京兆府路	京兆府	临潼	陕西临潼	承安二年		
822	冯辰	京兆府路	京兆府	临潼	陕西临潼	贞祐三年		
823	朱希仲	京兆府路	京兆府	录事司	陕西西安	阜昌四年		
824	郑之纯	京兆府路	京兆府	录事司	陕西西安	皇统二年		
825	张侠	京兆府路	京兆府	录事司	陕西西安	明昌二年		

续表

序号	姓　名	路	州/府	县	今　地	登第时间	家族关系	备注
826	杨居厚	京兆府路	京兆府	录事司	陕西西安	承安二年		
827	吴昕	京兆府路	京兆府	录事司	陕西西安	贞祐三年		
828	孙嘉祥	京兆府路	京兆府	录事司	陕西西安	泰和三年		
829	刘晋	京兆府路	京兆府	录事司	陕西西安	阜昌六年		
830	刘彬	京兆府路	京兆府	录事司	陕西西安	承安五年		
831	范昂霄	京兆府路	京兆府	录事司	陕西西安	大安元年		
832	崔元亮	京兆府路	京兆府	录事司	陕西西安	贞祐三年		
833	程少连	京兆府路	京兆府	录事司	陕西西安	大定十六年		
834	曹谦	京兆府路	京兆府	录事司	陕西西安	明昌二年		
835	薛延嗣	京兆府路	京兆府	咸宁	陕西西安	阜昌四年		
836	萧简	京兆府路	京兆府	咸宁	陕西西安	皇统九年		
837	孟师颜	京兆府路	京兆府	咸宁	陕西西安	正隆二年		
838	李栗	京兆府路	京兆府	咸宁	陕西西安	阜昌六年		
839	萧贡	京兆府路	京兆府	咸阳	陕西咸阳	大定二十二年		
840	惠吉	京兆府路	京兆府	云阳	陕西泾阳	泰和三年		
841	刘源	京兆府路	京兆府	云阳	陕西泾阳	正大七年		
842	裴宪	京兆府路	京兆府	长安	陕西西安	时间失考		
843	王瓚	京兆府路	乾州	奉天	陕西乾县	泰和中		

续表

序号	姓　名	路	州/府	县	今　地	登第时间	家族关系	备注
844	李飞鹰	京兆府路	乾州	武功	陕西武功	贞祐三年		
845	李过庭	京兆府路	乾州	武功	陕西武功	贞祐三年		
846	武洵直	京兆府路	乾州	武功	陕西武功	承安五年		
847	张徽	京兆府路	乾州	武功	陕西武功	兴定二年		
848	杜佺	京兆府路	乾州	武功	陕西武功	阜昌中		
849	张齐	京兆府路	商州	商州	陕西商洛	时间失考		
850	段继昌	京兆府路	同州	白水	陕西白水	时间失考		
851	潘震亨	京兆府路	同州	白水	陕西白水	时间失考		
852	严曦	京兆府路	同州	澄城	陕西澄城	明昌五年		
853	王嘉猷	京兆府路	同州	澄城	陕西澄城	承安二年		
854	韩师古	京兆府路	同州	澄城	陕西澄城	明昌中		
855	赵彪	京兆府路	同州	澄城	陕西澄城	明昌中		
856	宗源	京兆府路	同州	澄城	陕西澄城	明昌中		
857	李抚	京兆府路	同州	澄城	陕西澄城	时间失考		
858	权纲	京兆府路	同州	澄城	陕西澄城	时间失考		
859	赵振	京兆府路	同州	韩城	陕西韩城	大定十九年		
860	马谌	京兆府路	同州	韩城	陕西韩城	皇统六年前		
861	何孜	京兆府路	同州	韩城	陕西韩城	时间失考		

续表

序号	姓名	路	州/府	县	今地	登第时间	家族关系	备注
862	王迁善	京兆府路	同州	韩城	陕西韩城	时间失考		
863	薛楚	京兆府路	同州	韩城	陕西韩城	时间失考		
864	王嗣初	京兆府路	同州	同州	陕西大荔	泰和三年		
865	焦燧	京兆府路	同州	同州	陕西大荔	时间失考		
866	李端	京兆府路	同州	同州	陕西大荔	时间失考		
867	路铎	京兆府路	同州	同州	陕西大荔	时间失考		
868	王成	京兆府路	同州	同州	陕西大荔	时间失考		
869	聂璋	京兆府路	同州	郃阳	陕西合阳	时间失考		
870	宋元佐	京兆府路	同州	郃阳	陕西合阳	时间失考		
871	赵廷实	京兆府路	同州	郃阳	陕西合阳	时间失考		
872	刘光	京兆府路	耀州	富平	陕西富平	时间失考		
873	杨天德	京兆府路	耀州	美原	陕西	兴定二年		
874	贺天祐	京兆府路	耀州	三原	陕西三原	承安二年		
875	杨达夫	京兆府路	耀州	三原	陕西三原	泰和三年		
876	宋九龄	京兆府路	耀州	耀州	陕西	大定七年		
877	易椿年	京兆府路	耀州	耀州	陕西	大定七年		
878	刘瞻	南京路	亳州	亳州	安徽亳州	天德三年		
879	王宾	南京路	亳州	亳州	安徽亳州	贞祐三年		

续表

序号	姓　名	路	州/府	县	今　地	登第时间	家族关系	备注
880	刘显祖	南京路	亳州	永城	河南永城	贞祐三年		
881	文商	南京路	蔡州	蔡州	河南汝州	明昌二年		特赐进士
882	赵公祥	南京路	蔡州	平舆	河南平舆	时间失考		
883	姬端修	南京路	蔡州	汝阳	河南汝阳	大定二十五年		
884	弋彀英	南京路	蔡州	汝阳	河南汝州	正大中	表妹婿张翥	
885	王德辅	南京路	陈州	商水	河南商水			经童及第
886	徐世隆	南京路	陈州	西华	河南西华	正大四年		
887	李国玺	南京路	单州	鱼台	山东	时间失考		
888	张天锡	南京路	单州	鱼台	山东	时间失考		
889	张元成	南京路	单州	鱼台	山东	时间失考		
890	何师常	南京路	邓州	南阳	河南南阳	明昌二年		
891	刘文龙	南京路	邓州	内乡	河南内乡	时间失考		
892	王夔	南京路	归德府	宋州	河南商丘	皇统中		
893	李元	南京路	河南府	缑氏	河南偃师	正大元年		
894	王简	南京路	河南府	嵩阴	河南巩县	大安元年		
895	吕汝明	南京路	河南府	偃师	河南偃师	大安元年		
896	武扬	南京路	河南府	偃师	河南偃师	大安元年		
897	卢亚	南京路	河南府	偃师	河南偃师	正大四年		词赋状元

续表

序号	姓　名	路	州/府	县	今　地	登第时间	家族关系	备注
898	屈师古	南京路	钧州	钧州	河南禹州	泰和六年		
899	王磵	南京路	开封府	汴京	河南开封	明昌末		特赐进士
900	杜实才	南京路	开封府	警巡院	河南开封	承安五年		
901	朱焕	南京路	开封府	警巡院	河南开封	承安五年	妹婿张汝翼	
902	孟宗献	南京路	开封府	开封	河南开封	大定三年		状元
903	焦炯	南京路	开封府	开封	河南开封	大定二十二年		
904	杨居仁	南京路	开封府	南京	河南开封	泰和三年		
905	杨伯元	南京路	开封府	尉氏	河南尉氏	大定三年		
906	王世赏	南京路	开封府	祥符	河南开封	明昌中		特赐进士
907	董民誉	南京路	开封府	阳夏	河南太康	时间失考		
908	张文纪	南京路	汝州	宝丰	河南宝丰	大安元年		
909	张翥	南京路	汝州	梁县	河南汝州	时间失考	妻表兄弋彀英	
910	韩禋子	南京路	汝州	鲁山	河南鲁山	时间失考		
911	赵良	南京路	汝州	鲁山		泰和六年		
912	张篪	南京路	陕州	阌乡	河南风陵渡	时间失考		
913	高公振	南京路	寿州	蒙城	安徽蒙城	正隆二年	父高士谈	
914	田芝	南京路	寿州	蒙城	安徽蒙城	贞祐三年		
915	朱澜	南京路	嵩州	洛西	河南洛宁	大定二十八年	父朱之才	

续表

序号	姓　名	路	州/府	县	今　地	登第时间	家族关系	备注
916	祖口荣	南京路	睢州	仇香	河南开封	明昌二年		
917	张汉臣	南京路	息州	新息	河南息县			经童及第
918	张瑴	南京路	许州	临颍	河南临颍	大定二十八年		
919	李元英	南京路	许州	临颍	河南临颍	泰和三年		
920	张镃	南京路	许州	临颍	河南临颍	大安元年		
921	何叔信	南京路	许州	临颍	河南临颍	承安中		
922	卫文仲	南京路	许州	襄城	河南襄城	承安中		
923	李彝	南京路	许州	襄城	河南襄城	时间失考		
924	李珍	南京路	许州	襄城	河南襄城	时间失考		
925	韦仲安	南京路	裕州	昆阳	河南叶县	兴定五年		
926	赵洵	南京路	郑州	管城	河南郑州	大定二十二年		
927	李升	南京路	郑州	郑州	河南郑州	明昌五年		特赐进士
928	邢珣	庆原路	邠州	永寿	陕西永寿	承安五年		
929	李节	庆原路	泾州	泾州	甘肃泾川	承安二年		
930	何演	庆原路	宁州	宁州	甘肃宁县	天会十二年		
931	王世昌	庆原路	宁州	宁州	甘肃宁县	贞祐三年		特赐进士
932	李奖	庆原路	庆阳府	庆阳	甘肃庆阳	明昌五年		特赐进士
933	梁震	山东东路	滨州	安平	山东滨州	皇统二年		

续表

序号	姓　名	路	州/府	县	今　地	登第时间	家族关系	备注
934	范景纯	山东东路	登州	东牟	山东登州	崇庆二年前		
935	黄士表	山东东路	登州	蓬莱	山东蓬莱	大定十九年		
936	黄千之	山东东路	登州	蓬莱	山东蓬莱	时间失考		
937	黄清臣	山东东路	登州	蓬莱	山东蓬莱	时间失考		
938	黄士端	山东东路	登州	蓬莱	山东蓬莱	时间失考		
939	黄政	山东东路	登州	蓬莱	山东蓬莱	时间失考		
940	李循	山东东路	登州	蓬莱	山东蓬莱	时间失考		
941	刘元振	山东东路	登州	蓬莱	山东蓬莱	时间失考		
942	王端	山东东路	登州	蓬莱	山东蓬莱	时间失考		
943	王堪	山东东路	棣州	棣州	山东惠民	皇统九年		经义状元
944	张铭祖	山东东路	棣州	棣州	山东惠民	时间失考		
945	朱自牧	山东东路	棣州	厌次	山东惠民	皇统二年		
946	李偁	山东东路	棣州	厌次	山东惠民	明昌五年		
947	窦宇	山东东路	棣州	厌次	山东惠民	时间失考		
948	范铎	山东东路	棣州	厌次	山东惠民	时间失考		
949	郭德禄	山东东路	棣州	厌次	山东惠民	时间失考		
950	郭衡	山东东路	棣州	厌次	山东惠民	时间失考		
951	李果	山东东路	棣州	厌次	山东惠民	时间失考		

续表

序号	姓　名	路	州/府	县	今　地	登第时间	家族关系	备注
952	万鼎亨	山东东路	棣州	厌次	山东惠民	时间失考		
953	王廷烈	山东东路	棣州	厌次	山东惠民	时间失考		
954	姚建荣	山东东路	棣州	厌次	山东惠民	时间失考		
955	苑时可	山东东路	棣州	厌次	山东惠民	时间失考		
956	张拱辰	山东东路	棣州	厌次	山东惠民	时间失考		
957	杜举	山东东路	棣州	阳信	山东阳信	时间失考		
958	范元	山东东路	棣州	阳信	山东阳信	时间失考		
959	李倩	山东东路	棣州	阳信	山东阳信	时间失考		
960	李师玉	山东东路	棣州	阳信	山东阳信	时间失考		
961	王天与	山东东路	棣州	阳信	山东阳信	时间失考		
962	徐松龄	山东东路	棣州	阳信	山东阳信	时间失考		
963	许睿	山东东路	棣州	阳信	山东阳信	时间失考		
964	杨铎	山东东路	棣州	阳信	山东阳信	时间失考		
965	张显祖	山东东路	棣州	阳信	山东阳信	时间失考		
966	王绘	山东东路	济南府	济南	山东济南	皇统九年		
967	李坦之	山东东路	济南府	济南	山东济南	大定十六年		
968	赵挚	山东东路	济南府	济南	山东济南	明昌五年		特赐进士
969	朱松年	山东东路	济南府	济南	山东济南	承安二年		

续表

序号	姓名	路	州/府	县	今地	登第时间	家族关系	备注
970	刘昂	山东东路	济南府	济南	山东济南	承安五年		
971	董积躬	山东东路	济南府	济南	山东济南	天德中		
972	房维桢	山东东路	济南府	济南	山东济南	时间失考		
973	解裴	山东东路	济南府	济南	山东济南	时间失考		
974	魏汝翼	山东东路	济南府	济南	山东济南			特赐进士
975	谢良弼	山东东路	济南府	济南	山东济南	时间失考		
976	李仲熊	山东东路	济南府	济阳	山东济阳	承安二年		
977	杨君烈	山东东路	济南府	济阳	山东济阳	泰和三年		
978	张鼎	山东东路	济南府	济阳	山东济阳	正大七年		
979	马骧	山东东路	济南府	禹城	山东禹城	大安元年		
980	王道衡	山东东路	济南府	禹城	山东禹城	时间失考		
981	尹莘	山东东路	济南府	章丘	山东章丘	大定十三年		
982	崔洋	山东东路	济南府	章丘	山东章丘	大定十六年		
983	刘璠	山东东路	济南府	章丘	山东章丘	承安五年		
984	曹昌国	山东东路	济南府	章丘	山东章丘	大定十六年前		
985	陈善信	山东东路	济南府	章丘	山东章丘	大定十六年前		
986	耿宪	山东东路	济南府	章丘	山东章丘	大定十六年前		
987	公秉均	山东东路	济南府	章丘	山东章丘	大定十六年前		

续表

序号	姓　名	路	州/府	县	今　地	登第时间	家族关系	备注
988	胡作均	山东东路	济南府	章丘	山东章丘	大定十六年前		
989	姜昭	山东东路	济南府	章丘	山东章丘	大定十六年前		
990	李复古	山东东路	济南府	章丘	山东章丘	大定十六年前		
991	李构	山东东路	济南府	章丘	山东章丘	大定十六年前		
992	李祺	山东东路	济南府	章丘	山东章丘	大定十六年前		
993	李天锡	山东东路	济南府	章丘	山东章丘	大定十六年前		
994	刘德昭	山东东路	济南府	章丘	山东章丘	大定十六年前		
995	刘磐	山东东路	济南府	章丘	山东章丘	大定十六年前		
996	明泰	山东东路	济南府	章丘	山东章丘	大定十六年前		
997	郄观	山东东路	济南府	章丘	山东章丘	大定十六年前		
998	王梦攷	山东东路	济南府	章丘	山东章丘	大定十六年前		
999	尹天民	山东东路	济南府	章丘	山东章丘	大定十六年前		
1000	张百祥	山东东路	济南府	章丘	山东章丘	大定十六年前		
1001	张嗣祖	山东东路	济南府	章丘	山东章丘	大定十六年前		
1002	赵洵仁	山东东路	济南府	章丘	山东章丘	大定十六年前		
1003	赵瑀	山东东路	济南府	章丘	山东章丘	大定十六年前		
1004	赵之才	山东东路	济南府	章丘	山东章丘	大定十六年前		
1005	赵佐圣	山东东路	济南府	章丘	山东章丘	大定十六年前		

续表

序号	姓　名	路	州/府	县	今　地	登第时间	家族关系	备注
1006	仲嗣	山东东路	济南府	章丘	山东章丘	大定十六年前		
1007	仲韺	山东东路	济南府	章丘	山东章丘	大定十六年前		
1008	阎时升	山东东路	济南府	长清	山东长清	正隆五年	父阎俊，子阎长言	
1009	阎长言	山东东路	济南府	长清	山东长清	承安五年	祖阎俊，父阎时升	词赋状元
1010	阎俊	山东东路	济南府	长清	山东长清	皇统中	子阎时升，孙阎长言	
1011	杜仁杰	山东东路	济南府	长清	山东长清	正大中	父杜忱	
1012	杜忱	山东东路	济南府	长清	山东长清	时间失考	子杜仁杰	
1013	张莘卿	山东东路	莒州	城阳	山东莒县	天德三年	子张暐、张晔，孙张行简、行信	
1014	张暐	山东东路	莒州	日照	山东日照	正隆五年	父张莘卿，弟张晔，子行简、行信	
1015	张行简	山东东路	莒州	日照	山东日照	大定十九年	祖张莘卿，父张暐，弟行信	词赋状元
1016	张行信	山东东路	莒州	日照	山东莒县	大定二十八年	祖张莘卿，父张暐，婿敬铉	
1017	徐政	山东东路	莒州	日照	山东日照	时间失考		
1018	张晔	山东东路	莒州	日照	山东日照	时间失考	父张莘卿，兄张暐，侄行简、行信	
1019	刘迎	山东东路	莱州	东莱	山东莱州	大定十三年	子刘国枢	
1020	刘国枢	山东东路	莱州	东莱	山东莱州	大定二十九年	父刘迎	特赐进士

续表

序号	姓　名	路	州/府	县	今　地	登第时间	家族关系	备注
1021	孙仁鑑	山东东路	莱州	即墨	山东即墨	时间失考		
1022	孙仁杰	山东东路	莱州	即墨	山东即墨	时间失考		
1023	辛照	山东东路	莱州	胶水	山东平度	皇统二年		
1024	赵格	山东东路	莱州	莱阳	山东莱阳	明昌中	弟赵植	
1025	赵植	山东东路	莱州	莱阳	山东莱阳	明昌中	兄赵格	
1026	宫礼	山东东路	莱州	莱阳	山东莱阳	时间失考		
1027	马希文	山东东路	莱州	莱阳	山东莱阳	时间失考		
1028	张魁	山东东路	莱州	莱阳	山东莱阳	时间失考		
1029	郭寿哥	山东东路	密州	高密	山东高密	承安二年		经童及第
1030	黄从龙	山东东路	密州	密州	山东诸城	皇统五年		状元
1031	邹谷	山东东路	密州	诸城	山东诸城	大定十三年		
1032	郝俊彦	山东东路	宁海州	宁海	山东烟台	天会十一年	婿郭长倩，弟郝大通	
1033	郝万石	山东东路	宁海州	宁海	山东烟台	时间失考		
1034	郭长倩	山东东路	宁海州	文登	山东文登	皇统六年	岳父郝俊彦	
1035	郭荣祖	山东东路	宁海州	文登	山东文登	大定十年		
1036	王震	山东东路	宁海州	文登	山东文登	明昌三年		特赐进士
1037	王良臣	山东东路	宁海州	文登	山东牟平	贞祐二年前		
1038	樊政	山东东路	潍州	昌乐	山东昌乐	时间失考		

续表

序号	姓　名	路	州/府	县	今　地	登第时间	家族关系	备注
1039	高铸	山东东路	潍州	昌乐	山东昌乐	时间失考		
1040	孟通	山东东路	潍州	昌乐	山东昌乐	时间失考		
1041	王镐	山东东路	潍州	昌乐	山东昌乐	时间失考		
1042	邢珪	山东东路	潍州	昌乐	山东昌乐	时间失考		
1043	张焕	山东东路	潍州	昌乐	山东昌乐	时间失考		
1044	赵松年	山东东路	潍州	昌乐	山东昌乐	时间失考		
1045	李浩	山东东路	益都府	临淄	山东青州	时间失考		
1046	牟仲昜	山东东路	益都府	青州	山东青州	大安元年		
1047	贾持谦	山东东路	益都府	寿光	山东寿光	时间失考		
1048	李英	山东东路	益都府	益都	山东青州	明昌五年		
1049	刘巩	山东东路	益都府	益都	山东青州	天德三年		
1050	王枢	山东东路	益都府	益都	山东青州	明昌元年		特赐进士
1051	刘微	山东东路	益都府	益都	山东青州	贞祐三年		
1052	乌古论德升	山东东路	益都府	益都路猛安	山东青州	明昌二年		
1053	初绅	山东东路	淄州	高苑	山东高青	时间失考		
1054	樊知方	山东东路	淄州	高苑	山东高青	时间失考		
1055	王得臣	山东东路	淄州	高苑	山东高青	时间失考		
1056	张翱	山东东路	淄州	淄川	山东淄博	大定十三年		

续表

序号	姓名	路	州/府	县	今地	登第时间	家族关系	备注
1057	李楫	山东东路	淄州	淄川	山东淄博	大定十九年	子李国维	
1058	李国维	山东东路	淄州	淄川	山东淄博	兴定五年	父李楫	
1059	刘时昌	山东东路	淄州	邹平	山东邹平	大定三年	子刘汝翼	
1060	刘汝翼	山东东路	淄州	邹平	山东邹平	贞祐三年	父刘时昌	经义状元
1061	贾铉	山东西路	博州	博平	山东聊城	大定十三年		
1062	贾局	山东西路	博州	博平	山东聊城	时间失考		
1063	郭仲容	山东西路	博州	博平	山东聊城	时间失考		
1064	耿端义	山东西路	博州	博平	山东聊城	大定二十八年		
1065	张安行	山东西路	博州	博州	山东聊城			特赐进士
1066	赵雄飞	山东西路	博州	高唐	山东高唐	承安二年	子赵安世	
1067	赵安世	山东西路	博州	高唐	山东高唐	贞祐三年	父赵雄飞	
1068	商泽民	山东西路	博州	高唐	山东高唐	时间失考		
1069	李仝	山东西路	博州	高唐	山东高唐	时间失考		
1070	康晔	山东西路	博州	高唐	山东高唐	正大元年		
1071	康鼎	山东西路	博州	高唐	山东高唐	承安五年		
1072	张泰亨	山东西路	博州	堂邑	山东聊城	正大中	岳父王扩	
1073	冯庆	山东西路	曹州	曹县	山东曹县	时间失考		
1074	商衡	山东西路	曹州	曹州	山东菏泽	崇庆二年	婿刘茂	

续表

序号	姓　名	路	州/府	县	今　地	登第时间	家族关系	备注
1075	李防	山东西路	曹州	曹州	山东菏泽	时间失考		
1076	任天宠	山东西路	曹州	定陶	山东定陶	明昌二年		
1077	张特立	山东西路	曹州	东明	山东东明	泰和三年		
1078	王鹗	山东西路	曹州	东明	山东东明	正大元年		词赋状元
1079	贺扬庭	山东西路	曹州	济阴	山东菏泽	天德三年		
1080	抹然完者	山东西路	东平府	僝僽猛安		正大元年		特赐进士
1081	张仲可	山东西路	东平府	东阿	山东东阿	时间失考		
1082	张盂	山东西路	东平府	东阿	山东东阿	时间失考		
1083	张万公	山东西路	东平府	东阿	山东东阿	正隆二年	四子张某	
1084	张某	山东西路	东平府	东阿	山东东阿	泰和元年	父张万公	特赐进士
1085	张鼎	山东西路	东平府	东阿	山东东阿	时间失考		
1086	杨绩	山东西路	东平府	东阿	山东东阿	时间失考		
1087	薛怀祖	山东西路	东平府	东阿	山东东阿	时间失考		
1088	王世用	山东西路	东平府	东阿	山东东阿	大定二十八年		
1089	侯挚	山东西路	东平府	东阿	山东东阿	明昌二年		
1090	赵悫	山东西路	东平府	东平	山东东平	天会二年	子赵沨	
1091	赵沨	山东西路	东平府	东平	山东东平	大定二十二年	父赵悫	
1092	薛价	山东西路	东平府	东平	山东东平	阜昌四年		

续表

序号	姓　名	路	州/府	县	今　地	登第时间	家族关系	备注
1093	王瑀	山东西路	东平府	东平	山东东平	正隆五年	父王尚智	
1094	王尚智	山东西路	东平府	东平	山东东平	天会二年	子王瑀	
1095	贾炤	山东西路	东平府	东平	山东东平	明昌五年	子贾起，从叔贾益谦	
1096	贾起	山东西路	东平府	东平	山东东平	时间失考	父贾炤，从祖贾益谦	
1097	高霖	山东西路	东平府	东平	山东东平	大定二十五年	子高仁杰	
1098	翟升	山东西路	东平府	平阴	山东平阴	明昌二年		
1099	杨好古	山东西路	东平府	平阴	山东平阴	大定二十五年		
1100	许祐	山东西路	东平府	平阴	山东平阴	时间失考		
1101	王仲元	山东西路	东平府	平阴	山东平阴	承安五年	父王去执，伯父王去非	特赐进士
1102	王知进	山东西路	东平府	平阴	山东平阴	承安五年		
1103	王瓒	山东西路	东平府	平阴	山东平阴	明昌二年		
1104	王天一	山东西路	东平府	平阴	山东平阴	兴定二年		
1105	王去非	山东西路	东平府	平阴	山东平阴	时间失考		
1106	苏霖	山东西路	东平府	平阴	山东平阴	贞祐三年		
1107	苏得胜	山东西路	东平府	平阴	山东平阴	时间失考		
1108	锜申	山东西路	东平府	平阴	山东平阴	贞祐三年		
1109	刘格	山东西路	东平府	平阴	山东平阴	时间失考		
1110	李唐英	山东西路	东平府	平阴	山东平阴	贞祐三年		

续表

序号	姓　名	路	州/府	县	今　地	登第时间	家族关系	备注
1111	李可用	山东西路	东平府	平阴	山东平阴	时间失考		
1112	甲振	山东西路	东平府	平阴	山东平阴	时间失考	祖甲公绰	
1113	董哲	山东西路	东平府	平阴	山东平阴	明昌二年		
1114	完颜纳都悟夫	山东西路	东平府	蒲底山猛安		正大元年		
1115	完颜完者	山东西路	东平府	蒲底山猛安		正大元年		
1116	温迪罕阿邻	山东西路	东平府	石口猛安		正大元年		特赐进士
1117	韩德华	山东西路	东平府	寿张	山东梁山	时间失考		
1118	张汝明	山东西路	东平府	汶上	山东汶上	大安元年		
1119	国偁	山东西路	东平府	汶上	山东汶上	泰和三年		
1120	邹革	山东西路	东平府	须城	山东东平	时间失考		
1121	张献可	山东西路	东平府	须城	山东东平	时间失考		
1122	张安适	山东西路	东平府	须城	山东东平	时间失考		
1123	魏廷实	山东西路	东平府	须城	山东东平	时间失考		
1124	王子文	山东西路	东平府	须城	山东东平	时间失考		
1125	王震亨	山东西路	东平府	须城	山东东平	时间失考		
1126	唐舜臣	山东西路	东平府	须城	山东东平	时间失考		
1127	刘仲威	山东西路	东平府	须城	山东东平	时间失考		

续表

序号	姓　名	路	州/府	县	今　地	登第时间	家族关系	备注
1128	李文	山东西路	东平府	须城	山东东平	时间失考		
1129	李世英	山东西路	东平府	须城	山东东平	时间失考		
1130	李世弼	山东西路	东平府	须城	山东东平	兴定二年	子李昶	
1131	李昶	山东西路	东平府	须城	山东东平	兴定二年	父李世弼	
1132	寇显	山东西路	东平府	须城	山东东平	时间失考		
1133	黄久约	山东西路	东平府	须城	山东东平	时间失考	外祖刘长言	
1134	高仁杰	山东西路	东平府	须城	山东东平	时间失考	父高霖	
1135	唐处仁	山东西路	济州	济州	山东济宁	大定二十八年		
1136	于僟	山东西路	济州	嘉祥	山东嘉祥	时间失考		
1137	薛延芝	山东西路	济州	金乡	山东金乡	时间失考		
1138	徐渥	山东西路	济州	金乡	山东金乡	时间失考		
1139	孙廷珪	山东西路	济州	金乡	山东金乡	时间失考		
1140	孙世京	山东西路	济州	金乡	山东金乡	时间失考		
1141	孙秉彝	山东西路	济州	金乡	山东金乡	时间失考		
1142	晁子温	山东西路	济州	金乡	山东金乡	时间失考		
1143	李演	山东西路	济州	任城	山东济宁	泰和六年		词赋状元
1144	王忠弼	山东西路	邳州	兰陵	山东枣庄	时间失考		
1145	曹会	山东西路	邳州	兰陵	山东枣庄	时间失考		

续表

序号	姓　名	路	州/府	县	今　地	登第时间	家族关系	备注
1146	党怀英	山东西路	泰安州	泰安	山东泰安	大定十年		
1147	杨用道	山东西路	泰安州	泰安	山东泰安	天会十一年		
1148	刘礼	山东西路	泰安州	泰安	山东泰安	大定二十二年		
1149	耿昌世	山东西路	泰安州	泰安	山东泰安	天会十一年		状元
1150	刘述	山东西路	泰安州	新泰	山东泰安	时间失考	父刘良佐，叔父刘国宝，岳父杨勗	
1151	刘进	山东西路	泰安州	新泰	山东泰安	时间失考	父刘良佐，兄弟刘造、刘述	
1152	刘造	山东西路	泰安州	新泰	山东泰安	时间失考	父刘良佐，兄弟刘述、刘进	
1153	刘良佐	山东西路	泰安州	新泰	山东泰安	时间失考	三子刘述、刘造、刘进	
1154	王显忠	山东西路	泰安州	新泰	山东新泰	时间失考		
1155	王显	山东西路	泰安州	新泰	山东新泰	时间失考		
1156	王恕	山东西路	泰安州	新泰	山东新泰	时间失考		
1157	王扩	山东西路	泰安州	新泰	山东新泰	时间失考		
1158	郭掞庭	山东西路	泰安州	新泰	山东新泰	时间失考		
1159	邵世矩	山东西路	滕州	沛县	江苏沛县	阜昌六年		状元
1160	长寿妖	山东西路	滕州	沛县	江苏沛县	大安元年		
1161	兀底辖	山东西路	滕州	沛县	江苏沛县	大安元年		

续表

序号	姓　名	路	州/府	县	今　地	登第时间	家族关系	备注
1162	刘贤佐	山东西路	滕州	沛县	江苏沛县	大安元年		
1163	高焕	山东西路	滕州	沛县	江苏沛县	大定中		
1164	张厚之	山东西路	滕州	滕阳	山东滕州	承安二年	曾祖张孝纯，祖张公药，父张观	
1165	毛端卿	山东西路	徐州	彭城	江苏徐州	泰和三年	婿元好问	
1166	卜如申	山东西路	兖州	宁阳	山东宁阳	时间失考		
1167	穆昌世	山东西路	兖州	曲阜	山东曲阜	明昌二年前		
1168	孔瑭	山东西路	兖州	曲阜	山东曲阜	大定二十八年	孔子四十九世孙	
1169	孔固	山东西路	兖州	曲阜	山东曲阜	皇统九年	孔子四十七代孙	
1170	孔端肃	山东西路	兖州	曲阜	山东曲阜	明昌四年	孔子四十八代孙	特赐进士
1171	孔端甫	山东西路	兖州	曲阜	山东曲阜	明昌三年	孔子四十八代孙	特赐进士
1172	翟驹	山东西路	兖州	兖州	山东兖州	明昌四年		特赐进士
1173	夹谷衡	山东西路		三土猛安		大定十三年		
1174	术虎厄特	上京路	合懒路	合懒猛安		正大元年		
1175	完颜阿里不孙	上京路	合懒路	泰申必剌猛安		明昌五年		
1176	交鲁胡速鲁改	上京路	合懒路	泰申猛安		正大元年		特赐进士
1177	夹谷土剌	上京路	合懒路			泰和三年		

续表

序号	姓　名	路	州/府	县	今　地	登第时间	家族关系	备注
1178	完颜胡斜虎	上京路	合懒路			泰和三年		
1179	王今	上京路	隆州	黄龙府	吉林农安	皇统二年		
1180	高琢	上京路	隆州	利涉	吉林农安	明昌五年		
1181	古里甲石伦	上京路	隆州	隆安	吉林农安			武举及第
1182	兀颜脉忒厄	上京路	隆州	隆安府路失刺古山猛安		正大元年		
1183	兀颜讹出虎	上京路	隆州	隆安府猛安	吉林农安	大定二十八年		
1184	蒲察思忠	上京路	隆州	隆安路合懒合兀主猛安	吉林农安	大定二十五年		
1185	尼庬古鑑	上京路	隆州	隆州	吉林农安	大定十三年		
1186	乌延锐	上京路	隆州	隆州	吉林农安	时间失考		
1187	夹谷□比	上京路	速频路	速频府路猛安		正大元年		
1188	赤盏尉忻	上京路		上京	黑龙江	明昌五年		
1189	徒单镒	上京路		上京路猛安	黑龙江	大定十三年		女真状元
1190	抹撚尽忠	上京路		上京路猛安	黑龙江	大定二十八年		
1191	纥石烈胡失门	上京路		上京路猛安	黑龙江	明昌五年		
1192	夹谷石里哥	上京路		上京路猛安	黑龙江	明昌五年		
1193	纳坦谋嘉	上京路		牙塔懒猛安		承安五年		

续表

序号	姓　名	路	州/府	县	今　地	登第时间	家族关系	备注
1194	张柔中	西京路	大同府	大同	山西大同	正大元年		
1195	苏保衡	西京路	大同府	天成	山西天镇	天会六年		特赐进士
1196	任忠杰	西京路	大同府	天成	山西天镇	正隆五年		词赋状元
1197	边元勋	西京路	大同府	云中	山西大同	天会十年	祖边贯道，弟元鼎、元恕	
1198	边元鼎	西京路	大同府	云中	山西大同	天德三年	祖边贯道，兄元勋、元恕	
1199	康元弼	西京路	大同府	云中	山西大同	正隆二年		
1200	刘挚	西京路	大同府	云中	山西大同	明昌五年		特赐进士
1201	孟泽民	西京路	大同府	云中	山西大同	兴定五年	曾祖孟唐牧，父孟鹤，子孟攀鳞	
1202	孟攀鳞	西京路	大同府	云中	山西大同	正大七年	祖孟鹤，父孟泽民	
1203	孟鹤	西京路	大同府	云中	山西大同		祖孟唐牧，子孟泽民，孙孟攀鳞	特赐进士
1204	边正卿	西京路	德兴府	德兴	河北涿鹿			经童及第
1205	晋蕃	西京路	德兴府	礬山	河北涿鹿	承安五年		
1206	梁肃	西京路	德兴府	奉圣州	河北涿鹿	天眷二年		
1207	魏元履	西京路	德兴府	奉圣州	河北涿鹿	天眷二年		
1208	观音奴	西京路	德兴府	奉圣州	河北涿鹿	大定□		
1209	沈璋	西京路	德兴府	永兴	河北涿鹿		子沈宜中	
1210	沈宜中	西京路	德兴府	永兴	河北涿鹿	天德三年	父沈璋	特赐进士

续表

序号	姓　名	路	州/府	县	今　地	登第时间	家族关系	备注
1211	武都	西京路	东胜州	东胜	内蒙古东胜区	大定二十二年		
1212	程鼎	西京路	东胜州	东胜	内蒙古东胜区	大安元年	弟程震，侄程思温	特赐进士
1213	程震	西京路	东胜州	东胜	内蒙古东胜区	大安元年	兄程鼎，子程思温	
1214	程思温	西京路	东胜州	东胜	内蒙古东胜区	时间失考	父程震，伯父程鼎，岳父元好问	
1215	完颜寓	西京路	丰州	西南路猛安		大定二十八年		
1216	纳合绰脱牙	西京路	丰州	押懒河猛安		正大元年		
1217	粘割贞	西京路	丰州	招讨司		大定二十八年		
1218	阿罕把赛因	西京路	恒州	西北路宋割里答合猛安		正大元年		
1219	杨伯通	西京路	弘州	弘州	河北阳原	大定三年		
1220	王革	西京路	弘州	弘州	河北阳原	正大四年		特赐进士
1221	魏子平	西京路	弘州	弘州	河北阳原	时间失考	侄孙魏笏、魏琦、魏玠、魏璠	
1222	魏琦	西京路	弘州	顺圣	河北	大安元年	兄魏笏、魏玠，弟魏璠	
1223	魏璠	西京路	弘州	顺圣	河北	贞祐三年	兄魏笏、魏玠，第魏琦	
1224	魏笏	西京路	弘州	顺圣	河北	贞祐三年	弟魏玠、魏琦、魏璠、孙魏初	特赐进士
1225	魏玠	西京路	弘州	顺圣	河北		兄弟魏琦、魏璠、魏笏	经童及第

续表

序号	姓　名	路	州/府	县	今　地	登第时间	家族关系	备注
1226	王铉	西京路	弘州	襄阴	河北西宁	兴定五年	祖王谏，父王元德，叔王元节	
1227	王元德	西京路	弘州	襄阴	河北阳原	天德三年	父王谏，兄元节、元忠，子王铉	
1228	王元节	西京路	弘州	襄阴	河北阳原	天德三年	伯父王谏，堂弟元德，侄王铉	
1229	李采	西京路	弘州	襄阴	河北阳原	大定二十五年	父李安上，子李纯甫	
1230	李纯甫	西京路	弘州	襄阴	河北阳原	承安二年	祖李安上，父李采	
1231	王谏	西京路	弘州	襄阴	河北阳原	天会中	子王元德、侄元节，孙王铉	
1232	李安上	西京路	弘州	襄阴	河北阳原	时间失考	子李采，孙李纯甫	
1233	李渊	西京路	朔州	马邑	山西朔州	崇庆二年	父李完	
1234	李完	西京路	朔州	马邑	山西朔州	大定中	子李渊	
1235	张宗古	西京路	朔州	鄯阳	山西朔州	明昌五年前		
1236	陈邦政	西京路	朔州	朔州	山西朔州	承安二年前		
1237	牛德昌	西京路	蔚州	定安	河北	皇统二年		
1238	邳邦用	西京路	蔚州	定安	河北	正大元年		
1239	张道	西京路	蔚州	广灵	山西广灵	时间失考		
1240	程辉	西京路	蔚州	灵仙	河北蔚县	皇统二年		
1241	田琢	西京路	蔚州	蔚州	河北蔚县	明昌五年		

续表

序号	姓　名	路	州/府	县	今　地	登第时间	家族关系	备注
1242	刘震亨	西京路	蔚州	蔚州	河北蔚县			特赐进士
1243	李元忠	西京路	武州	武州	山西五寨	时间失考		
1244	何遵晏	西京路	宣德州	文德	河北宣化	天会二年		
1245	刘敬修	西京路	宣德州	文德	河北宣化	天会中	从兄弟刘瑾，侄女婿禹敦礼	
1246	刘瑾	西京路	宣德州	文德	河北宣化		从兄弟刘敬修，侄女婿禹敦礼	
1247	张辅	西京路	宣德州	雄武	河北张家口	天会二年	女婿郭楹、外孙王克温	
1248	郭楹	西京路	宣德州	雄武	河北张家口	天会中	岳父张辅	
1249	卢孝俭	西京路	宣德州	宣德	河北宣化	天眷二年		
1250	曹望之	西京路	宣德州	宣德	河北宣化	海陵朝		特赐进士
1251	刘㧑	西京路	应州	浑源	山西浑源	天会二年	子刘汲、刘渭，孙刘偘、刘似	状元
1252	杨晖	西京路	应州	浑源	山西浑源	天会二年		
1253	雷发	西京路	应州	浑源	山西浑源	天会六年		
1254	石诩	西京路	应州	浑源	山西浑源	天会六年		
1255	乐著	西京路	应州	浑源	山西浑源	天会十年		
1256	雷嗣卿	西京路	应州	浑源	山西浑源	天会十年		
1257	王全	西京路	应州	浑源	山西浑源	皇统二年		

续表

序号	姓　名	路	州/府	县	今　地	登第时间	家族关系	备注
1258	雷思	西京路	应州	浑源	山西浑源	天德三年	弟雷志，子雷渊	
1259	刘汲	西京路	应州	浑源	山西浑源	天德三年	父刘㧑	
1260	刘渭	西京路	应州	浑源	山西浑源	天德三年	父刘㧑	
1261	刘仲瀛	西京路	应州	浑源	山西浑源	天德三年	弟刘仲泽	
1262	刘仲泽	西京路	应州	浑源	山西浑源	天德三年	兄刘仲瀛	
1263	王企	西京路	应州	浑源	山西浑源	天德三年		
1264	张好古	西京路	应州	浑源	山西浑源	天德三年		
1265	周仁彦	西京路	应州	浑源	山西浑源	天德三年		
1266	雷志	西京路	应州	浑源	山西浑源	贞元二年	兄雷思，侄雷渊	
1267	刘瀛	西京路	应州	浑源	山西浑源	大定七年		
1268	刘偘	西京路	应州	浑源	山西浑源	大定十年	祖刘㧑，父刘汲	
1269	何美中	西京路	应州	浑源	山西浑源	大定十三年		
1270	马丙	西京路	应州	浑源	山西浑源	明昌二年		
1271	刘俨	西京路	应州	浑源	山西浑源	承安二年	祖刘㧑，父刘汲	
1272	赵君实	西京路	应州	浑源	山西浑源	承安二年		
1273	刘从益	西京路	应州	浑源	山西浑源	大安元年	曾祖刘㧑，父刘似	
1274	雷渊	西京路	应州	浑源	山西浑源	崇庆二年	父雷思，叔雷志	
1275	刘从禹	西京路	应州	浑源	山西浑源	正大七年	曾祖刘㧑，父刘俨	

续表

序号	姓　名	路	州/府	县	今　地	登第时间	家族关系	备注
1276	刘似	西京路	应州	浑源	山西浑源		祖刘㧑，父刘瀞，孙刘祁、刘郁	特赐进士
1277	高汝砺	西京路	应州	金城	山西应县	大定十九年		
1278	兰光庭	西京路	应州	金城	山西应县	时间失考		
1279	张锡	西京路	应州	山阴	山西山阴	皇统五年		
1280	张檝	西京路	应州	山阴	山西山阴	明昌五年		词赋状元
1281	梁甫	西京路	应州	山阴	山西山阴	时间失考		
1282	曹之谦	西京路	应州	应州	山西应县	兴定二年	外祖高汝砺，父曹恒	
1283	董戣	西京路	应州	应州	山西应县	明昌四年		特赐进士
1284	康晋侯	西京路	应州	应州	山西应县	明昌五年		特赐进士
1285	孟德渊	西京路	应州	应州	山西应县	正大七年		经义状元
1286	安从吉	西京路	应州	应州	山西应县	时间失考		
1287	曹琪	西京路	应州	应州	山西应县	时间失考		
1288	成文举	西京路	应州	应州	山西应县	时间失考		
1289	何汝嘉	西京路	应州	应州	山西应县	时间失考		
1290	孟德基	西京路	应州	应州	山西应县	时间失考		
1291	宋决	西京路	应州	应州	山西应县	时间失考		
1292	王仓	西京路	应州	应州	山西应县	时间失考		

续表

序号	姓　名	路	州/府	县	今　地	登第时间	家族关系	备注
1293	王嗣福	西京路	应州	应州	山西应县	时间失考		
1294	王嗣晖	西京路	应州	应州	山西应县	时间失考		
1295	刘杰遗	咸平路	咸平府	安东	吉林	承安二年		
1296	路忱	咸平路	咸平府	平郭	辽宁	大定二十二年		
1297	吴微	咸平路	咸平府	平郭	辽宁	承安二年		
1298	石抹世勣	咸平路	咸平府	齐特千户所	辽宁	承安五年	子石抹嵩	两科进士
1299	石抹嵩	咸平路	咸平府	齐特千户所	辽宁	兴定二年	父石抹世勣	
1300	夹谷守中	咸平路	咸平府	咸平	辽宁	大定二十二年		
1301	刘玮	咸平路	咸平府	咸平	辽宁			特赐进士
1302	刘元规	咸平路	咸平府	咸平	辽宁	时间失考		
1303	蒙古纲	咸平路	咸平府	咸平府猛安	辽宁	承安五年		
1304	赵元明	咸平路	咸平府	元菟	吉林	承安二年		
1305	平宗哲	中都路	安肃州	安肃	河北徐水	大定中		
1306	陈惟良	中都路	安肃州	安肃	河北徐水	时间失考		
1307	刘炳	中都路	安州	葛城	河北	贞祐三年		
1308	高寿羽	中都路	霸州	益津	河北霸州	正大中		
1309	郝赟	中都路	霸州	益津	河北霸州			律科及第
1310	孟兴	中都路	保州	保州	河北保定	大定十九年		

续表

序号	姓　名	路	州/府	县	今　地	登第时间	家族关系	备注
1311	孟口	中都路	保州	保州	河北保定	时间失考	侄孟升卿	
1312	孟升卿	中都路	保州	保州	河北保定		叔孟口	特赐进士
1313	王禹臣	中都路	保州	满城	河北满城	皇统六年		
1314	范希吉	中都路	保州	满城	河北满城	贞元中		
1315	梁宾	中都路	保州	满城	河北满城	承安中		
1316	苑诚之	中都路	保州	清苑	河北保定	皇统中		
1317	刘徽柔	中都路	大兴府	安次	河北	天眷二年		
1318	蔡天保	中都路	大兴府	安次	河北			律科及第
1319	马琪	中都路	大兴府	宝坻	天津宝坻	正隆五年		
1320	张维垣	中都路	大兴府	昌平	北京海淀	大定二十二年		
1321	郭岐	中都路	大兴府	大兴	北京	大定十九年	祖父郭愿诚，伯父郭元徽	
1322	吕忠敏	中都路	大兴府	大兴	北京	天德三年	兄吕忠翰，侄吕造	
1323	吕忠翰	中都路	大兴府	大兴	北京	贞元二年	子吕造	词赋状元
1324	王启	中都路	大兴府	大兴	北京	正隆二年		
1325	吕子羽	中都路	大兴府	大兴	北京	明昌二年	叔吕贞幹、士安、卿云，从弟吕鑑	
1326	萧仲宽	中都路	大兴府	大兴	北京	明昌二年		
1327	吕卿云	中都路	大兴府	大兴	北京	明昌五年	兄吕贞幹	

续表

序号	姓　名	路	州/府	县	今　地	登第时间	家族关系	备注
1328	李芳	中都路	大兴府	大兴	北京	承安二年		
1329	刘光谦	中都路	大兴府	大兴	北京	承安二年		
1330	吕造	中都路	大兴府	大兴	北京	承安二年	父吕忠翰	词赋状元
1331	高斯诚	中都路	大兴府	大兴	北京	崇庆二年		经义状元
1332	刘德基	中都路	大兴府	大兴	北京	崇庆二年		特赐进士
1333	王彪	中都路	大兴府	大兴	北京	兴定二年		经义状元
1334	杨俣	中都路	大兴府	大兴	北京	正大元年		
1335	吕贞幹	中都路	大兴府	大兴	北京	大定中	弟吕士安、卿云，子吕鑑，侄子羽	
1336	苑中	中都路	大兴府	大兴	北京	承安中		
1337	吕鑑	中都路	大兴府	大兴	北京	时间失考	父吕贞幹	
1338	吕景安	中都路	大兴府	大兴	北京	时间失考	兄吕贞幹	
1339	吕贞一	中都路	大兴府	大兴	北京	时间失考	兄吕贞幹	
1340	伯德维	中都路	大兴府	哈勒珲千户所		承安五年		
1341	马讽	中都路	大兴府	潞阴	北京通州	天会六年		
1342	张亨	中都路	大兴府	潞阴	北京通州	皇统六年		
1343	马惠迪	中都路	大兴府	潞阴	北京通州	天德三年		
1344	崔宪	中都路	大兴府	良乡	北京	大定中		

续表

序号	姓名	路	州/府	县	今地	登第时间	家族关系	备注
1345	韩懿	中都路	大兴府	良乡	北京	天会六年		
1346	翟永固	中都路	大兴府	良乡	北京	天会六年		
1347	周安贞	中都路	大兴府	良乡	北京	皇统五年		
1348	许玤	中都路	大兴府	良乡	北京	大定二十五年		
1349	梁斗南	中都路	大兴府	良乡	北京	时间失考		
1350	梁陟	中都路	大兴府	良乡	北京	时间失考		
1351	田锡	中都路	大兴府	宛平	北京	兴定五年	叔田思敬	
1352	田思敬	中都路	大兴府	宛平	北京	时间失考	侄田锡	
1353	王中安	中都路	大兴府	宛平	北京	时间失考	子王贲、王质	
1354	马大中	中都路	大兴府	宛平	北京	天会二年	子马成谊，孙马舜卿	
1355	高昌福	中都路	大兴府	宛平	北京	天会十年		
1356	丁暐仁	中都路	大兴府	宛平	北京	皇统二年		
1357	韩汝嘉	中都路	大兴府	宛平	北京	皇统二年	父韩昉	
1358	刘仲渊	中都路	大兴府	宛平	北京	皇统二年	弟刘仲洙	状元
1359	刘仲诲	中都路	大兴府	宛平	北京		祖刘彦宗，父刘萼	特赐进士
1360	刘仲询	中都路	大兴府	宛平	北京	天德三年	祖刘彦宗，父刘萼	特赐进士
1361	宋扆	中都路	大兴府	宛平	北京	正隆五年		
1362	刘仲洙	中都路	大兴府	宛平	北京	大定三年	兄刘仲渊士	

续表

序号	姓　名	路	州/府	县	今　地	登第时间	家族关系	备注
1363	赵摅	中都路	大兴府	宛平	北京	大定五年		词赋状元
1364	阎公贞	中都路	大兴府	宛平	北京	大定七年		
1365	王质	中都路	大兴府	宛平	北京	大定二十五年	父王中安，兄王赍	
1366	马成谊	中都路	大兴府	宛平	北京	明昌五年	父马大中，子马舜卿	
1367	赵伯成	中都路	大兴府	宛平	北京	明昌五年		
1368	卢安	中都路	大兴府	宛平	北京	正大七年		
1369	王赍	中都路	大兴府	宛平	北京	大定中	父王中安，弟王质	
1370	郝九龄	中都路	大兴府	宛平	北京	时间失考		
1371	王贵	中都路	大兴府	宛平	北京	时间失考		
1372	张住兀塔	中都路	大兴府	宛平	北京	正大元年		
1373	孙即康	中都路	大兴府	析津	北京	大定十年		
1374	李惟寅	中都路	大兴府	析津	北京	时间失考		
1375	王蔚	中都路	大兴府	香河	河北香河	皇统二年		
1376	李天吉	中都路	大兴府	燕京	北京	天会十年		
1377	马俸	中都路	大兴府	燕京	北京	天眷二年		
1378	任侗	中都路	大兴府	燕京	北京	天眷二年	弟任侗	
1379	孙用康	中都路	大兴府	燕京	北京	皇统五年		状元
1380	任倜	中都路	大兴府	燕京	北京	天德三年	兄任侗	

续表

序号	姓　名	路	州/府	县	今　地	登第时间	家族关系	备注
1381	崔建昌	中都路	大兴府	燕京	北京	大定二十五年		
1382	李玮	中都路	大兴府	燕京	北京	泰和三年		
1383	韩铎	中都路	大兴府	燕京	北京		父韩企先	特赐进士
1384	张仲安	中都路	大兴府	燕山	北京	兴定二年		词赋状元
1385	史秉直	中都路	大兴府	永清	河北永清	时间失考	子史天倪、天泽	
1386	孔天昭	中都路	大兴府	左巡院	北京	承安五年		
1387	王毅	中都路	大兴府	左巡院	北京	承安五年		
1388	张孺卿	中都路	大兴府	左巡院	北京	承安五年		
1389	赵铢	中都路	大兴府	左巡院	北京	承安五年		
1390	卢翔	中都路	蓟州	丰润	河北	正大七年	祖卢启臣，伯父卢元、卢庸、卢曾	
1391	卢启臣	中都路	蓟州	丰润	河北	大定七年	子卢长、卢元、卢庸、卢曾	
1392	卢庸	中都路	蓟州	丰润	河北	大定二十八年	父卢启臣，弟卢元、卢曾，侄卢翔	
1393	卢元	中都路	蓟州	丰润	河北	大定二十八年	父卢启臣，子卢翔	
1394	卢长	中都路	蓟州	丰润	河北	大定二十八年	父卢启臣，兄弟卢庸、卢元、卢曾	
1395	卢曾	中都路	蓟州	丰润	河北	大定中	父卢启臣，兄卢庸，弟卢元	

续表

序号	姓　名	路	州/府	县	今　地	登第时间	家族关系	备注
1396	左贻庆	中都路	蓟州	蓟州	天津蓟县		祖左企弓，父左渊，外祖时立爱	特赐进士
1397	巨构	中都路	蓟州	平峪	天津蓟县	大定中	子巨仲嘉	
1398	巨仲嘉	中都路	蓟州	平峪	天津蓟县	明昌中	父巨构	
1399	韩琇	中都路	蓟州	渔阳	天津蓟县		父韩玉，高祖韩锡	武举及第
1400	韩锡	中都路	蓟州	渔阳	天津蓟县		曾孙韩玉	特赐进士
1401	韩玉	中都路	蓟州	渔阳	天津蓟县	明昌五年	曾祖韩锡，子韩琇	两科进士
1402	刘中	中都路	蓟州	渔阳	天津蓟县	明昌五年		两科进士
1403	王寂	中都路	蓟州	玉田	河北玉田	天德三年	子王邻哉	
1404	傅霖	中都路	蓟州	玉田	河北玉田	明昌五年	子傅辅之	
1405	王邻哉	中都路	蓟州	玉田	河北玉田	承安二年	父王寂	
1406	蒙靖	中都路	蓟州	玉田	河北玉田	大定中		
1407	傅辅之	中都路	蓟州	玉田	河北玉田	时间失考	父傅霖	
1408	蒙著	中都路	蓟州	玉田	河北玉田	时间失考		
1409	李杭	中都路	滦州	乐亭	河北乐亭	天会四年		
1410	鲜于仲权	中都路	滦州	乐亭	河北乐亭	明昌二年		
1411	李元璋	中都路	滦州	滦州	河北滦县	正隆二年	兄李元道	律科及第
1412	张芝	中都路	滦州	滦州	河北滦县	正隆二年		

续表

序号	姓　名	路	州/府	县	今　地	登第时间	家族关系	备注
1413	张天右	中都路	滦州	滦州	河北滦县	正隆五年		
1414	张天左	中都路	滦州	滦州	河北滦县	正隆五年		
1415	牛子元	中都路	滦州	滦州	河北滦县	大定十三年		
1416	史愈	中都路	滦州	滦州	河北滦县	大定十三年		
1417	李元道	中都路	滦州	滦州	河北滦县	皇统中	弟李元璋	
1418	赵守忠	中都路	平州	卢龙	河北卢龙	正大元年		
1419	赵璧	中都路	平州	卢龙	河北卢龙			武举及第
1420	刘敏行	中都路	平州	平州	河北卢龙	天会三年		状元
1421	王庸	中都路	平州	平州	河北卢龙	泰和六年		
1422	张介	中都路	平州	平州	河北卢龙	正大元年		经义状元
1423	张无咎	中都路	顺州	温阳	北京顺义	时间失考		
1424	高某	中都路	遂州	遂城	河北保定市徐水区	天会六年	子高有邻，孙高嵩、高铸、高岩	
1425	高有邻	中都路	遂州	遂城	河北保定市徐水区	大定三年	父高某，子高嵩、高岩，侄高铸	
1426	高嵩	中都路	遂州	遂城	河北保定市徐水区	承安五年	父高有邻，弟高岩，堂兄高铸	
1427	高铸	中都路	遂州	遂城	河北保定市徐水区	承安五年	伯父高有邻，从弟高嵩、高岩	

续表

序号	姓　名	路	州/府	县	今　地	登第时间	家族关系	备注
1428	高岩	中都路	遂州	遂城	河北保定市徐水区	时间失考	父高有邻，兄高嵩，从兄高铸	
1429	王靓	中都路	遂州	遂州	河北保定市徐水区	明昌五年		
1430	李抟	中都路	通州	潞县	北京通州	皇统九年	婿阎元辇	
1431	马柔德	中都路	通州	三河	河北三河	天会二年	子马百禄	
1432	刘枢	中都路	通州	三河	河北三河	天眷二年		
1433	马百禄	中都路	通州	三河	河北三河	大定三年	父马柔德	
1434	何仲殊	中都路	通州	三河	河北三河	大定十年		
1435	晁李中	中都路	通州	三河	河北三河	承安五年		
1436	贾少冲	中都路	通州	通州	北京通州	天眷二年	子贾益	
1437	贾益	中都路	通州	通州	北京通州	大定十九年	父贾少冲	
1438	刘骥	中都路	通州	通州	北京通州	正大四年	父刘晋	
1439	刘晋	中都路	通州	通州	北京通州	时间失考	子刘骥	
1440	□□斡晚	中都路	雄州	梅坚猛安		正大元年		特赐进士
1441	刘国宝	中都路	雄州	容城	河北容城	兴定二年	兄弟刘良佐，侄刘进、刘造、刘述	
1442	完颜钧	中都路	雄州	徒门必罕猛安		正大元年		
1443	魏元真	中都路	易州	易县	河北易县	皇统二年	弟魏道明、上达、元化	

续表

序号	姓　名	路	州/府	县	今　地	登第时间	家族关系	备注
1444	张庭玉	中都路	易州	易县	河北易县	承安中		特赐进士
1445	魏道明	中都路	易州	易县	河北易县	时间失考	弟魏元道	
1446	魏上达	中都路	易州	易县	河北易县	时间失考	弟魏元道	
1447	魏元化	中都路	易州	易县	河北易县	时间失考	弟魏元道	
1448	任询	中都路	易州	易州	河北易县	正隆二年		
1449	敬嗣辉	中都路	易州	易州	河北易县	天眷二年	子敬子渊，孙敬鑑、敬铉	
1450	张沉	中都路	易州	易州	河北易县	天德三年	父张通古	特赐进士
1451	田特秀	中都路	易州	易州	河北易县	大定十九年		
1452	敬铉	中都路	易州	易州	河北易县	兴定五年	祖敬嗣辉，父敬子渊，岳父张行信	
1453	麻九畴	中都路	易州	易州	河北易县	正大四年		经童特赐
1454	隗辨	中都路	易州	易州	河北易县	泰和中		
1455	敬鑑	中都路	易州	易州	河北易县	时间失考	祖敬嗣晖，父敬子渊，弟敬铉	
1456	敬子渊	中都路	易州	易州	河北易县	时间失考	父敬嗣晖，子敬鑑、敬铉	
1457	李宗源	中都路	易州	易州	河北易县	时间失考		
1458	王建中	中都路	涿州	定兴	河北宝兴	天会十一年		
1459	郭道济	中都路	涿州	定兴	河北定兴	正隆二年	弟郭济忠	律科及第
1460	郭济忠	中都路	涿州	定兴	河北定兴	正隆五年	兄郭济道	律科及第

续表

序号	姓　名	路	州/府	县	今　地	登第时间	家族关系	备注
1461	张委	中都路	涿州	定兴	河北宝兴	泰和六年		
1462	郭某	中都路	涿州	定兴	河北定兴	贞祐三年		律科及第
1463	李怀远	中都路	涿州	定兴	河北宝兴	大定中	孙李师孟	
1464	李师孟	中都路	涿州	定兴	河北宝兴	明昌中	祖李怀远	
1465	杨勗	中都路	涿州	定兴	河北宝兴	时间失考	祖父杨邦基	
1466	郑仲国	中都路	涿州	定兴	河北定兴	时间失考		
1467	王翛	中都路	涿州	范阳	河北涿州	皇统二年		
1468	梁镗	中都路	涿州	范阳	河北涿州	大定十六年		
1469	贾景山	中都路	涿州	房山	北京房山	贞祐三年		
1470	张天纲	中都路	涿州	固安	河北固安	崇庆二年		
1471	李天翼	中都路	涿州	固安	河北固安	贞祐三年		
1472	时重国	中都路	涿州	新城	河北涿州	皇统二年	祖父时立爱，子时璠	
1473	时元瑜	中都路	涿州	新城	河北涿州	天德三年		
1474	刘仲恺	中都路	涿州	新城	河北涿州	大定七年		
1475	时璠	中都路	涿州	新城	河北涿州	大定二十二年	曾祖父时立爱，父时重国	
1476	李瑭	中都路	涿州	新城	河北涿州	正大七年		词赋状元
1477	时邻	中都路	涿州	新城	河北涿州	时间失考	曾祖时立爱，伯父时重国，兄时璠	

续表

序号	姓　名	路	州/府	县	今　地	登第时间	家族关系	备注
1478	王惇甫	中都路	涿州	新城	河北涿州	时间失考		
1479	赵鼎	中都路	涿州	新城	河北涿州	时间失考		
1480	刘器博	中都路	涿州	涿州	河北涿州	明昌三年		特赐进士
1481	时琦	中都路	涿州	涿州	河北涿州	明昌五年	曾祖父时立爱	特赐进士
1482	张节	中都路	涿州	涿州	河北涿州	泰和六年		
1483	李悫	中都路	涿州	涿州	河北涿州	天眷中		
1484	梁铨	中都路	涿州	涿州	河北涿州	时间失考		
1485	尼庞古蒲鲁虎	中都路		中都路猛安		明昌五年		
1486	岩葛希夷			博索路瓜尔佳下		承安五年		
1487	强造			凤泉		泰和六年		
1488	赵衍			碣石迁北平		时间失考		
1489	撒合烈兀忽			移里闵州路口河猛安		正大元年		
1490	王莘			涌云		承安五年前		
1491	袁从义			虞田		时间失考		
1492	仆散讹可					大定二十五年		
1493	完颜匡					大定二十八年		特赐进士

续表

序号	姓　名	路	州/府	县	今　地	登第时间	家族关系	备注
1494	颜展世鲁					明昌五年		
1495	乌古孙仲端					承安二年		
1496	裴满阿虎带					泰和三年		
1497	蒲察世达					泰和三年		
1498	粘割完展					泰和三年		
1499	蒲察桓端					泰和六年		
1500	完颜素兰					崇庆二年	弟完颜奴申	女真状元
1501	温迪罕缴住					兴定二年		武举及第
1502	温迪罕喜剌					兴定二年		
1503	乌古论胡屯					兴定二年		
1504	斡勒业德					兴定五年		女真状元
1505	班口							
1506	柴思议					天会口	岳父时立爱	
1507	常大荣					皇统六年		状元
1508	陈纪					正大中		
1509	程嘉善					贞祐三年		词赋状元
1510	崔秉仁					明昌四年		特赐进士
1511	崔思义					时间失考		

续表

序号	姓　名	路	州/府	县	今　地	登第时间	家族关系	备注
1512	董德卿					兴定五年		
1513	高观庭					天会六年		
1514	高宇					贞祐三年		
1515	耿守直					明昌中		
1516	巩伯埙					天会中		
1517	顾副言					时间失考		
1518	韩渤					天会二年		
1519	韩天和							律科及第
1520	黄裳					崇庆二年		词赋状元
1521	贾恕					大定中	婿陈仲谦	
1522	焦茂才					兴定五年		
1523	康国					时间失考		
1524	李邦义					明昌中		
1525	李丰亭					正大七年		
1526	李怀讷					明昌五年	父李之才	
1527	李庭秀							经童及第
1528	李无党					贞祐三年		
1529	李修					大定二十八年		词赋状元

续表

序号	姓 名	路	州/府	县	今 地	登第时间	家族关系	备注
1530	李彦明					大定十六年		
1531	李元辅					正大四年		
1532	李贞固					明昌六年		特赐进士
1533	李桢							经童及第
1534	李子擂					大定二一八年		
1535	刘必福							律科及第
1536	刘昌祖					贞祐三年		经童及第
1537	刘唐					天眷中	父刘永坚	
1538	刘濬					时间失考		
1539	刘乙					时间失考		
1540	刘元					承安二年		恩榜榜首
1541	罗鼎臣					时间失考		
1542	罗诱					阜昌四年		状元
1543	吕仲和					时间失考		
1544	毛澄					阜昌中		
1545	裴满思忠					承安二年		
1546	乔松					兴定五年		经义状元
1547	史旭					时间失考		

续表

序号	姓　名	路	州/府	县	今　地	登第时间	家族关系	备注
1548	宋端卿					皇统二年		状元
1549	孙伯达					正大四年		
1550	孙梅					贞元元年		特赐进士
1551	孙设					大定七年		
1552	唐琚					兴定五年		特赐进士
1553	乌库哩薄鲜					正大四年		
1554	□德武					时间失考		
1555	王辅					天兴二年		特赐进士
1556	王琩					天会中		
1557	王克温						外祖父张辅，岳父时丰	
1558	王某					承安五年	曾孙王构	
1559	王一飞					时间失考		
1560	王著					正大元年		
1561	蔚祚							律科及第
1562	陀满胡土门					时间失考		
1563	完颜从郁							特赐进士
1564	完颜努申					时间失考	兄完颜素兰	
1565	完颜璋							特赐进士

续表

序号	姓　名	路	州/府	县	今　地	登第时间	家族关系	备注
1584	杨景行						妻伯父张子贞	
1585	杨砺					大定七年		
1586	杨时					时间失考		
1587	耶律霖					大定中		
1588	移剌克忠					崇庆二年		
1589	游总					明昌三年		特赐进士
1590	禹敦礼					大定十六年前	妻伯父刘瑾、刘敬修	
1591	翟介然					明昌六年		特赐进士
1592	粘割努申					时间失考		
1593	粘割仝周					时间失考		
1594	张璧					大定十六年		词赋状元
1595	张承奉					大定中		
1596	张复亨					大定二十八年		
1597	张华					大定十九年		
1598	张晋卿					时间失考		
1599	张举							律科及第
1600	张履					崇庆二年	岳父赵秉文	
1601	张梦祥					兴定五年		

续表

序号	姓　名	路	州/府	县	今　地	登第时间	家族关系	备注
1566	完颜珠颗					时间失考		
1567	温迪罕某					时间失考		
1568	吴士杰					崇庆二年		
1569	武简					大定二十二年		
1570	鲜于淳					时间失考	宋文臣鲜于子骏之后人	
1571	鲜于寿吉					时间失考	父鲜于孝标	
1572	鲜于坦					时间失考	父鲜于孝标	
1573	鲜于孝标					时间失考	父鲜于淳	
1574	萧廉					熙宗时	兄萧庆	特赐进士
1575	温迪罕惹失					时间失考		
1576	谢芝					时间失考	岳父刘汝翼	
1577	徐升					时间失考	妻祖父冯延登	
1578	徐子方					皇统二年		
1579	许先					泰和三年		词赋状元
1580	薛国宝					崇庆二年		

续表

序号	姓　名	路	州/府	县	今　地	登第时间	家族关系	备注
1602	张器玉					时间失考		
1603	张珣							律科及第
1604	张云卿					时间失考		
1605	赵洞					天会六年		状元
1606	赵然					皇统二年前	妻伯父张子贞	
1607	赵宪甫							经童及第
1608	赵隐之					大定十六年		
1609	周询					大定二十八年		
1610	朱盖					贞祐三年		

附录三　金代刺史州学统计表

序号	州名	今地名	创建时间		材料来源	文献出处
1	保德州	山西保德县	大定元年	1161	高怀贞《保德州创建文庙记》	《全辽金文》第3763页
			泰和二年	1202	张令臣《保德州重建庙学碑》	《全辽金文》第2095页
2	单州	山东鱼台县	大安元年	1209	张□□《单州乌延太守去思碑》	《全辽金文》第2135页
3	滑州	河南滑县	大定二年	1162	赵夷简《滑州修文庙记》	《全辽金文》第1544页
			大安元年	1209	靳一玉《滑州重修学记》	《全辽金文》第2130页
4	钧州	河南禹州市	大安三年	1211	赵铢《钧州重修至圣文宣王庙碑》	《八琼室金石补正》卷128
5	辽州	山西左权县	大定十四年	1174	郑元《辽州重修学记》	《山右石刻丛编》卷21
6	绥德州	陕西绥德县	泰和元年	1201	刘忠《绥德州重修儒学碑》	《全辽金文》第2069页
7	泰安州	山东泰安市	大定二十三年	1183	李守纯《大金重修宣圣庙记》	《全辽金文》第1800页
8	隰州	山西隰县	明昌三年	1192	宋元吉《兴儒里记》	《全辽金文》第1952页

续表

序号	州名	今地名	创建时间		材料来源	文献出处
9	忻州	山西忻州市			元好问《忻州修学疏代郝候作》	《元好问全集》第 810 页
10	裕州	河南方城县	正大二年	1225	赵秉文《裕州学记》	《全辽金文》第 2289 页
11	泽州	山西晋城市	蒙古定宗元年	1246	李俊民《泽州重修庙学碑》	《全辽金文》第 2603 页
					李俊民《本州庙学筑墙疏》	《全辽金文》第 2585 页
12	赵州	河北赵县	蒙古乃马真后二年	1243	元好问《赵州学记》	《元好问全集》第 673 页
13	涿州	河北涿州市	大定二十五年	1185	黄久约《涿州重修文宣王庙碑》	《全辽金文》第 1359 页

附录四　金代县学统计表

序号	县 名	今地名	创建时间		资料来源	文献出处
1	澄城县	陕西澄城县	大定十一年	1171	佚名《澄城县主簿赵公德政碑》	《全辽金文》第 4060 页
			大定二十三年	1183	王山甫《澄城县主簿李公去思碑》	《全辽金文》第 1803 页
			承安四年	1199	孙镇《澄城县令艾公遗爱碑》	《全辽金文》第 2637 页
2	大城县	河北大城县	天会十二年	1134	刘光国《大城县重建庙学碑》	《全辽金文》第 1259 页
3	登封县	河南登封市			李俊民《颍阳镇修宣圣庙疏》	《全辽金文》第 2590 页
4	肥乡县	河北肥乡县	泰和六年	1206	庞云《肥乡县创建文宣王庙碑》	《全辽金文》第 2118 页
5	高平县	山西高平市			李俊民《高平县宣圣庙上梁文》	《全辽金文》第 2591 页
6	冠氏县	山东冠县	蒙古太宗七年	1235	元好问《代冠氏学生修庙学壁记》	《元好问全集》第 676 页
7	行唐县	河北行唐县	大安元年	1209	王若虚《行唐县重修学记》	《全辽金文》第 2514 页
8	河津县	山西河津市	元世祖至元十一年	1274	段成己《河津县儒学记》	《全辽金文》第 3557 页

续表

序号	县名	今地名	创建时间		资料来源	文献出处
9	鄠县	陕西鄠县	大定二十二年	1182	靳康侯《鄠县修城碑》	《全辽金文》第1764页
10	鸡泽县	河北鸡泽县	承安四年	1199	董师中《鸡泽县重修庙学碑》	《全辽金文》第1456页
11	济阳县	山东济阳县	承安三年	1198	陈大举《济阳县创建先圣庙碑》	《全辽金文》第2032页
12	冀氏县	山西安泽县	大定十一年	1171	李忠辅《冀氏县重修文宣王庙碑》	《全辽金文》第1617页
13	郏县	河南郏县	泰和八年	1208	赵秉文《郏县文庙创建讲堂记》	《全辽金文》第2375页
14	胶水县	山东胶水县	明昌六年	1195	陈观《莱州胶水县重修宣圣庙碑》	《（道光）平度州志》卷24
15	陵川县	山西陵川县			李俊民《陵川县重修庙学疏》	《全辽金文》第2585页
16	潞城县	山西潞城市	大定二年	1162	王著《重修宣圣庙记》	《（光绪）潞城县志》卷3
			大定十六年	1176	杨植《潞城县重修县学记》	《（光绪）潞城县志》卷3
			兴定五年	1221	高不愚《李庄宣圣庙碑》	《山右石刻丛编》卷23
17	南宫县	河北南宫市	蒙古定宗三年	1248	元好问《南宫庙学大成殿上梁文》	《元好问全集》第825页
18	蒲城县	陕西蒲城县	承安四年	1199	段继昌《重修学记》	《（乾隆）蒲城县志》
					张建《蒲城崔朝请去思赞》	《全辽金文》第1828页
19	栖霞县	山东栖霞县	大安元年	1209	李纯甫《栖霞县建庙学碑》	《全辽金文》第2622页
20	岐山县	陕西岐山县	兴定五年	1221	游淑《重兴文宪王庙碑》	《全辽金文》第3576页
21	清丰县	河南清丰县	大安元年	1209	张献臣《清丰县重修宣圣庙碑》	《全辽金文》第2702页

续表

序号	县 名	今地名	创建时间		资料来源	文献出处
22	清河县	河北清河县	大定五年	1165	王堪《清河县重修庙学碑》	《全辽金文》第 1485 页
23	曲阜县	山东曲阜市	明昌二年	1191	赫铣《高曼卿增修宣圣庙记》	《全辽金文》第 1950 页
			明昌五年	1194	穆昌世《曲阜重修兖国公庙碑》	《全辽金文》第 1972 页
			明昌六年	1195	党怀英《曲阜重修至圣文宣王庙碑》	《全辽金文》第 1504 页
24	曲沃县	山西曲沃县	皇统元年	1141	史中和《曲沃县建庙学记》	《全辽金文》第 1291 页
			泰和元年	1201	杨普《重修曲沃县学宫记》	《全辽金文》第 2084 页
25	曲周县	河北曲周县	明昌七年	1196	靳子昭《曲周县重修学记》	《全辽金文》第 2016 页
26	商水县	河南商水县			赵秉文《商水县学记》	《全辽金文》第 2287 页
27	寿阳县	山西寿阳县	蒙古乃马真后三年	1244	元好问《寿阳县学记》	《元好问全集》第 674 页
28	顺安县	辽宁阜新 蒙古族自治县	蒙古乃马真后三年	1244	元好问《顺安县令赵公墓碑》	《元好问全集》第 457 页
29	唐县	河北唐县	大定十七年	1177	王寂《先君行状》	《全辽金文》第 3150 页
30	万全县	山西万荣县	泰和三年	1203	张邦彦《万全县重修宣圣庙碑》	《全辽金文》第 1320 页
31	威县	河北威县	正隆二年	1157	傅慎微《威县建庙学碑》	《全辽金文》第 1144 页
32	文登县	山东文登市	大定十二年	1172	郭长倩《文登县新修县学记》	《全辽金文》第 1335 页
33	闻喜县	山西闻喜县	大定二十六年	1186	王宗儒《解州闻喜县重修宣圣庙记》	《全辽金文》第 1872 页
			承安三年	1198	张邦彦《解州闻喜县重修宣圣庙碑》	《山右石刻丛编》卷 23

续表

序号	县名	今地名	创建时间		资料来源	文献出处
34	夏邑县	河南夏邑县	大定二十六年	1186	左容《夏邑县重修儒学碑》	《全辽金文》第1861页
			明昌五年	1194	郭寿卿《创塑县学先贤先儒像碑》	《全辽金文》第1981
35	襄陵县	山西襄汾县	泰和元年	1201	孔天监《襄陵县创建庙学记》	《全辽金文》第1932页
			蒙古宪宗四年	1254	麻革《重修襄陵庙学碑》	《全辽金文》第2776页
36	襄垣县	山西襄垣县	天会十一年	1133	杨舟《襄垣县修城记》	《全辽金文》第1244页
37	新乡县	河南新乡市	大定八年	1168	李咏（泳）《新乡县重修庙学碑》	《全辽金文》第1598页
38	阳城县	山西阳城县	蒙古乃马真后元年	1242	李俊民《阳城县重修圣王庙记》	《全辽金文》第2535页
					李俊民《燕子和重修阳城县庙学疏》	《全辽金文》第2584页
39	阳曲县	山西阳曲县	蒙古太宗十一年	1239	元好问《阳曲令周君墓表》	《元好问全集》第497页
40	叶县	河南叶县	正大四年	1227	赵秉文《叶县学记》	《全辽金文》第2285页
41	猗氏县	山西临猗县	元世祖至元十五年	1278	段成己《猗氏县创建儒学碑》	《全辽金文》第3564页
42	渔阳县	天津市蓟县	正隆元年	1156	施宜生《渔阳县重修宣圣庙碑》	《全辽金文》第1109页
43	元氏县	河北元氏县	蒙古宪宗五年	1255	李治《真定府元氏县重修庙学记》	《常山贞石志》卷16
44	章丘县	山东章丘县	大定十六年	1176	姜国器《章丘县重修宣圣庙记碑》	《全辽金文》第1672页
			大定十六年1176		尹莘《重修宣圣庙碑阴记》	《全辽金文》第1704页
45	长子县	山西长子县	承安三年	1198	史倬《长子县重修宣圣庙碑》	《全辽金文》第2037页
46	霍邑县	山西霍州市	元世祖至元四年	1267	段成己《霍州新迁学记》	《全辽金文》第3553页

参考文献

一　著作类

（汉）司马迁：《史记》，中华书局1959年版。
（汉）班固：《汉书》，中华书局1962年版。
（汉）刘安：《淮南子集释》，何宁集释，中华书局1998年版。
（汉）刘向：《古列女传》，四部丛刊景明本。
（汉）孔安国传，（唐）孔颖达疏：《十三经注疏·尚书正义》，北京大学出版社1999年版。
（汉）毛亨传，（汉）郑玄笺，（唐）孔颖达疏：《十三经注疏·毛诗正义》，北京大学出版社1999年版。
（汉）郑玄注，（唐）孔颖达疏：《十三经注疏·礼记正义》，北京大学出版社1999年版。
（三国魏）王弼注，（唐）孔颖达疏：《十三经注疏·周易正义》，北京大学出版社1999年版。
（晋）陶渊明：《陶渊明集笺注》，袁行霈笺注，中华书局2011年版。
（南朝宋）刘义庆：《世说新语笺疏》，余嘉锡笺注，周祖谟、余淑宜整理，中华书局1983年版。
（南朝宋）范晔：《后汉书》，中华书局1965年版。
（南朝梁）萧子显：《南齐书》，中华书局1972年版。
（南朝）沈约：《宋书》，中华书局1974年版。
（唐）白居易：《白居易集》，顾学颉校点，中华书局1999年版。
（唐）房玄龄等：《晋书》，中华书局1974年版。
（唐）韩愈：《韩昌黎诗集编年笺注》，方世举笺注，郝润华、丁俊丽整理，中华书局2012年版。
（唐）韩愈:《韩昌黎文集校注》，马通伯校注，古典文学出版社1957年版。
（唐）李德裕:《次柳氏旧闻》，明顾氏文房小说本。
（唐）刘禹锡:《刘禹锡集笺证》，瞿蜕园笺证，上海古籍出版社1989年版。
（五代）王定保:《唐摭言》，阳羡生校点，上海古籍出版社2012年版。
（五代）王仁裕:《开元天宝遗事》，曾贻芬点校，中华书局2006年版。
（后晋）刘昫等:《旧唐书》，中华书局1975年版。
（宋）范成大:《范成大笔记六种》，孔凡礼点校，中华书局2002年版。
（宋）洪皓:《松漠纪闻》，吉林文史出版社1986年版。
（宋）洪迈:《夷坚志》，何卓点校，中华书局1981年版。
（宋）洪迈:《容斋随笔》，孔凡礼点校，中华书局2005年版。
（宋）胡仔纂集:《苕溪渔隐丛话后集》，廖德明校点，人民文学出版社1962年版。
（宋）黄庭坚:《黄庭坚诗集注》，任渊等注，刘尚荣校点，中华书局2003年版。
（宋）江少虞:《宋朝事实类苑》，日本元和七年活字印本。
（宋）九山书会编撰:《张协状元校释》，胡雪冈校释，上海社会科学院出版社2006年版。
（宋）李昉等编:《太平广记》，中华书局1961年版。
（宋）李焘:《续资治通鉴长编》，（清）黄以周等辑补，上海古籍出版社1986年版。
（宋）李心传:《建炎以来朝野杂记》，徐规点校，中华书局2000年版。
（宋）李心传编撰:《建炎以来系年要录》，上海古籍出版社2008年版。

（宋）刘克庄：《刘克庄集笺校》，辛更儒笺校，中华书局 2011 年版。
（宋）陆游：《老学庵笔记》，李剑雄、刘德权点校，中华书局 1979 年版。
（宋）欧阳修：《六一诗话》，何文焕《历代诗话》本，中华书局 1981 年版。
（宋）欧阳修等：《新唐书》，中华书局 1975 年版。
（宋）欧阳修：《欧阳修全集》，李逸安点校，中华书局 2001 年版。
（宋）欧阳修：《归田录》，林青校注，三秦出版社 2003 年版。
（宋）彭乘：《墨客挥犀》，中华书局 1991 年版。
（宋）钱易：《南部新书》，黄寿成点校，中华书局 2002 年版。
（宋）确庵、耐庵编：《靖康稗史笺证》，崔文印笺证，中华书局 2010 年版。
（宋）阮阅编：《诗话总龟（后集）》，周本淳校点，人民文学出版社 2006 年版。
（宋）邵博：《邵氏闻见后录》，刘德权、李剑雄点校，中华书局 1983 年版。
（宋）沈括：《梦溪笔谈校证》，胡道静校证，虞信棠、金良年编《胡道静文集》本，上海人民出版社 2011 年版。
（宋）司马光：《书仪》，清雍正刻本。
（宋）司马光：《资治通鉴》，中华书局 1975 年版。
（宋）苏轼：《苏轼诗集》，王文诰辑注，孔凡礼点校，中华书局 1982 年版。
（宋）苏轼：《苏轼文集》，孔凡礼点校，中华书局 1988 年版。
（宋）苏辙：《苏辙集》，陈宏天、高秀芳校点，中华书局 1990 年版。
（宋）苏颂：《苏魏公集》，清文渊阁四库全书补配清文津阁四库全书本。
（宋）孙光宪：《北梦琐言》，贾二强点校，中华书局 2002 年版。
（宋）王谠：《唐语林校证》，周勋初校证，中华书局 2008 年版。
（宋）王枺：《燕翼诒谋录》，诚刚点校，中华书局 1981 年版。
（宋）王铚：《默记》，朱杰人点校，中华书局 1981 年版。

（宋）魏泰：《东轩笔录》，李裕民点校，中华书局 1983 年版。
（宋）吴龙翰：《古梅遗稿》，文渊阁四库全书本。
（宋）徐玑：《二激亭诗集》，汲古阁景宋钞本。
（宋）徐梦莘：《三朝北盟会编》，上海古籍出版社影印本 1987 年版。
（宋）杨杰：《无为集》，南宋刻本。
（宋）叶梦得：《石林燕语》，宇文绍奕考异、侯忠义点校，中华书局 1997 年版。
（宋）宇文懋昭：《大金国志校证》，崔文印点校，中华书局 1986 年版。
（宋）岳珂：《桯史》，吴企明点校，中华书局 1981 年版。
（宋）张君房：《云笈七签》，四部丛刊景明正统道藏本。
（宋）赵鼎臣：《竹隐畸士集》，清文渊阁四库全书本。
（宋）赵彦卫：《云麓漫钞》，古典文学出版社 1957 年版。
（宋）郑樵：《通志二十略》，王树民点校，中华书局 1995 年版。
（宋）朱弁：《曲洧旧闻》，孔凡礼点校，中华书局 2002 年版。
（宋）朱胜非辑：《绀珠集》，文渊阁四库全书本。
（宋）祝穆编：《事文类聚》，清文渊阁四库全书本。
（宋）庄绰：《鸡肋编》，萧鲁阳点校，中华书局 1983 年版。
（金）蔡松年：《明秀集》，（金）魏道明注，石莲龛汇刻九金人集本。
（金）董解元：《董解元西厢记》，凌景埏校注，人民文学出版社 1962 年版。
（金）孔元措：《孔氏祖庭广记》，中华书局 1997 年版。
（金）王寂：《拙轩集》，清文渊阁四库全书本。
（金）王若虚：《滹南遗老集校注》，胡传志、李定乾校注，辽海出版社 2005 年版。
（金）王庭筠：《黄华集》，辽海丛书本。
（金）张暐等编：《大金集礼》，清广雅书局丛书本。
（金）赵秉文：《闲闲老人滏水文集》，四部丛刊景明钞本。
（金）段克己、段成己：《二妙集》，文渊阁四库全书本。
（金）李俊民：《庄靖集》，山右丛书初编本，山西人民出版社 1986

年版。

（金）李俊民：《庄靖集》，吴广隆、马甫平点校，山西古籍出版社 2006 年版。

（金）刘祁：《归潜志》，崔文印点校，中华书局 1983 年版。

（金）杨宏道：《小亨集》，文渊阁四库全书本。

（金）佚名编：《大金吊伐录校补》，金少英校补，李庆善整理，中华书局 2001 年版。

（金）元好问编撰：《中州集》，中华书局上海编辑所 1959 年版。

（金）元好问：《续夷坚志》，常振国点校，中华书局 1986 年版。

（金）元好问：《续夷坚志评注》，李正民评注，山西古籍出版社 1999 年版。

（金）元好问：《元遗山诗集笺注》，施国祁笺注，麦朝枢校，人民文学出版社 1989 年版。

（金）元好问：《元好问全集》，姚奠中主编，李正民增订，山西古籍出版社 2004 年版。

（金）元好问：《元好问集》，李正民等解评，山西古籍出版社 2004 年版。

（金）元好问：《遗山乐府校注》，赵永源校注，凤凰出版社 2006 年版。

（金）元好问：《元好问诗编年校注》，狄宝心校注，中华书局 2011 年版。

（金）元好问：《元好问文编年校注》，狄宝心校注，中华书局 2012 年版。

（金）元好问：《元遗山文集校补》，周烈孙、王斌校注，巴蜀书社 2012 年版。

（元）房祺编：《河汾诸老诗集》，张正义、刘达科校注，山西古籍出版社 1996 年版。

（元）郝经：《陵川集》，文渊阁四库全书本。

（元）郝经：《陵川集》，吴广隆、马甫平点校，山西古籍出版社 2006 年版。

（元）李庭：《寓庵集》，清宣统刻藕香零拾本。
（元）马端临：《文献通考》，中华书局 1986 年版。
（元）纳新：《河朔访古记》，清武英殿聚珍版丛书本。
（元）苏天爵：《元朝名臣事略》，清文渊阁四库全书本。
（元）苏天爵编纂：《元文类》，上海古籍出版社 1993 年版。
（元）苏天爵：《滋溪文稿》，陈高华、孟繁清点校，中华书局 1997 年版。
（元）脱脱等：《金史》，中华书局 1975 年版。
（元）脱脱等：《宋史》，中华书局 1977 年版。
（元）脱脱等：《辽史》，中华书局 1983 年版。
（元）王鹗：《汝南遗事》，清文渊阁四库全书本。
（元）王恽：《秋涧先生大全文集》，四部丛刊景明弘治本。
（元）王恽：《王恽全集汇校》，杨亮、钟彦飞点校，中华书局 2013 年版。
（元）王恽：《玉堂嘉话》，杨晓春点校，中华书局 2006 年版。
（元）魏初：《青崖集》，文渊阁四库全书本。
（元）鲜于枢：《困学斋杂录》，清知不足斋丛书本。
（元）杨奂：《还山遗稿》，丛书集成初编本。
（元）杨奂：《还山遗稿》，民国适园丛书本。
（元）杨瑀：《山居新语》，余大钧点校，中华书局 2006 年版。
（元）姚燧：《牧庵集》，清武英殿聚珍版丛书本。
（元）姚燧：《牧庵集》，查洪德编校，人民文学出版社 2011 年版。
（元）虞集：《道园学古录》，四部丛刊景明景泰翻元小字本。
（明）崔铣：《（嘉靖）彰德府志》，明嘉靖刻本。
（明）胡震亨：《唐音癸签》，古典文学出版社 1957 年版。
（明）李蓘编：《宋艺圃集》，清文渊阁四库全书补配清文津阁四库全书本。
（明）李濂：《汴京遗迹志》，清文渊阁四库全书本。
（明）李廷宝：《（嘉靖）清苑县志》，明嘉靖刻本。
（明）彭大翼编纂：《山堂肆考》，文渊阁四库全书本。

（明）宋濂等：《元史》，中华书局1976年版。
（明）吴讷：《文章辨体序说》，于北山校点，人民文学出版社1982年版。
（明）徐师曾：《文体明辨序说》，罗根泽校点，人民文学出版社1982年版。
（明）刘寅直解：《尉缭子直解》，江苏古籍出版社1988年版。
（清）毕沅：《山左金石志》，清嘉庆刻本。
（清）毕沅：《续资治通鉴》，中华书局1979年版。
（清）陈焯：《宋元诗会》，文渊阁四库全书本。
（清）顾奎光选辑：《金诗选》，（清）陶玉禾评注，清乾隆刻本。
（清）顾嗣立编撰：《元诗选》（初集、二集、三集、癸集、补编），中华书局1987—2002年版。
（清）郭元釪编：《御定全金诗增补中州集》，文渊阁四库全书本。
（清）胡聘之总纂：《山右石刻丛编》，山西人民出版社1988年版。
（清）黄宗羲：《宋元学案》，（清）全祖望补修，中华书局2009年版。
（清）纪昀：《续文献通考》，中华书局1986年版。
（清）纪昀：《阅微草堂笔记》，上海古籍出版社2005年版。
（清）李卫：《（雍正）畿辅通志》，清文渊阁四库全书本。
（清）李贤：《大明一统志》，清文渊阁四库全书本。
（清）梁章钜：《试律丛话》，陈居渊校点，上海书店出版社2001年版。
（清）凌迪知：《万姓统谱》，清文渊阁四库全书本。
（清）陆心源：《宋诗纪事补遗》，徐旭、李建国点校，山西古籍出版社1997年版。
（清）穆彰阿：《（嘉庆）大清一统志》，四部丛刊续编景旧钞本。
（清）倪灿、黄虞稷、钱大昕：《辽金元艺文志》，商务印书馆1958年版。
（清）倪灿：《补辽金元艺文志》，丛书集成初编本，中华书局1985年版。

（清）彭定求等编：《全唐诗》，陈尚君补辑，中华书局编辑部点校，中华书局1999年版。
（清）孙星衍：《寰宇访碑录》，清嘉庆七年刻本。
（清）王士俊：《（雍正）河南通志》，清文渊阁四库全书本。
（清）王先谦集解：《庄子集解》，中华书局1999年版。
（清）徐松辑撰：《宋会要辑稿》，中华书局影印本1957年版。
（清）严长明：《（乾隆）西安府志》，清乾隆刊本。
（清）叶德辉：《书林清话·书林余话》，岳麓书社1999年版。
（清）永瑢等：《四库全书总目》，中华书局1965年版。
（清）张金吾编纂：《金文最》，中华书局1990年版。
（清）周城：《宋东京考》，清乾隆刻本。
（清）庄仲方编纂：《金文雅》，吉林人民出版社1998年版。
（民国）《陵川县志》，（台北）成文出版社1976年版。
北京辽金城垣博物馆编：《北京辽金文物研究》，北京燕山出版社2005年版。
北京市文物局编：《北京辽金史迹图志》（上册），北京燕山出版社2003年版。
北京市文物局编：《北京辽金史迹图志》（下册），北京燕山出版社2004年版。
陈飞：《唐代试策考述》，中华书局2002年版。
陈飞：《唐诗与科举》，漓江出版社1996年版。
陈秀宏：《唐宋科举制度研究》，北京师范大学出版社2012年版。
陈衍编：《辽诗纪事》，商务印书馆1936年版。
陈衍编：《元诗纪事》，李梦生标点，上海古籍出版社1987年版。
陈衍辑撰：《金诗纪事》，王庆生增补，上海古籍出版社2003年版。
陈寅恪：《隋唐制度渊源略论稿·唐代政治史述论稿》，商务印书馆2011年版。
陈垣：《史讳举例》，中华书局2012年版。
陈垣：《元西域人华化考》，上海古籍出版社2008年版。
程妮娜：《金代政治制度研究》，吉林大学出版社1999年版。

程千帆：《唐代进士行卷与文学》，上海古籍出版社 1980 年版。
崔文印编纂：《金史人名索引》，中华书局 1980 年版。
邓绍基、杨镰主编：《中国文学家大辞典·辽金元卷》，中华书局 2006 年版。
邓绍基：《元代文学史》，人民文学出版社 1991 年版。
邓绍基选注：《金元诗选》，人民文学出版社 2005 年版。
狄宝心：《元好问年谱新编》，中国文联出版社 2000 年版。
丁放：《金元词学研究》，中国社会科学出版社 2002 年版。
丁放：《金元明清诗词理论史》，安徽大学出版社 2000 年版。
丁福宝辑：《历代诗话续编》，中华书局 1983 年版。
董杰英等主编：《元好问及辽金文学研究》，中国国际广播出版社 1998 年版。
董克昌主编：《大金诏令释注》，黑龙江人民出版社 1993 年版。
都兴智：《辽金史研究》，人民出版社 2004 年版。
范宁、华岩选注：《宋辽金诗选注》，北京出版社 1988 年版。
傅璇琮：《唐代科举与文学》，陕西人民出版社 2007 年版。
顾易生、蒋凡、刘明今：《宋金元文学批评史》，上海古籍出版社 1996 年版。
桂栖鹏：《元代进士研究》，兰州大学出版社 2001 年版。
郭预衡主编：《中国古代文学史长编·宋辽金卷》，首都师范大学出版社 1993 年版。
国家图书馆古籍影印编辑室编：《辽金元名人年谱》，国家图书馆出版社 2005 年版。
国家图书馆善本金石组编：《北京图书馆藏历代石刻拓本汇编》（第 46、47 册），中州古籍出版社 1990 年版。
国家图书馆善本金石组编：《辽金元石刻文献全编》，北京图书馆出版社 2003 年版。
郝树侯选注：《元好问诗选》，人民文学出版社 1983 年版。
何文焕编：《历代诗话》，中华书局 1981 年版。
何忠礼：《科举与宋代社会》，商务印书馆 2006 年版。

侯力：《科举制度与唐代社会》，岳麓书社1998年版。
胡传志：《金代文学研究》，安徽大学出版社2000年版。
胡传志：《宋金文学的交融与演进》，北京大学出版社2013年版。
黄寿祺、张善文译注：《周易译注》，上海古籍出版社2007年版。
黄兆汉：《金元词史》，台湾学生书局1992年版。
黄震云：《辽代文学史》，长春出版社2010年版。
蒋祖怡、张涤云整理：《全辽诗话》，岳麓书社1992年版。
降大任：《元遗山新论》，北岳文艺出版社1988年版。
金诤：《科举制度与中国文化》，上海人民出版社1990年版。
景李虎：《宋金杂剧概论》，广东高等教育出版社2011年版。
康金声、李丹：《金元辞赋论略》，学苑出版社2004年版。
孔凡礼编纂：《元好问资料汇编》，学苑出版社2008年版。
兰婷：《金代教育研究》，吉林大学出版社2009年版。
李兵：《辽金史研究》，中国文化出版社2003年版。
李成：《民族文化融合与金代文学研究》，黑龙江教育出版社2005年版。
李桂枝：《辽金科举研究》，中央民族大学出版社2012年版。
李汉滨：《〈太平广记〉的梦研究》，（台北）学海出版社2004年版。
李静：《金词生成史研究》，中国社会科学出版社2010年版。
李锡厚、白滨：《辽金西夏史》，上海人民出版社2003年版。
李修生主编：《全元文》，江苏古籍出版社1998—2001年版。
李艺：《金代词人群体研究》，首都师范大学出版社2008年版。
李正民、董国炎主编：《辽金元文学研究》，文化艺术出版社1999年版。
李正民：《元好问研究论略》，社会科学文献出版社1999年版。
林从龙、侯孝琼、田培杰选注：《遗山词注析》，中州古籍出版社1991年版。
林岩：《北宋科举考试与文学》，上海古籍出版社2006年版。
刘达科选注：《辽金元绝句选》，中华书局2004年版。
刘达科注评：《辽金元诗选评》，三秦出版社2004年版。

刘达科：《解读河汾诸老》，作家出版社 2005 年版。
刘达科编著：《辽金元诗文史料述要》，中华书局 2007 年版。
刘达科：《佛禅与金朝文学》，江苏大学出版社 2010 年版。
刘锋焘：《金代前期词研究》，陕西师范大学出版社 1998 年版。
刘锋焘：《宋金词论稿》，中国社会科学出版社 2002 年版。
刘海峰：《科举学导论》，华中师范大学出版社 2005 年版。
刘海峰、李兵：《中国科举史》，中国出版集团、东方出版中心 2006 年版。
刘静、刘磊：《金元词研究史稿》，齐鲁书社 2006 年版。
刘明今：《辽金元文学史案》，上海古籍出版社 2004 年版。
刘琴丽：《唐代举子科考生活研究》，社会科学文献出版社 2010 年版。
陆峻岭编纂：《元人文集篇目分类索引》，中华书局 1979 年版。
罗斯宁选注：《辽金元诗三百首》，岳麓书社 1990 年版。
孟繁清等：《金元之际的燕赵文化人》，河北人民出版社 2004 年版。
聂立申：《金代名士党怀英研究》，吉林大学出版社 2012 年版。
牛贵琥：《金代文学编年史》，安徽大学出版社 2011 年版。
牛贵琥、杨镰编著：《金代人物传记资料索引》，三晋出版社 2011 年版。
牛贵琥、张建伟主编：《女真政权下的文学研究》，三晋出版社 2011 年版。
牛海蓉：《元初宋金遗民词人研究》，中国社会科学出版社 2007 年版。
齐存田：《元好问诗探艺录》，中国国际广播出版社 1998 年版。
齐存田：《遗山诗词赏论》，中国文联出版社 2004 年版。
齐木德道尔吉编著：《辽夏金元史徵 · 金朝卷》，内蒙古大学出版社 2007 年版。
邱树森主编：《辽金史辞典》，山东教育出版社 2011 年版。
任崇岳主编：《中国文化通史 · 辽西夏金元卷》，北京师范大学出版社 2009 年版。

山西省古典文学学会编：《元好问研究文集》，山西人民出版社 1987 年版。
沈文雪：《文化版图重构与宋金文学生成研究》，光明日报出版社 2009 年版。
宋德金：《宋德金集》，中国社会科学出版社 2008 年版。
孙逊：《董西厢与王西厢》，上海古籍出版社 1983 年版。
唐圭璋编：《全金元词》，中华书局 1979 年版。
陶然：《金元词通论》，上海古籍出版社 2001 年版。
陶然编纂：《金元词一百首》，岳麓书社 2010 年版。
汪小洋、孔庆茂：《科举文体研究》，天津古籍出版社 2005 年版。
王道成：《科举史话》，中华书局 1988 年版。
王德朋：《金代汉族士人研究》，中国社会科学出版社 2006 年版。
王国维：《观堂集林》，河北教育出版社 2001 年版。
王可宾：《女真国俗》，吉林大学出版社 1988 年版。
王庆生：《金代文学家年谱》，凤凰出版社 2005 年版。
王庆生编著：《金代文学编年史》，中华书局 2013 年版。
王善军：《世家大族与辽代社会》，人民出版社 2008 年版。
王锡九：《金元的七言古诗》，南京师范大学出版社 2000 年版。
王先谦集解：《庄子集解》，中华书局 1999 年版。
王新英辑校：《全金石刻文辑校》，吉林文史出版社 2012 年版。
王勋成：《唐代铨选与文学》，中华书局 2001 年版。
王炎平：《科举与士林风气》，东方出版社 2011 年版。
王永：《金代散文研究》，中国社会科学出版社 2011 年版。
吴建辉：《宋代试论与文学》，岳麓书社 2009 年版。
吴文治主编：《辽金元诗话全编》，凤凰出版社 2006 年版。
吴宗国：《唐代科举制度研究》，北京大学出版社 2010 年版。
武怀军：《金元辞赋研究评注》，群言出版社 2006 年版。
新文丰出版公司编辑部编：《石刻史料新编》第三辑第 25 册，（台北）新文丰出版公司 1986 年影印本。
徐元诰：《国语集解》，王树民、沈长云点校，中华书局 2002 年版。

许维遹撰：《吕氏春秋集释》，梁运华整理，中华书局2010年版。
许友根：《唐代状元研究》，吉林人民出版社2004年版。
薛瑞兆、郭明志编纂：《全金诗》，南开大学出版社1995年版。
薛瑞兆：《金代科举》，中国社会科学出版社2004年版。
薛瑞兆：《宋金戏剧史稿》，生活·读书·新知三联书店2005年版。
薛瑞兆：《金代艺文叙录》，中华书局2014年版。
严迪昌编选：《金元明清词精选》，江苏古籍出版社2002年版。
阎凤梧、康金声主编：《全辽金诗》，山西古籍出版社1999年版。
阎凤梧主编：《全辽金文》，山西古籍出版社2002年版。
杨波：《长安的春天——唐代科举与进士生活》，中华书局2007年版。
杨伯峻：《列子集释》，中华书局1979年版。
杨春俏：《诗赋取士背景下的诗国风貌》，光明日报出版社2009年版。
杨镰：《元诗史》，人民文学出版社2003年版。
杨镰：《元代文学编年史》，山西教育出版社2005年版。
杨天宇译注：《礼记译注》，上海古籍出版社2004年版。
杨学为主编：《中国考试通史》（卷二），首都师范大学出版社2004年版。
杨忠谦：《政权对立与文化融合：金代中期诗坛研究》，人民出版社2010年版。
姚奠中、李正民主编：《元好问诗词注析》，山西古籍出版社2001年版。
姚奠中主编，李正民增订：《元好问全集》，山西古籍出版社2004年版。
姚红、刘婷婷：《两宋科举与文学研究》，浙江人民出版社2008年版。
姚景安编纂：《元史人名索引》，中华书局1982年版。
尹晓琳：《辽金元时期北方民族汉文诗歌创作研究》，民族出版社2011年版。
余来明：《元代科举与文学》，武汉大学出版社2013年版。

俞如云编纂：《宋史人名索引》，上海古籍出版社 1992 年版。
俞绍初辑校：《建安七子集》，中华书局 1989 年版。
袁行霈：《陶渊明集笺注》，中华书局 2011 年版。
查洪德、李军：《元代文学文献学》，中国社会科学出版社 2002 年版。
翟国璋主编：《中国科举辞典》，江西教育出版社 2006 年版。
詹杭伦：《金代文学史》，（台北）贯雅文化事业有限公司 1993 年版。
詹杭伦：《金代文学思想史》，成都科技大学出版社 1990 年版。
詹石窗：《南宋金元道教文学研究》，上海文化出版社 2001 年版。
张博泉：《金史简编》，辽宁人民出版社 1984 年版。
张博泉：《金史论稿》，吉林文史出版社 1992 年版。
张晶：《辽金诗史》，东北师范大学出版社 1994 年版。
张晶：《辽金元诗歌史论》，吉林教育出版社 1995 年版。
张晶：《辽金诗学思想研究》，辽海出版社 2004 年版。
张晶：《辽金元文学论稿》，北京广播学院出版社 2004 年版。
张晶主编：《中国诗歌通史·辽金元卷》，人民文学出版社 2012 年版。
张静：《元好问诗歌接受史》，中国社会出版社 2010 年版。
张展、高光起、卢兴基编著：《各领风骚数百年：辽金元明清诗歌卷》，陕西人民教育出版社 1994 年版。
赵琦：《金元之际的儒士与汉文化》，人民出版社 2004 年版。
赵维江：《金元词论稿》，中国社会科学出版社 2000 年版。
赵永源：《遗山词研究》，上海古籍出版社 2007 年版。
曾大兴、夏汉宁主编：《文学地理学》，人民出版社 2012 年版。
曾大兴：《中国历代文学家之地理分布》，商务印书馆 2013 年版。
曾贻芬、崔文印编纂：《辽史人名索引》，中华书局 1982 年版。
郑晓霞：《唐代科举诗研究》，复旦大学出版社 2006 年版。
钟陵编：《金元词纪事会评》，黄山书社 1995 年版。
周惠泉、米治国选注：《辽金文学作品选》，时代文艺出版社 1986 年版。

周惠泉：《金代文学论》，东北师范大学出版社 1997 年版。
周惠泉：《金代文学学发凡》，东北师范大学出版社 1994 年版。
周腊生：《辽金元状元奇谈 · 辽金元状元谱》，紫禁城出版社 1999 年版。
周兴禄：《宋代科举诗词研究》，齐鲁书社 2011 年版。
朱平楚辑校：《全诸宫调》，甘肃人民出版社 1987 年版。
朱瑞熙等：《辽宋西夏金社会生活史》，中国社会科学出版社 1998 年版。
祝尚书：《宋代科举与文学》，中华书局 2008 年版。
祝尚书：《宋代科举与文学考论》，大象出版社 2006 年版。
左洪涛：《金元时期道教文学研究》，人民出版社 2008 年版。
［日］三上次男：《金代女真研究》，金启孮译，黑龙江人民出版社 1984 年版。
［美］贾志扬：《宋代科举》，（台北）东大图书公司 1995 年版。
［美］张春树、骆雪伦：《明清时代之社会经济巨变与新文化——李渔时代的社会与文化及其“现代性”》，王湘云译，上海古籍出版社 2008 年版。
［德］恩格斯：《家庭、私有制和国家的起源》，载《马克思恩格斯选集》第 4 卷，人民出版社 1995 年版。
［法］菲利浦 · 阿利埃斯等主编：《私人生活史Ⅱ》，李群等译，北方文艺出版社 2007 年版。

二　论文类

曹焕焕：《李俊民诗歌研究》，硕士学位论文，黑龙江大学，2011 年。
崔彦：《从异常押韵及诗词格律分析谈〈全金诗〉校勘 61 则》，《中国典籍与文化》2010 年第 1 期。
都兴智：《金代科举制度的特点》，《北方文物》1988 年第 2 期。
都兴智：《金代科举的女真进士科》，《黑龙江民族丛刊》2004 年第 6 期。
都兴智：《金代辽宁籍两状元事迹略论》，《辽宁师范大学学报》2006

年第 2 期。

杜成辉:《金代状元张檝及其作品》,《山西大同大学学报》2010 年第 5 期。

范宁:《金代状元王纲籍贯考辨》,《孝感职业技术学院学报》2002 年第 2 期。

顾吉辰:《宋金科举制度比较研究》,《固原师专学报》1987 年第 4 期。

郭凤明、李艳春:《金代词家李俊民的遗民情怀》,《内蒙古民族大学学报》2011 年第 3 期。

黄凤歧:《论金朝的教育与科举》,《北方文物》2002 年第 2 期。

黄仁生:《论元代科举与辞赋》,《文学评论》1995 年第 3 期。

金光平、金启孮:《女真语言文字研究·女真进士题名碑译释》,《内蒙古大学学报》1964 年第 1 期。

李润民:《金代状元刘㧑娶转运使雷思之女献疑》,《山西大同大学学报》2011 年第 1 期。

李玮:《〈全辽金文〉补遗一则》,《山西大学学报》2008 年第 4 期。

李卫锋、张建伟:《金代状元家族与文学》,《辽宁工程技术大学学报》2012 年第 6 期。

李文泽:《金代女真族科举考试制度研究》,《四川大学学报》2003 年第 3 期。

李玉年:《金代科举沿革初探》,《东南文化》1998 年第 1 期。

刘达科:《金朝科举与文学》,《社会科学辑刊》2007 年第 3 期。

刘达科:《金代科举对文学的影响》,《江苏大学学报》2007 年第 2 期。

刘培:《北宋后期的科举改革与辞赋创作》,《四川大学学报》2005 年第 2 期。

刘培建:《新编〈全金诗〉补正》,硕士学位论文,广西师范学院,2010 年。

刘希伟:《辽、金、元科举制比较研究》,《中国地质大学学报》2008 年第 4 期。

陆胤：《北宋科举锁院诗考论》，载张伯伟、蒋寅主编：《中国诗学》第 13 辑，人民文学出版社 2008 年版。

罗海燕：《〈全辽金文〉辑佚 11 篇》，《西南交通大学学报》2011 年第 5 期。

吕肖奂、张剑：《两宋科举与家族文学》，《西北师范大学学报》2008 年第 2 期。

么书仪：《关于〈全金元词〉中一些问题的商榷》，《晋中师专学报》1987 年第 1 期。

裴兴荣：《金末科举改革与奇古文风的演进》，《民族文学研究》2013 年第 4 期。

裴兴荣：《金代状元与文学》，《民族文学研究》2015 年第 3 期。

裴兴荣：《金代进士补考》，《山西档案》2015 年第 3 期。

裴兴荣：《金代科举考试题目出处及内涵考释》，《中央民族大学学报》2015 年第 2 期。

裴兴荣：《论金代的贡院唱和诗》，《山西大同大学学报》2016 年第 1 期。

裴兴荣：《金代贺人登第诗的情感内涵》，《辽宁工程技术大学学报》2016 年第 5 期。

孙孝伟：《金朝科举制度探析》，《长春师范学院学报》2007 年第 3 期。

王德毅：《宋代的科举与士风》，《厦门大学学报》2005 年第 6 期。

王庆生：《〈金代文学编年史〉编写札记》，《江苏大学学报》2006 年第 5 期。

王锡九：《论李俊民的七言古诗》，《扬州大学学报》2000 年第 5 期。

渭君：《〈全宋词〉〈全金元词〉订误》，《文献》1993 年第 4 期。

许结：《科举与辞赋：经典的树立与偏离》，《南京大学学报》2008 年第 6 期。

许结：《宋代科举与辞赋嬗变》，《复旦学报》2012 年第 4 期。

禤志德：《隐者的情怀 遗民的哀歌——论李俊民词》，硕士学位论文，暨南大学，2005 年。

薛瑞兆、郭明志：《新编金诗校订——兼评〈全辽金诗〉》，《北方论丛》2004 年第 1 期。

薛瑞兆：《〈全辽金文〉校订》，《古籍整理研究学刊》2008 年第 4 期。

杨静彦：《论李俊民的儒家思想》，《山西财经大学学报》2008 年第 2 期。

杨军：《女真文字、女真科举与女真汉化》，《长春大学学报》2006 年第 1 期。

杨忠谦：《科举文化视野下的金代家族与文学》，《民族文学研究》2011 年第 6 期。

于东新、张婧：《金代遗民文人李俊民生平行迹述考》，《重庆师范大学学报》2011 年第 5 期。

禹宏、徐蓓文：《金代黑龙江的女真状元徒单镒》，《黑龙江民族丛刊》1996 年第 2 期。

张朝范：《〈全金元词〉校读》，《文献》1996 年第 3 期。

张建伟：《论李俊民与陶渊明之归隐》，《湖州师范学院学报》2007 年第 5 期。

张立敏：《〈全辽金文〉指瑕》，《嘉兴学院学报》2010 年第 1 期。

张敏杰：《关于徒单镒“状元”说之我见》，《北方文物》1997 年第 3 期。

张绍靖：《〈全金元词〉补辑》，《苏州大学学报》1992 年第 2 期。

张哲：《金代诗人李俊民题画诗刍论》，《集宁师范学院学报》2012 年 3 期。

赵冬晖：《金代科举年表考订》，《北方文物》1989 年第 2 期。

周兴禄：《论宋代科举殿试的诗赋作品》，《江苏社会科学》2010 年第 4 期。

郑阿财：《唐代入冥故事中的衙役书写》，载逢甲大学中国文学系主编《六朝隋唐学术研讨会论文集》，（台北）文史哲出版社 2004 年版。

诸葛忆兵：《论宋代科举考场外的诗歌创作》，《北京大学学报》2009

年第 5 期。
诸葛忆兵：《科举制度与文学创作》，《清华大学学报》2010 年第 3 期。
诸葛忆兵：《论唐宋诗差异与科举之关联》，《文学评论》2012 年第 5 期。

后　　记

这本书是在我的博士论文基础上稍作扩充和修改而成的。

在本书即将出版面世之际，心情自然有些激动，因为这毕竟是我的第一本真正意义上的专著，这也是我从事辽金文学研究十多年来最主要的学术成果。激动之余，又生出些许惶恐，因为这一研究课题并没有按计划全部完成，即使是已经完成的这部分内容，也还有一些不尽如人意的地方，然而出于现实的需要，目前也只能以这个样子与读者见面了。

作为惯例，在付梓之际应该向读者交待一下本书的写作缘起和写作过程。这就要从我读硕士研究生说起。

我是2002年9月进入山西大学读硕士研究生的，导师李正民先生是元好问研究专家，兼任中国辽金文学学会副会长、中国元好问学会副会长。读硕士的第三学期举行开题报告，由于我当时对于选什么样的题目心中完全没有谱，李老师就帮我选定《〈中州集〉作家小传研究》这一题目①，并借给我许多自己家藏的辽金文学研究方面的学术著作，比如《金代文学学发凡》《辽金诗史》《金代文学研究》《金代文学思想史》《辽金元文学研究》《辽金文学作品选》等书，这些书大都是著者赠送给先生的，在当时学校的图书馆里几乎是找不到的。读了先生借给的这些书，我对辽金文学的基本面貌和学界的研究现状有了大体的了解。经过一年半时间的阅读和写作，终于写出八万多字的硕士论文。论文答辩前照例要送去外审，李老师让我把论文寄

---

① 其时，李老师正在集中精力修订《元好问全集》。据李老师讲，这次修订时，把《中州集》作家小传也收入《元好问全集》中是胡传志师的建议。应该是李老师在修订时，觉得这部分内容很有学术价值，于是建议我以此为题来写硕士毕业论文的。

送给中国传媒大学教授、中国辽金文学学会会长张晶先生和山西省社会科学院研究员、《晋阳学刊》主编降大任先生审阅，得到两位先生的高度肯定。

读硕士期间，我非常幸运地跟随恩师李正民先生参加了两次辽金文学学术研讨会，第一次是 2003 年在天津师范大学举办的，第二次是 2004 年在暨南大学举办的。其时在读硕士研究生参加学术会议还是非常少见的，我能有这样的机会，真是非常幸运的！参会期间，李老师吩咐我抓住这难得的机会，多向专家们请教，不必总是陪伴在他身边。由此，我能够较早地结识了张晶先生、薛瑞兆先生、汤晓青女士、狄宝心先生、查洪德先生、赵维江先生、黄震云先生和恩师胡传志先生等诸位辽金元文学研究界的专家学者。可以说，是恩师李正民先生把我带进了辽金文学研究领域。

也正是因为有过两次当面请教的经历，答辩结束后，我才斗胆把硕士毕业论文寄给安徽师范大学胡传志先生请教。[①] 其时胡老师是一位风华正茂、平易近人的青年学者，但已是国内知名的辽金文学研究专家，兼任中国辽金文学学会副会长、中国元好问学会副会长。令我没有想到的是，胡老师很快就给我写了回信。在回信中，胡老师肯定了我在硕士学位论文上所下的功夫，认为其中的两章内容较有新意，建议我修改后发表，最后还欢迎我报考他的博士研究生，这对我来说可真有些受宠若惊。然而由于我读硕士时与所工作的学校签订有定向培养的合同，硕士毕业后不能接着攻读博士学位，须先回校工作几年，所以我没能在硕士毕业当年报考胡老师的博士研究生，当时感到特别的遗憾。2005 年 10 月，在安徽师大举办了“第四届中国辽金文学国际学术研讨会”，胡老师特意邀请我来参会。我利用暑假一个月的时间，把毕业论文中没有来得及展开的部分内容扩展开来，写出《论〈中州集〉作家小传的诗话性质》一文提交会议[②]，这是我第一次带着论文独立参加学术会议。之后，每次参加辽金文学会议和元好

① 胡传志师的博士学位论文是《〈中州集〉研究》（南京大学，1993 年），他是这个领域的权威。

② 此文后来发表在《山西师大学报》（社会科学版）2007 年第 4 期。

问学术研讨会，我都趁开会的时间向胡老师请教。记得是2007年在忻州召开的“纪念元好问逝世750周年学术研讨会”上，胡老师告诉我可以关注“金代科举与文学”这一题目。

2010年，我以“金代科举与文学”为题申报了教育部人文社科青年基金项目，结果非常幸运地成功了。欣喜激动之余，又增加了许多压力。考虑到所处的工作环境，自觉很难按时完成项目，于是想到了读博士，由此自然想到了胡传志老师，这是硕士导师李正民先生生前一直建议我考博士时首选的导师。尽管考博士的过程有些曲折，然承蒙胡老师不嫌我愚笨，我得幸忝列胡师门下，开始了自己梦寐以求的博士生活。

安徽师范大学的中国古代文学学科实力雄厚，聚集了刘学锴教授、余恕诚教授、潘啸龙教授、丁放教授、刘运好教授和恩师胡传志教授等数位硕学名师。读博士的四年中，聆听先生们精彩的课堂讲授，开阔了我的学术视野；亲见先生们严谨的治学精神，感染了我的学术情怀。

征得胡老师的同意后，我把教育部人文社科青年基金项目“金代科举与文学”作为博士论文选题。2012年底，也就是读博士的第三学期，举行了毕业论文开题报告会。胡老师还特意邀请南京大学莫砺锋教授来主持开题报告会。针对我设想的论文写作的基本框架，老师们提出了许多宝贵的建议和意见，如论文写作要增强问题意识，要体现出创新精神，等等。2013年，我又以“金代科举与文学”为题，申报了国家社科基金项目，这一次我又幸运地成功了。这次成功很大程度上得益于开题时老师们所提的建议与意见。

之后，论文写作过程，也就是项目完成过程。从阅读原始文献到撰写成文，我基本上是围绕项目中预设的这些问题，一部分一部分地进行。每写出一部分内容，就提交给胡老师审阅。胡老师也总是及时批改我的论文，常常是半夜一两点钟收到胡老师发来的修改论文的邮件。尽管胡老师行政工作繁忙，但对于修改学生的论文，却极为认真，从不含糊。比如《金末科举改革与奇古文风的演变》是我读博士期间写的第一篇论文①，从结构到题目，从正文到注释，从字词到标点，胡老师不厌其烦，反复修改达10多次，使我真正体会到了“文章难得百回改”的深刻含义。《金代科举考试的命题导向及其对文学的影响》是我读博士期间写的第二篇论文②，是为2013年10月在山西大学举办的“中国辽金文学学会第七届年会”所提交的会议论文，也是经胡老师反复修改后才提交会议的，论文受到与会专家肯定。

除了修改论文，胡老师也时刻关注着那些与我的毕业论文相关的学术信息，一旦发现有用的材料，便及时告知我，如沈仁国先生的几篇关于金代进士考证的短文，李桂枝的《辽金科举研究》一书，都是胡老师在网上发现后，就立刻告诉我的。胡老师还把自己家藏的《北京辽金史迹图志》《北京辽金文物研究》等书提供给我参阅，这些都是我以前没有注意到的资料。毕业论文答辩时，胡老师因去台湾东吴大学担任客座教授没能赶回来，但他仍然惦记着我，还要我把准备答辩的PPT发给他过目，反复修改，直到满意为止。胡老师对学术的执着追求，对工作的认真细致，对学生的无比关爱，深深地影响了我，是我永远的学习榜样。

2015年10月，我在博士毕业论文的基础上，增加了《〈辽金科举研究〉所录金代进士重出误收考》一节，重写了绪论中的《近30年来相关研究成果概述》一节，还补充了一个附录：《金代科举史事编年》，并对全文作了加工润色，提交教育部社科司申请结题，得到鉴定专家的高度评价。

本书即是教育部人文社科青年基金项目“金代科举与文学”的最终成果。借此机会，我要对那些帮助过我的老师、专家、学界同仁和亲人表示衷心的感谢。

首先，感谢恩师胡传志先生。如前所述，从题目的选定到论文的修改，都凝聚了先生太多的心血。拙著出版之际，又蒙先生于百忙之

---

① 此文经修改后发表在《民族文学研究》2013年第4期。

② 此文的部分内容经修改后，以“金代科举考试题目出处及内涵考释”为题发表在《中央民族大学学报》（哲学社会科学版）2015年第2期。

中赐序，亦为本书增色不少。

其次，感谢给我的博士论文提出宝贵意见和建议的专家学者。在论文开题和答辩过程中，南京大学莫砺锋教授、山东大学郑杰文教授、安徽大学吴怀东教授以及安徽师范大学的余恕诚教授、潘啸龙教授、丁放教授、刘运好教授、杨柏岭教授等先生都提出了宝贵的建议和意见。

再次，感谢中国社会科学院民族文学研究所的汤晓青女士、毛巧晖女士、吴刚先生以及至今未曾谋面的中央民族大学教授宝玉柱先生。承蒙他们的厚爱，本书的部分章节得以在《民族文学研究》和《中央民族大学学报》上发表。他们对拙文的修改提出了许多有益的建议。他们那种认真负责的工作态度、精益求精的敬业精神，使我深受感动。

再次，感谢本书的两位责任编辑武兴芳女士和慈明亮先生。他们以极其精湛的专业水平，订误补阙，加工润色，使本书消除了不少疏漏和失误。

最后，感谢全力支持我读博士的亲人。因为我读博士，妻子王玉贞女士不得不独自一人承担起家庭的重担，既要努力工作，又要抚养好儿子。为了我能安心读博士，妹妹裴凤云、弟弟裴兴宇更多地承担了照顾父母亲的责任。还有可敬可爱的父母亲，为了让我能安心读书，他们总是报喜不报忧。由于读博，我无法服侍在重病缠身的母亲身边尽孝。本想着等博士毕业后，生活条件改善了，就可以把父母亲接过来好好孝敬。然而，上天没有留给我这样的机会。母亲没能等到我博士毕业，就永远地离我而去了，使我切肤地感受到了“子欲孝而亲不待”的悲痛和遗憾。“谁言寸草心，报得三春晖。”对于母亲的养育之恩，我今生无以回报，只能以此书来告慰母亲的在天之灵。父亲视力不好，在母亲去世后，生活更加艰难，然而每次打电话过去，他总是说自己很好，不必为他担心，反倒时时提醒我注意保护身体。时至今日，我对亲人都心怀愧疚。

特别要说明的是，本课题先后得到教育部人文社科基金和国家社会科学基金的资助，本书的出版还得到山西大同大学优秀著作出版基金的资助，在此一并予以衷心的感谢！

“金代科举与文学”这一课题还没有最后完成，本书仅是阶段性成果，后续成果还有待笔者努力去完成。由于学识水平有限，本书中肯定还有不少疏漏和错误之处，恳请专家和读者不吝指正！

2016年11月25日